미래 수업을 디자인하다:
예비교사를 위한
교육방법 및 교육공학

노혜란, 유선주, 최미나, 박선희

교육과학사

머리말

'교육방법 및 교육공학' 교재를 처음 출간한 것은 2010년이었고, 2012년에 개정판을 선보였다. 그 후 급속히 발전하는 기술과 사회·문화적 변화를 반영하기 위해 여러 차례 개정을 시도했으나, 시간이 흘러 어느덧 인공지능 시대를 맞이한 2025년에야 새로운 교재를 만들 수 있었다. 새로 참여하게 된 유선주 박사님의 열정적인 참여로, 최신 기술과 교육에 대한 새로운 비전과 함의를 담아, 시대변화를 선도할 수 있는 『미래 수업을 디자인하다: 예비교사를 위한 교육방법 및 교육공학』을 출간하게 되었다.

이번 교재 집필에서 저자들은 다음과 같은 점에 중점을 두었다.

첫째, 기술이 넘쳐나는 시대라 해도 그것이 곧 교육의 혁신을 보장하지는 않는다. 교육공학적 관점을 통해 기술을 어떻게 교육 문제 해결에 효과적으로 활용할 수 있는지 학습할 수 있도록 구성하였다. 특히 제2장은 왜 여러 교육혁신이 실패하는지 교육공학과의 관계를 통해 탐구할 수 있도록 하였다.

둘째, 이론 학습에 그치지 않고 실제 수업 적용으로 이어질 수 있도록 다양한 수업 사례와 지도안을 제시하였다.

셋째, 학습의 부담을 줄이고 학습자 주도성을 높이기 위해 필수 내용과 심화 내용을 구분하여, 학습자가 중요한 핵심부터 익힌 뒤 필요에 따라 확장 학습을 할 수 있도록 하였다.

넷째, 생성형 AI를 비롯한 최신 에듀테크를 실제 수업 맥락에서 어떻게 활용할 수 있는지 구체적으로 다루었다.

책의 구성은 다음과 같다. 제1부는 교육공학의 이해로서 교육공학의 정의와 변화 과정을 살펴보고, 교육혁신과의 관계를 논의한다. 제2부는 학습이론 단원으로 객관주의와 구성주의 학습이론을 대비하며 교수설계의 기초를 다진다. 제3부는 수업설계이론을 다루며, 객관주의적 설계이론(가네, 켈러, 라이겔루스)과 구성주의적 설계이론(PBL, CLEs, 자원기반학습)을 실제 수업지도안과 함께 탐구한다. 제4부는 수업체제설계 단원으로 객관주의 ADDIE 모형과 구성주의 쾌속원형모형을 학습하고, 현장맥락적 수업분석 방법을 구체적으로 다룬다. 제5부는 효과적인 수업개발을 위해 대면 · 비대면 수업 방법, 다양한 수업매체, 인공지능 등의 에듀테크 활용 수업 방법을 제시한다. 마지막 제6부에서는 수업실행 및 평가를 중심으로 수업지도안 작성과 수업진단 및 평가 방법을 학습할 수 있도록 하였다.

끝으로, 본 교재가 세상에 나오기까지 많은 분들의 도움과 헌신이 있었다. 출판을 허락해주신 교육과학사 한정주 사장님, 지금은 은퇴하셨지만 늘 새책을 독려해주신 정경식 부장님, 새롭게 책을 맡아주신 이주표 부장님께 감사드린다. 개강 일정에 맞추느라 애써주신 이정호 실장님과 교육과학사 관계자 여러분께도 깊이 감사드린다. 무엇보다 이번 책 발간에 적극적으로 참여해 주신 김성미 박사님의 수고에 진심으로 감사를 전한다.

2025년 11월

저자 일동

차례

PART 01

교육공학의 이해

1부는 교육공학을 이해하기 위해 교육공학이 어떠한 학문 분야이며 무엇에 관심을 가지고 있는지, 예비교사로서 교육공학을 왜 배워야 하는지를 교육혁신과 관련하여 생각해 보고자 한다. 먼저 1장에서는 교육공학의 정의를 공학의 정의와 관련하여 파악해 보고 교육공학의 주요 관심 영역과 교육공학의 특성이 무엇인지 살펴보고자 한다. 2장에서는 교육혁신이 성공하기 위해서 왜 교육공학적 접근이 왜 필요한지 사례를 통해 살펴보고자 한다.

CHAPTER 01 교육공학의 정의 및 영역

최근 인공지능 디지털 교과서(AIDT)는 한국 교육계의 이슈가 되어 AI 기술을 활용한 학습자 맞춤형 교육이 학습의 효과성을 높일 것이라는 긍정적인 기대와 함께 디지털 기기 노출 증가에 따른 집중력 저하와 같은 부작용에 대한 우려가 동시에 제기되고 있다. 과거부터 공학의 발전은 교육 분야에 다양하게 영향을 주어 왔으나 최근 인공지능을 포함한 4차 산업혁명은 빠른 발전 속도로 인하여 더욱 그 영향력을 예측하는 것이 어려워지고 있다. 공학이 주도하는 교육이 아니라 교육이 주도하는 공학을 지향하는 교육공학은 과거 어느 때보다 더욱 그 중요성이 커지는 학문분야라 할 수 있다. 예비교사들은 교육공학의 관점을 학습함으로써 새로운 기술로 인해 야기되는 교육 이슈에 대하여 자신의 관점을 정립할 수 있을 것이다. 1장에서는 교육공학이 어떠한 분야인지를 이해하기 위해 그 정의와 영역, 특성을 살펴보고자 한다.

주요내용

1. 교육공학의 정의
2. 교육공학의 영역과 특성

심화학습: 교육공학의 세부 영역

학습목표

1. 교육공학의 정의가 어떻게 변화되어 왔는지 설명할 수 있다.
2. 교육공학 2023년 정의의 특징을 설명할 수 있다.
3. 교육공학의 주요 영역과 특성을 설명할 수 있다.

1. 교육공학의 정의

1) 공학과 교육공학

교육공학을 제대로 이해하기 위해서는 먼저 교육공학에서 '공학'이 무엇을 의미하는지 이해해야 한다. 일반적으로 공학(technology)이라는 단어는 흔히 기계(machine)나 장치, 또는 무엇을 만드는 기술(technique)과 유사한 개념으로 사용되기도 하며, 전자공학(electronic engineering)과 같이 공과대학을 통해 알려진 개념으로 이해되기도 한다. 그러나 교육공학에서의 공학은 단순한 기계나 장치, 기술을 의미하는 것이 아니라 '기예(art)'와 '기술(craft)'을 의미하는 'techne'와 '…에 관한 탐구'를 의미하는 'logos'에서 파생한 말이다. 공학에 대한 여러 학자들의 대표적인 정의를 살펴보면 다음과 같다.

〈표 1-1〉 공학의 정의

연구자 및 문헌	공학의 정의
English & English (1958)	공학은 실제적이고 의도적인 목적을 달성하기 위한 조직적인 접근을 의미하며 과학적 사실과 원리에 의해 통합된 개념 체계를 지칭한다.
Galbraith (1972)	공학은 실제적인 문제를 해결하기 위해 과학적 지식 또는 조직화된 지식을 체계적으로 적용하는 것이다.
Saettler (1990)	공학이란 도구나 기계보다는 직무의 기능과 조직의 개선에 집중하여야 한다. 공학은 생산성을 증진시키기 위한 체계화된 실제적인 지식이다.

이와 같은 공학의 정의를 바탕으로 공학의 중요한 특성을 정리하면 다음과 같다. 공학에는 첫째, 과정과 결과가 포함되어 있다. 기계나 장치 등의 첨단 매체와 같은 결과물로서의 공학과, 문제해결이나 실용적인 목적을 위해 과학을 체계적으로 활용하는 과정으로서의 공학이 포함된다. 둘째, 과학은 기본적으로 현상에 대한 원인을 밝힘으로써 현상을 설명하는 것에 관심이 있지만, 공학은 실제적인 문제해결에도 관심이 있다. 셋째, 공학은 과학적이고, 조직화된 지식에 바탕을 두고자 한다. 즉 공학은 과정을 응용하는 것에 관심이 있다. 넷째, 공학은 체계적이다. 실제적인 문제해결을 위해서는 다양한 관련 요소를 통합적으로 연관시켜서 체계적으로 접근

하는 것에 관심이 있다.

지금까지 살펴본 공학의 관점과 관련하여 교육공학의 정의를 살펴보면 다음과 같다.

〈표 1-2〉 공학의 관점에서 본 교육공학의 정의

연구자 및 문헌	교육공학의 정의
Gagné (1970)	교육공학은 과학적 연구로부터 도출된 지식으로 보아야 하며 수업에서 제시할 때 사용되는 기계나 자료, 예컨대 프로젝터, 필름, 화면, 컴퓨터 프로그램과 같은 것이 아니다.
Heinich et al. (1996)	교육공학은 결과와 과정으로 나눌 수 있는데, 결과는 수업매체 분야, 즉 비디오, 교육방송, 컴퓨터, 슬라이드와 같은 분야이고, 과정은 수업이론과 수업설계 과정에 관련된 분야로 볼 수 있다. 수업공학은 수업과 학습이라는 실제적인 과제를 해결하기 위하여 인간 학습에 관한 과학적 지식을 적용하는 것이다.

한편, 우리나라 『교육학 용어사전(서울대학교 교육연구소, 1994)』에 나오는 교육공학의 정의는 교육공학을 하드공학과 소프트공학이라는 두 가지 관점으로 나누어 살펴보고 있다. 이 관점은 하이니히(Heinich)의 정의에서 결과와 과정, 수업매체와 수업설계로 나누어 살펴본 교육공학의 개념과 밀접하게 관련되는 것을 알 수 있다.

교육공학이란 교육에 있어서의 하드·소프트 공학을 총칭하는 말로, 하드공학은 교실수업에서 활용되는 각종 시청각 기자재 그리고 텔레비전, 라디오 등의 원격통신도구나 컴퓨터 같은 상호작용 매체인 하드웨어를 교육에 도입 활용하는 것을 의미하며, 소프트공학은 교육의 실제적인 문제를 해결하기 위하여 과학적인 지식을 교육현실에 적용하는 방식에 관한 학문을 의미한다. 시청각 교육이 중요시되던 시절에는 교육공학은 보다 더 하드공학에 가까운 개념을 가졌으나 현재는 소프트공학이 중심이 되고 있다.

예를 들어 인공지능이라는 공학을 단순히 수업에 도입 활용하는 것에 초점을 두는 것이 교육공학이라고 이해하면 제한적으로 교육공학을 이해하는 것이다. 교육이 직면하고 있는 실제적인 문제해결에 초점을 두고 인공지능을 이러한 문제해결을 위해 어떻게 활용할 것인지에 대하여 수업의 다양한 요소들을 고려하여 체계적이고 처방적인 수업을 개발하고자 하는 것이 교육공학이라 할 수 있다.

2) 교육공학의 정의

미국교육공학회는 교육공학 분야의 연구결과를 반영하여 1994년에 다음과 같이 교육공학을 정의하였다.

> 교육공학이란 학습을 위한 과정과 자원의 설계, 개발, 활용, 관리 및 평가에 관한 이론과 실제이다(Seels & Rechey, 1994).

이 정의의 특징은, 실제적인 인간학습 활동이 일어나는 것에 목적을 두고 있으며, 학습의 과정과 결과로서의 자원을 대상으로 삼고 있으며, 설계, 개발, 실행, 관리, 평가라는 교육공학 활용 영역을 포함하고 있고, 교육과 관련된 문제 해결을 위한 지식의 적용과 그 지식을 생성하는 이론을 포함하고 있다.

미국교육공학회는 2008년 다음과 같은 정의를 제시하였다. 2008년 정의에서는 수행(performance)을 강조하며 학습의 차원을 넘어서 실제 이를 활용할 수 있는 능력과 그 성과에 초점을 맞추었고, 디지털 매체의 저작권 등을 포함한 윤리적 실천이 강조되었다.

> 교육공학은 적절한 과학기술적인 과정과 자원을 창출, 활용, 관리함으로써 학습을 촉진하고 수행을 향상하기 위해 연구하고 윤리적으로 실천하는 학문이다(AECT, 2008).

2023년 미국교육공학회에서 제시한 교육공학의 정의를 살펴보면 다음과 같다.

> 교육공학은 적절한 과정과 자원을 사용하는 학습 경험과 환경(Learning Experience and Environments)을 전략적으로 설계, 관리, 활용, 평가함으로써 지식을 향상시키고, 학습과 수행을 개선하며, 학습자의 역량 강화(Empower Learners)를 위해 윤리적으로 연구하고 실천하는 분야이다(AECT, 2023).

2023년 정의에서 새롭게 강조된 내용을 살펴보면 다음과 같다.

① 학습 경험과 환경(Learning Experience and Environments): 학습자가 지식을 습득하고 기술을 개발하며 태도를 형성하는 과정에서 겪는 모든 경험을 의미한다. 학습자와 환경 간의 상호작용과 그 결과라고 할 수 있는데, 학습자의 능동적인 참여가 요구된다(이미숙 외, 2021). 최근 전통적인 수업설계(Instructional Design)에서 발전된 개념인 학습경험설계(Learning Experience Design)는 학습자가 효과적이고 의미 있는 학습경험을 할 수 있도록 학습 과정과 환경을 체계적으로 설계하는 분야로서 학습자의 경험과 참여를 중심으로 학습환경을 설계하는 것을 강조한다. 예를 들면 AI 챗봇을 활용한 학습 경험 설계(지현경 외, 2023) 연구는 새로운 매체나 새로운 수업방법을 수업에 적용하기 위해서 교수자들이 어떠한 원리를 기준으로 삼아 학습자의 학습 경험을 설계해야 하는지를 탐색한다.

② 학습자의 역량 강화와 주도성 증진(Empower Learners): 학습자의 능력을 강화시키고, 더욱 능동적이고 주체적으로 지식을 탐색할 수 있도록 지원하는 것을 의미한다. AI는 학습자의 의존성 문제만이 아니라 학습의 과정에서 누가 학습의 주체인가에 대한 논쟁을 야기시키고 있다. AI를 포함한 테크놀로지 기반의 학습에서는 학습자가 스스로 학습의 결정권을 가지고 더욱 주도적으로 학습할 수 있도록 지원되어야 한다.

2. 교육공학의 영역과 특성

1) 교육공학의 영역

교육공학의 주요 영역은 설계, 개발, 활용, 관리, 평가의 영역이다.

① 설계 영역: 설계 영역은 학습과 관련된 조건들을 분석하면서 구체적인 수업목적을 달성하기 위해 전체 교육 및 수업의 과정을 기획하며, 어떠한 학습 경험을 학습자에게 안내할 것인지를 기획하는 영역이다. 교육공학에서 설계 영역

은 교육심리학을 촉매로 하여 체제이론의 영향으로 크게 성장한 영역이다. 체제이론은 다양한 교수학습이론과 유관 연구 결과들을 어떻게 교육적 문제 해결을 위해 통합적으로 활용할 것인가에 대한 틀을 제공해 주었다. 하위영역으로는 수업체제설계, 메시지 디자인, 수업전략, 학습자 특성 영역이 있다. AI 테크놀로지가 훌륭해도 이를 교육에서 효과적으로 활용하기 위해서는 교육 환경과 학습자, 내용과 수업전략, 평가 등 교육의 요소들이 체제적으로 고려되어 설계되어야 한다.

② 개발 영역: 개발 영역은 설계 영역에서 기획된 것을 바탕으로 실제적으로 수업에서 활용할 수 있는 수업 매체와 자료 등을 효과적으로 만들기 위한 영역이다. 개발영역은 수업에 적용되는 다양한 테크놀로지, 즉 인쇄, 영상, 컴퓨터, 인터넷, 인공지능 등 다양한 테크놀로지를 포함한다. 개발 영역은

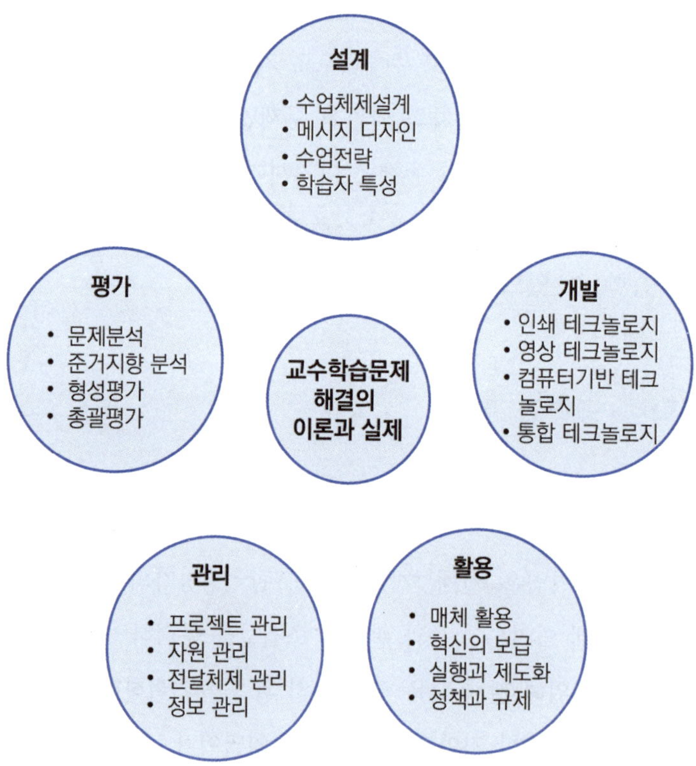

[그림 1-1] 교육공학의 영역

설계, 활용, 평가, 관리의 나머지 교육공학의 영역들과 밀접하게 관련되는 영역이다. 개발은 설계를 바탕으로 이루어지며, 평가를 통해 완성되고, 실제적인 활용과 관리의 측면이 함께 고려되어야 하기 때문이다. 개발 영역은 교육공학 분야 내에서 수업매체와 밀접하게 관련되어 발전되어 왔다. 1930년대에 영화의 교육용 활용, 특히 군인 훈련을 위해 대대적으로 활용되었고, 이후 텔레비전의 활용, 1950년대에 프로그램 교수자료, 1970년대의 컴퓨터 보조학습(Computer Assisted Instruction: CAI) 등이 연구되었다. 1990년대 이후 멀티미디어와 이러닝이 주요한 개발 영역의 대상이 되었으며, 2020년대에 들어서는 인공지능 활용 교육이 주요한 개발 영역이 되고 있다. 테크놀로지의 발전에 따른 교육공학의 개발 영역은 끊임없이 변화가 진행 중인 영역으로서 미래지향적이며 실험적인 관점이 중요한 분야라 할 수 있다.

③ 활용 영역: 활용 영역은 교육공학의 다른 영역보다 오랜 전통을 가지고 있다. 설계와 개발에 대한 연구가 활발해지기 전부터 수업매체를 적절하게 활용하기 위한 다양한 방법을 고안하는 것이 주요한 교육공학의 탐구 대상이었다. 새로운 매체를 활용하기 위해서는 교육 현장에서는 다양한 장애요인과 저항에 직면하게 된다. 예를 들어 최근 도입에 있어 찬반 논쟁의 대상이 되고 있는 AIDT와 관련하여 교육공학에서는 이러한 새로운 매체를 어떻게 효과적으로 활용할 것인지, 학교 현장에 어떻게 성공적으로 도입할 것인지, 효과적인 활용을 위한 정책과 제도는 무엇인지 등을 탐색하여 다양한 문제점을 해결하여 교육의 혁신이 성공하도록 노력한다.

④ 관리 영역: 관리 영역은 계획, 조직, 감독, 조정 등을 통해 교육공학을 운영하고 조절하는 기능과 관련된 영역이다. 교육공학자들은 수업설계나 교육프로그램의 개발 프로젝트의 총책임자로서 활동하는 경우가 많으며, 학교의 교수학습센터나 기업의 교육담당업무의 관리를 수행하는 경우가 많다. AIDT와 같은 국가적 차원의 고비용의 프로젝트는 기획자, 집필진, 개발자 간의 유기적인 협력을 위한 관리가 매우 필수적이다. 프로젝트 관리를 포함하여 자원관리, 전달체제관리, 정보관리 등을 포함한 관리 영역은 교육과 관련한 플랫

폼과 정보가 빠른 속도로 증가하고 있어 기관 차원에서 뿐만 아니라 개인 교수자 차원에서도 중요하게 요구되는 영역이라 할 수 있다.

⑤ 평가 영역: 평가 영역은 교육공학의 과정과 결과의 가치를 결정할 수 있도록 정보를 제공하는 활동을 의미한다. 교육프로그램은 프로그램의 가치를 규명하기 위해서 목적과 사용 결과를 비교하는 체계적인 평가가 요구된다. 문제분석, 준거지향측정, 형성평가, 총괄평가 등이 포함된다. AIDT의 성공적인 도입을 위해서는 이를 활용한 학습자에게서 어떠한 의미 있는 학업성취도의 변화가 보이는지, 교수자는 얼마나 효율적으로 학습자 관리의 시간을 단축할 수 있는지에 대해 그 효과를 정확하게 측정할 수 있어야 한다. 만약 미흡한 결과가 도출되면 그 원인을 찾아 문제를 개선하는 방안을 마련하여 교육혁신의 효과성을 높이고자 하는 것이 교육공학의 관심이다.

2) 교육공학의 특성

교육공학적 접근을 통해 교육문제를 해결하기 위해서는 다음과 같은 교육공학의 특성을 이해할 필요가 있다.

① 체제적 특성: 매체의 효과적인 개발과 활용이라는 하드웨어적인 관점에서 시작된 교육공학은 '체제'라는 개념을 적용하면서 학습을 위한 과정과 자원을 포괄하는 소프트웨어적인 관점으로 발전하였다. 체제란 원래 생물학에서 쓰이던 용어로서 유기체 내에서 하나의 섬유조직을 구성하는 최소 단위의 세포들이 모여서 일정하고 독특한 기능을 수행하는 데서 유래된 말이다(Berrien, 1958). 생물학자 버틀란피(Bertalanffy, 1965)는 생물체의 유기적인 특성이 각각의 요소들이 분리된 것이 아니라 매우 밀접하게 연결되어 있다는 일반체제이론(general systems theory)을 제안하였다. 이 체제 개념은 오늘날, 자연과학 분야뿐만 아니라 사회과학, 인문과학에까지 폭넓게 적용되고 있다. 체제란 "규칙적인 상호작용이나 상호의존에 의해 통합된 사물(things) 또는 사상(events)의 집합체"(Webster Dictionary, 1984)로서 "요구에 의한 어떤 목적을 달성하기 위해 필요로 하는 부분이나 요소들이 상호작용으로 구성되는

일련의 계획적이고 조직적인 총합체"(김종량, 1991)로 정의될 수 있다.

교육공학에 적용된 체제성이란 교수활동을 일련의 요소들로 이루어진 체제(system)로 보고 체제 전체의 기능을 최대한 높일 수 있는 접근의 특성을 의미한다. 즉 교수활동에 포함된 일련의 요소들, 학습자, 내용, 교수자, 매체, 환경 등이 모두 교수활동의 궁극적인 목적을 위하여 서로 상호작용하며 통합적으로 연결되어야 최적의 과정과 결과를 도모할 수 있다는 것이다.
모든 교수·학습 상황에서 동일한 최고의 효과를 나타내는 수업방법이 없다면, 오히려 특정한 교수·학습 상황의 특성을 규명하여 적합한 수업방법을 찾고 관련 요소들을 유기적으로 연결하여 최적의 교수·학습을 설계하고 실행하고자 하는 것이 교육공학의 체제적 특성이다.

② 처방적 특성: 교육공학은 처방적인 특성을 가지고 있다. 처방이라는 말은 병원이나 약국에서 가장 자주 사용되는 용어이다. 우리가 병원에 가는 이유는 아픈 상처에 대해 자세히 설명을 들으러 가는 것이라기보다는 아픈 상처에 따른 적절한 치료 방법을 처방받기 위해서 가는 것이다. 처방적(prescriptive)이라는 말은 기술적(descriptive)이라는 말의 상대적인 말이다. 기술적이라는 말은 어떤 현상을 설명하고 묘사함으로써 우리에게 현상을 더 잘 이해하게 도와준다는 의미이다. 예를 들면, 행동주의 학습이론이나 인지주의 학습이론은 기술적인 성격을 가지고 있어서 학습이 어떠한 과정으로 발생하는지 설명해 주는 이론이다. 그러나 학습을 발생시키기 위해서 교수자가 구체적으로 어떠한 활동을 해야 하는지를 알려주지는 않기 때문에 학습이론은 처방적이라고 하기 어렵다. 교수자에게 요구되는 주요한 역량은 학습과정을 잘 이해하는 것만이 아니라, 학습자와 내용에 맞는 적절한 수업방법을 처방하여 교육에 적용할 수 있어야 하는 것이다.

교육공학은 이처럼 교수자가 적절한 수업의 과정을 결정하기 위해 필요한 처방 과정을 안내해 주는 역할을 한다. 즉, 수업의 목적을 어떻게 결정하고, 내용을 어떻게 선정하며, 어떻게 방법을 선정하고 평가하는지와 관련된 일련의 방법을 처방하는 것에 관심이 있다.

심화학습

◈ 교육공학의 세부 영역

설계영역

① 수업체제설계

학습에 관한 다양한 지식을 효과적인 수업 개발을 위해서 체계적으로 활용하는 분야로서, 수업을 분석, 설계, 개발, 실행, 평가하는 일련의 과정을 의미한다. 수업 수준에서 성공적인 수업지도안을 작성함으로써 해당 수업 체제의 성과를 최대화시킬 수 있는 일련의 구체적인 절차 및 지침을 연구하는 영역이다.

② 메시지 디자인

주의집중, 지각, 기억력 등 의사소통에 직접 관련 있는 메시지의 물리적 형태를 구체적으로 구현하는 방법을 연구하는 영역이다. 메시지 디자인은 매체가 정적인가, 동적인가 또는 복합적인가에 따라 달라지며, 학습할 과제가 개념학습인가, 태도 형성인가, 기술을 배우는 것이냐에 따라 달라질 수 있다. 이처럼 매체의 성격과 과제의 성격을 고려하고 학습자의 특성을 고려하여 적절한 메시지 디자인을 하여야 학습 효과를 높일 수 있다.

③ 수업전략

수업을 설계하면서 교수활동을 선정하고 순서를 결정하기 위한 방법을 연구하는 영역이다. 즉 수업내용과 관련하여 어떠한 교수활동을 선정해야 학습에 더 효과적인지를 연구하며, 선정된 교수활동을 언제 어떠한 순서로 제공해야 하는지를 연구한다.

④ 학습자 특성

수업과 학습에 영향을 줄 수 있는 학습자들의 특성을 연구하는 분야이다. 학습자의 나이, 지능, 성격, 경제적 문화적 특성, 선수 학습 수준, 디지털 리터러시 수준,

경험적 배경 등은 학습에 영향을 미치는 요인으로서 이러한 요인들이 어떻게 고려되어야 학습 효과를 높일 수 있는가를 연구한다.

개발 영역

① 인쇄 테크놀로지

문자자료와 시각자료를 책이나 정지화상으로 제작하고 전달하는 방법의 테크놀로지이다. 인쇄자료는 교재, 참고도서, 학습지, 팸플릿 등과 같이 전달하고자 하는 내용이 인쇄 기반의 자료를 의미한다. 특히 교재는 교실 수업에서 가장 오랫동안 사용되어 온 인쇄자료이다. 이러한 인쇄자료는 대부분 문자중심의 자료이지만, 시각자료도 중요한 인쇄자료 중의 하나이다. 멀티미디어가 중요한 매체로 부각된 현재에도 전통적인 인쇄자료는 여전히 주요 매체로 활용되고 있으며 그 중요도가 더욱 부각되고 있다. 인쇄자료의 장점은 여러 형태의 내용을 다룰 수 있으며, 여러 환경에서 활용할 수 있고, 많은 사람들에게 익숙하고 사용하기 쉽다는 것이다. 반면, 독해 능력이 필요하며, 사전지식의 영향을 많이 받으며, 너무 많은 내용을 제시하면 인지적, 정서적 부담을 줄 수 있으며, 일방향적인 특성을 가지고 있다는 단점이 있다. 최근 디지털 세대의 문해력 저하 문제를 고려할 때 더욱 메시지 디자인의 원리와 편집학의 원리를 충실하게 적용한 인쇄 테크놀로지를 개발하는 방법은 여전히 교육공학에서 요구되는 연구 영역이라 할 수 있다.

② 영상 테크놀로지

최근 유튜브 등의 영상 중심 플랫폼의 등장으로 일인 크리에이터 시대를 맞이하며 영상 중심의 테크놀로지는 매우 발전하는 추세이다. 영상 테크놀로지의 장점은 대중성을 확보하고 있어 다양한 대상에게 동시 제공이 가능하며, 내용을 시청각적으로 제공함으로써 인쇄매체에서 보여주기 힘든 내용의 전달이 용이하며, 현장감과 동시성으로 생생한 학습경험을 제공할 수 있다. 주의집중의 효과가 있으며, 정의적 영역의 학습에도 효과적이다. 일방향적인 커뮤니케이션의 단점을 보완하는 실시간 라이브 방송 플랫폼이 발전하고 있으며, 용이한 편집 프로그램들로 누구나 제작과 방송에 참여할 수 있기 때문에 영상 테크놀로지는 앞으로도 더욱 진화할 것으로 기대되고 있다. 그러나 언어적 정보와 문자 해독능력을 소홀히 하는 경향이 있어 언어 중심의 주의집중력을 저하시키는 단점이 문제가 되고 있으며, 숏폼과 같이 점차 더욱 짧아지는 영상 매체의 영향이 청소년기의 학습자들의 집중력을 저하시키고 산만함을 증가시키는 것에 대한 우려가 커지고 있다. 교육에서 어떻게 영상 테크놀로지를 효과적으로 활용할 것인지, 부정적인 영향 요인들을 어떻게 규명하고 줄일 것인지 등이 교육공학의 관심 영역이라 할 수 있다.

③ 컴퓨터 기반 테크놀로지

컴퓨터를 기반하여 제작 전달되는 테크놀로지로서 과거에는 컴퓨터 보조수업(Computer-Assisted Instruction: CAI), 컴퓨터 관리 수업(Computer-Managed Instruction: CMI) 등의 형태가 있었으며, 인터넷 보급 이후 이러닝이 크게 발전하였고, 4차 산업혁명 이후 빅데이터, 가상현실, 인공지능 기술의 발전으로 에듀테크를 활용한 새로운 수업 방식이 매우 다양해지고 있다. 2022년의 국제학업성취도평가(PISA)의 결과에서 한국 학생들의 디지털 자원 활용 수준과 수학 성취도의 관계에 있어 디지털 자원을 1시간 미만 사용한 학생들이 가장 높은 성취도(M=542)를 보였고, 사용시간이 증가할수록 성취도는 감소하여 7시간 이상 학생들은 520점으로 나타나, 디지털 자원이 부정적인 영향을 미치는 것으로 나타났다. 그러나 디지털 자원을 전혀 사용하지 않는 학생들의 성취도는 가장 낮은 508점으로 나타났는데, 이처럼 디지털 자원을 전혀 사용하지 않은 학생들의 성취도가 가장 낮은 경향은 OECD 다른 국가도 마찬가지인 것으로 나타났다(한국교육학술정보원, 2023). 디지털 자원을 너무 많이 사용하거나 전혀 사용하지 않는 것도 학습에 부정적인 영향을 주는 것을 고려할 때, 학습자가 디지털 자원을 어떤 방식으로 어느 정도 활용하게 할 것인지를 포함하는 디지털 리터러시 교육은 교육공학의 주요 과제라 할 수 있다.

④ 통합 테크놀로지

컴퓨터를 제어장치로 이용하면서 여러 가지 매체를 통합적으로 사용하는 테크놀로지를 의미한다. 전통적인 매체들이 컴퓨터의 발전에 힘입어 점차 통합 테크놀로지의 형태로 변화되고 있다. 멀티미디어와 같이 문자와 이미지 등의 다양한 다중 복합 매체로서의 통합 테크놀로지뿐만 아니라, 학습자 간, 교수자 간의 상호작용을 지원하는 사용자들 간의 통합 테크놀로지, 설계와 개발 및 실행, 관리를 지원하는 운영 시스템의 통합 테크놀로지는 더욱 다양한 통합 형태의 테크놀로지 추세라 할 수 있다.

활용 영역

① 매체 활용

다양한 매체와 학습자원을 체계적으로 활용하기 위한 영역이다. 기대하는 학습 목표를 달성하기 위해서 최적의 수업매체를 선정하고 활용하는 방법을 탐색한다.

② 혁신의 보급

교육공학적으로 현장에 새롭게 제안된 교육적 관점이나, 아이디어, 기술, 방법 등의 새로운 혁신이 실제 교육 현장에 보급되고 잘 활용될 수 있도록 연구하는 영역이다. 새로운 기술은 많은 사람들에게서 거부되는 경향이 있기 때문에 체계적인 보급의 방법론을 활용하지 않으면 혁신이 뿌리내리기 전에 실패하게 되는 경향이 있다. 혁신에 대한 긍정적인 인식, 태도, 행동 등을 유도하는 방안을 탐구한다.

③ 실행과 제도화

교육공학적 수업이나 교육이 어느 조직이나 문화 속에서 적절하게 사용되도록 할 수 있는 다양한 제도를 지원하기 위한 영역이다. 혁신의 보급과 관련하여 체계적인 혁신의 유지를 위한 적절한 실행방안과 제도를 마련하고 다양한 전략을 구체화하는 것에 관심이 있다. 수업 혁신이 일회적인 적용에 그치지 않고 지속적이며 일상적인 형태로 수업혁신이 자리 잡도록 하기 위해 조직의 구조와 체제 내에서 통합되도록 하는 것이다. 제도화가 중요한 이유는 많은 과거의 중요한 교육공학 프로젝트들이 실행과 제도화에 필요한 적절한 조치가 부족하여 실패했기 때문이다.

④ 정책과 규제

교육공학의 확산과 이용에 영향을 미치는 사회적인 규칙과 행위에 대한 정책이나 규제를 고안하는 것에 관심이 있는 영역이다. 교육방송, ICT 활용교육, 이러닝, 에듀테크 및 인공지능 활용 교육 등의 개발 및 실행과 관련된 표준화, 다양한 정책 결정, 규제 방안 등을 탐색하는 영역이다.

관리 영역

① 프로젝트 관리

수업설계 및 개발 프로젝트를 기획, 조직, 조정, 감독하는 일련의 활동을 의미한다. 프로젝트의 목적을 명확하게 하고 프로젝트 수행의 세부 활동을 결정하며 예산의 집행 및 일정을 관리하는 것이 이 분야의 영역이다.

② 자원 관리

각종 교육 관련 자원과 서비스를 효과적으로 제공하기 위한 지원 체제를 마련하고, 이를 기획, 조직, 조정하는 기능을 주 대상으로 삼는다. 자원에는 교수자와 운영 요원의 인적자원과 시간, 시설과 같은 물적자원, 교육내용과 정보 등의 지적자원이 있다.

③ 전달체제 관리

수업자료를 조직 및 전달하는 과정과 방법을 기획, 조직, 조정, 감독하는 것을 의미한다. 예를 들면 학교에서 새롭게 AIDT를 전달체제로 도입하기로 했다면, 이를 위해 인프라 구축을 위한 사양과 요구조건을 결정하고, 기술적인 지원사항 등을 결정하고 이를 기획하여 실행하며 조정, 감독하는 활동을 대상으로 삼는다.

④ 정보 관리

학습을 위한 다양한 자원을 제공하기 위해서 정보의 저장, 전송, 처리를 계획하고, 모니터링하고 통제하는 활동이다.

평가 영역

① 문제분석

문제의 성질과 요인을 파악하기 위하여 다양한 정보 수집 방법과 의사 결정 방법을 활용한다. 평가의 초기에서부터 교육적인 요구를 분석하여 교육적 문제의 범위를 결정하고 그에 따른 수업설계를 실시한다.

② 준거지향 측정

준거지향 측정(Criterion-referenced measurement)은 사전에 설정된 목표를 학습자가 어느 정도 도달했는지를 확인하는 것이다. 일반적으로 말하는 절대평가에 해당한다. 학습자가 해당하는 목표와 내용을 달성했는지를 평가하기 때문에 내용지향, 목표지향, 영역지향 평가라고 불린다.

③ 형성평가

형성평가(formative evaluation)는 수업의 전개 과정에서 수업과 관련하여 사용하고 있는 수업방법이나 수업자료, 프로그램의 적절성과 효과성 등을 분석하여 수업방법과 수업자료, 프로그램을 개선하는 것을 목적으로 한다.

④ 총괄평가

총괄평가(summative evaluation)는 적절성에 대한 정보를 수집한 후 이 정보를 이용하여 향후 지속적인 활용에 관한 결정을 내리는 것을 의미한다.

참고문헌

김종량(1991). 교육공학: 수업공학의 이론 및 실제. 서울: 문음사.

박성익, 임철일, 이재경, 최정임(2003). 교육방법의 교육공학적 이해(제2판). 서울: 교육과학사.

서울대학교 교육연구소(1994). 교육학용어사전. 서울: 하우동설.

이미숙, 이수정, 조보경, 이상아, 조기희(2021). 소규모 초등학교에서의 긍정적 학습경험 분석. 교육과정평가연구, 24(2), 1-25.

조규락, 김선연(2006). 교육방법 및 교육공학. 서울: 학지사.

지현경, 이가영, 김민지, 허선영, 한정윤, 임재원, 정종현(2023). 영어 말하기 학습을 위한 AI 챗봇 활용 학습경험 설계원리 개발. 교육정보미디어연구, 29(1), 31-54.

한국교육공학회(2005). 교육공학 용어사전. 서울: 교육과학사.

한정선, 김영수, 주영주, 강명희, 정재삼, 박성희(2008). 미래사회를 위한 교육방법 및 교육공학. 서울: 교육과학사.

한국교육학술정보원(2023). 디지털 교육백서.

AECT (1977). *The Definition of educational technology*. Washington, DC: AECT.

AECT (2023). *The Definition of educational technology*. Washington, DC: AECT.

Berrien, F. K. (1968). *General and Social Systems*. Rutgers University Press.

Bertalanffy, L. V. (1965). General Systems Theory. *General System, 1*, 1-2.

English, H. B., & English, A. C. (1958). *A comprehensive dictionary of psychological and psychoanalytical terms: A guide to usage*. New York: Longman.

Gagné, R. (1970). *The Conditions of Learning* (2nd Ed.). New York: Holt, Rinehart and winston.

Gagné, R. M., & Briggs, L. J. (1974). *The principles of instructional design* (1st Ed.). New York, NY: Holt.

Galbraith, J. K. (1967). *The New Industrial State*. Boston: Houghton Mifflin.

Heinich, R., Molenda, M., Russell, J. D., & Smaldino, S. E. (1996). *Instructional media and the new technologies of instruction*. Englewood Cliffs, NJ: Prentice-Hall Inc.

Rothwell, W. J. (1996). *ASTD models for human performance improvement: Roles, competencies, and outputs*. Alexandria, VA: American Society for Training and Development.

Saettler, P. (1990). *The Evolution of American Educational Technology*. Englewood, Colorado: Libraries Unlimited.

Seels, B., & Rechey, R. C. (1994). *Instructional Technology: The definition and domains of the field*. Washington, DC: AECT. 김영수, 한정선, 강명희, 정재삼(역)(1995). 교수공학: 정의와 영역. 서울: 교육과학사.

Stolovich, H., & Keeps, E. (1992). *Handbook of human performance technology*. San Francisco: Jossey-Bass.

CHAPTER 02 교육공학과 교육혁신

이 장에서는 교육공학이 어떻게 교육혁신에 기여할 수 있는지 살펴보고자 한다. 먼저 교육공학과 교육혁신이 어떤 관계에 있는지 이해하고, 놀이형 우물 펌프 프로젝트, 알트스쿨, 미네르바 대학과 같은 국내외 교육혁신 사례를 통해 실제 적용된 모습을 살펴본다. 또한 에듀테크(EdTech)를 수업에 성공적으로 활용하기 위한 방법과 교사가 갖추어야 할 핵심 역량에 대해서도 함께 생각해 보자.

주요내용

1. 교육공학과 교육혁신의 관계
2. 교육혁신 사례분석
3. 에듀테크의 성공적인 활용과 교사의 역량

심화학습 OCW vs. MOOC

학습목표

1. 교육혁신이 성공하기 위해서는 교육공학적 접근이 필요함을 설명할 수 있다.
2. 교육적 문제 해결을 위한 교육혁신의 사례를 분석할 수 있다.
3. 학습자 중심의 수업을 위해 필요한 에듀테크 활용 사례를 분석하고, 미래 교사로서 에듀테크를 활용해 학습 격차를 해소하는 방안을 제시할 수 있다.

1. 교육공학과 교육혁신의 관계

교육공학의 개념은 '교육의 방법론적 문제를 해결하기 위해서 과학적 지식 혹은 일반적으로 조직화된 지식을 적용하는 실용학문'이다. 교육공학은 교수·학습의 효과성을 극대화하는 학문이지만, 그 적용 범위는 교육을 넘어 다양한 사회적 문제

해결로 확장될 수 있다. 특히, 기술적 접근을 통해 개발도상국의 교육 환경을 개선하는 교육혁신을 하거나, 생활 속 문제를 해결하려는 시도는 교육공학자들에게 중요한 연구 분야이다. 그 하나의 사례인 스탠퍼드 대학교(Stanford University)의 폴 김(Paul Kim) 교수는 아프리카 물 부족 문제를 해결하기 위한 혁신적인 아이디어를 제안하였다. 그는 어린이들의 놀이 활동을 활용하여 지속 가능한 물 공급 체계를 구축하고자 했으나, 이 프로젝트는 기대했던 성과를 거두지 못한 채 실패로 귀결되었다. 놀이형 우물 펌프 사례를 통해 교육혁신의 교육공학적 접근이 지닌 한계를 분석하고, 지속 가능한 혁신을 위한 시사점을 도출하고자 한다.

1) 놀이형 우물 펌프 사례

(1) 개요

아프리카의 농촌 지역에서는 깨끗한 식수를 얻기 위해 먼 거리를 걸어야 하는 경우가 많다. 특히, 여성과 어린이들이 하루에도 몇 차례씩 물을 길어 나르는 것은 일상적인 노동으로 자리 잡고 있다. 폴 김 교수는 이 문제를 해결하기 위해 놀이와 물 공급을 결합한 놀이형 우물 펌프(play-based water pump)를 설계하였다. 놀이형 우물 펌프는 회전목마(merry-go-round)나 시소(see-saw)와 같은 놀이 기구와 물 펌프 장치를 결합한 형태로, 어린이들이 놀이 기구를 타면서 자연스럽게 지하수를 퍼 올리는 방식으로 설계되었다. 이는 다음과 같은 기대효과를 갖고 있었다.

- 놀이를 통한 지속적 동기 부여: 어린이들이 놀이를 즐기는 과정에서 자발적으로 물을 퍼 올리게 한다.
- 물 공급의 효율성 향상: 기존의 핸드펌프 방식보다 더 많은 양의 물을 보다 쉽게 얻을 수 있도록 한다.
- 지역사회 참여 확대: 놀이 기구를 마을의 중심 공간에 배치함으로써, 공동체의 협력을 유도하고 교육적 효과까지 제공한다.

[그림 2-1] 플레이 펌프 모습

출처: 국민과 함께 하는 '열린 환경 혁신': 한국환경산업기술원(2018.03.05.)

이러한 개념은 놀이와 학습을 결합하는 교육공학적 접근의 대표적인 사례로 주목받았다. 그러나 실질적인 적용 과정에서 예상치 못한 문제들이 발생하면서 프로젝트는 성공적인 정착에 실패하였다.

(2) 실패 요인

① 놀이의 지속성 부족과 동기 유발 실패

본 프로젝트의 핵심 가정은 어린이들이 지속적으로 놀이를 즐기면서 물을 퍼 올릴 것이라는 점이었다. 그러나 실제로 어린이들은 초기에는 흥미를 보였으나, 반복적인 놀이가 노동처럼 느껴지면서 점차 놀이 기구 이용을 꺼리게 되었다. 이는 학습 동기 이론에서 말하는 내재적 동기(intrinsic motivation)와 외재적 동기(extrinsic motivation)의 불균형에서 비롯된 문제였다. 처음에는 놀이 그 자체가 흥미로운 요소로 작용했으나, 놀이의 결과가 특정한 목적(물 공급)과 연결되면서 놀이가 의무적인 활동으로 변하게 되었다. 특히, 어린이들은 놀이를 하는 이유가 '재미'보다는 '물 공급'이라는 기능적 역할로 전환되는 순간, 본래의 흥미를 잃고 놀이를 지속하지 않게 되었다. 이는 놀이를 학습과 연결할 때, 단순한 기술적 결합만으로는 학습자의 지속적 참여를 유도하기 어렵다는 점을 시사한다.

② 지역사회와의 협력 부족

본 프로젝트는 교육공학적 혁신으로 주목받았지만, 실제 사용자였던 지역 주민들의 의견이 충분히 반영되지 않았다. 특히, 물을 필요로 하는 주 이용층은 성인이었음에도 불구하고, 프로젝트는 어린이들을 중심으로 설계되었다. 그러나 성인들은 놀이형 펌프를 물 공급의 효율적인 수단으로 인식하지 않았으며, 이를 대체할 전통적인 방식(핸드펌프나 우물)으로 다시 회귀하는 경향을 보였다.

또한, 놀이 기구의 유지보수 문제도 지역사회의 협력 부족으로 인해 해결되지 않았다. 놀이 기구는 지속적인 사용으로 인해 마모되었으며, 부품 교체나 정비가 필요한 상황에서도 이를 직접 수리할 수 있는 인력이나 기술이 부족하였다. 그 결과, 많은 놀이형 우물 펌프가 방치되거나 폐기되는 상황이 발생하였다. 이는 기술적 혁신이 지속 가능하기 위해서는 지역사회의 적극적인 참여와 협력이 필수적이라는 점을 보여준다.

③ 기술적 지속 가능성 문제

놀이형 우물 펌프는 기계적 장치가 결합된 구조였기 때문에, 시간이 지나면서 부품이 마모되거나 고장이 발생할 가능성이 컸다. 그러나 아프리카의 농촌 지역에서는 이러한 기계를 유지·보수할 수 있는 기술 인력이나 예비 부품을 구하기 어려웠다. 결국, 몇 개월이 지나면서 상당수의 놀이형 우물 펌프가 고장났으며, 마을 주민들은 이를 수리할 방법을 찾지 못한 채 기존의 물 공급 방식으로 돌아가게 되었다.

기술적 지속 가능성(sustainability)이 부족한 상태에서 도입된 혁신은 단기적으로는 긍정적인 변화를 가져올 수 있지만, 장기적으로 유지되지 못할 경우 오히려 더 큰 문제를 초래할 수 있다. 이는 교육공학적 설계에서도 마찬가지로 적용되며, 혁신적 기술이 지속 가능한 방식으로 운영될 수 있도록 사전 검토가 필요함을 시사한다. 교육공학적 접근을 활용한 혁신이 성공하기 위해서는 단순한 기술적 해결책을 넘어, 처한 상황에 최적의 해결책이 될 수 있도록 사용자들의 요구를 포함하여 인간의 행동, 지역사회 협력, 지속 가능한 운영 방식이 유기적으로 결합되어야 함을 본 사례는 잘 보여준다. 즉, 교육공학의 체제적 접근과 처방적 접근의 관점을 적용해서 문제해결을 해야 한다.

2) 멕시코 농업 모바일 교육 프로그램(SMILE) 사례

폴 김(Paul Kim) 스탠퍼드 대학교 교육대학원 부학장은 21세기 교육 혁신의 한 사례로 멕시코 농부들과 그들의 자녀를 위한 모바일 교육 프로그램을 소개하였다. 이 사례는 첨단 기술보다 현지 환경과 사용자 특성을 고려한 기술 활용의 중요성을 보여준다.

(1) 배경 상황

멕시코 농부들은 대부분 교육 수준이 낮아 새로운 농업 기술이나 정보를 얻기 어려운 환경에 처해 있었다. 또한 농부들은 자녀들을 농업을 돕는 일손으로 여겨 학교 교육에 부정적인 입장을 보였다. 이러한 상황에서 농촌 지역 아이들의 교육 기회는 제한적일 수밖에 없었다.

(2) 프로그램의 특징

① 게임 형식의 교육 접근

농부들의 흥미를 유발하고 아이들의 참여를 독려하기 위해 농업을 주제로 한 게임 기반 모바일 프로그램을 개발하였다. 특히 "농업 시뮬레이션(farming simulations)" 콘텐츠를 포함하여 농사 의사결정 과정(자원 배분, 생산성 개념 등)을 놀이를 통해 자연스럽게 학습할 수 있도록 설계하였다. 이러한 접근은 부모들이 자녀의 학습에 대해 갖고 있던 반대 의견을 해소하는 데 효과적이었다.

② 열악한 환경에 맞춤형 학습 시스템

전기와 통신 환경이 열악한 농촌 지역의 특성을 고려하여 교사가 없는 환경에서도 운영 가능한 SMILE(Stanford Mobile Inquiry-based Learning Environment) 구조를 활용하였다. 이 시스템은 학습자들이 스스로 질문을 만들고 서로 평가하며, 현지 농사 상황과 같은 실생활 맥락 문제를 질문으로 만들어 해결하도록 구성되었다. 네트워크 연결 문제는 스마트폰과 무선 라우터를 활용한 오프라인 로컬 네트워크 구성을 통해 해결하였다.

③ 프로그램의 성과

이 프로그램을 통해 멕시코 농부들의 자녀들은 새로운 학습 기회를 얻게 되었다. 동시에 농부들은 언제 어디서나 새로운 농업 기술을 습득할 수 있게 되어 농작물 생산량 증가와 소득 향상이라는 실질적인 효과를 거두었다.

④ 교육적 시사점

농부들은 스마트폰으로 작물 병해충이나 영농 기술에 대한 사진과 질문을 올리고, 다른 농부나 전문가가 답변을 제공하면서 집단 지성을 활용한 지식 공유가 이루어진다. 이는 스마트폰 보급률이 높아진 개발도상국 농촌 지역에서 저렴하고 접근하기 쉬운 모바일 기기를 통해 교육 소외 계층의 학습 기회를 확대할 수 있음을 보여준다. SMILE 프로그램은 일방적인 강의식 교육에서 벗어나 학습자가 스스로 질문을 만들고 답을 찾아가는 과정을 통해 비판적 사고와 협력적 문제 해결 능력을 기르도록 하여, 21세기 교육의 새로운 방향성을 제시한다.

폴 김 교수는 이 사례를 통해 "최신 기술이 반드시 첨단일 필요는 없으며, 중요한 것은 주어진 환경에 맞춰 사람들에게 실질적인 도움을 주는 방식으로 기술을 활용하는 것"이라고 강조하였다. 이는 교육 기술을 도입할 때 기술 자체의 첨단성보다는 학습자의 환경과 필요를 우선적으로 고려해야 함을 시사한다.

2. 교육혁신 사례 분석

교육 혁신의 사례로 최신의 IT 기술을 학교 시스템에 접목하여 많은 학부모들과 학생들의 관심을 받게 된 사례인 알트스쿨과 미네르바 대학을 살펴보고자 한다.

1) 알트스쿨(Alt School)

(1) 개요

알트스쿨은 2013년 구글의 수석 엔지니어였던 맥스 벤틸라(Max Ventilla)가 설립한 학교로 '테크 퍼스트(Tech First)'를 지향하는 학교였다. 마크 저커버그(Mark Zuckerberg)와 프리실라 챈(Priscilla Chan) 페이스북 창업자 부부를 비롯해 피에르 오미디야르(Pierre Omidyar) 이베이 창업자, 로렌 파월 잡스(Laurene Powell Jobs: 고 스티브 잡스의 아내) 등 실리콘 밸리의 유명 인사들이 총 1억 달러(약 1,140억 원) 이상 투자했다. 개교 4년 만에 캘리포니아와 뉴욕에 8개교를 열었고, 버지니아와 플로리다에 있는 유명 사립학교 3곳도 알트스쿨 시스템을 채택했다.

맥스 벤틸라 알트스쿨 창업자는 "교육이야말로 맞춤형 테크놀로지가 필요한 분야"라고 강조했다. 이 학교는 데이터를 분석하여 학생들이 무엇을, 어떻게 공부해야 하는지를 결정해야 한다고 생각했다. 이러한 아이디어는 미국, 특히 실리콘 밸리에서는 일종의 교육 혁신처럼 받아들여졌다. 알트스쿨은 개인 맞춤형 교육을 추구하며 학생들의 데이터를 분석하여 각 학생에게 맞는 맞춤형 교육을 제공하는 것을 표방하였다.

(2) 교육시스템

알트스쿨은 교실 분위기, 성적 평가, 학생 관리 등 전반적인 사항이 기술 친화적이다. 숙제와 시험, 출석 체크 등 모든 교과 과정은 앱(모바일 응용프로그램)으로 진행한다.

[그림 2-2] 알트스쿨 학생들의 모습

이 교육 프로그램은 국가에서 나이별로 정해 놓은 획일적인 커리큘럼에서 벗어나 각 학생의 데이터를 면밀히 분석하여 개별 학생의 흥미와 특성에 맞는 맞춤형 커리큘럼을 개발하고 실행하였다.

반 배정 역시 기존의 나이 기준이 아닌 학생의 관심사에 따라 결정되었다. 이로 인해 관심사가 동일한 만 4세부터 14세까지의 다양한 연령대 학생들이 한 교실에서 함께 학습하게 되었다. 학생들은 프로젝트 단위로 협력하며 공부하는 방식을 통해 나이의 경계를 넘나드는 학습 공동체를 형성하였다.

학생이 교실에 들어오면 가장 먼저 개인 태블릿을 통해 자신만의 학습 플레이리스트(Play list)를 확인한다. 이 플레이리스트에는 학생의 수준과 관심사에 맞게 선정된 다양한 토픽들과 그에 따른 구체적인 과제들이 체계적으로 제시되어 있다. 학생들은 이를 바탕으로 자기주도적 학습을 진행하게 된다. 학생은 교사와 의논하여 자신의 과제를 정한 뒤 개인 학습과 그룹 학습을 진행하게 된다. 1년 내내 시험도 치지 않고, 평가는 교사-학생 사이의 피드백을 통해 수시로 이루어진다. 알트스쿨의 교실에는 수많은 카메라들이 있어서 학생들의 학습 형태와 태도가 모두 녹화되며 교사는 수업이 끝난 후 이 영상을 보면서 다음 수업에 대한 피드백을 얻게 된다. IT 전문가가 교직원의 3분의 1을 차지하였다.

이 영상은 중앙 관리실로 보내져 교사들과 프로그래머들이 커리큘럼을 설계하고 개별 프로그램을 개발하는 자료로 쓰이게 된다. 이렇게 수집된 데이터로 학습플랫폼을 만들고 다른 학교에 보급하는 것이 알트스쿨의 궁극적인 목표였다. 하지만, 알트스쿨은 사람들의 기대와 달리 문을 닫게 되었다.

(3) 실패요인

2017년 가을, 학생 수 감소로 인해 2곳의 학교가 문을 닫았다. 아홉 곳의 알트스쿨 중 5개 학교는 폐교되었으며 남은 네 개 학교는 다른 교육기관에 인수되었다. 알트스쿨의 가장 큰 문제는 학생들의 기초 학습능력 저하와 인터넷 베끼기로 과제를 제출하는 등의 문제였다.

공립학교와 알트스쿨에서 모두 근무한 경력이 있는 교사 폴 프랑스(Paul France)는 “처음 알트스쿨에 왔을 당시 개인 맞춤형 학습 방식에 흥미를 느꼈지만, 지금은 해당 교육법에 의문이 든다”며 “알트스쿨에서 진행되던 기술 기반의 동영상 및 기타 콘텐츠 수업이 교육자들의 좋은 교육방식을 훼손했다”고 밝혔다. “학교가 수업의 질보다 교육소프트웨어 개발에 집중해 수익을 창출하려 했다”며 “아이의 학습과정이 교육소프트웨어의 데이터로 쓰이며 마치 실험실의 기니피그 취급을 받은 것 같다”고 비판했다. 사람들의 기대를 한 몸에 받던 알트스쿨은 왜 실패하게 되었을까?

2) 미네르바 대학(Minerva University)

(1) 개요

미네르바 대학은 2012년 벤치마크 캐피털로부터 벤처 자금을 받아 설립된 미국 캘리포니아주 샌프란시스코에 본거지를 둔 사립 대학이다. 이 대학은 기존 대학교육의 문제점을 해결하고자, 학생들이 전 세계의 다양한 도시에서 살면서 온라인으로 수업을 듣고, 실제로 현지에서 생활하며 배우는 혁신적인 교육방식을 적용하고 있다. 미네르바 대학교는 샌프란시스코, 서울, 하이데라바드, 베를린, 부에노스아이레스, 런던, 타이베이시에 시설을 두고 있다. 미네르바 대학교는 다른 대학교와 달리 대학 시험이 없으며 추천서 같은 것을 받지 않는다.

미네르바의 입학 과정에서는 학생들이 챌린지를 통과하고 학창 시절 성취를 평가받은 후 합격 여부가 결정된다. 미네르바 대학의 전공은 총 5개의 학부 전공으로 경영학, 예술과 인문학, 컴퓨터 과학, 자연과학, 그리고 사회과학이 있으며 2학년 때 전공을 정한다.

(2) 교육시스템

미네르바 대학은 물리적인 교실이 있는 캠퍼스가 없는 대학으로, 전 세계의 학생들이 온라인 네트워크망을 캠퍼스 삼아 모든 강의가 100% 온라인으로 진행된다. 온라인 강의는 온라인 포럼을 활용하여 이루어지는데, 각 온라인 학습 포럼의 학습자는 20명을 넘지 않도록 하며 학습자들의 발표와 의견 제시가 빈번하게 이루어질 수 있다.

[그림 2-3] 미네르바 대학의 학습시스템과 학생들의 모습

출처: https://economist.co.kr/article/view/ecn201701080002

미네르바 대학의 모든 강의는 사전 녹화본이 아닌 실시간 화상수업을 지향하며 학생들과 쌍방향 소통이 가능하다는 장점이 있다. 교수는 온라인상에서 팀을 구성할 수 있으며, 학습자들은 이를 바탕으로 원격에서 온라인 팀 협동학습을 수행할 수 있다.

토론식 수업과 협동 학습을 통해 학습자들이 만들어내는 산출물은 프로젝트나 보고서 등의 다양한 형태로 나타난다.

이러한 학습 환경에서 학습자들의 성과에 대한 평가는 기존의 A, B, C, D와 같은 등급 구분을 통한 상대 평가 방식과는 다르게 이루어진다. 대신 학습 수행 과정, 과제 완성도, 발표 능력 등에 대한 전반적이고 종합적인 평가가 실시된다.

이러한 평가 방식의 가장 큰 장점은 단순한 성적 줄 세우기에서 벗어나 학습자 개개인의 성취를 다면적으로 평가할 수 있다는 점이다. 학습자는 자신의 강점과 발전 영역을 구체적으로 파악할 수 있으며, 동시에 학습에 대한 동기와 자신감을 높일 수 있다.

3) 교육혁신의 실패 vs. 성공사례 분석

알트스쿨(Alt School) vs. 미네르바 대학(Minerva University)

이 두 사례의 성공과 실패를 결정하게 된 이유는 무엇일까?

알트스쿨(Alt School)과 미네르바 대학(Minerva University)의 사례는 테크놀로지가 교육적 문제 해결을 위한 도구로 활용될 때만 효과적이며, 단순히 최신 기술을 도입한다고 해서 교육적 성공이 보장되지 않는다는 점을 잘 보여준다.

① 테크놀로지 중심 vs. 교육적 문제 해결 중심

- 알트스쿨: 맞춤형 학습을 위해 인공지능(AI)과 데이터 분석을 활용했지만, 기술 자체를 강조하는 데 초점을 맞췄다. 교육 현장의 실제 문제를 해결하기보다는, 개인화된 학습을 위한 기술 개발에 집중하면서 운영 비용이 증가했고, 결국 지속 가능성을 확보하지 못했다.
- 미네르바 대학: 최첨단 온라인 플랫폼을 활용하지만, 테크놀로지는 수업을 효율적으로 운영하고 학습 효과를 극대화하기 위한 도구로 사용된다. 단순한 기술 사용이 아니라 비판적 사고, 문제 해결, 글로벌 경험 등 미래 학습자의 역량을 키우는 교육적 목표를 달성하는 데 기술을 활용했다.

② 테크놀로지가 해결해야 할 교육적 문제의 명확성

- 알트스쿨: "개별 맞춤형 학습"이라는 목표를 내세웠지만, 어떤 교육적 문제를 해결해야 하는지 명확하지 않았다. 개인 맞춤형 교육이 실제로 학생들의 학습 효과를 향상시킬지에 대한 검증 없이 최신 기술을 적용했고, 결과적으로 교육적 효과를 입증하지 못했다.
- 미네르바 대학: "전통적인 대학 교육의 한계를 극복하고, 비판적 사고와 실전 문제 해결 능력을 기르자"는 명확한 교육적 문제를 설정했다. 테크놀

로지는 이 목표를 효과적으로 달성하기 위한 수단으로 활용되었다. 예를 들어, 실시간 토론 기반 수업 운영을 위해 학습 플랫폼을 개발했고, 이를 통해 학생들의 참여와 학습 효과를 극대화했다.

③ 지속 가능성과 확장 가능성

- 알트스쿨: 맞춤형 교육을 위한 기술 개발과 운영 비용이 증가하면서 지속 가능성을 확보하지 못했고, 결국 투자금이 소진되면서 실패했다.
- 미네르바 대학: 기존 대학 시스템의 높은 비용 문제를 해결하기 위해 물리적 캠퍼스를 없애고, 테크놀로지를 활용해 전 세계에서 학습할 수 있도록 했다. 이 접근 방식은 교육의 확장성과 지속 가능성을 높이는 데 기여했다.

알트스쿨은 최신 테크놀로지를 활용하는 것 자체를 목적으로 삼았고, 결과적으로 교육적 문제를 해결하는 데 실패했다. 반면, 미네르바 대학은 교육적 문제를 명확히 정의하고, 이를 해결하기 위한 수단으로 테크놀로지를 활용했기 때문에 성공할 수 있었다.

즉, 테크놀로지는 교육적 문제를 해결하는 도구로서 활용될 때만 효과적이며, 단순히 최신 기술을 도입한다고 해서 교육의 질이 향상되는 것은 아니라는 교훈을 이 두 사례에서 얻을 수 있다.

3. 에듀테크의 성공적인 활용과 교사의 역량

1) 에듀테크의 개념

에듀테크(EdTech)란 교육(Education)과 기술(Technology)의 합성어로, 교육에 ICT를 접목해 기존 교육 서비스를 개선하거나 새로운 서비스를 제공하는 것에 활용되는 기술을 의미한다(계보경 외, 2022). ICT란 Information Communication Technology의 약자로 정보통신기술을 의미한다. 최근 교육 분야에서 주목받고 있는 에듀테크(EdTech)는 다양한 정보통신기술과 교육의 융합을 통해 새로운 학습 경험을 제공하는 서비스를 의미한다.

구체적으로 에듀테크는 인공지능(Artificial Intelligence: AI), 증강현실(Augmented Reality: AR)과 가상현실(Virtual Reality: VR), 사물인터넷(Internet of Things: IoT) 등의 첨단 정보통신기술을 교육과 결합하여 활용하는 것이다.

이러한 기술 융합을 통해 에듀테크는 개별 학습자의 특성과 수준에 맞는 맞춤형 학습을 제공하고, 기존의 교실 환경을 넘어선 확장된 학습 경험을 가능하게 한다. 또한 다양한 계층의 학습자들이 교육에 참여할 수 있도록 지원하는 포용적 교육 서비스를 구현하는 것이 에듀테크의 핵심 특징이라고 할 수 있다(이은상 외, 2021).

에듀테크는 정보통신기술의 발전에 따라 교육의 효율성을 높이고, 학생들의 학습 경험을 개선하는 데 큰 역할을 하고 있다. 특히 코로나19 이후 비대면 교육의 확대로 에듀테크의 급격한 성장을 이루었다.

에듀테크들의 변천사를 기술해 보면, 다음과 같다. 오버헤드프로젝터(Over Head Projector)는 1930년대에 개발되어 1940년대에 상용화되었다. 투사된 이미지를 슬라이드로부터 가져와 화면이나 벽에 크게 투영하는 데 사용되었으며 교실 수업이나 프레젠테이션에서 널리 사용되었다. 카세트테이프(Cassette tape)는 네덜란드 엔지니어 루 오테스(Lou Ottens)가 개발하였다. 1983년 베를린 라디오 전자전시회에서 휴대용 카세트테이프 플레이어가 개발되어 말하기, 듣기, 어학 교육에 활용되었다. 학생들은 수업과 강의 녹음을 한 후 녹음된 강의를 반복하여 학습하기도 하였다.

전자칠판은 최근 교육환경에 있어 새로운 기술의 발달로 등장한 에듀테크로 2000년도 중반, 영국과 미국의 학교를 시작으로 기존의 아날로그 보드와 빔프로젝터를 대체할 기기로 사용되었다.

칸 아카데미(Khan Academy)는 2006년 살만 칸(Salman Khan)이 만든 비영리 교육 서비스이다. 누구나 어디서나 무료 튜토리얼을 제공하는 대규모 온라인 학습 플랫폼인 칸 아카데미는 살만 칸이 그저 어린 사촌의 초등학교 6학년 수업을 도와주려고 시작한 것이 계기가 되었다. 어린 사촌에게 수학을 가르치기 위해 일대일 튜토리얼을 제공하는 초창기부터 시작해 한 달에 약 3,000만 명의 사용자가 이용하게 되면서 현재는 초·중·고교 수준의 수학, 화학, 물리학부터 컴퓨터 공학, 금융, 역사, 예술까지 4,000여 개의 동영상 강의를 제공하고 있으며 미국 내 2만여 개 학급에서 교육자료로 쓰이고 있다. 살만 칸은 “교육은 사치재가 되어서는 안 된다. 기술의 발달로 전 세계의 누구든지 무료로 교육의 혜택을 누릴 수 있어야 한다”라고 주장하며 칸 아카데미를 무료로 운영하고 있다.

칸 아카데미 이후 온라인 교육 플랫폼이 확산되었다. 대규모 온라인 수업이 보편화되면서 2010년대에 수천 명의 학생들이 무료로 온라인 강의를 수강할 수 있게 되었고, 코세라(Coursera), 에드엑스(edX), 유다시티(Udacity) 등의 대규모 온라인 공개 강좌가 새로운 교육형태로 자리 잡았다. 2012년 뉴욕타임스(New York Times)는 이 해를 무크(Massive Open Online Course: MOOC)의 해로 명명하였다(Pappano, 2012).

코로나로 메타버스(Metaverse)가 다시 등장하였다. 메타버스는 가상세계와 현실세계의 경계를 넘나드는 공간을 의미한다. 이 용어는 1992년 닐 스티븐슨(Neal Stephenson)의 SF 소설 ‘스노우 클래시(Snow Crash)’에서 처음 사용되었다. 메타버스는 실제 생활에서 체험하지 못하는 것을 가상현실에서 경험하도록 학습경험을 지원하는 기술로 코로나 기간에 신입생 환영회, 신입사원 입문교육, 채용 면접 등에 활용되었다.

2) 에듀테크의 장단점

정보통신기술과 에듀테크의 발달은 교육에 큰 영향을 끼쳤다. 에듀테크의 발전으로 전통적인 교육의 문제점을 줄이거나 해결할 수 있다. 에듀테크로 인해 학생들이 더 많은 정보를 빠르게 얻을 수 있으며 학생들이 더욱 흥미롭게 학습하도록 도울 수 있다. 예를 들어 학생들은 인터넷을 통해 원하는 장소에서 쉽게 수많은 정보를 얻을 수 있으며, 이를 통해 학습 효율성을 높일 수 있었다. 학생들은 게임을 통해 즐겁게 학습할 수 있게 되었다. 이처럼 에듀테크는 교육의 대중화(양질의 교육을 더 많은 사람들에게), 교육효과의 극대화(학습을 보다 효과적으로), 교육과 일상생활의 결합(실생활에 활용이 가능)을 목적으로 하고 있다(홍정민, 2023).

에듀테크의 활용은 다음과 같은 장점을 가질 수 있다.

- 개인화된 학습 지원: 학생들의 학습 경로를 개인화하여 학생들의 학습효과를 극대화할 수 있다.
- 학습 분석: 학생들의 학습 상황을 분석하여 학생들에게 최적화된 학습 경로를 제공할 수 있다.
- 학습 피드백: 학생들의 학습에 대한 피드백을 제공하여 학생들의 학습 효과를 높일 수 있다.
- 다양한 학습방식 경험: 가상현실(VR), 메타버스, 인공지능 등을 활용하여 학생들이 다양한 학습 방식을 경험할 수 있다.

에듀테크의 활용은 다음과 같은 단점도 가질 수 있다.

- 기술적 문제: 기술적 문제가 발생함에 따라 학생들의 학습에 지장을 줄 수 있다.
- 비용: 에듀테크의 도입 및 관리에는 많은 비용이 들 수 있다.
- 교수자의 활용 미숙: 교수자들이 에듀테크를 활용하는 데 미숙할 경우 학생들의 학습에 부정적인 영향을 미칠 수 있다.
- 개인정보 보호: 학생들의 개인 정보 보호의 문제, 학부모와 교사들의 개인정보 관리의 보안 문제는 해결해야 할 과제로 논의되고 있다.

3) 에듀테크와 함께하는 학습자 중심의 학습과 교사의 역량

(1) 에듀테크와 함께하는 학습자 중심의 학습

에듀테크는 전통적으로 학습자의 학습 목표가 아닌 교수자의 교수 목표를 지원하기 위해서 사용되어 왔다. 즉 에듀테크는 학습자가 아니라 교사를 위해서 쓰여왔다라고 할 수 있다. 예를 들어, 교사가 학생들에게 설명하기 위한 내용을 전달하는 수준으로 빔 프로젝터를 통해 파워포인트를 사용해 왔다. 최근 교육 현장에서는 수업이나 학습의 주체가 교사에서 학습자로 변화하는 구성주의 학습이론의 흐름이 주요한 트렌드로 자리잡고 있다.

이러한 교육 패러다임의 변화를 반영하여 에듀테크 역시 교사 중심이 아닌 학생 중심으로 활용되어야 한다. 구체적으로 에듀테크는 학생들이 자신의 이해 수준을 스스로 표현하고, 학습을 통해 습득한 지식을 능동적으로 재구성할 수 있도록 지원하는 도구로 사용되는 것이 바람직하다.

즉, 에듀테크는 단순히 교사의 수업 도구가 아니라 학생들이 주도적으로 학습하고, 자신만의 방식으로 지식을 구성해 나가는 과정을 돕는 학습자 중심의 매체로 활용되어야 한다는 것이다. 이러한 관점에서 테크놀로지 활용의 목적은 학습자의 입장에서 재정의되어야 한다. 기존의 교사 중심적 기술 활용에서 벗어나 '에듀테크와 함께 하는 학습'으로 패러다임이 변화해야 한다고 강조된다(이영주 외, 2014).

에듀테크의 활용과 에듀테크와 함께하는 학습의 예를 살펴보면 다음과 같다.
A 수업의 경우 독도에 대한 조사 활동지라고 되어 있는데, 참고 사이트를 제시하고 있고 문제를 보면 독도의 위치를 찾아 표시하고 주소를 쓰라는 문제가 있다. 그리고 독도의 기후와 동식물의 종류를 작성하도록 제시하고 있다. B 수업의 경우 독도 여행 계획을 수립하도록 하는 활동지를 만들어 제시하였다. 이 둘 중에서 학습자의 입장에서의 학습을 지원하기 위한 에듀테크의 활용은 어느 쪽일까? 그리고 이유는 무엇이라고 생각하는가?

A 수업의 경우, 독도의 위치나 서식하는 식물을 단순히 웹에서 검색해 적는 활동지는 스마트 기기를 활용하더라도 학습자의 의미 있는 학습을 유발하기 어렵다. 수집된 정보를 활용하는 적극적인 학습 경험을 할 수 있도록 활동지를 만드는 것이 학습자 중심의 학습을 지원하는 활동이라고 할 수 있다.

학교의 수업시간에 학생들에게 정보 검색을 하도록 하는 경우 정보 검색을 통해 찾은 수집된 정보를 그대로 적도록 하는 것은 학습을 유발하지 않는다는 것이다. 유의미한 학습을 위해서는 수집된 정보를 효과적으로 활용할 수 있도록 학습 경험을 설계해야 한다. 즉 정보를 수집할 때는 분명한 목적성과 의도성을 가지고 찾은 다음에 그 찾은 정보를 어떻게 활용하면 좋을지, 학습자의 학습 경험을 넓혀 주기 위해 어떤 수업 설계가 필요한지를 고민할 필요가 있다.

미래의 학습자가 갖추어야 할 역량은 무엇인가? 21세기 학습자들에게 요구하는 역량은 4C라고 한다. 미국에서는 2002년에 발족한 21세기 기술을 위한 파트너십(Partnership for 21st Century Skills)이라는 특별 위원회가 미국의 애플, 마이크로소프트, 인텔 등 여러 대기업들이 주도하고 교육기관들도 참여하고 미국 교육위원회가 후원해서 결성되었다. 여기서 정의한 미래의 핵심역량이 C로 시작하는 4C인 비판적 사고(Critical Thinking), 의사소통(Communication), 협력(Collaboration), 창의성(Creativity)이다.

학습자가 이 4가지의 역량을 향상하는 데 도움이 될 수 있는 학습 활동을 지원하는 것이 학습자 중심의 학습이라고 한다.

에듀테크와 함께하는 학습자 중심의 학습은 다음과 같다(이영주 외, 2014).

- 학습자 스스로 이해한 수준의 지식을 재구성하기 위해서
- 학습자들의 분명한 의사표현을 위해서
- 학습자들의 경쟁이 아니라 협동을 위해서
- 체험학습을 지원하기 위해서
- 교수자와 학습자, 학습자와 학습자 간의 상호작용을 통한 학습지원을 위해서
- 학습자들이 반성적 사고(Reflective Thinking)를 위해서 에듀테크를 활용해야 된다.

(2) 미래 교사의 역량

학습자 중심의 학습을 할 수 있도록 교사가 갖추어야 할 역량은 무엇인가? 기존에는 교사가 내용 전문가로서 특정 지식을 갖추고, 이를 어떻게 가르칠지에 대한 교수설계 지식을 강조했다. 하지만 이제는 학습자들이 기술을 활용하여 유의미한 학습을 할 수 있도록 돕는 테크놀로지 지식 역시 교사가 갖추어야 할 새로운 역량으로 중요해지고 있다(김현진 외, 2024; 박기현 외, 2023).

- 내용지식(Content Knowledge, CK): '무엇을 가르칠 것인지'에 대한 지식, 핵심 개념, 원리, 이론 등 특정 교과 내용에 대한 지식을 의미한다.
- 교수지식(Pedagogical Knowledge, PK): '어떻게 가르칠 것인지'에 대한 지식, 교육의 목적, 가치, 목표 등을 포함하는 전반적인 교수학습방법 및 전략에

관한 지식을 의미한다.

- 테크놀로지 지식(Technological Knowledge, TK): 효과적인 교수학습을 지원하기 위해 다양한 테크놀로지를 선정하고 활용할 수 있는 지식을 의미한다.

교수자는 "어떤 기술을 쓸 것인가"보다 "어떤 교육을 할 것인가"를 고민해야 한다. 기술(테크놀로지) 자체는 모든 교육의 문제를 해결할 수 없기 때문이다.

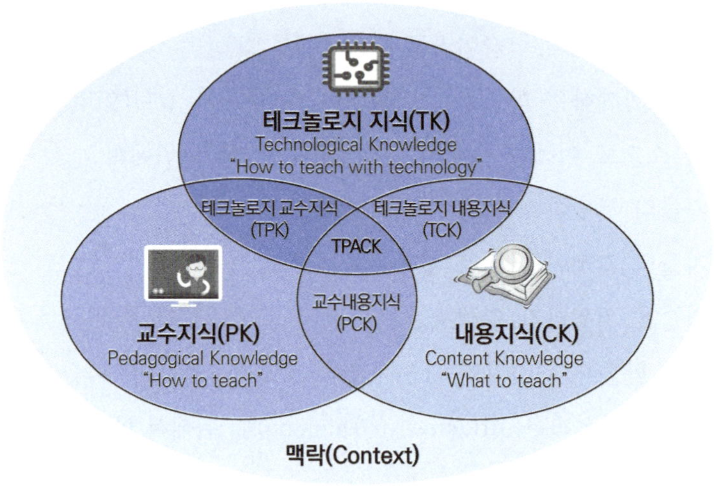

[그림 2-4] Mishra와 Koehler(2006)가 제시한 TPACK 개념의 틀

출처: https://edtechbooks.org/edutechlearningscienceskorean/_tpack_technological_pedagogical_and content_knowledge

심화학습

◈ OCW vs. MOOC

성찰 질문

- 교육공학적 관점에서 교육적 문제를 해결하기 위한 교육혁신의 사례를 찾아 보자.
- 교육혁신의 성공과 실패사례를 결정하는 공학적 접근의 특성이 무엇인지 논의해 보자.
- 수업이나 학습의 문제를 공학적인 차원에서 해결하려는 노력으로, 에듀테크나 새로운 교육 방법이 성공적으로 활용된 사례들이 있다. 고등교육 기회를 얻지 못한 일반인들을 위해 오픈코스웨어(OpenCourseWare: OCW)와 대규모 온라인 공개강좌(Massive Open Online Course: MOOC)가 주목받고 있다. 이 둘의 공통점과 차이점은 무엇일까?

OCW(Open Course Ware)

OCW 프로젝트는 2001년 미국 MIT에서 시작된 대학 수업 자료를 인터넷을 통해 공개하는 교육방식이다. 이 프로젝트는 대학에서 진행되는 강의자료, 시험지, 과제 등을 무료로 공개하는 서비스로 대부분 크리에이티브 커먼즈 라이선스(Creative Commons License: CCL)가 적용되어 누구나 활용할 수 있는 '온라인 강의 공개 서비스'를 의미한다. OCW는 2000년대 초 국경과 계층을 넘어 누구나 고등교육의 기회를 가질 수 있도록 하기 위한 교육자원공개운동(Open Educational Resources Movement: OER)의 일환으로 시작되었다. OER 운동은 교육을 더욱 보편화시키는 데 중점을 두고 있다. 데이비드 윌리(David Wiley)는 1998년에 '오픈 콘텐츠'라는 용어를 만들었으며 OER은 2002년 유네스코(UNESCO)가 주최한 개발도상국 대학의 오픈 코스웨어의 영향에 관한 포럼에서 처음 사용되었다. 2007년 9월 케이프타

운에서 열린 회의를 통해 2008년 1월 22일 케이프타운 오픈 교육 선언문이 발표되었다. OER 운동은 교육자원을 무료로 제공함으로써 교육의 보편화를 추구하고 있으며, 이를 통해 교육의 질을 높이고 교육의 기회를 더욱 폭넓게 제공하고자 하였다.

MOOC(Montebello, Montebello, 2018)

MOOC는 Massive Open Online Course의 약자로, 대규모 온라인 공개강좌 또는 개방형 온라인 강좌로 번역된다. 2008년 처음 등장한 MOOC는 언제 어디서나 대학 강의를 들을 수 있다는 것이 가장 큰 특징이다. 접근성, 학비, 불편함 등 다양한 문제로 학업이 불가능했던 사람들에게 시간과 장소의 제약 없이 관심 있는 수업을 선택하여 학습할 수 있는 기회를 제공하였다. MOOC는 기존 이러닝의 문제였던 높은 중도 탈락률이나 평가와 관련된 문제 이외에도, 교수자가 학습자 개개인에게 맞춤화된 평가와 피드백을 제공하는 데 따른 현실적인 어려움을 다양한 방법으로 해결하려는 노력을 보였다. 대규모 사용자를 대상으로 제공하는 블로그나 위키와 같은 도구를 활용하기도 하고 소셜 미디어, 실시간 미팅, 투표, 공동 작성, 라이브 설문조사와 같은 상호 참여적인 수업으로 양방향 학습과 토론 게시판, 커뮤니티를 중심으로 수업을 진행한다. 학생, 조교, 교수 사이의 커뮤니티를 통해 질문과 생각을 공유하며 피드백하고, 토의·토론을 진행하기도 한다. 일부 프로그램의 온라인 커리큘럼은 학점으로 인정되기도 하며, 학위를 수여받을 수도 있다.

대표적인 MOOC 플랫폼으로는 코세라(Coursera), 에드엑스(edX), 유다시티(Udacity), 유데미(Udemy) 등이 있다. 세계적으로 유명한 MOOC의 특징 및 수강생 현황은 다음과 같다.

〈표 2-1〉 MOOC 플랫폼의 특징과 장단점

명칭	특징
코세라 (Coursera)	Coursera는 세계적인 대학과 기업에서 제공하는 강좌, 자격증 및 학위를 제공하는 온라인 학습 플랫폼으로 2012년 스탠퍼드 대학교의 앤드류 응(Andrew Ng) 교수와 대프니 콜러(Daphne Koller)가 설립한 플랫폼이다. 2021년 기준, 세계에서

명칭	특징
	600만 명이 넘는 수강생이 등록했다. 또한, 전 세계적으로 250만 명 이상의 수강생이 있는 브라운 대학, 컬럼비아 대학, 스탠퍼드 대학 등 16개국 62개 대학에서 만든 300여 개 수업이 등록되어 있다. MOOC의 강좌 분야는 과학, 예술 및 인문학, 정보과학, 비즈니스, 수학 등 다양하다. 30%의 과학, 28%의 예술 & 인문, 13%의 비즈니스, 6%의 수학 수업이 제공되고 있다.
에드엑스 (edX)	edX는 하버드 대학교와 매사추세츠 공과대학교(MIT)의 학술적 지원을 받아 2012년에 설립된 회사이다. edX는 세계적인 대학 및 기관에서 제공하는 강좌, 자격증 및 학위를 제공하는 또 다른 온라인 학습 플랫폼이다. 컴퓨터 과학, 공학, 인문학 등 다양한 분야의 강좌를 제공한다. edX의 강좌는 세계 최고의 대학 교수진에 의해 가르쳐지며, 여러 언어로 제공된다. edX는 전 세계 190개국으로부터 3,500만 명 이상의 등록 학생을 보유하고 있다.
유다시티 (Udacity)	스탠퍼드 대학교의 교수이자 구글의 부사장 출신인 세바스찬 스런(Sebastian Thrun)과 그의 동료들이 설립한 플랫폼이다. 인공지능에 대한 강의를 시초로 현재는 컴퓨터 과학, 데이터 과학, 인공지능 등의 강좌를 제공한다. 실제 산업에서 활용할 수 있는 기술을 기초부터 심화 내용까지 제공하고 있기 때문에 입문자부터 숙련자까지 학습자 본인에게 맞는 강의를 선택할 수 있다. 구글이나 마이크로소프트, 인텔 등 여러 우수한 기업들과 협업하여 보다 나은 강의를 들을 수 있다. 특히, 나노 학위(Nano degree)를 등록하게 되면 실제 프로젝트는 물론이고 현업에 종사하는 멘토들의 도움을 받을 수 있다.
유데미 (Udemy)	Udemy는 2010년 에렌 발리(Eren Bali), 가간 비야니(Gagan Biyani)가 설립한 온라인 교육 플랫폼이다. Udemy는 강의 제작자와 학생 모두에게 강의 제작 및 수강을 위한 플랫폼을 제공하고 있으며 전 세계 15,000개 이상의 회사와 수백만 명의 수강생이 수강하고 있다. Python, Excel, 웹 개발, JavaScript, 데이터 과학, 드로잉 등의 분야의 210,000개 이상의 강의를 보유하고 있다. 무료 강의도 있지만 대부분의 강의가 유료이다. 최신 기술과 전문가 강의를 제공하고 있으며 개인이 강좌를 제작하여 판매도 가능하다.

MOOC에서 사용되는 게이미피케이션[1)] 요소와 상호작용의 대표적인 예시는 다음과 같다.

- 게임적 요소: MOOC에서는 수강생들에게 점수, 랭킹, 배지 등의 게임적 요소를 제공하여 학습 동기를 부여한다. 이러한 게임적 요소는 수강생들의 참여도

* 게이미피케이션(Gamification)이란, 게임이 가진 요소와 원리를 게임이 아닌 분야인 사업, 교육, 마케팅 등의 분야에 적용하여 참가자의 참여와 창조성을 증진시키고 목표 달성을 유도하는 방법이다. 게임처럼 즐거운 환경을 만들어서 참가자들이 목표를 달성하고자 하는 동기부여 증진, 즐거움, 몰입, 적극적 참여 등의 효과를 얻도록 하는 것이다.

를 높이고, 학습에 대한 긍정적인 태도를 형성하는 데 큰 역할을 한다.

- 피드백: MOOC에서는 수강생들에게 학습 결과에 대한 즉각적인 피드백을 제공한다. 이러한 피드백은 수강생들의 학습 동기를 높이고, 학습 효과를 극대화하는 데 도움을 준다.
- 상호작용: MOOC에서는 수강생들 간의 상호작용을 촉진하기 위해 다양한 방법을 제공한다. 예를 들어, 수강생들끼리 토론을 나누거나, 과제를 공유하거나, 팀 프로젝트를 수행하는 등의 방식으로 상호작용을 유도한다.
- 스토리텔링: MOOC에서는 수강생들에게 스토리텔링을 활용하여 학습 동기를 부여한다. 예를 들어, 수강생들이 특정 주제에 대한 이야기를 듣고, 그 이야기를 바탕으로 과제를 수행하는 등의 방식으로 스토리텔링을 활용한다.

OCW와 MOOC의 공통점은 모두 온라인 강의를 제공한다는 점이다. 반면, 차이점은 목적과 방식에서 차이가 있다. OCW는 일방적인 교육 콘텐츠 제공을 특성으로 하고 MOOC는 교육 콘텐츠의 제공과 함께 수강자 간 상호작용 평가, 수료증 발급 등 쌍방향적 온라인 강의 공개 서비스라는 특징을 가진다. MOOC는 웹서버가 존재한다면 언제, 어디서든 온라인 교육 서비스를 제공할 수 있으며, 기존 교육 방식과 비교할 때, 형식이 자유롭고, 얼마든지 현지에 특화된 교육 서비스를 제공할 수 있다. 또한, 예비 학생들에게 저렴하고, 빠르게 교육적인 콘텐츠를 제공할 수 있다. 이러한 MOOC의 장점들로 인해 MOOC는 성공적인 교육 서비스로 평가받고 있다. 우리가 주목해야 할 것은 초기 MOOC의 개념과 정신이다. 대프니 콜러(Daphne Koller)와 앤드류 응(Andrew Ng)은 일반인은 접근할 수 없었던 최고의 학술자료와 강의에 접근할 수 있도록 코세라(Coursera)를 오픈하였다. 세바스찬 스런(Sebastian Thrun)은 대학의 대규모 강의실에서 학생들이 경험하는 것과는 차별된 개인적인 학습경험을 제공하기 위해 유다시티(Udacity)를 오픈하였다. 이와 같은 MOOC의 초기 개념과 기본 정신은 단순히 테크놀로지의 발전이나 경제적인 이유 등이 아니라 교육적인 요구를 고려해야 한다는 시사점을 준다(임유진 외, 2021).

팀 활동: 교육혁신 사례 분석하기

- 활동목적: 교육혁신의 교육공학적 측면을 설명할 수 있다.
  교육공학을 비판할 수 있다.
- 활동내용: 교육혁신의 성공, 실패 사례를 찾아 해결하려는 교육의 문제가 무엇인지 탐색하고, 어떤 점이 한계점이었는지 분석한다.
- 교육혁신 성공사례: 미네르바 대학
- 해결하려는 교육문제: 수동적인 학습자로는 미래 인재를 육성할 수 없는 문제를 해결하기 위한 시도
- 교육혁신 실패사례: OLPC(The One Laptop per Child) 2005년 MIT 미디어랩 창립자 네그로폰테 교수의 제안으로 이루어진 100달러 노트북을 저개발국가 어린이에게 보급하려는 운동. 190달러 이하로 내려가지 못했고, 더 편리한 스마트폰 등의 등장으로 실패. 교육의 문제를 도구와 기술로 해결할 수 있다는 낙관이 이룬 실패사례(출처: 아날로그의 반격 중 8장 학교 아이패드가 교사를 대신할 수 있을까?).

- 학습자원

[#수업을바꿔라] 핀란드 초등 수업에 이적이 리믹스를 한다라... 창의적인 수업에 덩달아 신난 이적!	
체육관에서 하는 수학 수업!? 수학 원래 이렇게 재미있는 거였나,,, #수업을바꿔라 170518 EP1 #07	

온라인 수업의 장·단점을 보완한 학교 '미네르바 스쿨' 차이나는 클라스(jtbclecture) 171회	
글로벌 인재로 자라는 방법! 실리콘밸리 학교의 '질문 수업'은 어떻게 진행될까 #tvnShift #사피엔스	
[풀버전] 세상을 움직이는 게이미피케이션 EBS 비즈니스 리뷰 김상균 편	
생각하는 나를 생각하라?! 20대가 세상을 빠르게 학습하는 방법 '메타인지' 차이나는클라스-인생수업 JTBC 211024 방송	
수업을 들을 때 뇌파 상태=잠을 잘 때 뇌파 상태가 같다! 바뀌어야 하는 수업 상태 #미래수업 EP.28 tvN 211224 방송	

참고문헌

김현진 외(2024). 현장 교사가 함께 집필한 디지털 교육. 교육과학사.

계보경, 박준홍, 이다영(2022). 국내외 에듀테크 활성화 정책과 거버넌스 (2022 디지털 교육 동향 심층호 1호). 한국교육학술정보원(KERIS).

박기현 외(2023). 디지털 교육 트렌드 리포트 2024. 테크빌 교육.

이영주 외(2014). 테크놀로지와 함께하는 유의미학습. 아카데미프레스.

이은상, 김동건, 이동국(2021). 초·중등학교 에듀테크 팀 역량 도출. 학습자중심교과교육연구, 21(2), 1221-1247.

임유진, 홍유나, 김세영, 김보경(역)(2021). AI 기반 e-러닝과 개인화 학습(Matthew Montebello 저). 한빛아카데미.

Montebello, M., & Montebello, M. (2018). Moocs, crowd sourcing and social networks. *AI Injected e-Learning: The Future of Online Education*, 15-25.

Pappano, L. (2012). The Year of the MOOC. *The New York Times*. https://www.nytimes.com/2012/11/04/education/edlife/massive-open-online-courses-are-multiplying-at-a-rapidpace.html.

윤석만, 남윤서, 전민희(2018.01.21). 하버드보다 입학 어려운 新대학 미네르바 스쿨 가보니, 중앙일보. https://www.joongang.co.kr/article/22280329#home

홍정민(2023). ATD TK 디브리핑 자료. 에듀테크 블로그. https://m.blog.naver.com/redmin00/222232893369.

ADUTECH를 통한 교육공학의 모든 것. (2015.11.02). [교육공학현장세미나] 미네르바 대학의 특징, 장점, 제한점, 시사점-온라인토론 내용: 네이버 블로그. https://m.blog.naver.com/adutech/220527234277

AnotherthinkingLab. (2022.10.29.). 미네르바 대학을 아시나요?. https://anotherthinking.com/minereuba-daehageul-asinayo-ibhageul-wihan-siheom-jilmun/

Coursera.(2020,09.15). 포스트 코로나 시대, 최고의 온라인 수업은? Youtube. https://youtu.be/5AcRIbXJq-s

Kim, P. (2017.08.09.). 한국 교육의 미래, 기술이 답이다? [TV 방송 에피소드]. 차이나는 클래스. JTBC.

PART 02

학습이론

'무엇을 왜 교육할 것인가?'라는 교육의 목적과 내용을 교육과정 분야에서 다룬다면, '어떻게 교육할 것인가?'를 다루는 분야가 교육공학이라고 할 수 있다. 교육공학은 구체적으로 학습자에게 어떠한 학습 환경을 제공하여 학습의 완성도를 높일 것인가에 관심이 있다. 때문에 학습자의 심리적 원리를 파악하고자 하는 교육심리학, 특히 학습심리학은 교육공학의 영역과 밀접하게 관련된다. 그러나 인간이 어떻게 앎에 이르게 되는지, 앎의 특성이 무엇인지를 잘 이해한다고 해서 어떻게 가르칠 것인지를 바로 유추할 수 있는 것은 아니다. 학습의 원리를 설명하고 있는 이론들은 현장의 교육 실천가들에게 자신의 교과적 특성과 대상 및 기관의 특성에 맞는 수업을 구현하기 위해 어떻게 수업을 설계해야 하는지에 대하여 구체적인 지침을 제공하지는 않는다. 교육공학자는 교육심리학자가 연구한 학습이론을 바탕으로 최적의 수업 결과를 위해 수업의 여러 관련 요소를 어떻게 고려해야 하는지를 알려주는 방법론을 절차적으로 제시하는 수업설계(instructional design) 이론을 연구, 개발한다. 학습이론에 기초하지 않으면 수업의 본질적인 목적인 효과적인 학습을 유발하는 수업을 설계하기 어렵다.

학습이론과 수업이론, 수업설계이론은 이론의 범위에 따라 명확하게 구분하기 어려운 경우도 있지만, 학습이론은 학습자가 어떻게 앎에 이르게 되는지에 대해 설명하는 기술적인(descriptive) 특성을 가지는 반면, 수업이론과 수업설계이론은 처방적인(prescriptive) 특성이 있다. 한편, 교육공학에서는 수업의 다양한 원리와 유형, 특성을 설명하는 수업이론보다 수업의 설계와 실행의 구체적인 절차와 방법을 처방하는 수업설계이론을 강조한다. 본 저서에서도 수업이론이라는 개념보다는 처방적 특성을 강조하는 수업설계이론 중심으로 살펴보고자 한다.

제3부에서 배우게 될 수업설계이론은 예비교사로서 반드시 알아야 하는 수업설계역량을 기르기 위한 교육공학의 주요 핵심 이론이라고 할 수 있다. 그러나 제2부에서 배우는 학습이론을 이해하지 못한 상태로 수업설계이론을 배우면 각 이론들을 피상적으로 파악하게 되고, 수업의 다양한 상황에서 융통성을 발휘하기 어렵다. 예를 들면 6장에서 배우는 구성주의 PBL(문제중심학습) 모형을 수업에 적용하고자 할 때, 문제의 성격이 실제적이고도 비구조적이며, 복잡성을 가져야 하는데, 이러한 문제 특성으로 인한 학습적 효과는 4장에서 배우는 학습이론인 비고츠키의 사회문화적 인식론의 지식의 특성을 이해하지 못하면 왜 그러한 문제 특성이 필요한지 파악하기 어렵다. 문제를 수정하고자 해도 어떤 기준을 꼭 지켜야 하는지 어떤 기준은 융통성을 발휘해도 되는지 교사가 결정하기 어려워진다. 때문에 제2부 학습이론은 제3부 수업설계이론의 기초이론으로서, 3장은 5장, 4장은 6장과 연결하여 학습하기를 권장한다.

CHAPTER 03 객관주의 학습이론

학습이론의 주요 패러다임은 객관주의적 관점과 구성주의적 관점으로 설명할 수 있다. 두 관점은 철학의 인식론적 관점인 객관주의와 주관주의의 오랜 대립적 관점이다. 두 관점의 차이에 대해서는 다음 장에서 자세히 살펴볼 예정이며, 이번 장에서는 객관주의 학습이론에 대해 알아보고자 한다.

인류는 고대로부터 인간이 가지는 인식적인 능력의 근원에 대하여 이해하고자 하였다. 18~19세기에 들어 물리적 현상을 객관적인 근거로 설명하려는 과학적 접근은 학습의 원리를 발견하기 위해 실험적 연구를 강조하게 되었고, 이로써 심리학이 탄생한다. 20세기 초 파블로프(Pavlov)의 고전적 조건형성 이론과 손다이크(Thorndike)의 도구적 조건형성 이론은 자극과 반응을 연계함으로써 동물 행동을 바탕으로 인간 행동이 학습되는 원리를 설명하고자 하였으나 매우 제한적이라는 비판을 받았다. 스키너(Skinner)의 조작적 조건형성 이론은 행동주의 심리학에 대한 관심을 더욱 고조시키며, 인간의 복잡하고 적극적인 행동을 강화를 통해 변화시킬 수 있는 교수기계와 프로그램 수업을 고안하는 기초가 된다.

심리학 초기의 행동주의 학습이론은 과학적, 실증적 연구를 강조한 객관주의적 관점을 중시한 접근으로 실험적, 통계적 기법을 강조하였으나 단순한 동물 행동을 대상으로 인간의 복잡한 행동을 연구하였다는 제한점이 있다. 이후 가속화된 산업사회는 복잡한 인지적 영역인 추론과 문제해결력 등을 요구하며, 퍼스널컴퓨터의 등장은 인간의 정보처리과정에 대한 실험을 촉진해 학습이론의 연구 범위를 인간의 '행동'에서 '인지'로 더 넓히는 기폭제가 되었다. 1980년대까지 학습이론은 객관주의적 관점이 주류를 이루었다고 할 수 있다.

주요내용

1. 행동주의 학습이론
2. 인지주의 학습이론

심화학습: 학습전략과 메타인지 전략
수업사례: 오수벨의 선행조직자 사례

학습목표

1. 행동주의 학습이론인 고전적 조건형성이론, 도구적 조건형성이론, 조작적 조건형성이론이 수업에 어떻게 적용되는지 시사점을 도출할 수 있다.
2. 인지주의 학습이론인 정보처리이론, 스키마이론, 유의미학습이론이 수업에 어떻게 적용되는지 시사점을 도출할 수 있다.

1. 행동주의 학습이론

1) 파블로프의 고전적 조건형성

파블로프(Pavlov)는 음식과 전혀 관계가 없는 소리 자극을 통해서 개의 타액분비 반응을 훈련할 수 있다는 것을 우연히 발견하였다. 그는 실험을 통해 타액의 분비가 특별한 자극에 의해 자동적으로 발생하는 반사적 특성을 지닌다는 것을 알게 되었는데 자극과 반응의 자연적 관계를 인위적으로 바꿀 수 있다는 것을 알게 된 것이다. 이 발견은 당시 획기적인 반향을 불러일으키는 사건이었고, 단순한 반응의 조작을 통해서 복잡한 행동의 원리를 발견할 수 있다는 가능성을 보여주었다.

새로운 자극이 반응을 일으키는 과정을 확인하기 위해 파블로프는 자연적 자극(고기)으로 일어나는 무조건적인 반사 반응(타액분비)이 일정한 훈련이 수행된 이후 새로운 자극(소리굽쇠)에도 조건적인 반응(타액분비)이 형성되는 것을 파악하였다. 이러한 자극이 철회된 이후에도 일정기간 반응이 지속되는 성향(소멸에 대한 저항), 다른 외부 자극이 도입되어 반응이 감소하는 억제현상, 다른 조건형성의 자극을 추가적으로 만들 수 있는 고차원적 조건형성의 원리를 밝혀냈었다.

파블로프의 이론은 개의 타액 분비라는 본능적인 반사행동만을 다루었다는 점에서 비판받았다. 그러나 행동이란 외부의 자극에 의해서 유도될 수 있다는 것, 자극에 대한 결과를 예측할 수 있다는 것, 자극을 변화시키면 학습의 양과 가능성을 변화시킬 수 있다는 연구 결과를 토대로, 학습이란 개인적으로 발생하는 설명할 수 없는 현상이 아니라, 환경을 통해 체계적으로 계획적으로 유도될 수 있는 현상으로서 적극적으로 탐구되어야 하는 대상임을 밝혔다.

[그림 3-1] 고전적 조건형성의 3단계

2) 손다이크의 도구적 조건형성

손다이크(Thorndike)는 파블로프와는 달리 자극과 반응의 관계보다는 동물의 정신적 사고 과정의 본질에 흥미가 있었다. 반사행동이 아니라 자발적인, 자기주도적인 행동에 관심이 있었던 것이다. 동물이 보여주는 행동 중에서 특히 어떠한 보상을 받을 목적으로 의도적으로 하는 행동은 도구적인 특성을 가진다는 의미에서 그의 이론을 도구적 조건형성이론이라고 한다. 그는 학습을 이해하기 위해 불수의적인 동물 행동에 의존하기보다는 통제된 조건 아래서 실험이 이루어져야 함을 강조하였다. 그의 이론은 특정한 자극과 자발적인 행동들 사이에 형성되는 연결을 강조하였기 때문에 연합이론(association theory)으로 알려져 있다. 동물이 갇혀있던 상자에서 걸쇠를 풀고 먹이에 도달하게 하는 실험에서, 처음에는 우연히 상자를 탈출하던 것이 시행의 횟수가 증가함에 따라 탈출 소요 시간이 단축되는 결과가 나타났다. 그는 이 동물 행동실험을 통해 학습이 시행착오 과정을 통해 발생하는 것을 발견하고 이러한 학습을 시행착오학습(trial and error learning)이라고 하였다. 손다이크는 반응 후에 먹이가 주어지는 만족스러운 상태가 자극과 행동 사이의 연결을 강화시키는 것(효과의 법칙)과, 반복된 경험이 정확한 반응의 가능성을 증가시키는 것(연습의 법칙), 욕구에 따라 행동하게 하는 자극은 만족스러운 상태를 유발하는 조건이 되지만(배고픈 상태에서 주어진 음식 보상), 반대로 욕구에 반하게 하는 자극은 불쾌한 상태를 유발하는 조건(배부른 상태에서 주어지는 음식 보상)이 되기 때문에 사전에 준비된 학습태도와 동기가 학습결과의 만족 및 불만족의 조건(준비성의 법칙)임을 확인하였다.

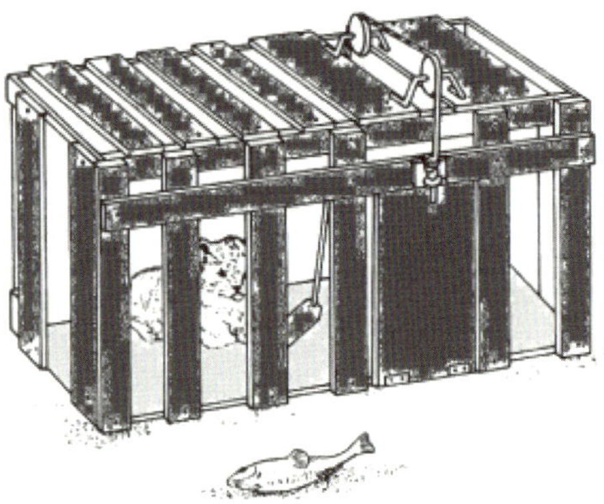

[그림 3-2] 손다이크의 퍼즐 박스

출처: http://www.behav.org/00gallery/ethol/behaviorism_puzzle_box_JPG

3) 스키너의 조작적 조건형성

스키너(Skinner)는 손다이크의 효과의 법칙을 발전시켜 자극에 대한 반응에 따라 동물에게 주어지는 강화가 행동형성에 결정적인 요인임을 밝혀 강화이론을 완성하였다. 손다이크는 어떠한 반응을 유발할 때 그 행동이 일어날 때까지 기다렸다가 그것이 발생했을 때 보상을 제공해야 한다고 하였는데, 스키너는 강화를 보다 적극적으로 학습의 초기부터 적용하여 반응을 유도해 내기 위하여 프롬프트제공(prompting), 연쇄(chaining), 조형(shaping) 등의 방법을 개발하였다.

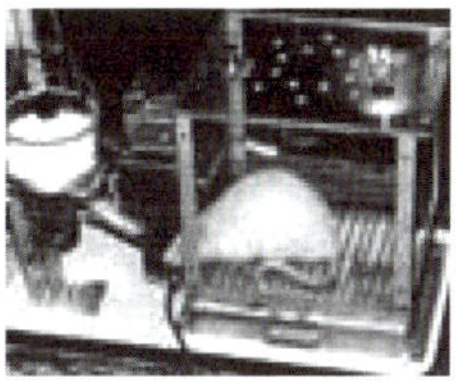

[그림 3-3] 스키너 박스

그는 자극이 모든 행동을 야기한다는 견해에 반대하면서 행동을 변화시키는 가장 중요한 사태는 자극보다 행동에 의해 나타나는 결과임을 강조하였다. 스키너 상자(Skinner Box)에서 그가 연구했던 행동은 쥐의 지렛대 누르기나 비둘기의 원판 쪼기(지렛대와 원판에 충분한 압력이 가해지면 음식 분배기가 작동한다) 행동이다. 반응은 전기 측정기로 기록되며, 다양한 조건하에서의 반응 비율이 측정되었다. 스키너는 미래의 반응 확률을 예측하는 것은 행동변화를 분석하는 첫 단계로서 동물의 행동을 분석한 결과는 교실의 학생에게 이르기까지 다양한 행동에 적용될 수 있다고 보았다(Skinner, 1963).

그는 선행하는 조건자극이 조건반응을 유도(elicit)한다는 고전적 조건형성을 인정하였지만 인간에게 있어서 더욱 중요한 행동은 유발(emit)되는 능동적이고 적극적인 행동이라 보았다. 이러한 반응은 개체에 영향을 미치고, 미래의 행동을 바꾸게 되어 새로운 종류의 결과를 창출하게 된다는 것이다. 그는 이러한 행동을 조작적(operant) 행동이라고 하였다.

스키너의 행동 분석에서 가장 중요한 개념인 강화(reinforcement)는 어떠한 행동을 더욱 강하게 유도하는 것이다. 강화를 받으면 그와 유사한 상황에서는 유사한 유형의 행동이 다시 일어날 가능성이 증가된다. 스키너는 '성격'도 주로 개인의 강화사(history of reinforcement)의 결과라고 생각하였다. 유전적 요소뿐만 아니라 어떠한 구체적인 행동을 유지할지 말지를 결정하는 개인의 특징적인 성향조차 과거 개인의 어떠한 행동에 따라왔던 강화가 결정적인 역할을 한 것으로 보았다.

강화의 종류에는 부적 강화와 정적 강화가 있다. 이 두 가지 강화의 공통점은 모두 반응의 가능성을 증대시킨다. 반응을 하고 난 이후 음식, 돈, 칭찬을 제시하면 반응은 정적으로 강화된다. 한편, 지루한 과제를 면하게 해준다거나, 두통이 사라지거나, 더위와 소음을 줄여주면 반응은 부적으로 강화된다. 그가 사용하는 용어는 일상적인 용어와 다르다. 정적 강화와 부적 강화는 그들이 갖는 효과에 의해 결정되기 때문에 효과를 관찰하기 전에는 판정하기 어렵다. 때문에 제시된 강화물이 효과가 있을 것이라고 성급하게 판단하거나, 모든 사람에게 동일한 강화의 효과가 있을 것이라고 생각해서는 안 된다.

한편, 행동을 통제하는 전통적인 방법인 처벌(punishment)에 대해 스키너(Skinner)는 바람직하지 않은 통제 수단이라고 생각했다. 반응을 억제하기 위해 불쾌감을 제공하는 것은 제1유형의 벌, 좋아하는 것을 제거하는 것은 제2유형의 벌이다. 벌은 일시적으로 반응을 억누르는 효과가 있지만, 전반적으로 반응 경향을 약화시키지 못하며 종종 바람직하지 못한 결과를 가져온다. 유사한 상황을 무조건 피하려 할 수 있으며, 처벌자가 있을 때만 행동이 억제될 수 있고, 불규칙한 처벌은 우유부단한 경향을 보이게 된다. 교수자는 처벌과 강화를 성급하게 판단하는 경향이 있다. 산만하다고 교실 밖으로 추방한 학습자에게 교실 밖은 정적 강화, 부적 강화, 제1유형의 벌, 제2유형의 벌 중에서 어떤 것인가? 교수자는 제2유형의 벌로 생각할지 모르지만, 학습자에게는 정적 강화로 작용할 수 있다. 이후 학습자에게 어떠한 행동이 더 강화될 것인지는 쉽게 상상할 수 있다. 학생들이 시끄러울 때 수업을 일찍 끝낸다면, 일찍 끝난 수업은 바로 정적 강화로 작용할 수 있다. 따라서 교사는 강화와 벌을 매우 세심하게 선택해야 한다.

행동조형을 구체적으로 교육에 활용하고자 한 스키너는 학습자가 교사의 도움이 없이 습득할 수 있는 학습내용을 단계적으로 조직하는 프로그램수업(Programmed Instruction: PI)을 제시하였다. 달성해야 할 목표를 분명하게 진술하고, 목표를 달성하는 데 필요한 내용을 작은 단계로 나누고, 각 단계에 대한 학습자의 반응에 따라 즉각적인 처방을 제시하여 최종의 목표에 도달하게 하여 학습의 효율성을 높였다. 스키너는 이러한 프로그램수업을 교수기계에 구현하였으며, 켈러(Keller)는 인쇄물 기반의 개별화수업체제(Personal Systems Instruction: PSI)로 발전시켰다. 프로그램수업은 컴퓨터에 의해 더욱 완벽하게 구현되어 컴퓨터보조수업(Computer Assisted Instruction: CAI) 설계의 기반 이론으로 활용되었다. 그러나 학습 효과는 다소 부정적이었으며 예상과 달리 학습자의 흥미가 적었고, 교사들이 개별학습 자료에 익숙해지지 못하는 문제점이 있었다(Reiser, 1987). 국내에서는 사교육 시장의 확대와 함께 1990년대에 다양한 형태의 학습지가 개발되었는데 대부분이 프로그램수업의 원리를 채택하였다. 이들 학습지는 주요 원리를 충분히 반영하지 못하고 있어 학습의 효과성, 효율성 및 매력성을 높이기 위해서는 좀 더 원리를 보완하여 체계적으로 재구성될 필요가 있다. 교사는 프로그램학습 원리를 수업설계에 적용하기 위해 기초 개념학습이나 변별학습, 반복학습에 효과적으로 활용할 수 있다.

4) 수업설계의 시사점

(1) 행동목표의 구체화

행동주의 연구에서 자극을 결정하기 위해서는 정확하게 어떠한 행동을 학습시킬 것인지를 사전에 미리 결정하는 것이 중요하다. 최종적인 행동을 목표로 기술하는 것은 행동주의 학습이론의 핵심적인 요소로서 이는 어떠한 과정과 방법으로 목표를 성취하게 할 것인지, 어떻게 평가할 것인지를 결정하는 기준이 되기 때문이다. 수업설계 시 구체적인 행동으로 목표를 설정하면 다음과 같은 장점이 있다. 목표를 분석하고 세분화하여 그에 맞는 내용을 선정하고 순서화할 수 있고, 목표의 성격에 따라 구체적인 방법을 결정할 수 있으며, 목표는 그대로 준거지향평가에서 준거 역할을 할 수 있다. 그러나 구체적인 행동목표는 다음과 같은 단점이 있다. 행동 목표로 기술할 수 없는 목표는 배제될 수 있고, 목표와 관련 없는 내용이나 평가가 배제될 수 있으며, 목표 자체가 잘못 선정되었을 경우 수업 과정 전반이 잘못될 수 있다. 일부 학자들(Popham, 1988; Reiser & Dick, 1996)은 수업목표는 학습을 안내하는 선에서 보다 일반적이고 간단하게 제시되기를 제안하기도 한다.

(2) 수업의 단위화

행동주의 이론에서는 어렵고 복잡한 행동목표를 가능한 수행하기 쉽도록 단순한 수준으로 단위화하여 수업의 내용을 구성해야 한다고 본다. 단위화된 각 단계들은 조형(shaping)을 통해 오답의 가능성을 최소화하고 성공의 기회를 높여 바람직한 행동목표를 달성하도록 유도된다. 학습자의 수준에 맞추어 더 쉬운 단계로 나누거나, 더 단순한 단계로 나눌 수 있으며, 학습자의 속도에 맞추어 단계들을 건너뛰거나, 반복하거나, 보충단계를 보완할 수 있다. 학습자는 사전진단을 통해 자신의 수준에 맞추어 학습할 수 있으며, 사후진단을 통해 다음 학습으로의 진행여부나 보충 · 심화학습 여부를 결정할 수 있다. 단위화는 효과적이고 효율적인 수업설계에 크게 기여하였다. 그러나 목표분석을 통한 단위화는 교과의 중심적인 핵심이 분절화될 수 있어, 유사한 핵심으로 이루어진 내용의 경우에도 목표가 조금만 다르면 전혀 다른 내용으로 단위화되어 학습자들은 교과의 핵심을 이해하지 못한 채 처음부터 새롭게 학습해야 하는 경향이 있다.

(3) 외적 동기의 강화

스키너 연구에서는 인간 행동 유발을 위해 '강화'를 매우 강조한다. 그는 학습과정에서 바람직한 행동에 따르는 즉각적인 상, 칭찬의 정적 강화를 제공하는 것이 부적 강화나, 체벌보다 매우 효과적임을 강조하였다. 스키너는 강화의 간격과 비율을 기준으로 제시한 강화계획에서 고정간격, 변동간격, 고정비율, 변동비율의 순서로 반응률(일하는 양)이 높아졌다고 하였다. 연속적 강화는 학습은 빠르지만 강화된다. 따라서 행동의 소거가 쉽고, 간헐적 강화는 학습은 느리지만 강화된 행동의 소거가 늦기 때문에 학습 초기에는 연속적 강화를 후기에는 간헐적 강화를 활용하는 것이 효과적이다.

이러한 외적 동기로서의 강화 제공은 수업설계에서 매우 중요하게 적용되어, 교수자의 피드백은 지속적으로 강조되고 있다. 교수자는 학습자에게 변별 자극만을 지속적으로 제공하는 정보제시자의 역할만이 아니라 학습자의 반응을 적극적으로 유도하며, 반응에 대해 적절한 피드백을 제공하는 상호작용 촉진자로서의 역할을 수행해야 한다. 한편 외적인 동기에 초점을 둔 강화는 학습자의 내적 만족감을 충족시키지 못하기 때문에 때로 강화 제공이 제거되면 행동도 현저하게 둔화되며, 학습의 진행에 따라 더 강한 강화를 원하기 때문에 강화의 효과가 점차 약화된다. 이러한 문제점을 해결하기 위해 외적 동기에 초점을 두기보다 만족감을 높이는 내적 동기를 높이는 강화(학습내용에 대한 흥미와 앎의 기쁨 등) 제공을 고려해야 한다.

2. 인지주의 학습이론

1) 정보처리이론

1970년대의 PC(Personal Computer)의 등장은 행동주의 연구의 한계를 극복할 수 있는 다양한 인지 영역의 실험과 탐구를 가능하게 했다. 인지활동을 유추할 수 있는 감각활동을 1/100초 단위로 보다 심층적으로 측정할 수 있게 되면서 정보처리이론은 단순하게 컴퓨터의 정보처리과정을 인간의 정보처리과정에 비유하는 이론으로서가 아니라 정보처리 각 단계의 특성과 한계에 대해 좀 더 객관적이고 과학적인 연구를 진행할 수 있었다. 정보처리이론은 인간의 지각, 기억, 상상, 문제해결, 사고 등 인지의 가설적 과정을 설정하고 이를 연구하는 분야로서 인지과정의 특성에 근거한 학습 과정, 수업설계 과정에 대한 이해와 적용을 높이는 데 기여하였다.

(1) 정보처리의 과정

정보는 감각등록기(Sensory Register)를 거쳐 작동기억/단기기억(Working Memory/Short-Term Memory: ST)에 들어오면 약호화(Encoding)를 통해 장기기억(Long-Term Memory: LT)으로 전달된다. 장기기억에 저장된 정보는 인출의 과정을 통해 작동기억에 재생되게 된다. 감각등록기는 감각수용기관을 통하여 정보를 최초로 저장하는 곳으로 투입되는 정보가 즉시 처리되지 않을 경우 그 정보는 곧 유실된다. 작동기억은 성인의 경우 보통 5~9개의 정보가 약 20초 동안 저장될 수 있는 곳으로 단기간 저장이 가능하다는 이유로 단기기억이라고도 한다. 여기에서 청킹(chunking)의 역할은 매우 중요한 의미를 갖는다. 청킹이란 분리되어 있는 항목들을 보다 큰 묶음으로, 보다 의미 있는 단위로 조합하는 것을 의미한다. 장기기억에 저장된 정보는 체계적인 네트워크를 구성하게 되는데 학습자가 정보를 수동적으로 받아들이는 것이 아니라 정보를 이해하고 능동적으로 조직하는 특성을 가진다.

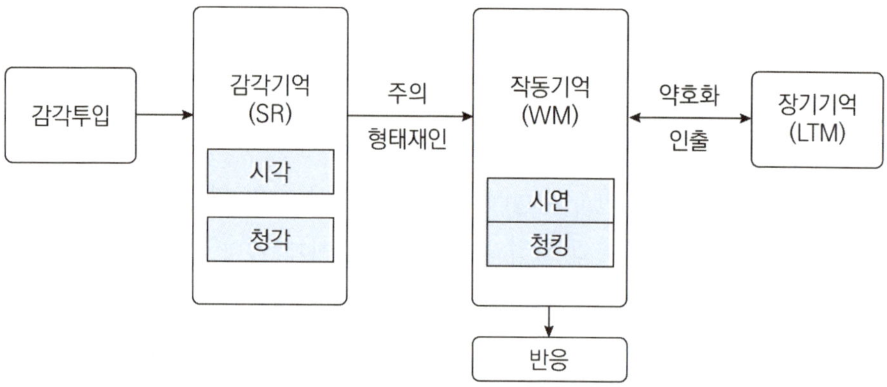

[그림 3-4] 정보처리이론에서 정보의 흐름

출처: 'Psychology of learning for instruction, 3rd Edition' by M. P. Driscoll(2005)

(2) 정보처리의 과정별 특성

각 단계의 특성을 좀 더 자세히 살펴본다. 먼저 감각등록기의 특성은 다음과 같다.

- 선택적 주의: 선택적 주의(selective attention)는 어떤 정보를 선택하고 처리하면서 동시에 다른 정보를 무시하는 학습자의 능력이다. 개인의 주의를 끄는 것은 의미(meaning), 경쟁적 관계의 과제나 정보원 간 유사성, 과제의 복잡성과 곤란도에 영향을 받는다.
  예 시끄러운 곳에서도 내 이름은 잘 들림
- 자동성: 자동성(automaticity)은 정보원이 습관적일 경우에 그것에 대한 주의집중의 요구가 최소화되는 것을 자동성이라고 한다.
  예 자동차운전이 자동적이기 때문에 라디오 청취에 대한 주의집중이 용이
- 형태재인: 형태재인(pattern recognition)은 정보가 처리되기 위해서는 친숙한 형태로 분석되는 과정이 형태재인이다. 형태재인 모형 중에서 형판일치(template matching) 모형은 환경자극의 정신적 형판이 기억에 저장되는 것으로 가정한다. 원형(prototype) 모형은 정확한 형판이 기억되어 저장되는 것이 아니라 오히려 유사한 자극들의 일반화된 원형으로 저장되어 새로운 자극이 들어오면 원형과 비교 분석에 의해 정보가 처리된다고 가정한다. 특징분석(feature

analysis) 모형은 구체적이고 특별한 특징들이 저장된다고 가정한다. 원형 모형과 특징분석 모형은 개념학습 모형에 영향을 준다. 모형으로 설명되지 않는 지각현상은 조직화, 맥락, 과거 경험의 원리에 의존하여 설명한다. 조직화 원리에 대하여 [그림 3-5]에서 제시한 것을 보면, 폐쇄의 원리는 점들 사이에 있는 공간을 차단해서 그 모습을 A로 지각하도록 하며 근접성의 원리 때문에 우리는 점들을 9개로 보지 않고 세 개의 묶음으로 지각한다. 오른쪽에 제시된 유사성의 원리는 검은 점과 흰 점으로 보지 않고 X로 보는데 이것은 비슷한 요소들을 하나로 지각하기 때문이다. 맥락의 원리와 관련하여 [그림 3-6]에서 제시한 왼편의 철자는 B일 수도 13일 수도 있다. 어느 것으로 지각될지는 행에 있는 다른 철자와 열, 맥락적 단서에 따라 달라진다(Driscoll, 2005).

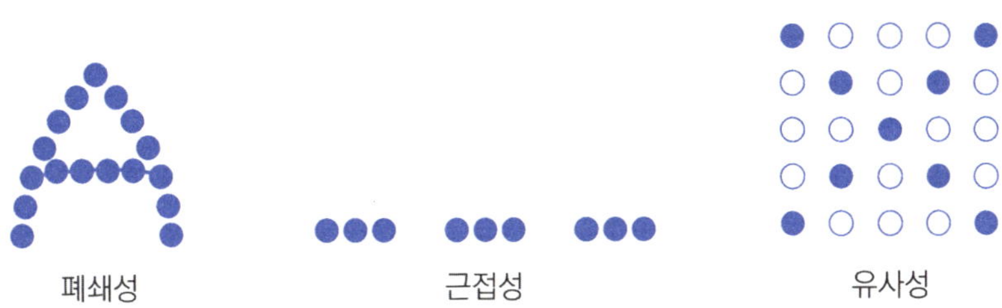

[그림 3-5] 형태재인에서 조직화원리의 사례(Driscoll, 2005, p. 131)

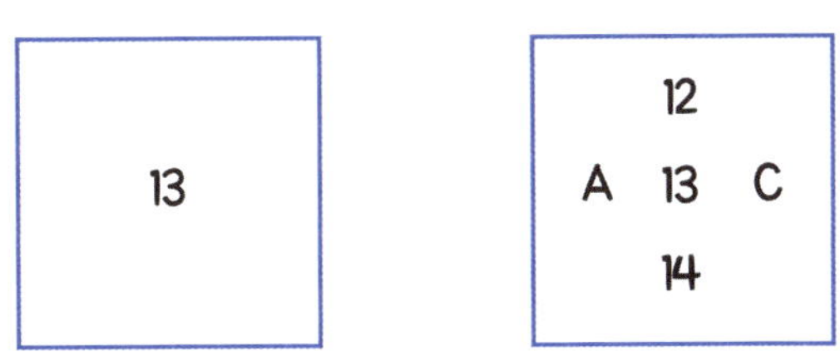

[그림 3-6] 형태재인에서 맥락원리의 사례(Driscoll, 2005, p. 131)

작동기억은 다음과 같은 특성을 가지고 있다. 선택적으로 작동기억에 들어온 정보를 의미 있게 활용하기 위해서는 장기기억의 관련 정보들을 활성화해야 한다. 그러나 작동기억은 보유할 수 있는 정보의 용량과 기간의 한계가 있다. 이러한 한계를 극복하기 위해 청킹(chunking), 자동화(automaticity), 이원적인 처리(dual processing)를 활용할 수 있으며(Eggen & Kauchak, 2001), 작동기억에 들어온 정보를 의미 있는 장기기억의 정보와 연결시키는 활동인 약호화(encoding)는 가장 중요한 작동기억의 활동이다.

- 청킹: 다수의 관련 정보들이 더 큰 분류항목이나 의미 있는 하나의 덩어리로 묶이는 것을 의미한다.
- 자동화: 작동기억에 인지적 부담을 주지 않는 상태에서 정보 처리 과정이 수행되는 것을 의미한다. 감각등록기에서와 마찬가지로 작동기억에서의 자동성은 정보처리의 효율성을 높여준다.
- 이원적 처리: 작동기억에서의 정보가 시각적이고 청각적인 차원으로 구성될 때 처리의 부담이 줄어드는 것을 의미한다.
- 약호화: 새로운 내용이 보다 잘 기억될 수 있도록 정보를 이미 기억하고 있는 개념과 아이디어에 관련시키는 과정이다. 조직화, 정교화 전략을 활용할 수 있다. 조직화는 여러 정보를 동일한 범주로 구조화하면 정보를 더욱 쉽게 처리하고 기억할 수 있다. 개요, 위계, 개념도 등이 모두 효과적이다. 이야기 형태를 활용한 단어 암기, 심상을 활용한 암기 등도 유용하다. 정교화는 새로운 정보에 다른 것을 더하거나 또는 그것을 이미 알고 있는 다른 것에 관련시킴으로써 기억하는 과정이다.

장기기억에 정보가 저장되어 있는 방식을 설명해 주는 장기기억 모형은 다음과 같다. 첫째, 이중부호 모형은 정보가 심상 정보와 언어 정보의 두 가지 형태로 기억된다고 본다. 이 두 가지 정보는 강한 결합의 성격을 가지므로 이 둘의 표상을 함께 활용하는 것이 중요하다고 하였다. 둘째, 명제 모형은 네트워크 모형의 아이디어에 새로운 방식을 추가하였는데, 개념 노드(node) 대신에 명제(proposition)를 지식의 기본 단위로 채택한 모형이다. 앤더슨(Anderson, 1983)은 선언적 지식을 노드와 링크(link)로 표현되는 명제로 설명하였고, 절차적 지식은 특정한 조건하에서 드러내야 할 행위로 보고 '만일 ~, 그러면 ~'으로 표현되는 산출(production)로 제시하였다. 셋째, 네트워크 모형은 장기기억을 일종의 정신 사전(mental dictionary)으로 생각하는 것이다. 개념들은 상호 연합에 따라 표상된다. 개념 노드들이 링크되어 네트워크를 이루고 있다고 가정한다. 넷째, 병렬분산처리(Parallel Distributed processing: PDP) 모형은 인지적 조작이 순차적, 계열적으로 처리되는 것이 아니라 동시적으로 일어난다고 가정하는 모형으로서 기억의 형성은 결합이라고 제안하였다. 정보는 처리가 병렬적으로 분산될 것으로 가정함으로 방대한 네트워크를 형성할 것이며, 일부 결합은 강하고 일부 결합은 약할 수 있을 것으로 가정한다. 병렬분산처리 모형은 인간 학습이 증가하는 성질을 잘 설명해 준다. 결합의 비중이 지속적으로 재조절되기 때문에 인간 학습의 역학적인 부분을 잘 설명해 준다. 이외에 장기기억에 대한 대안적 모형인 스키마이론은 장기기억 속에 저장되어 있는 일반적이고 보편적인 지식구조를 스키마로 가정하는 이론으로서 기존 모형에 비하여 지식의 통합적 특성을 잘 반영하고 있어 학습과 수업에 시사점이 크다. 다음 절에서 좀 더 상세하게 살펴볼 것이다.

2) 스키마이론

(1) 스키마이론의 개념

스키마(schema)는 스키마, 스키마타(schemata), 도식으로 지칭되며, 행위 도식, 인지구조, 멘탈모델 등과 유사한 개념으로 활용된다. 스키마이론은 정보처리이론의 대안적 이론이다. 학자에 따라 상이한 관점으로 스키마를 설명하고 있어 통일된 정의와 개념, 요소 등이 명확하게 정립되지 않은 한계가 있으나, 최근까지도 연구가 활발하게 진행되고 있는 영역이다.

스키마는 기억 속에 저장되어 있는 일반적이고 보편적인 지식들의 자료구조라고 할 수 있다(Bartlett, 1932). 스키마타(schemata)는 지식의 다발들이며 스키마이론은 이들 지식의 다발들이 어떻게 표상되며, 그 표상이 특정한 방식에서 지식의 활용을 어떻게 촉진하는가에 대한 이론이다. 스키마란 전형적인 특성을 포함하는 사건이나 대상의 범주를 나타내는 도식(Anderson, 1990)으로서 어떤 것의 각각의 예들이 공통적으로 가지고 있는 아이디어, 기능, 관계, 절차 등을 의미한다(조규락,

김선연, 2007).

스키마를 이해하기 위해 브랜스포드(Bransford, 1979)의 연구에서 적용된 사례를 살펴볼 필요가 있다. 다음의 이야기를 읽고 상황을 나름대로 해석해 보자. "Jim은 식당에 들어갔고, 일반석을 요구하였다. 그는 30분 정도 기다리게 되었다. 40분 후에 그의 노래에 대한 박수는 그가 요리 준비를 진행할 수 있음을 의미하였다. 20명의 손님이 그의 주특기 요리인 치즈 수플레를 주문하였다(Bransford, 1979, p. 184: Driscoll, 2005 재인용)." 이 이야기가 의미하는 바가 무엇인지 유추하기가 쉽지 않을 것이다. 그 이유는 레스토랑에 대하여 우리가 일반적으로 가지고 있는 스키마로 이 이야기를 해석할 수 없기 때문이다. 수업에서도 교사의 설명에 대해 학습자들은 위 이야기와 마찬가지로 전혀 내용을 이해할 수 없는 상황에 처하기도 한다. 마치 들어본적 없는 외국어처럼 들리기도 하는데 그 이유는 학습자에게 내용을 이해할 수 있는 스키마가 전혀 없기 때문이다. 위 이야기에 대한 해설은 다음과 같다. 이 식당은 요리를 할 기회를 주는 식당이다. 요리를 할 수 있는 고객은 다른 고객을 위해 각자의 주특기 요리를 준비할 영예를 얻기 위해서 경쟁하게 되어있다. 노래를 하거나 춤을 추거나 또는 무엇이든 간에 관중을 즐겁게 하여 경쟁해야 한다. 이제 이러한 레스토랑의 존재를 알고 난 후 우리가 가진 레스토랑 스키마는 크게 확장되었을 것이다. 수업에서 교사는 새로운 정보를 제시하기 전에 학습자에게 정보를 이해할 수 있는 적절한 스키마가 있는지 확인해야 한다. 정보처리이론에서 강조했듯이 새로운 정보에 대한 약호화가 언제나 성공하는 것은 아니며 장기기억에 적절한 스키마가 있을 때만 약호화가 가능하다는 것을 알 수 있다.

모든 정보들은 장기기억 속에 여러 가지 수준과 여러 가지 조합으로 스키마를 형성하고 있다. 레스토랑 스키마는 식당을 고르고, 자리를 찾아 앉고, 주문하고, 먹고, 계산하는 일련의 절차로 이루어져 있는 스키마이다. 이 스키마는 다시 음식 스키마들과 인테리어 스키마, 여행 스키마 등과 상호관련되어 있으며, 하위 스키마로 분화되면 서양식당, 한식당, 패스트푸드 식당으로 분화될 수도 있다.

스키마의 여러 가지 측면을 이해하기 위해 루멜하트(Rumelhart, 1980)는 다음과 같이 네 가지의 유추를 제시하였다. 첫째, 스키마는 연극과 같다. 누가 어떠한 행위를, 어디서 어떠한 절차를 필요로 하는지의 여러 변인들을 갖는다. 간단한 극본도 어떤 도구를 활용해서 누가 어떻게 행위 할지 구체적으로 알려주는 것과 마찬가지로 스키마 변인도 극본처럼 구체적인 유용성을 갖는다. 둘째, 스키마는 이론과 같다. 이론이 우리 주변의 현상과 사건을 해석하고 예측할 수 있도록 하는 것과 마찬가지로 스키마도 관찰되지 않은 사건에 대해 추리의 기초를 제공한다. 셋째, 스키마는 컴퓨터 프로그램의 절차와 같다. 스키마는 들어오는 정보를 적합성에 따라 평가하고 네트워크에 적절하게 포함한다. 넷째, 스키마는 분석자와 같다. 스키마는 들어오는 정보를 스키마 구조에 적합하도록 분류하고 조직한다.

(2) 스키마의 기능과 습득과정

스키마는 인간이 현재 수행하고 있는 것을 해석하고 적절하게 반응해야 하는 상황에서 자신이 어떤 행위를 해야 하는지 안내하는 역할을 한다. 구체적인 스키마의 기능은 첫째, 개별적인 경험을 범주화하여 기억함으로써 경험을 분류하여 공통된 구조를 형성시켜 준다. 둘째, 경험의 상세한 부분을 일일이 기억할 필요 없이 공통의 구조만을 기억하도록 함으로써 기억 능력을 확장시켜 준다. 셋째, 비슷한 경험들에 대해 기대되는 행동으로 대처할 수 있다. 넷째, 새로운 지식이나 정보를 해석할 때 맥락 역할을 한다(조규락, 김선연, 2007).

스키마 습득 과정을 살펴보면 다음과 같다.

- 증대: 교재나 어떠한 사건에 대한 이해의 결과로서 스키마 내에 예시된 정보가 기억되는 사실 학습과 유사하다.
- 조율: 기존의 스키마가 경험과 일치하도록 발전되어 나갈 때 조율이 일어난다. 새로운 개념과 원리의 예시에 따라 스키마에 대한 약간의 수정이 일어나는 것이다.
- 재구조화: 옛 스키마를 대치하거나 통합해서 전적으로 새로운 스키마가 창출되는 것이다. 재구조화는 대부분 유추학습으로 일어난다. 새로운 스키마는 기존 스키마를 모델링하고 새로운 상황에 적합하도록 조율함으로써 창출된다.

(3) 스키마의 자동성과 인지부하

스키마는 연합된 세부 내용인 부분(slot)을 가진 지식의 다발이므로 정보를 저장할 때 경제적이다. 스키마가 자동화되면 처리 용량이 작아지기 때문에 교재 이해나 문제해결과 같은 과제에 더 많은 작동기억을 할당할 수 있다. 정보처리이론과 스키마이론에서 나오는 개념들이 최근 '인지부하이론'의 기초가 되었다. 인지부하는 학습과제를 처리할 때 작동기억에 부과되는 긴장을 의미한다. 학습자가 적절하거나 자동화된 스키마를 가지고 있지 않은 과제를 해결해야 할 때, 과제의 모든 요소를 동시에 기억하고 고려해야 한다. 적절한 스키마가 자동적으로 활성화되면, 과제에 집중할 수 있다. 때문에 수업에서 적절한 스키마를 학습자들이 활성화할 수 있도록 해야 요구된 인지과정에 몰입할 수 있어 인지부하를 줄일 수 있다.

3) 오수벨의 유의미학습이론

오수벨(Ausubel)은 의미(meaning)가 인지적 경험에서 핵심이라고 생각하였다. 1960년대 이후 정보처리이론과는 별개로 오수벨이 연구한 유의미학습이론은 근본적인 취지는 다르지만 스키마이론과 유사한 관점을 포함하고 있다. 최근, 오수벨의 이론보다 스키마이론이 활발하게 연구되고 있지만 두 이론은 수업에서 이해(understanding)를 강조한 이론으로서 그 중요성은 계속 지지를 받고 있다.

(1) 유의미학습의 기본 가정

오수벨에 따르면 의미(meaning)는 학습자가 어떤 내적인 인지조작을 활용하여 자신들의 경험을 능동적으로 해석할 때 일어난다. 그는 이러한 적극적인 인지조작을 유발하기 위해 수용학습이 필요하다고 보았다. 수용학습은 발견학습과는 달리 학습할 내용을 최종적인 형태로 학습자에게 제공되는 것으로서 설명수업과 같은 맥락으로 이해할 수 있다. 오수벨은 발견학습이 중요하지만 이론적 영역의 지식을 효율적으로 전달하는 일차적 수단이 되기는 어렵다고 지적하였다. 그는 기계적 학습과 유의미학습을 구분하면서 수용학습이 기계적 학습이고 발견학습이 유의미

학습인 것이 아니라, 발견학습에서도 학습자들이 실험의 결과와 과정을 암기하려 하는 경향을 보이는데 이런 경우를 기계적 학습이라고 하였다. 또한 학습자가 수동적인 학습을 하는 것이 수용학습이 아니라, 수용학습에서도 기계적인 수용학습과 유의미한 수용학습이 나타날 수 있다고 하였다. 그는 발견학습의 형태가 아니라도 유의미학습을 유도하는 수업방법을 적용할 수 있음을 강조하였는데, 전통적인 강의식, 설명식 수업설계 시 고려해야 하는 실제적인 시사점을 제공해 주고 있다. 유의미학습이란 새로운 학습과제를 학습자가 기존 인지구조와 상호작용하여 기존의 인지구조 안으로 유의미하게 연결하는 학습을 의미한다(Ausubel et al., 1978; Driscoll, 2005).

〈표 3-1〉 오수벨 분류에 따른 학습형태

지식획득의 방식 / 지식을 인지구조에 통합하는 방식	수용학습	발견학습
기계적 암기학습	예) 무의미한 철자학습	예) 실험과정과 결과의 암기
유의미학습	예) 개념 간의 관계 명료화	예) 창의적 실험 수행

(2) 유의미학습의 조건

유의미학습에는 세 가지 조건이 갖추어져야 한다. 첫째, 학습될 내용이 잠재적으로 유의미해야 하며, 둘째, 학습자가 단순히 암기가 아니라 어떤 학습과제에 대하여 유의미한 학습을 하려는 학습의향을 가져야 한다. 가장 중요한 셋째 조건은 학습할 내용과 유의미하게 관련을 짓기 위해 학습자가 기존에 가지고 있는 인지구조가 유의미해야 한다는 것이다. 자세히 살펴보자.

- 학습내용의 유의미성: 논리적 유의미성(logical meaningfulness)이라고도 하는데 학습자가 학습과제의 의미를 파악할 수 없어서 학습에 실패하지 않도록 학습과제 및 내용을 조직화하고, 읽기에 용이하고, 관련지어서 제시될 수 있어야 한다는 것이다. 오수벨에 있어서 논리적 유의미성이 있는 과제는 실사성(substantiveness)과 구속성(nonarbitrariness)이 있어야 한다. 실사성이란 어떤 명제를 어떻게 표현하더라도 그 명제의 의미가 변하지 않는 성질을 의미한

다. 예를 들면, '할아버지는 아버지의 아버지이다.'라는 명제는 '아버지의 아버지는 할아버지다.'라고 표현해도 그 근본적인 의미에서 변화가 생기지 않는다. 이러한 명제는 실사성이 높은 명제이다. 구속성은 일단 임의적(arbitrary)으로 맺어진 관계가 시간이 경과함에 따라 하나의 관습으로 굳어지면, 그렇게 맺어진 관계를 임의적으로 변경할 수 없게 되는 성질이다. 예컨대, 강아지, 우유 같은 명칭은 처음에는 임의적으로 붙여졌지만, 일단 연결이 된 후에는 임의적으로 바꾸기 힘든 구속성을 지니고 있다.

- 학습자 학습의향의 유의미성: 학습자가 어떤 학습과제에 대하여 유의미한 학습 자세를 가져야 한다. 만약 학습자가 암기하려는 의도를 갖게 되면 수용학습이거나 발견학습에 관계없이 유의미학습은 일어나지 않는다.
- 학습자 인지구조의 유의미성: 유의미학습에서 가장 중요한 조건으로서 학습자가 사전에 가지고 있는 이미 알고 있는 내용들의 인지구조는 유의미한 새로운 내용의 학습과 파지에 영향을 주는 가장 주요한 요인이다. 인지구조(cognitive structure)는 학습자의 전반적인 기억구조 또는 지식의 통합체이다. 앞서 살펴본 정보처리이론의 장기기억의 지식구조, 스키마와 유사한 개념임을 알 수 있다. 이러한 학습자가 가지고 있는 기존의 인지구조는 위계 및 주제로 조직된 아이디어의 집합으로서 어떤 특정한 위계 내에서 가장 포괄적인 아이디어는 가장 강력하고 안정적이다. 가장 포괄적이고, 일반적인 개념이 위에 있다면 아래로 갈수록 특수하고 구체적인 개념이 위치한다. 포괄적인 개념들은 안정적인 반면, 특수한 개념은 불안정하기 때문에 포괄적인 개념이 보다 더 쉽게 기억된다. 인지구조는 새로운 지식이 결합될 종합적인 체제로서 학습자의 인지구조에 새로운 지식을 결합할 때 출발점으로 작용하는 것이 정착 아이디어(anchoring ideas)이다. 정착 아이디어는 잠재적으로 유의미한 새로운 정보와 경험에서 학습자가 의미를 구성할 수 있도록 해준다.

(3) 유의미학습의 과정

오수벨은 새로운 정보가 기존의 인지구조에 어떠한 방식으로 추가되는지에 대하여 기존의 아이디어의 하위에 추가되거나(포섭), 상위에 추가되거나(상위적 학습), 같은 수준으로 추가되는(결합적 학습) 세 가지 방식을 제시하였다. 포섭, 상위적 학습, 결합적 학습을 자세히 살펴보면 다음과 같다.

- 포섭: 포섭(subsumption)은 종속적 포섭, 하위적 학습으로 지칭되기도 하는데 포섭이란 하위 형태에 있는 새로운 아이디어를 기존의 정착 아이디어에 첨부하는 것이다. 포괄성이 낮은 과제가 포괄성이 높은 인지구조 속으로 포섭되는 것으로, 새롭게 들어오는 아이디어는 기억에 있는 보다 일반적이고 포괄적인 정착 아이디어에 포섭된다. 파생적 포섭(derivative subsumption)은 기억에 수립된 개념이나 명제에 대한 새로운 보기나 사례를 추가할 때 발생한다. 상관적 포섭(correlative subsumption)은 대부분의 학습이 일어나는 보다 전형적인 방법으로서 아이디어를 포섭하여 이전에 학습된 개념이나 명제가 보다 정교화, 확대, 수정되는 것이다. 학습자는 이때 자신의 이해를 바꾸게 된다.
- 상위적 학습: 상위적 학습(superordinate learning)은 상위적 포섭으로 지칭되기도 한다. 학습은 언제나 하위적인 방식으로 일어나는 것이 아니며 기존에 확립된 아이디어의 종합이 일어날 때 상위적 학습이 발생한다. 이미 확립된 아이디어를 새롭고 포괄적인 명제나 개념으로 포섭할 수 있도록 학습하는 방식이다. 아이디어 x, y, z가 학습자의 인지구조에 확립되어 있고 그들 간에 관련이 있음을 알게 되어 새롭게 A라는 아이디어가 생겼다면 이는 상위적 학습이 발생한 것이다.
- 결합적 학습: 결합적 학습(combinatorial learning)은 병립적 포섭이라고도 지칭된다. 새로운 개념이나 명제가 인지구조의 관련 정착 아이디어에 포함되지도 않고 하위적이지도 않으며 수평적 관계를 유지하면서 결합될 때 나타나는 학습 방식이다. 새로운 아이디어가 기존의 정착 아이디어에 구체적 의미로 관련될 수는 없으나 일반적으로 넓은 배경 정보와 관련 있을 때 일어난다. 어느 한 개념의 학습은 다른 개념을 학습하는 데 유용할 수 있는 일반적 배경 정보를 제공한다. 예를 들면 기독교에 대한 지식은 불교를 새롭게 이해하는 데 도움을 준다.

(4) 선행조직자의 원리

선행조직자는 학습내용보다 미리 제공될 수 있는 포괄적인 도입 내용이다. 선행조직자의 역할은 새로운 과제를 유의미하게 학습할 수 있도록 사전에 학습자가 이미 알고 있는 내용과 알 필요가 있는 내용 간의 격차를 메워주는 것이다. 조직자는 다양한 학습자에게 작용할 수 있을 만큼 일반적이어야 하며, 가장 포괄적으로 관련지을 수 있는 개념을 활용하며, 학습내용보다 추상적으로 구성하는 것이 바람직하다.

선행조직자의 특성에 대하여 살펴보면 다음과 같다.

- 형태: 짧은 언어 및 시각정보
- 시기: 새로운 학습이 시작되기 전
- 내용: 새로운 정보에 들어있는 구체적인 내용은 포함시키지 않음
- 목적: 새로운 정보에 들어있는 요소들 간의 논리적인 관계를 생성
- 기능: 학습자의 약호화 과정을 촉진. 선행조직자를 통해 일어나지 못했을 동화를 일으킬 새로운 일반적 조직을 제공. 새로운 내용을 동화하기 위해서 학습자의 선행지식에 있는 일반적 조직을 활성화(Mayer, 1979)

선행조직자의 두 가지 유형을 살펴보자.

- 설명 조직자: 새로운 과제를 설명할 때 활용되는데 학습과제와 학습자의 인지구조 사이에 전혀 관련이 없을 때, 학습자가 선행지식이 부족할 때 사용한다. 설명조직자는 학습자에게 학습과제를 미리 제공하고 친숙하게 만들어 새로운 학습을 위한 정착 아이디어의 역할을 한다. 설명조직자는 학생들이 새로운 정보를 접했을 때 그것을 매달아 놓을 수 있는 지적인 스캐폴딩을 말한다. 설명조직자는 친숙하지 않은 내용을 위한 관념적 스캐폴딩을 제공하기 때문에 유용하다(Joyce et al., 2004).
- 비교 조직자: 학습과제와 학습자의 인지구조 사이에 어떠한 유사성이 있는 경우에 사용한다. 기존 개념과 새로운 개념 간의 유사성으로 인하여 혼란이 예상될 때 이를 방지하기 위하여 개념 간의 차이점과 유사점을 지적하며 이해를

돕는다. 비교적 친숙한 자료에 사용하고 학습자가 관련 정보를 지니고 있으나 그것을 적절하게 재생하지 못할 때 효과적이다(Joyce et al., 2004).

선행조직자 개발 절차를 살펴보면 다음과 같다(Driscoll, 1994: 한정선 외, 2008 재인용).

첫째, 새로운 단원에 필요한 선수학습지식을 조사한다. 둘째, 학습자들이 선수학습지식을 알고 있는지 확인하고 필요하다면 다시 가르친다. 셋째, 새로운 단원에서 중요한 일반원리나 아이디어들을 결정하고 정리한다. 넷째, 선행조직자를 작성하고 교재에서 조직자의 효과를 조사한 후 이를 적용한다. 다섯째, 단원을 구성하고 있는 주요 하위 주제들을 선행조직자 내에서 제시한 것과 동일한 계열로 제시한다.

(5) 기타 원리

- 점진적 분화의 원리: 점진적 분화(progressive differentiation)의 원리는 내용 중 가장 일반적이고 포괄적인 의미를 먼저 제시하고 점차 세분되고 특수한 의미로 분화하도록 한다는 원리이다. 이 원리는 두 가지 가정 위에서 성립된다. 첫째, 인간은 이전에 학습한 분화된 내용에서 포괄적인 전체를 형성시키는 것보다 이전에 학습된 포괄적인 전체에서 분화되는 부분을 더 쉽게 파악한다는 가정이다. 둘째, 개인마다 내용을 조직하는 방식은 가장 포괄적인 개념이나 의미를 정점으로 하여 점차 분화되는 명제, 개념, 사실이 계열적으로 구조화되도록 한다는 것이다.
- 통합적 조정의 원리: 통합적 조정(integrative reconciliation)의 원리는 새로운 개념이나 의미는 이미 학습된 내용과 일치되고 통합되어야 한다는 것을 의미한다. 개념 간의 중요한 유사점이나 차이점을 인식하고 조정하여 개념들을 상호 관련짓도록 하는 것이다. 교과내용의 계열은 계속되는 학습이 이전에 학습된 것과 관계 지어지도록 조직되어야 한다는 원리이다.
- 선행학습 조직의 원리: 새 과제의 학습에 임할 때 현재까지 학습해 온 내용을 요약하거나 정리하도록 하여 인지구조의 조직을 촉진함으로써 새로운 학습을

촉진할 수 있다는 원리이다. 계열적으로 조직되어 있는 교과의 학습에서 선행 단계의 학습을 분명하게 했을 때는 다음 학습이 촉진되지만 그렇지 않을 때는 다음 단계의 학습을 방해한다는 것이다.

- 학습 준비도의 원리: 오수벨은 학습 준비성으로 이전에 습득한 선행적인 교과 지식을 강조하였다. 일반적으로 학습 준비도(readiness)란 인지기능에 대한 학습자의 발달수준을 의미한다. 학습자가 교과에 있는 다양한 수준의 추상성을 학습할 수 있는 정도를 결정하는 것으로 인지성숙과 같다. 그러나 오수벨은 이러한 인지 수준으로서의 준비성보다도 이전에 습득한 선행 교과지식의 기능을 더욱 강조하였다. 그는 학습에 영향을 주는 가장 중요한 요인은 학습자가 이미 알고 있는 내용이며, 그 내용을 확인하고 그것에 따라 가르쳐야 한다고 보았다. 학습자의 인지구조가 명료하고 안정되고 적합하게 조직되어 있다면 후속학습에 영향을 준다는 것이다. 인지구조가 불안정하고, 무질서하게 조직되어 있다면 유의미한 학습과 파지를 방해하기 쉽다. 따라서 유의미학습은 학습자의 인지구조가 조직화될 수 있도록 지원한다.

4) 수업설계의 시사점

(1) 인지능력 향상과 인지과정에 초점

인지주의이론은 학습자의 내부에서 일어나는 인지과정에 관심을 두고 있다. 학습자의 문제해결능력, 창의력, 논리력, 탐구력을 향상시키는 것에 관심이 있다.

(2) 내적 동기 강조

행동주의에서 외적 학습동기를 강조한 것과 달리 인지주의에서는 유의미한 학습을 촉진하기 위해 학습자의 학습의향이 중요하며, 정보처리과정에서도 선택적인 주의집중을 높이기 위해 학습자의 관심과 흥미를 고려하는 것이 중요한 수업설계 요소임을 강조한다. 오히려 지나친 외적 강화물의 사용은 내적 동기를 저하시키기도 한다.

(3) 조직화된 수업

학습자가 새로운 정보를 이해하고자 한다면 수업내용은 그러한 이해에 도움이 되도록 잘 조직화되어야 한다. 어느 정보가 중요한지 알려주어야 하며, 정보의 구체적 특징에 집중하도록 알려주는 것은 선택적 주의집중과 적절한 형태재인을 촉진할 수 있다. 간섭의 영향을 줄이면서 새로운 지식과 학습자의 선행지식의 연결을 높여줄 수 있는 약호화 전략을 활용할 수 있으며, 심상을 활용하여 인출을 도울 수 있다.

심화학습

◈ 학습전략과 메타인지전략

학습전략

인지주의 학습이론에서는 다양한 인지활동을 촉진하기 위한 인지전략에 대한 연구가 광범위하게 이루어졌다. 학습전략, 인지전략, 메타인지전략의 개념이 다소 혼합적으로 사용되고 있어 구체적으로 어떠한 차이가 있는지 그 개념을 살펴보자. 학습전략은 광의로는 학습을 효과적으로 하기 위해 학습자가 취하는 모든 인지적, 정의적, 심체적 방법을 의미하지만 협의로는 학습자가 선택하는 전략으로 부호화(encoding) 과정에 영향을 주는 사고와 행동을 의미한다(Weinstein & Mayer, 1986). 즉, 학습전략은 학습을 촉진하기 위해 활용되는 인지적, 정의적, 심체적 전략을 모두 포함하는 반면 인지전략은 학습전략 중에서 인지적 영역과 관련된 전략으로 이해할 수 있다. 학습전략은 교과영역에 따라 일반전략(교과 영역을 초월하여 모든 교과에 적용할 수 있는 전략)과 특수전략(특정 교과나 영역에 한정되어 적용할 수 있는 전략)으로 구분할 수 있으며, 활용 목적에 따라 기억전략(장소기억술, 음율기억술, 숫자기억술), 회상전략(심상, 쌍연합, 자유회상, 단서회상), 이해전략(독해전략, 노트하기, PQ4R(Preview, Question, Read, Reflect, Recite, Review), 예습, 복습, 질문, 암송), 정의적 전략(집중력 유지, 수행불안관리, 동기유발 및 유지, 시간관리)이 있다. 그 외에 학습을 지원하는 메타인지전략이 학습전략에 포함된다.

메타인지전략

교수자 중심에서 학습자 중심으로 수업의 초점이 바뀌면서 정보처리과정에서 학습자 통제권에 대한 연구가 확대되면서 메타인지(metacognition)에 대한 연구가 더욱 발전하게 되었다. 초인지, 상위인지라고 번역되는 메타인지는 사고에 대한 자신의 각성과 이 각성을 수반하는 자기조절행동(self-regulated behavior)을 말한다. 인지전략이 내용과 정보에 적용되는 전략이라면 메타인지 전략은 사고에 적용되는 전략으로서 계획, 평가, 점검을 유도하는 전략으로 이해할 수 있다. 메타인지에는 발췌, 정교화, 도식화, 조직화, 인지적 점검의 전략이 있다(Mayer, 1975; 박성익 외, 2006). 발췌(abstracting)란 학습내용의 핵심을 추출해 내는 기법으로 책을 빠르게 살펴본 후 내용을 가장 잘 묘사할 수 있는 문장이나 구절로 요약하는 방식을 의미한다. 정교화(elaborating)는 정보를 줄여가는 방식이 아니라 더 늘려가는 것으로, 정교화된 정보는 더 구체적이고 실제적이다. 예, 삽화, 그림, 비유, 은유 등을 활용하는 것을 의미한다. 도식화(schematizing)는 정보를 해석하고 이해하고 저장하기 위해 정보의 구조를 도식으로 추출해 보는 것이다. 조직화(organizing)는 정보의 구조를 발견하기보다 자료를 구조화하려는 노력이다. 잘 조직화되어 있지 않은 정보의 경우 학습자는 조직화를 통해 체계적으로 내용을 묶음으로 나누어 정보의 처리를 도울 수 있다. 인지적 점검(monitoring)은 메타인지의 가장 중요한 요소인, 자신이 학습을 제대로 하고 있는지 지속적으로 추적하고 통제하는 활동을 의미한다. 인지적 감지능력을 높이기 위해 자기 질문(self-questioning), 목표 설정, 자기 검사(self-testing), 환경 점검, 피드백 활용 등을 실시할 수 있다.

학습전략, 인지전략, 메타인지전략과 관련된 수업의 시사점은 다음과 같다. 연령이 높은 학습자가 낮은 학습자보다 자신의 기억 능력의 한계를 더 잘 이해하는 경향이 있었다. 교사는 저학년과 계획성이 없는 학습자에게 적용하기 위해 기억 전략 활용 시기 및 방법을 수업설계에 구체적으로 반영할 필요가 있다. 주제를 잘 모르는 새로운 정보를 학습할 경우 일반적 전략(모든 교과 영역에 공통적으로 적용되는 전략)이 요구되지만, 주제를 잘 아는 경우 구체적 전략(특정 교과 영역과 관련된 전략, 예를 들면 수학과목에만 요구되는 전략)이 유리하였다. 약호화, 저장, 인출이 수행할 수 있는 다양한 학습전략의 경우 충분한 연습의 기회를 제공해야 전이를 촉진할 수 있다. 메타인지가 요구되는 평가를 수업에 반영할 수 있으며, 모델링, 짝연습, 강화기회를 활용하는 수업 활동을 설계에 반영할 수 있다.

수업사례

◈ 오수벨의 선행조직자 사례

2005년에 교육부와 서울대학교 과학교육연구소에서 중학교 과학 수업에서 활용하기 위한 선행조직자 자료를 개발하였다. 연구자들은 학생들이 선행학습 내용과 선행조직자에 의해 수업에 관하여 호기심을 갖거나 인지적인 갈등을 느끼고 그에 따라 수업에 적극 참여할 수 있으나 각급 학교에서 현재 사용되고 있는 과학 교과서에는 그런 자료가 제시되어 있지 않다고 밝혔다. 다음은 연구자들이 제시한 선행조직자 개발에서 지킨 원칙과 자료의 유형이다.

〈선행조직자 개발에서 지킨 원칙〉

- 자료는 현행 과학 교과서를 대체하는 것이 아니라 보완할 수 있는 주제나 소재로 구성한다.
- 자료는 해당되는 과학 교과서 내용의 수준과 범위를 벗어나지 않되, 그보다 더 일반적이고 추상적이며 포괄적인 주제와 소재로 개발한다.
- 자료는 현재의 중학교 과학 교수-학습 현장과 여건에서 어느 교사도 쉽게 적용할 수 있다.
- 교실과 실험실 등 교수-학습이 일어나는 어느 장소에서도 적용할 수 있다.
- 소재는 가능한 한 다음과 같은 주제와 소재를 이용한다.
  - 생활에 이용되고 있는 과학기술 사례 및 과학적 원리
  - 사회에 적용되고 있는 과학기술 사례 및 과학적 원리와 사회적 논쟁거리
  - 과학지식과 과학적 방법의 발달
  - 과학적 성과와 그에 적용된 과학적 방법
  - 과학자의 업적, 역할과 책임, 심리적 · 지적 · 사회적 특성, 일상생활
  - 과학의 종류와 분야
  - 과학 및 과학기술과 관련된 직업

- 과학 및 과학기술의 한계
- 과학 및 과학기술과 관련된 윤리적 문제

• 주제는 현행 과학 교육과정 및 과학의 관련된 분야의 수준을 벗어나지 않는다.
• 학생들의 인지적 갈등을 유발시켜 학습동기를 자극시킬 수 있는 교수학습 전략을 적용한다.
• 필요에 따라서는 대안 선행조직자를 개발하여, 교사들이 선택하도록 하였다.

〈자료의 유형〉

선행조직자는 모두 중학교 과학 내용 가운데에서 가급적 단편적이고 사실적인 지식은 피하고, 이론·개념적 내용을 선정하여 개발하였다. 선행조직자는 그 유형에 관계없이 모두 교수학습 과정안, 교육과정관 관련된 내용, 교수학습에 필요한 참고 자료나 읽을거리, web site 등을 포함한 모노그래프로 구성하였다.

• 글·사진·그림·삽화·동영상·비디오
• 교사가 키운 식물 또는 그 사진
• 교수-학습 도구 또는 키트(kits)
• 시범실험 세트(sets)

〈물리분야의 '빛의 합성' 선행조직자 사례〉

1) 대상학년: 중학교 1학년

2) 단원/장: 「빛」/빛의 색/빛의 합성

3) 준비물 및 제작과정

(1) 준비물: 소형 직류 전동기 1개, 가는 전선 1m 또는 에나멜선, 스위치 1개, 1.5V 건전지 1개, 건전지 끼우개 1개, 니퍼 또는 칼, 땜납, 인두, 글루건, 전동기 고정나무판(10cm×10cm) 또는 두꺼운 판지, 7가지 색(무지개 색)의 은박지, 두꺼운 도화지 1장, 풀, 컴퍼스, 각도기, 가위, 연필, 건전지(1.5V(DM))

(2) 제작과정

① 회전원판장치 제작 방법과 절차

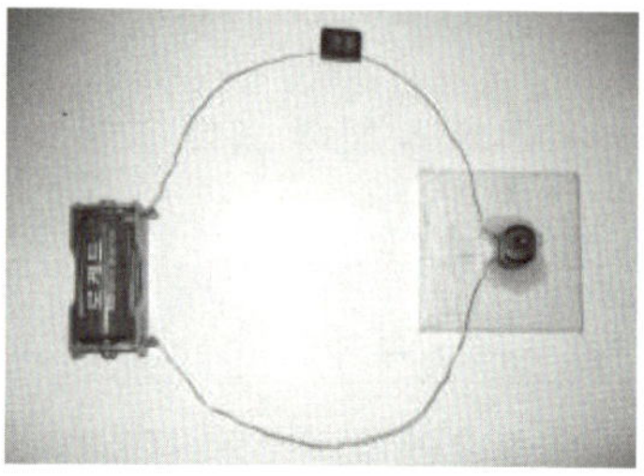

완성된 회전원판장치

- 20cm 정도 길이의 전선 1가닥과 10cm 정도 길이의 전선 2가닥의 양쪽 끝부분을 2cm 정도 벗긴다.
- 전선 2개를 건전지 끼우개의 양극에 납땜으로 연결한다. 이때 너무 오랫동안 납땜을 하면 건전지 끼우개 양극의 플라스틱 부분이 녹을 수가 있으므로 가능한 짧은 시간에 납땜을 마친다.
- 위의 전선 1가닥은 전동기 쪽으로, 또 다른 한 가닥은 스위치 쪽으로 연결한 후 납땜을 한다.
- 남은 1가닥의 전선을 이용하여 전동기와 스위치를 연결한 후 납땜한다.
- 전동기를 지지하는 판 위에 전동기를 글루건을 이용하여 고정한다. 이때 전동기의 밑 부분이 고정판에 조금(대략 0.5cm 정도) 떨어져 있도록 고정한다. 밀착되면 전동기의 회전축이 제대로 작동하지 않을 수 있다.

② 회전 원판 제작 방법과 절차

- 두꺼운 도화지를 지름 8cm 원으로 3개를 준비한다.
- 각 원모양의 도화지에 빨강, 주황, 노랑, 녹색, 파랑, 남색, 보라색 은박지를 오려 같은 크기로 붙인다.
  - 빨강, 파랑, 녹색(빛의 3원색)을 같은 크기로 오려 붙인다.
  - 빨강과 파랑, 빨강과 녹색, 파랑과 녹색을 각각 같은 크기로 오려 붙인다.
  - 다른 색의 종이를 더 준비해도 된다.
- 색종이를 붙인 도화지의 중심에 투명테이프를 붙인(앞뒤 모두) 후 송곳 등을 이용하여 전동기 회전축의 크기만큼 작은 구멍을 뚫는다.

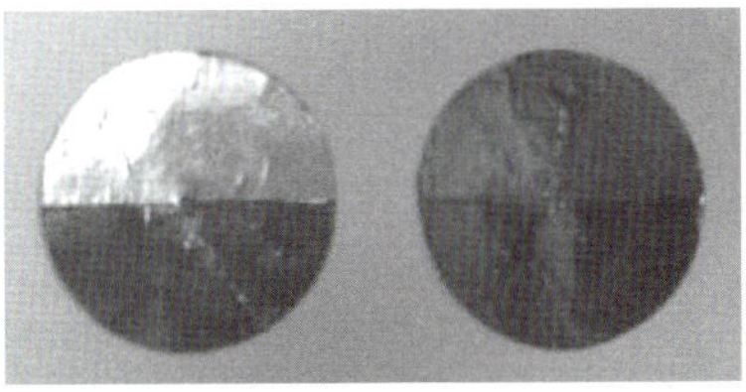

완성된 회전원판 1

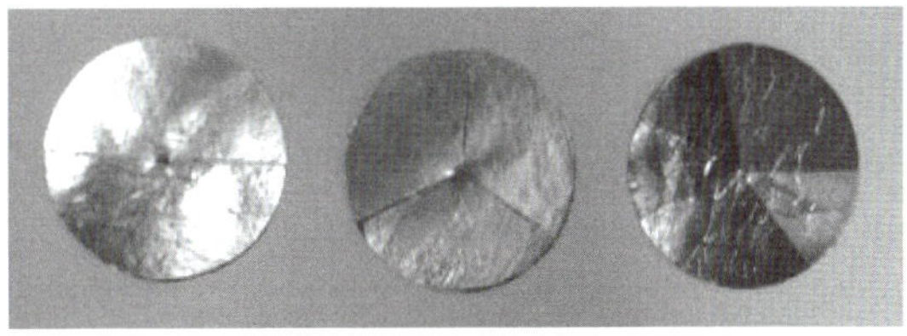

완성된 회전원판 2

4) 시범절차

(1) 시범절차

- 빛의 합성에 관한 관심을 유발하는 질문을 한다.
  - 상황제시 1: 다양한 색의 색종이를 붙인 회전 원판을 제시하여 주고, 무엇을 관찰하고자 하는 것인지 질문한다.
  - 상황제시 2: 빛은 섞으면 어떻게 나타날지 생각해 보게 한다.
- 회전 장치를 작동시켜 색이 어떻게 나타나는지 관찰하도록 한다.
- 다른 종류의 회전 원판을 이용할 때는 색이 어떻게 나타나는지 관찰하도록 한다.
- 관찰되는 색이 처음 색과 다르게 나타나는 이유가 무엇인지 생각할 수 있도록 질문한다.

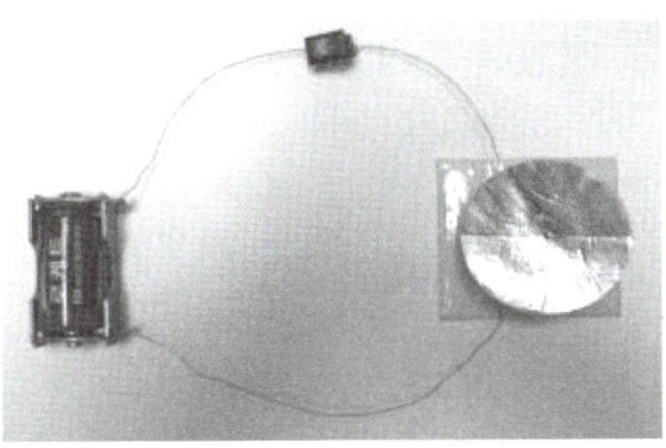

(파랑+녹색): 합성 전

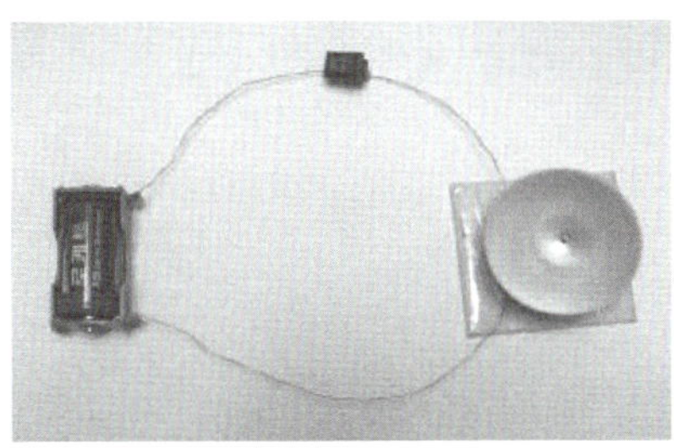

(파랑+녹색→청록색): 합성 후

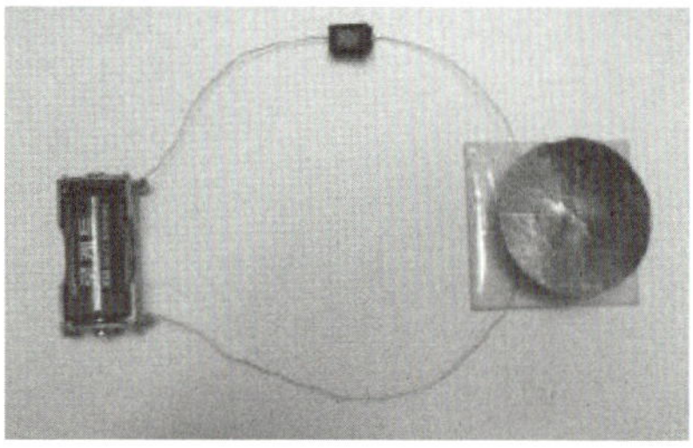

(녹색+빨강): 합성 전

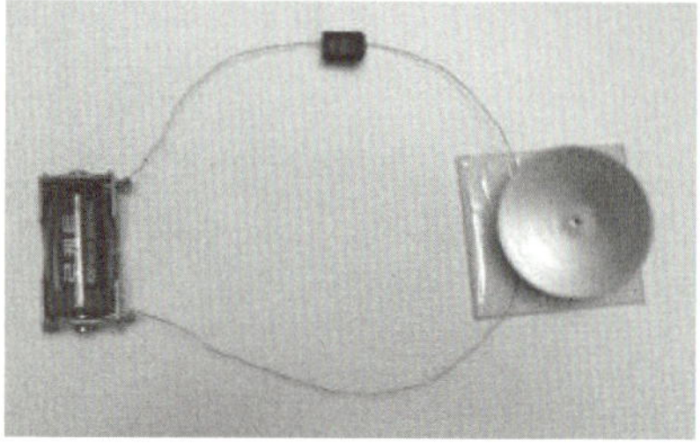

(녹색+빨강→노랑): 합성 후

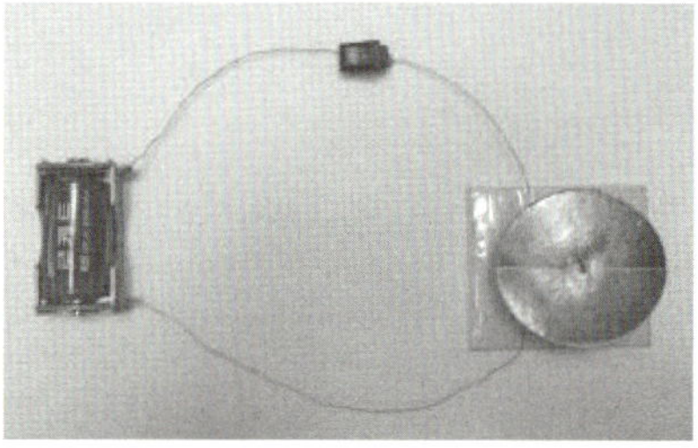

(파랑+빨강): 합성 전

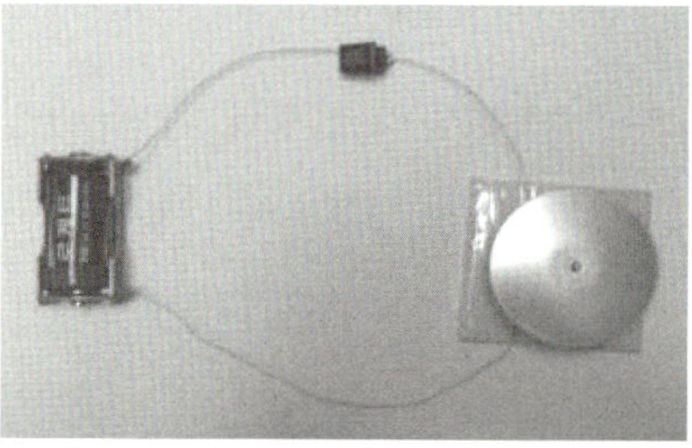

(파랑+빨강→심홍색): 합성 후

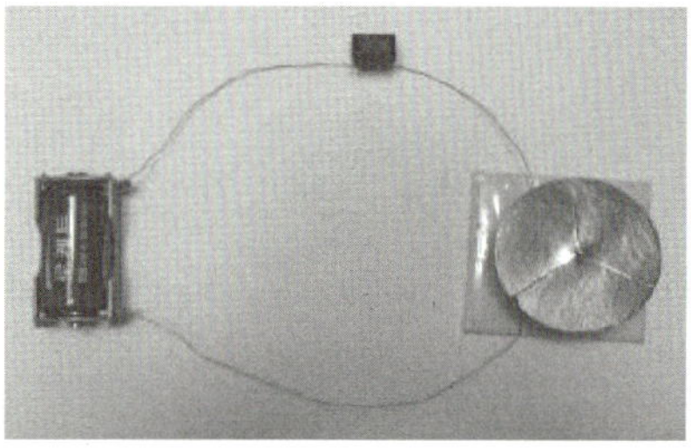

(빨강+녹색+파랑): 합성 전

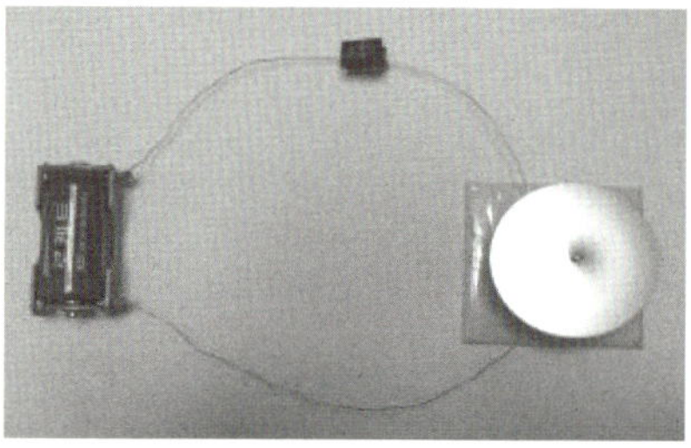

(빨강+녹색+파랑→흰색): 합성 후

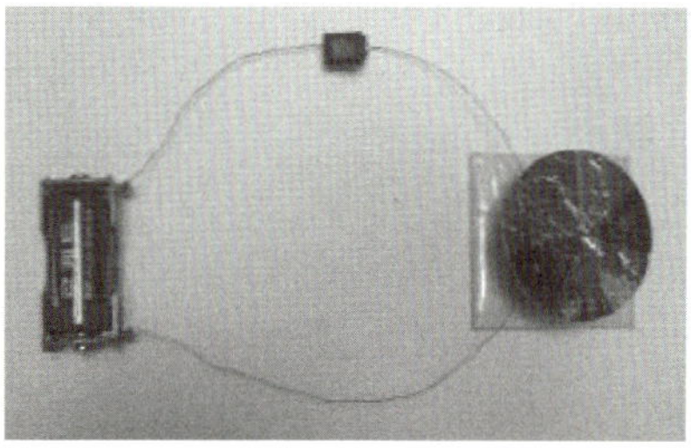

(무지개색): 합성 전

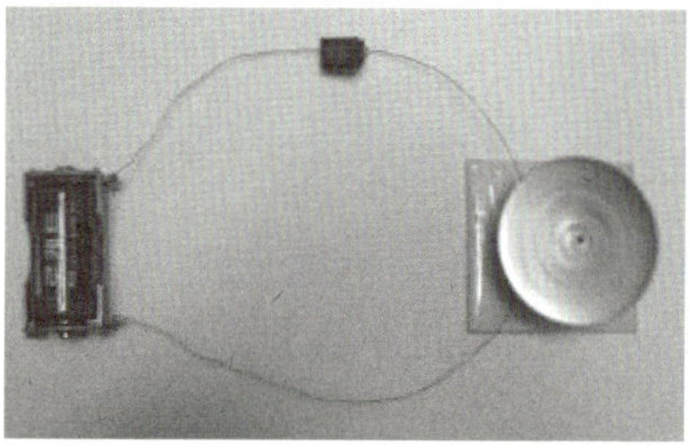

(무지개색→흰색): 합성 후

(2) 시범 시 유의 사항

- 빛의 합성은 회전 원판 제작 재료의 하나인 색종이가 반사하는 빛의 양이 많아야 효과적이다. 그러므로 반짝이는 종이를 이용하는 것이 좋다. 더불어 반짝이지 않는 색종이로 만든 회전 원판과 비교해 볼 수 있는 기회를 제공하는 것이 효과적이다.
- 색종이의 크기를 다양하게 하여 같은 두 색을 합성함에 있어서도 다양한 색을 표현할 수 있다는 것을 보여주는 것 또한 효과적이다.

학습 활동지

( )년 ( )일

( )학년 ( )반 이름 ( )

〈수업 시작 전〉

가. 여러 가지 빛을 섞으면 어떻게 나타날까? (무대의 조명처럼)

나. 위의 답과 같이 생각한 이유는 무엇인가?

〈수업이 끝난 다음〉

다. 빛의 3원색은 각각 무엇인가?

라. 빛의 3원색을 합성하면 어떤 색으로 나타나는가?

마. 텔레비전에서는 어떻게 여러 가지 다양한 색을 나타나게 할까?

출처: 조희형 외(2005). 호기심으로 시작하는 재미있는 과학수업. 2005년 중학교 과학 학습동기 유발을 위한 교수학습 자료. 교육부와 서울대학교 과학교육연구소.

참고문헌

박성익, 임철일, 이재경, 최정임(2003). 교육방법의 교육공학적 이해(제2판). 서울: 교육과학사.

조규락, 김선연(2003). 교육방법 및 교육공학. 서울: 학지사.

조희형 외(2005). 호기심으로 시작하는 재미있는 과학수업. 2005년 중학교 과학 학습동기 유발을 위한 교수학습 자료. 교육부와 서울대학교 과학교육연구소.

한정선, 김영수, 주영주, 강명희, 정재삼, 박성희(2008). 미래사회를 위한 교육방법 및 교육공학. 서울: 교육과학사.

Anderson, J. R. (1983). A spreading activation theory of memory. *Journal of Verbal Learning and Verbal Behavior, 22*, 261-295.

Ausubel, D. P., Novak, J. D., & Hanesian, H. (1978). *Educational Psychology: A congnitive view.* New York: Holt, Rinehart and Winston.

Bartlett, F. C. (1932). *Remembering: A Study in Experimental and Social Psychology.* Cambridge University Press.

Driscoll, M. P. (1994). *Psychology of instruction.* Needham Heights, MA: Allyn & Bacon.

Driscoll, M. P. (2005). *Psychology of learning for instruction* (3th Ed.). MA: Allyn & Bacon. 양용칠(역)(2006). 수업설계를 위한 학습심리학. 서울: 과학교육사.

Eggen, P., & Kauchak, D. (2001). *Educational Psycology: Windows on classrooms.* Upper Saddle River, NJ: Merrill/Prarctice Hall.

Joyce, B., Weil, M., & Calhoun, E. (2004). *Models of teaching* (7th Ed.). Boston: Allan and Bacon.

Mayer, B. J. F. (1975). *The organization of prose and its effect on memory.* New York: American Elsevier.

Popham, W. J. (1988). Judgment-based teacher evaluation. In S. J. Stanley, & W. J. Popham. (Eds.), *Teacher evaluation: Six prescriptions for success* (pp. 56-77). Alexandria, VA: ASCD.

Reiser, R. (1987). Instructional Technology: A history. In R. Gagne (Ed.), *Instuctional technology: Foundation* (pp. 11-48). Hillsdale, NJ: Lawrence Erlbaum Associations.

Reiser, R., & Dick, W. (1996). *Instructional planning* (2nd Ed.). Boston: Allyn and Bacon.

Rumelhart, D. E. (1980) Schemata: the building blocks of cognition. In R.J. Spiro et al. (Eds.), *Theoretical Issues in Reading Comprehension.* Hillsdale, NJ: Lawrence Erlbáum.

Skinner, B. F. (1953). *Science and human behavior.* NY: Macmillan.

Weinstein, C. E., & Mayer, R. E. (1986). The Teaching of learning strategies. In M. Wittrock (Ed.), *Handbook of research on teaching* (pp. 315-327). New York: Macmillan.

CHAPTER 04 구성주의 학습이론

객관주의와 구성주의 두 관점은 시대에 따라 시계추처럼 강조점이 변해왔으나 20세기 동안의 지나친 지식의 객관화는 세기말 포스트모더니즘의 교육적 대안으로서 구성주의에 대한 관심을 높이게 하였다. 대안적 패러다임은 학습 현상에 대한 새로운 시각과 설명을 제공해 주기 때문에 수업에 대해서도 상이한 시사점을 제시한다. 학습이론의 패러다임 변화는 교육과정의 발전에도 영향을 미쳐 과거와 비교할 때 학교현장은 많은 변화가 이루어져 왔다. 그럼에도 불구하고 새로운 대안적 수업 혁신에는 여전히 소극적인 학교교육을 고려할 때, 교육공학 분야의 전문가들은 학습의 여러 패러다임들을 다양한 수업의 관점에서 재해석하고 새로운 대안적인 수업설계이론을 지속적으로 개발할 필요가 있으며, 현장의 교사들은 학습자에게 새로운 수업설계이론들을 혁신적으로 적용해 보는 도전이 요구된다.

구성주의의 학습에서 추구되는 학습목표는 객관주의에서의 학습목표와 상이하다. 학습자가 알아야 하는 지식의 실체, 관계, 속성을 밝히는 데에 초점을 두는 객관주의 접근과는 달리 구성주의에서는 맥락을 통한 학습을 강조한다. 브라운(Brown et al., 1989)은 활용 가능한 지식을 강조하면서 회상되지 않는 죽은 개념이나 절차는 불필요하다고 보았다. 구성주의에서는 "맥락에서 학습된 효과적으로 활용 가능한 지식(CTGV, 1990)", "인지적 유연성(Spiro et al., 1991)", "비구조화된 문제해결(Jonassen, 1999)" 등을 주요한 학습목표로 고려하고 있다. 본 장에서는 구성주의 학습이론의 기초가 된 피아제의 발생적 인식론과 비고츠키의 사회문화적 인식론의 수업설계의 시사점을 살펴보고, 구성주의 수업이론을 발전시키는 데 토대가 된 상황학습이론을 살펴본다.

주요내용

1. 객관주의와 구성주의 학습이론
2. 인지적 구성주의 학습이론: 피아제의 발생적 인식론
3. 사회적 구성주의 학습이론: 비고츠키의 사회문화적 인식론
4. 상황학습이론

심화학습: 상황학습의 배경이론

수업사례: 인지적 도제이론과 인지적 융통성이론 수업지도안 사례

학습목표

1. 객관주의와 구성주의 학습이론을 비교할 수 있다.
2. 인지적 구성주의 이론인 피아제 학습이론의 수업 설계에 주는 시사점을 제시할 수 있다.
3. 사회적 구성주의 이론인 비고츠키 학습이론의 수업 설계에 주는 시사점을 제시할 수 있다.
4. 상황학습 관점에서 인지적 도제이론과 정착수업이론, 인지적 융통성이론의 주요 수업 전략을 수업에 적용할 수 있다.

1. 객관주의와 구성주의 학습이론

1) 구성주의 학습이론의 등장

20세기 이후 지식정보화 사회는 인터넷으로 인해 지구촌 사람들을 마치 이웃처럼 밀접하게 연결되었다. 인터넷은 지식의 질적 · 양적 변화를 주도하고 있으며, 새로운 사회는 과거와는 매우 다른 형태의 지식과 학습을 인류에게 요구하고 있다. 새로운 사회에서 학습자는 주도적으로 학습해야 하며, 지속적으로 새로운 지식을 창출해야 하고, 다양한 문화적 맥락의 사람과 함께 갈등을 해결하며 지식을 공유해야 한다. 즉 과거 지식을 전달받는 곳으로서의 학교는 전통적인 기능을 넘어 새로운 다양한 기능을 요구받고 있다. 비고츠키(Vygotsky)는 학습을 유도하는 가장 중요한 도구가 문화적 상징과 기호라고 하였다. 그가 주장한 학습이론은 새로운 지구촌 변화에 부응하는 학습과 수업에 대한 대안적 아이디어를 제공하며 교육과 일터에서 상호작용을 촉진하였고 새로운 지식을 지속적으로 구성하고 창출해 나가

는 방법론을 연구하는 학자들에게 자극을 주었다. 1990년대 이후 이와 같은 배경에 의해 구성주의적 관점이 대안적 학습이론으로 주목받게 되었다.

구성주의(constructivism)는 과학혁명의 패러다임에 관한 토마스 쿤(Tomas S. Kuhn)의 영향과 함께 20세기 말 포스트모더니즘 논의와 함께 주목받기 시작했다. 교육학 분야도 예외가 아니었으며, 과거 구성주의적 관점의 학자들이 재조명되어 피아제(Piaget)의 발생적 인식론, 비고츠키(Vygotsky)의 사회문화적 인식론이 활발하게 연구되었다. 듀이(Dewey)와 굿맨(Goodman)의 철학, 깁슨(Gibson)의 생태심리학 등도 구성주의자들의 연구에 중요한 영향을 준 것으로 인정받고 있다. 구성주의라는 명칭은 피아제가 자신의 관점을 구성주의자(constructivist)로 부른 것에서 유래한다(Driscoll, 2005).

예를 들어 르네 마그리트(René Magritte)의 대표작 중의 하나인 '이것은 사과가 아니다'라는 1964년도 작품을 살펴보자. 객관주의 관점에서라면 이 그림은 당연히 사과 그림이며, 작가도 사과라고 생각하고 그리며, 관객도 사과라고 감상하며 의문을 제기하지 않는다. 객관주의 관점의 교육에서는 사과라는 객관적인 대상에 대한 의문 없이 교사와 학생이 사과에 대해 학습할 수 있다. 그런데 마그리트는 일반적인 그림과 달리 그림 안에 '이것은 사과가 아니다'라고 직접 써넣으며 관객에게 의문을 제기한다. 구성주의는 사과가 객관적으로 실제 존재하는가에 의문을 제기하며, 단지 관객인 우리의 머리 안에서 주관적으로 존재하고 해석되는 대상이라고 설명한다. 이제 교사는 자신의 머리 안에서 주관적으로 존재하는 사과를 어떻게 학생에게 전달할 수 있을까? 교사의 머리 속 사과와 학생들의 사과는 모두 자신의 경험치에 따라 다른 사과로 존재하고 있으며, 오늘 새로운 사과를 맛본다면 사과라는 지식은 변화된다. 아프리카 학생과 우리나라 학생의 사과는 매우 다른데, 사과의 모양과 맛 뿐 아니라 사과에 대한 시, 이야기 등 접한 모든 것이 다르기 때문이다. 사과라는 지식은 객관적으로 존재하기 보다는 인간의 주관적인 인식과 그가 속한 사회와 문화와 역사에 따라 달라지게 된다. 이제 사과라는 지식은 전달되는 대상이 아니라 주관적으로 끊임없이 재구성되는 대상이 되며 교사는 학생이 주관적이고 능동적으로 사과를 경험하도록 돕는 역할자로 바뀌게 된다.

2) 객관주의와 구성주의 학습이론의 비교

구성주의 학습가정을 객관주의와 비교해서 살펴보자. 객관주의에서 지식은 학습자와 독립적으로 존재하며 학습이란 그 지식을 학습자 외부에서 내부로 전이하는 과정으로 본다. 행동주의와 인지주의이론은 모두 이러한 객관주의적 관점을 가정한다. 한편 구성주의에서는 자신의 경험을 이해하려고 노력하는 학습자에 의해 지식은 구성된다고 가정한다. 학습자는 빈 그릇이 아니라 의미를 추구하는 능동적 유기체로서 그들의 정신구조는 갈등과 혼란을 통해 지속적으로 재구성된다.

다음 〈표 4-1〉은 행동주의, 인지주의, 구성주의를 다각적인 교육 관점에서 비교한 것이다(유영만, 1994).

〈표 4-1〉 행동주의, 인지주의, 구성주의 비교

	행동주의	인지주의	구성주의
철학적 배경	객관주의	객관주의	주관주의
학습에 대한 정의	• 외현적 행동의 변화	• 인지구조의 변화	• 주관적 경험에 근거한 개인적 의미창출
학습의 발생	• 자극과 반응, 강화	• 정보의 입수, 조직, 저장 및 인출활동	• 개인적 경험에 근거한 세계에 대한 의미 창조, 환경 또는 동료들과의 사회적 상호작용
학습자관	• 환경적 자극에 반응하는 수동적 인간관	• 외현적 정보를 내적으로 처리하여 인지구조를 변화시키는 적극적 학습자관	• 학습자의 특성, 배경 등의 개인적인 렌즈로 외부세계를 구성하는 적극적인 인간관
학습에 영향을 미치는 요인	• 학습 효과 극대화를 위해 외현적 자극 및 반응의 체계적 배열과 자극 시점의 결정	• 정보처리활동을 촉진할 수 있는 학습자의 정신적 활동 강조	• 상황적 맥락, 학습주체인 인간의 학습활동, 학습대상자인 지식의 역동적 상호작용
수업학습 전략	• 외현적 수업전략	• 학습자의 내적 사고전략, 교사의 부호화 전략, 정보처리 전략	• 학습환경의 조성 및 상황적 맥락과 진실성 있는 과제제공

	행동주의	인지주의	구성주의
기억의 역할	• 기억의 중요성 간과 · 망각 방지를 위한 반복적 연습과 정기적인 복습강조	• 세계의 객관적 재현 • 정보의 효과적인 조직 및 패키지화와 스키마의 인출	• 세계적 주관적 구성 지속적으로 구성 중에 있는 잠정적 기억과 융통적 지식의 맥락화
전이	• 일반화의 결과	• 정보의 유의미한 조직	• 학습의 맥락화
효과적인 학습	• 분별, 간단한 사실의 기억, 기념 습득 및 일반화 적용	• 문제해결, 정보처리, 추론	• 복잡하고 비구조화된 학습과제 및 문제영역
수업설계와 관련성	• 관찰 또는 측정가능한 행동목표 강조, 준거지향 평가강조 학습자의 분석 강조 • 수업내용의 계열성 강조	• 학습자의 적극적 참여 • 정보처리과정 촉진을 위한 정보의 구조화 강조 • 효과적 전이를 위한 학습환경	• 학습상황 및 적용 상황의 강조 • 학습내용의 영역제시 및 학습과제의 맥락화 • 다양한 관점의 제시, 협상 강조

2. 인지적 구성주의 학습이론: 피아제의 발생적 인식론

1) 피아제의 지식에 대한 가정

진 피아제(Jean Piaget, 1896~1980)는 생물학자, 철학자, 심리학자, 교육학자로서 다양한 능력을 발휘한 학자이다. 지식(인식론)의 기원(발생)에 관한 연구 때문에 그의 이론은 발생적 인식론(genetic epistemology)이라고 불린다. 피아제는 지식이 경험의 축적에 기인한다고 생각하는 경험주의에 반대하며, 인지는 유전과 환경 간의 상호작용에 기인한다고 가정하였다. 피아제는 자신의 관점을 구성주의로도 불렀는데 그는 지식의 습득은 지속적인 자기구성(self-construction)의 과정이라고 믿었기 때문이다. 객관주의에서 지식은 아동의 외부에 존재하면서 발견되기를 기다리지만, 구성주의 관점에서 지식은 아동이 발달하고 주변세계와 상호작용하며 창출되고 재창출된다. 아동은 환경에 능동적으로 접근하고, 행위(action)를 통해 지식을 습득하는데 이러한 목표 지향적 행위의 단위를 도식(schemes)이라 하였다. 스킴(scheme; 능동적 조직화 원리)과 스키마(schema; 수동적 조직화 원리)를 구분한 학자도 있지만(Brainerd, 1978), 피아제는 이 둘을 아동 사고의 능동적 성질을 강조하기 위해 사용하였기 때문에 본문에서는 일반적으로 많이 사용되는 용어인 스키마로 통일하여 사용하고자 한다.

2) 피아제 이론의 인지발달 특성

피아제는 아동이 4단계의 불변적인 계열을 따라 발달한다고 하였다. 단계들은 아동의 질적인 차이를 반영하는데, 발달 단계를 구분한 피아제의 기준은 다음과 같다. 첫째, 각 단계는 아동의 인지발달에 질적인 변화를 나타낸다. 즉, 논리적인 구조에서 변화가 일어난다. 둘째, 아동은 이들 단계를 지나면서 발달하며 똑같은 순서를 밟는다. 셋째, 각 단계는 선행단계의 인지구조와 능력을 포함한다. 초기의 구조는 이후에 더 복잡한 단계의 구조와 통합되고 조절되면서 발전한다. 넷째, 각 단계에서 아동의 도식과 조작은 통합된 전체를 형성한다. 구체적인 단계별 특성은 다음 〈표 4-2〉를 참조하라.

〈표 4-2〉 피아제의 인지발달 4단계(Driscoll, 2005)

발달단계	연령	대표적 특성
감각 운동기	2세 이전	• 반사운동을 점차 수정해 감 • 점차 목표지향적 행동을 함 • 사물과 사건을 정신적으로 표상하기 시작함
전 조작기	2세~7세	• 기호적 기능 습득, 상징적 놀이에 집중 • 자기중심적 사고와 의사소통, 한 가지 지각적 차원에 초점을 두고 문제 추리함
구체적 조작기	7세~11세	• 정신조작(보존성, 가역성) 수행, 논리적 형태로 구체적인 문제를 해결함 • 가설적 추리를 못함 • 문제의 모든 측면을 체계적으로 고려하지 못함
형식적 조작기	11세 이후	• 체계적이고 논리적인 형태로 추상적인 문제를 해결함 • 가설적으로 추리함 • 사회적 쟁점에 관심을 표함

피아제는 아동이 한 단계에서 다음 단계로 발달하게 되는 기제를 동화, 조절, 그리고 평형화로 설명하고 있다. 이는 아동의 발달에 중요한 영향을 미치는 중요한 세 가지 과정이다.

- 동화: 동화(assimilation)는 기존의 도식이나 조작으로 새로운 대상이나 사건을 지각할 때 일어난다. 아동이나 성인이나 기존의 정신구조를 새로운 상황에 적극적으로 활용하고자 하는 경향이 있다.
- 조절: 조절(accommodation)은 기존의 도식이나 조작으로 새로운 상황에 대처할 수 없어 수정을 요할 때 일어난다. 동화시키는 데 실패하여 새로운 조절이 일어난 후 후속 동화에 영향을 주고 후속 동화는 새로운 구조와 조화를 이룬다.
- 평형화: 평형화(equilibration)는 동화와 조절을 포함하는 주된 발달 기제이다. 새로운 상황에 기존의 인지로 대처하지 못하게 되면 비평형화의 상태가 일어나며 유기체는 적극적으로 자신을 변형시켜 평형화를 추구하게 된다. 동화와 조절 간의 평형화, 스키마와 스키마 간의 평형화 등 다양한 수준의 평형화를 통해 통일된 유기체로서의 성장이 가능하다.

3) 수업설계의 시사점

(1) 학습자의 활동을 강조하는 수업

학습자는 행위를 통해 지식을 습득하기 때문에 학습 환경은 학습자가 활동을 시작하고 완료할 수 있도록 조성되어야 한다. 스스로 실험하는 상황을 제공하여 다양한 시도를 하고, 상징물을 조작하며 의문을 품고 스스로 해답을 찾는 것이 중요하다. 브루너는 교사가 사전에 정한 개념이나 규칙을 학습자들이 발견하도록 하기 위해 신중하게 질문하는 탐구수업을 강조하지만, 피아제는 학습자가 자신의 개념을 스스로 능동적으로 구성하도록 허용해야 한다고 하였다.

(2) 갈등과 모순을 통한 수업

학습자는 새로운 단계로 나아가기 위해서 비평형화, 즉 현재의 인지구조와 새로운 정보 간의 불균형을 경험해야 한다. 학습자는 자신의 추리가 부적절하다는 것을 알았을 때보다 복잡한 규칙을 채택한다. 이러한 갈등유발수업(conflict teaching)이 비평형화를 유도하는 역할을 한다.

3. 사회적 구성주의 학습이론: 비고츠키의 사회문화적 인식론

1) 비고츠키의 지식에 대한 가정

비고츠키(1896~1934)의 이론을 이해하기 위해서는 러시아가 볼셰비키하에서 사회가 재조직되는 그의 시대적 배경을 이해하는 것이 도움이 된다. 러시아는 당시 러시아 혁명 이후 교육에 관한 생각을 변혁하고 마르크스-레닌주의 변증법적 유물론에 기초한 새로운 심리학에 대한 요구가 있던 시기이다. 이에 따라 비고츠키는 통합된 사회과학의 일부로 심리학을 재구성하고자 하였다. 비고츠키는 피아제와 달리 구체적이고 뚜렷한 발달단계를 배제하여 발달이 모든 연령에 걸쳐 나타나며, 평형화와 같은 단순한 원리가 아니라 훨씬 더 복잡한 현상이라고 하였다. 인간이 세계를 파악할 수 있는 관점에 있어 피아제는 논리적 필연성의 방식으로 설명하며, 비고츠키는 환경의 해석적 재구성 방식으로 설명한다(Gredler, 2005).

그는 지식의 가정에 대하여 다음과 같이 설명하고 있다. 지식이 구성되는 과정에서 주된 영향을 미치는 것은 물리적인 대상과의 상호작용(피아제의 관점)보다 사회적인 상호작용이라고 보았다. 인지발달 과정에서도 인간의 생물학적인 면(피아제의 관점)보다 역사적, 사회적 환경의 역할을 강조한 것이다. 인간의 모든 고차원적 고등정신기능들은 사회적인 환경에 적응하는 가운데 성취되므로 개인의 발달은 그들의 사회적 관계 속에서 이해되어야 하며, 개인의 인지는 결국 구성원들이 함께 공유한 인지임을 강조하였다. 인간의 인지발달은 사회적 환경인 언어, 문자, 제스처, 기술과 같은 중재 도구에 의해 영향을 받으며 어떠한 정신기능도 내부적인 것이기 이전에 사회적인 것임을 강조한 것이다.

2) 비고츠키 이론의 인지발달 특성

비고츠키는 인간의 특성인 고등정신기능이 어떻게 나타나는지에 관심을 가졌다. 그는 개인의 발달이 사회적 관계를 정신적 기능으로 전환하는 과정에서 생성된다고 보았다. 인간의 고등 정신 기능은 도구와 기호를 매개로 한 외적 활동이 점차 내면화되고 상징화되는 과정을 통해 형성된다.

(1) 내면화

모든 고등정신기능은 처음에 사회적 기능이기 때문에 그 발달은 반드시 외적 단계를 거친다. 개인 간 정신기능이 개인 내 정신기능으로 변화되는 과정을 통해 외적 작용의 내적 재구성(internal reconstruction)이 발생한다. 전 조작기 아동의 자기중심적 대화는 이를 잘 설명한다. 피아제에게 있어서 자기중심적 대화는 전 조작기 아동이 가지는 사고의 제한적인 특징이지만 비고츠키는 아동의 자기중심적 대화가 내면적 대화로 발전하면서 점차 단어를 발음하기보다는 단어를 생각하는 새로운 능력이 발달한다고 보았다. 자기중심적 대화는 점차 자신의 의식을 주변과 분리하는 과정을 겪으면서 완전히 밖으로 나오지 않고 내부 지향적인 것으로 변화된다. 예를 들어 여러분의 어린 조카를 본 적이 있다면 잘 이해할 수 있다. 혼자서도 하루 종일 종알거린다. 장난감을 가지고 놀 때도 혼자 무언가를 먹을 때도 중얼중얼 혼잣말을 한다. 이러한 혼잣말은 자라면서 점차 사라지는데, 완전히 사라진 것이 아니라 속말로 바뀌게 되는 것이다. 점차 더 자라게 되면서 속말조차 사라지는데 이때 속말은 사라진 것이 아니라 정신적 기능으로 바뀐 것이다. 이처럼 언어라는 사회적 상호작용 도구는 개인의 정신 도구로서 변화되어 추상적이고 논리적인 고차원적 정신기능을 수행하도록 발전하게 된다.

(2) 근접발달영역

근접발달영역(Zone of Proximal Development)은 실제 발달수준과 잠재적 발달수준 간 차이의 영역으로서 성인의 안내 혹은 더 잘하는 또래의 협력으로 문제를 해결할 수 있는 발달의 영역이다. 근접발달영역은 아직 성숙하지 않았지만 성숙의 과정에 있는 기능이다. 좋은 수업은 발달에 앞서고 발달을 인도한다. 비고츠키는 발달과 학습은 동일한 것이 아니며, 학습이 발달과정을 촉진할 수 있다고 보았다.

비고츠키가 제시하는 학습과정의 특징을 살펴보자. 첫째, 비고츠키에 의하면 고등정신기능은 매개된 활동의 결과이며, 다양한 사고의 중재 도구인 매개물은 심리적 도구이면서 개인 간 의사소통의 수단이다. 도구는 인간과 사물 간의 매개물이면서 외적 환경을 만드는 데 사용된다는 것이다. 이러한 중재 도구의 적극적인 활용은 학습을 촉진하게 된다. 예를 들면 언어, 셈하기에서의 손가락 활용, 해야 할 일 목록(to do list), 공동체만의 사고양식 등이다. 둘째, 비고츠키는 학습환경에서 또래들이나 성인들과의 협동과 사회적 상호작용이 다양한 내적 발달과정을 촉진한다고 보았다. 사회적 도움이 없는 힘든 과제는 아동의 발달을 실패로 이끌 수 있으며 따라서 아동의 근접발달영역 내의 적절한 과제와 함께 사회적 상호작용을 제공하는 것이 매우 중요함을 강조하였다. 셋째, 그는 발달과 학습의 관계를 설명하며

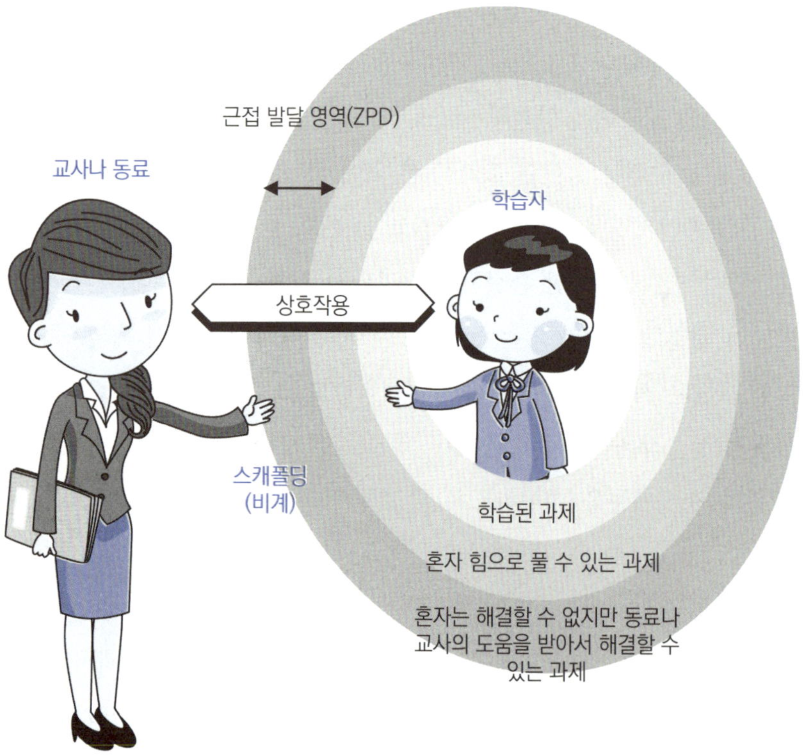

[그림 4-1] 비고츠키의 근접발달영역

학습과 발달은 동일한 과정이 아니라 학습이 발달을 촉진할 수 있다고 하였다. 성숙함 보다는 성숙 중에 있는 기능들을 목표로 두어야 하며, 도전적인 과제를 능력 있는 타인과 협력적인 대화를 통해 전략을 전수받아 내면으로 통합시킬 때 새로운 발달이 일어날 수 있다고 하였다(변영계, 2005).

3) 수업설계의 시사점

(1) 스캐폴딩의 활용

스캐폴딩(scaffolding)이란 건축공사 때에 높은 곳에서 일할 수 있도록 설치하는 임시가설물로, 재료운반이나 작업원의 통로 및 작업을 위한 발판을 의미한다. 최초에는 개별 지도 방법으로 소개된 개념이었으나 비고츠키는 아동이 능동적으로 발달하는 과정에서 사회적 환경을 필수적인 스캐폴딩으로 보았다. 스캐폴딩은 교사 또는 발달이 앞선 동료가 지식을 구성하는 학습자의 학습을 지원하는 도구 역할을 한다(Wood et al., 1976). 교사의 중재와 행동을 점차 줄여 학습자 스스로의 주도적인 학습을 늘려가는 스캐폴딩을 통해 교사는 학습자와 과제 사이의 다리를 제공하며, 학습자의 맥락에서 도움을 제시하여 문제해결 구조를 제공하여야 하며 학습자로 하여금 스스로 해결할 수 없는 문제로 시작하여 점차 능동적인 역할을 하면서 성공적인 문제해결에 이르게 해야 한다.

힐과 하나핀(Hill & Hannafin, 2001)은 자원기반학습 모형에서 스캐폴딩의 유형을 4가지로 제시하였다. 개념적 스캐폴딩은 무엇을 학습해야 하는지, 메타인지적 스캐폴딩은 학습하는 동안 어떻게 생각(기획, 모니터링, 평가)해야 하는지, 절차적 스캐폴딩은 학습하는 방법을, 전략적 스캐폴딩은 대안적인 분석과 접근 방법을 안내한다.

(2) 상보적 교수법

스캐폴딩을 활용하는 수업 모형인 상보적 교수법(reciprocal teaching)은 비고츠키 이론을 바탕으로 팔린사와 브라운(Palincsar & Brown, 1984)에 의해 독서지도를 위해 개발된 이론이다. 학습자의 읽기 능력 향상에 적용되었는데, 독서수준이 뒤진 학습자들이 함께 대화하거나 교사와 대화하며 교재의 의미를 파악하도록 고안되었다. 협력적인 대화를 사용하여 자기조절적 학습을 유도하며, 예언하기, 질문하기, 요약하기, 명료화하기 등 교사가 사용하는 전략에 대해 초기에 시범을 보여주면 학습자는 연습을 통해 점차 교사를 모방하며 전략을 내면화하게 된다. 점차적으로 책임이 교사에게서 학습자에게로 옮겨가도록 구성되어 있다. 이 교수법은 학생들의 독해력 향상에 유의미한 성과가 있었으며, 습득한 독서기능이 사회과와 과학과에 전이되는 것으로 나타났다(Driscoll, 2005).

(3) 협력학습

학습자는 과제를 또래와 함께 해결해 가면서 파트너로서 해야 할 활동을 습득하고 높은 수준의 언어사용과 인지전략을 배울 수 있으며, 문제해결 도구를 내면화할 수 있다. 서로 다른 관점을 토론할 때 아동은 자기조절을 위한 정신기능을 배우게 되며, 주제를 더 잘 이해하게 되며, 서로의 관점을 고려할 수 있게 된다(변영계, 2005).

4. 상황학습이론

1) 상황학습(Situated Learning)의 이해

지금까지의 전통적인 학교교육은 실제로 학습한 내용을 적용하게 되는 실제적인 맥락과 분리되어 이루어졌다. 추상적이고 탈맥락적인 학교교육의 문제에 대한 대안적인 관점이 상황학습이다. 상황학습은 일상생활에서의 인지활동 특성을 반영하고 사회적인 상호작용에서 발생하는 인지활동의 메커니즘을 탐색하여 이를 학교교육에 적용하고자 하였다. 상황학습에서 학교라는 맥락은 장차 학생들이 실제 세계에서 부딪칠 문제해결과정을 간접 경험하는 공동체이다. 학교는 구성된 지식이 학습자의 실제 생활에 적극적으로 적용될 수 있도록 전이에 더욱 관심을 가져야 한다. 이를 위해 학습자에게 제공되는 과제는 실제적인 과제로서 학교 밖의 실제 생활에 이용할 수 있는 것이어야 하며, 상황이나 맥락과 함께 제시되어야 한다(Barab & Duffy, 2000: Wilson & Myers, 2000: 한국교육공학회, 2005 재인용).

2) 상황학습의 학습방법: 실천공동체

상황학습의 관점에서 학습은 실천공동체(Communities of Practice: CoP)의 참여를 통해 효과적으로 이루어질 수 있다. 학습은 지식을 얻는 과정이 아니라 바로 실제 세계에 대한 실천과 관련을 맺는 과정이다. 실천공동체란 공동의 주제 및 목적을 가진 사람들이 자발적으로 모여 서로 간의 신뢰를 바탕으로 현장의 맥락 속에서 명시지를 암묵지로 전환하는 프랙티스를 창출하고 공유하는 공동체라고 정의한다(최미나, 2003). 브라운과 두기드(Brown & Duguid, 2000)는 실천공동체에서의 프랙티스(practice)를 설명하면서 명시지를 프로덕트(product)적인 지식으로, 암묵지를 프로세스(process)적인 지식으로 보았고, 명시지와 암묵지를 아우르는 지식을 프랙티스(practice)라고 하였다. 실천공동체에 참여함으로써 각 개인은 자신의 정체성을 형성하고 이를 발전시켜 나간다(Wenger, 1998).

3) 상황학습의 수업설계이론

(1) 인지적 도제

브라운 등(Brown et al., 1989)은 학생이 실천공동체에 참여할 수 있는 하나의 수단으로 인지적 도제(cognitive apprenticeship) 이론을 제시하였다. 도공이 도자기를 제작하는 전문적 기술은 견습생부터 시작하며 장인의 옆에서 오랫동안 함께 생활하며 관찰과 실습을 반복해야만 전수받을 수 있다. 학교의 아동도 교과목을 습득할 때, 역사 과목은 역사학자, 수학은 수학자의 도제가 됨으로써 교과만의 특수한 맥락을 익힐 수 있다. 그러나 인지적 도제는 전통적인 도제와 달리 학습자가 학습하는 과정과 결과를 비판적으로 성찰할 수 있어야 한다. 주요 수업전략인 모델링(modeling), 코칭(coaching), 스캐폴딩(scaffolding)의 3가지 전략은 관찰과 안내 및 보조 연습 과정을 통해 학습자가 일련의 인지적, 메타인지적 기능을 통합하도록 돕는다. 명료화(articulation), 반성적 사고(reflection)는 전문가의 문제해결과정을 면밀히 관찰하고 자신의 문제해결전략을 의식적으로 도출할 수 있도록 돕기 위해 고안된 방법이다. 탐색(exploration) 전략은 문제해결과정을 능숙하게 수행할 수 있을 뿐만 아니라 해결할 문제를 정의하고 공식화할 수 있는 학습자의 자율성을 고무하기 위한 것이다. 이러한 일련의 과정을 통해 안내 역할을 하는 전문가의 참여와 책임을 점차 학습자에게 양도하여 학습자가 전문가의 과제수행을 내면화할 수 있다(Collins, Brown, & Newman, 1987; 한국교육공학회, 2005).

(2) 정착수업

1990년 밴더빌트대학교의 인지 테크놀로지 연구단(Cognition and Technology Group at Vanderbilt: CTGV, 1992)이 상황학습을 적용한 정착수업(anchored instruction)을 소개하였다. 학습자의 일상생활에서 접할 수 있는 현실적인 문제들을 비디오디스크를 활용하여 상황적 맥락을 제공하였다. 재스퍼 시리즈(The Jasper Woodbury Problem Solving Series) 프로그램에서 재스퍼(Jasper)라는 소년이 직면하게 되는 문제 상황(흔히 미국의 소년이라면 접할 수 있는 실제적인 문제 상황)을 멀티미디어와 함께 스토리로 제공받으며 학생들은 흥미롭게 문제를 풀어갈 수 있다. 프로그램을 통해 역사, 수학, 과학 등의 교과목과 연계된 지식을 실제적인 맥락의 정착을 통해 보다 상황적으로 학습할 수 있게 된다. 이 프로그램에서 정착(an-

[그림 4-2] 재스퍼 시리즈

출처: http://peabody.vanderbilt.edu/projects/funded/jasper/Jasperhome.html

chor)의 역할을 하는 것은 실제적인 문제와 스토리라고 할 수 있다. 정착수업은 그룹 구성원들이 협동학습에서 공유의 과정을 통해 문제를 해결하는 것이 바람직하다.

〈표 4-3〉 재스퍼 시리즈의 일부(Jonassen et al., 1999 재인용)

주인공 Jasper가 낚시를 하러 가다가 도중에 다친 독수리를 만난다. 그는 친구에게 무선 연락을 하고, 연락을 받은 친구들이 초경량 비행기로 독수리를 구출할 것을 결정한다. 그러나 비행경로 계산에는 고려해야 할 몇 가지 변수들이 있다. 풍향과 풍속, 비행속도, 비행기 연료상태, 수의사, 주유소 위치파악, 부상독수리 등이 그 변수이다. 문제를 식별하고 해법을 찾아내야 할 20개 이상의 하위 등급의 세부 문제를 전제로 한다. 이들 세부문제를 풀기 위한 모든 정보는 비디오 속에 숨어 있다. 학생들은 그들이 알아야 할 필요가 있는 것들이 어떠한 것들인지를 결정한 다음, 이에 필요한 정보를 수집하기 위해 비디오를 시청하고 탐색할 필요가 있다.

(3) 인지적 융통성이론

인지적 융통성이론(cognitive flexibility theory)은 지식의 지나친 추상화와 탈맥락화를 비판한 상황학습이론과 마찬가지로 객관화된 지식에 실제적인 맥락을 부여하여 활성화된 지식으로 학습되었을 때 전이가 촉진될 수 있다고 하였다. 그러나 지식의 질적인 변화뿐만 아니라 양적인 증가는 교수학습과 관련된 다양한 논의를 야기한다. 이미 학교교육의 내용은 지나치게 양이 많은데, 지속적으로 증가하는 지식을 포괄해야 하며, 상황학습에서 강조하는 지식들의 맥락화는 교사들에게는 매우 부담이 될 수 있다. 또한 하나의 상황에서 학습한 지식을 다른 상황에서 적용할 때 여전히 전이가 원활하지 않다는 문제가 발생하며, 여러 맥락을 함께 제시하는 것은 더욱 부담을 가중시킨다. 스파이로 등(Spiro et al., 1991)은 상황학습과 관련하여 학습자들에게 필요한 것은 지식을 다양한 맥락에서 다룰 수 있는 인지적 융통성(cognitive flexibility)이라고 주장하였다. 인지적 융통성이란 여러 지식의 범주를 넘나들고 연결 지으면서, 다양한 방법으로 변화하는 새로운 상황에 맞도록 학습자 기억 내 지식을 융통성 있게 재구성하는 능력을 의미한다. 지식은 복잡하고 다원적인 특성을 지니므로 다양한 상황에서 지식을 필요에 의해 재구성하여 활용하려면 상황맥락적인 지식의 스키마 연합체를 형성하는 것이 중요하다. 인지적 융통성이론은 실생활과 관련된 매우 구체적인 사례에 기반한 수업(case-based instruction)을 강조하며, 지식에 대한 임의적 접근(random access)을 강조하기 위해 하이퍼미디어 프로그램을 활용한 정보 제시 방식을 채택하여 개발되었다. 인지적 융통성이론에 근거하면 다음과 같은 주요 원리를 활용하여 수업을 설계할 수 있다.

- 다원적 조망 교차: 다원적 조망 교차(multidimensional landscape criss-crossing)는 동일한 문제와 사례를 서로 다른 주제에 따라 다양한 방향에서 해석할 수 있도록 하기 위해서 여러 관점에서 바라보게 하는 것.
- 사례 및 소사례: 지식이 실제 맥락에서 적용되는 방식을 알기 위해서는 추상적이고 일반적인 원리를 학습하는 것보다 많은 사례를 경험하는 것이 필요함. 복잡한 전체 사례에 대한 정확한 이해를 위해서는 여러 부분적 소사례를 이해해야 함.
- 재학습: 동일한 학습문제를 여러 주제에 따라 반복하여 탐색하는 것.
- 보조적 탐색 도구: 인지적 융통성은 상위지식이 복잡한 구조를 가지고 있다고 전제하므로 특히 하이퍼미디어 환경에서의 학습이 적합함.

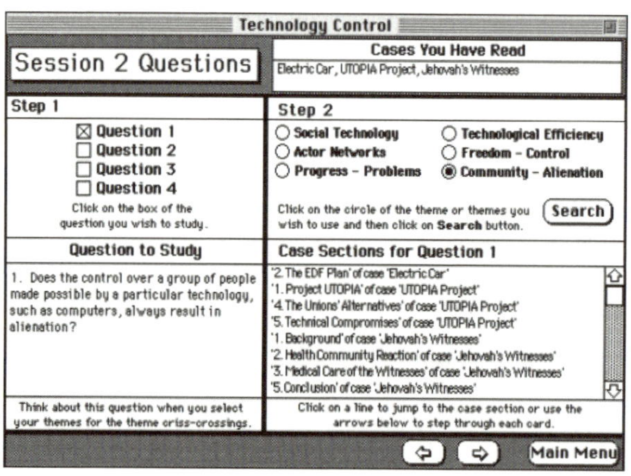

[그림 4-3] 인지적 융통성이론을 적용한 하이퍼텍스트 프로그램

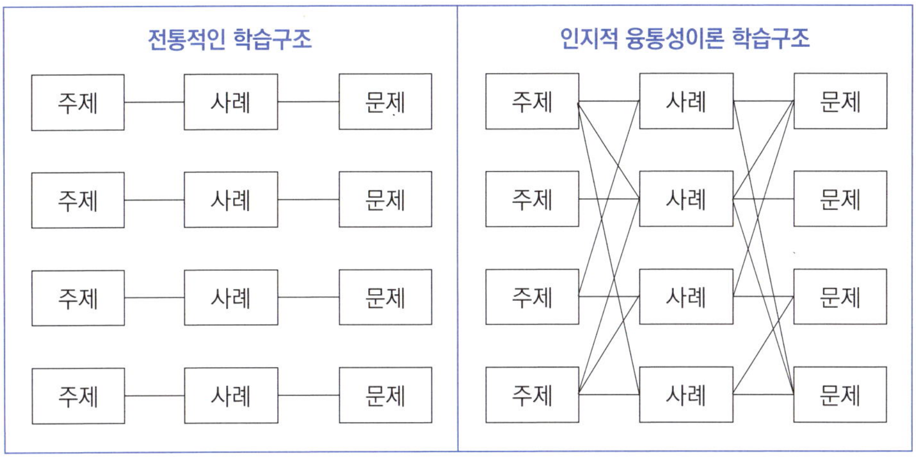

[그림 4-4] 전통적인 학습구조와 인지적 융통성이론 학습구조의 비교

심화학습

◈ 상황학습의 배경이론

상황학습의 위상은 학습이론 분야에서 아직까지 통일된 합의점을 이루지는 못했다(Drscoll, 2005). 상황학습의 주 전통에 대한 관점이 학자에 따라 다소 상이하다. 비고츠키의 사회문화이론 전통을 따르는 학자가 있는 반면, 문제해결 기능의 전이 맥락에서 상황인지를 논의하며 인지주의 관점을 따르는 학자들도 있다. 상황학습은 상황인지이론(situated cognition theory)으로도 불리며 일상생활인지를 연구하는 일상인지이론 연구자들에게서 전통을 찾을 수 있으며, 지각의 생태심리학, 비판 교육학의 전통에서도 연구의 뿌리를 찾을 수 있다. 상황학습은 이처럼 철학적 관점이 다양한 전통에 뿌리를 두고 있지만, 최근 대안적 교수학습이론의 하나로서 지속적인 연구가 활발한 분야이다.

일상인지이론

상황의 영향력은 실험실의 활동과 일상생활의 활동을 비교한 한 연구에서 잘 드러난다. 테스트 상황에서 잘 수행하지 못하는 사람이 일상생활에서 그와 유사한 문제를 잘 수행하는 사례는 매우 흔하다.

✓ 사례1) 미크로네시안 항해사들은 표준화 지적 능력검사(IQ검사)에서 낮은 점수를 받았으나, 기억, 추리, 계산 기능을 활용하면서 도서 지역 여기저기를 쉽게 항해하였다(Gladwin, 1970).

✓ 사례2) 아동들이 실험실에서는 대화 과제를 수행하기 어려워하지만 일상생활 상황에서는 듣는 사람에게 맞추어 적절히 대화를 잘 수행하였다(Gleason, 1973).

✓ 사례3) 슈퍼에서 물건을 사는 사람은 목록이 없어도 기억에 도움이 되도록 진열된 순서를 활용한다(Lave, Murtauh, & de la Rocha, 1984).

로고프(Rogoff, 1984)는 위 사례와 마찬가지로 인지란 사회적으로 정의되고, 해석되고, 지원된다는 이론을 형성하였는데, 일상생활상황의 인지를 연구하여 인지기능이 발달하는 과정에서 문화의 역할을 밝히고자 하였다. 일상생활의 사고는 비논리적이고 조잡한 것이 아니라 실제적인 문제를 해결하는 데 효과적이며, 공식적인 절차의 활용보다 맥락에 따른 편의적인 절차를 활용하는 경향을 보인다.

생태심리학이론

생태심리학은 학습자를 둘러싼 환경에 대한 직접적인 지각(direct perception)을 강조한다. 깁슨(Gibson, 1979)은 유기체의 행동을 환경과 관련지어 분석하고자 하였다. 유기체의 행동에서 환경의 영향과 유기체의 환경에 대한 반응을 파악하기 위하여 '실행유도성(affordance)'이라는 용어를 제시하였다. 실행가능성이라고도 해석되는 실행유도성은 행동이 일어나게끔 직관적으로 암시하는 사물의 특성을 의미한다. 예를 들어 문에 달려있는 손잡이가 동그랗게 생겼다면 우리는 손잡이를 돌려서 열려고 할 것이다. 리모컨의 버튼이 조금 튀어나왔다면 우리는 버튼들을 눌러서 조종하려 할 것이다. 노만(Norman, 1988)은 이처럼 사물의 실행유도성이 어떻게 인간 행동에 영향을 주는지를 설명하였다. 환경은 다양한 실행유도성을 제공하며 유기체는 그것들을 지각하면서 행동한다. 실행유도성에 대한 유기체의 직접적인 지각이 유기체의 행동을 통제한다는 것이다.

그러나 실행유도성은 모든 시공간의 행위자에게 동일하게 적용되는 특성이 아니라 특정한 목적과 능력을 가진 특정 행위자와의 관계에서만 의미가 있다. 예를 들면 손잡이를 돌릴 수 있는 사람에게만 동그란 손잡이가 의미가 있는 것이지, 개나 유아는 동그란 손잡이의 실행가능성을 파악하지 못한다. 이와 같이 행위자의 행동 수행능력을 이펙티비티(effectivity)로 설명할 수 있는데, 환경의 실행가능성은 행위자의 수행능력과의 상호관계에 따라 결정된다는 것이다. 정보처리이론에서와 달리 지각과 행동의 과정은 따로 떨어져서 발생하는 것이 아니라 직관적으로 동시에 발생하는 자동적 과정이라 본다(조규락 외, 2005).

실행유도성은 유기체와 환경 간의 상호작용 및 호혜적 관계를 설명하며, 사실

(facts)이라는 것은 어떠한 독립적인 의미로서 세상에 존재하는 것이 아니라 상호작용의 산물로서 존재하는 것으로 본다(Clancey, 1997). 때문에 생태심리학에서의 학습은 환경으로부터 실행가능성을 탐지하는 능력을 증가시키는 과정이어야 한다. 생태심리학 관점에서 전문가는 우수한 정보 탐지자이다. 초보자가 탐지할 수 없는 실행가능성을 발견할 수 있는 사람이 전문가라는 것이다. 예를 들어 범죄 장면에 대한 정보에서, 법의학전문가가 간과한 점을 경관이 더 잘 파악하기도 하며, 그 반대의 경우도 있다. 즉, 어느 특정 상황에서 탐지되는 정보는 특별한 기술과 정보에 경험이 많고 관심이 있는 사람에게서 더 잘 탐지된다(Young et al., 2000). 문을 열고자 하는 의도와 관심이 없는 한 문고리의 모양은 행위자에게 의미가 없기 때문에 문고리의 실행유도성은 탐지되지 못한다. 때문에 행위자는 의도와 목적을 가진 실행가능성의 정보 탐지자(information detector)이기도 하다(Young et al., 2000). 생태심리학에서는 특정 영역에 대한 행동은 목적과 의도가 없는 경우 실행가능성을 탐지하지 못하여 발생하지 않기도 한다. 바람직한 학습을 위해서 자신의 목적과 의도를 파악하고, 환경의 실행가능성에 주의를 기울일 수 있도록 해야 한다는 것이다.

한편, 실행유도성은 물리적 사물만이 아니라 개념적 사실들로 확장하여 고려할 수 있다. 즉 문화적 산물인 개념적 사물과도 상호작용할 수 있는 것이다. 물리적 사물보다 더 복잡한 개념적 사실에 대한 실행유도성을 탐지할 수 있도록 하는 것이 학습의 목적일 수 있다. 예를 들면 협동학습에 대한 실행유도성을 충분히 탐지한 학습자는 개별적으로 과제를 수행할 때보다 학습의 형태와 내용 면에서 질적인 향상을 경험할 수 있지만, 그렇지 않은 학습자는 무임승차할 가능성이 크다.

수업사례

◈ 인지적 도제이론 수업지도안 사례

다음은 중학교 음악 수업을 위해 조아름(2010)이 개발한 수업지도안 사례이다. 수업에서는 다음의 주요 수업전략을 반영하였다.

모델링(Modeling)

전문가나 교사, 컴퓨터와 같은 매체를 활용하여 실제 수행 상황과 유사한 상황에서 시범이나 설명을 통해 과제를 수행하는 과정을 보여주고, 학습자는 그 과정을 관찰한다. 학습자는 관찰을 통하여 과제 수행과 관련된 지식과 전략을 활용하는 법에 이해의 기반을 형성할 수 있다.

코칭(Coaching)

학습자가 과제를 수행하는 동안, 전문가나 교사, 컴퓨터와 같은 매체는 이를 관찰하고 필요에 따라 힌트와 피드백 등 외부적 도움을 제공한다. 모델링 과정에서 관찰할 수 없었던 측면에 주의를 기울이고 학습자의 문제해결과 탐색공간을 마련하여 스스로 능동적인 인지활동이 이루어지도록 한다. 코칭의 과정에서 과제수행을 보조하기 위해 제공되는 것으로, 교사와 학습자가 공동으로 과제를 수행하며 학습에 도움을 주는 디딤돌 역할을 한다.

스캐폴딩(Scaffolding)

교사가 공급하는 지원 체제로, 학생이 어려워하는 부분을 돕기 위해 발판을 대주는 과정이다. 스캐폴딩은 학습자가 도움이 꼭 필요한 경우에만 제공되고, 초보자가 과제수행에 익숙해짐에 따라 점차 감소되어, 더 이상 필요가 없는 경우에는 제공되지 않는다.

명료화(Articulation)

학습자가 학습내용에 대해 자신이 구성한 지식과 이해 그리고 수행에 대해 시범을 보이거나 명료하게 설명하도록 한다. 이것은 자신의 행동과 결정, 전략적 선택에 대해 성찰할 기회를 제공하여 지식을 보다 명확하게 인식하는 계기가 된다.

반성적 사고(Reflection)

학습자가 자신의 과제 수행 과정을 되돌아보며 분석하고, 이를 전문가나 다른 학습자의 방식, 그리고 해당 영역의 전문 지식과 비교하여 자신의 이해와 추론 과정을 반성적으로 성찰하도록 한다. 반성적 사고를 통해 초보자는 전문가의 수준에 도달할 때까지 자신의 과제 수행을 조절할 수 있게 된다.

탐색(exploration)

학습한 지식과 기능을 새로운 방식으로 활용하는 방법이나 가설을 탐색하도록 하는 과정으로, 달성 가능한 목표를 스스로 세우고 가설을 수립하여 검증하며, 자신이 제기한 문제를 스스로 해결하는 능력을 기르는 것이다. 즉, 자신이 해결할 수 있는 문제를 다양하게 탐구하여 가설을 설정하여 검증하는 것이다.

〈인지적 도제 이론을 적용한 수업 지도안〉

단원	훌라히 훌라호	역사	조상현
		민요	독일
대상	중 1학년	차시	1차시
학습목표	• 제재곡의 구성과 짜임새를 이해한다. • 셈여림을 익히고 제재곡의 변화를 이해한다. • 모둠활동을 통해 연주 계획표를 만들고, 모둠별로 연주를 한다.		
학습단계	교수-학습 활동	적용된 구성주의 이론 및 유의점	
수업준비	• 출석을 확인하고 준비 상태를 점검한다. • 학습 목표를 함께 읽어본다. • 모둠연주의 계획과 주의할 점을 설명한다.	• 8명을 모둠으로 하고, 토론과 연습을 하게 될 것을 설명한다. • 모둠 활동 시에 떠들거나 다른 행동을 하지 않도록 주의할 점을 설명한다.	

학습단계	교수-학습 활동	적용된 구성주의 이론 및 유의점
모델링	• 반주에 맞춰 제재곡을 노래한다. • 교사는 제재곡의 A-B-B' 부분에 악기를 다르게 하여 연주를 한다. • 학생들에게 어떤 악기를 사용할지 의견을 물어봐서, 학생들이 선택해 준 순서로 시범을 보인다.	• 교사의 시범을 통해 학생들은 음악활동에 필요한 개념을 세우고 관찰하게 된다. • 학생들이 즉흥적으로 선택한 악기를 교사의 연주로 시범을 보임으로써, 동기유발과 학습활동의 이해가 더 쉽게 될 것이다.
코칭	• 제재곡의 형식을 설명한다. (A-B-B' 형식) • 막대 그림을 사용하여 이해한다. 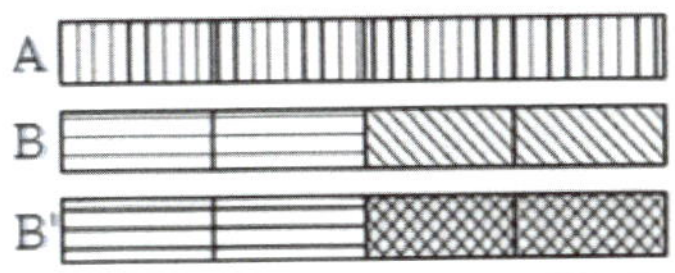	
	• B와 B'의 그림 중 공통된 부분과 다른 부분을 살펴보며 특징을 이해한다. • 그림을 보며 단계별로 셈여림표를 설명한다. 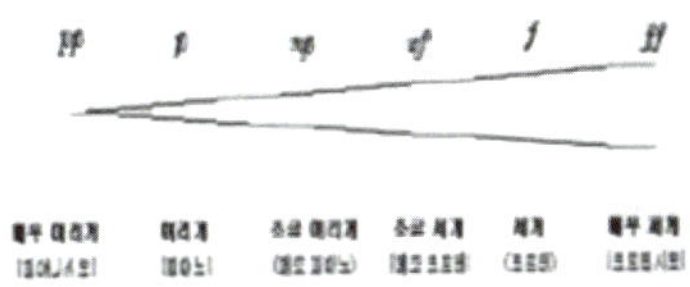 • 박수를 치며 셈여림의 변화를 느껴본다. 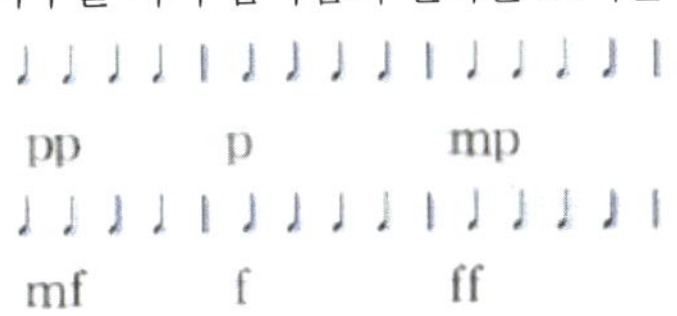 • 제재곡을 보면서 선율이 올라갈수록 셈여림이 어떻게 변화하는지, 선율과 셈여림과의 관계를 학생 스스로 관찰하여 이해할 수 있도록 한다. • 셈여림을 지켜서 제재곡을 노래한다.	• 코칭의 단계에서는 과제 수행을 위한 정보를 지원해 준다. • 과제 수행을 위한 형식의 이해, 셈여림표의 변화 등을 제공한다. • 교사의 설명을 통하여 학생들이 과제 수행을 위한 정보를 습득하고, 회상시킴으로써 학습목표의 방향을 조절해 준다. • 8명을 모둠으로 하고, 토론과 연습을 하게 될 것을 설명한다. • 모둠 활동 시에 떠들거나 다른 행동을 하지 않도록 주의할 점을 설명한다.
스캐폴딩	〈학생활동〉 • 8명으로 모둠을 구성하고 토론을 한다. • 모둠원들과 의견을 나누어 교재에 제시되어 있는 악기를 선택하여 순서와 악기 분담을 정한다. 〈교재에 제시되어 있는 악기〉	• 구성주의의 학습 환경은 협동적이다. 유의미한 학습은 학습자가 다른 학습자들과의 사회적 상호작용을 통해서 서로의 지식 및 기술을 지적으로 관찰, 모방하는 동시에 협동을 통해 서로 도움을 제공하

<table>
<tr><th>학습단계</th><th>교수-학습 활동</th><th>적용된 구성주의 이론 및 유의점</th></tr>
<tr><td></td><td>실로폰, 리코더, 멜로디언, 하모니카
• 연주 부분의 악기편성을 하여 계획표에 작성한다.
<table><tr><th></th><th>전주</th><th>1절</th><th>2절</th><th>후주</th></tr><tr><td>연주 부분</td><td>3~4째 마디</td><td>A→B →B'</td><td>A→B →B'</td><td>11~12 째마디</td></tr><tr><td>악기</td><td></td><td></td><td></td><td></td></tr></table>• 계획표의 작성이 완료되면 모둠별로 연습을 한다.
• 셈여림을 살려 연습을 한다.
• 모둠원들 간의 호흡을 주의하며 연습을 한다.
〈교사활동〉
• 학생들이 토론과정을 지켜보고 부족한 부분을 완성할 수 있도록 지도한다.
• 토론이 적극적으로 이루어지는지 모둠원들의 의견을 충분히 받아들여 계획표를 작성하였는지 살펴본다.
• 셈여림을 올바르게 이해하고 연주하고 있는지 살펴본다.
• 모둠원들 간의 호흡을 잘 맞추면서 연주하는지, 혼자 튀어서 연주하고 있지는 않은지 등의 부족한 부분에 한하여 도움을 준다.
• 가급적 학생들 스스로 문제를 해결하도록 하고, 학생들이 스스로 문제해결이 가능하기 시작할 때 점차 지도를 자제한다.</td><td>는 과정을 통해서 이루어진다.
• 모둠 토론 시에는 상대방 의견을 듣고 자신의 주장을 자유롭게 펼치고, 교사는 이러한 토론활동이 잘 이루어지는지 모둠별로 살핀다.
• 충분히 의견을 나눌 수 있는 시간을 제공한다. 또한 악기연습에만 치우지지 않도록 유의한다.
• 학생들의 과제 수행을 관찰하고 조언하여 주어 학습의 방향의 조절을 도와준다.
• 학생들에게 도움을 줄 때에는 개념을 일방적으로 전달하지 않고, 개방적인 발문을 통하여 학생들이 서로 질문을 하여 자극함으로써 알아내도록 한다.

• 학생이 어려워하는 부분을 교사는 도움을 주어 문제 해결할 수 있도록 하고, 학생들이 스스로 문제해결이 가능하기 시작할 때 점차적으로 지지를 축소한다.</td></tr>
<tr><td>명료화</td><td>• 발표 연주회를 실시한다.
• 모둠별로 악기를 들고 나와 연주를 한다.
• 다른 모둠의 연주를 듣고 본인의 연주 계획한 것과 다른 점을 생각해 보고, 다른 악기 사용의 느낌과 셈여림을 생각해 보면서 감상한다.
• 연주가 끝난 후, 교사는 학생들에게 연주의 느낌과 의견을 교환하면서 지식을 나누도록 한다.</td><td>• 발표 연주를 통해 본인의 연주와 다른 모둠의 연주를 스스로 평가하여 본인의 생각을 명확히 한다.
• 교사는 연주 시에 나타나는 문제점과 좋았던 점을 학생들의 의견을 바탕으로 정리하여 준다.</td></tr>
</table>

학습단계	교수-학습 활동	적용된 구성주의 이론 및 유의점
	• 교사는 학생들의 의견을 종합하여 정리해 준다.	
반성적 사고	• 발표 연주가 끝난 후, 연주를 통해 느꼈던 점을 모둠원들과 의견을 나눈다. • 모둠원과의 의견을 종합하여 부족했던 부분을 재연습하여 스스로 문제해결을 한다. • 교사는 활동을 정리한다.	• 반성적 사고에서는 발표 연주를 통해 느낀 점을 바탕으로 문제를 해결하고 정리 연습을 하는 단계이다. • 자신의 과제수행 과정을 되돌아보고 자신의 수행을 분석하고 반성적으로 숙고하도록 한다.
탐색	〈학생활동〉 • 모둠원과의 활동을 통해 느낀 점을 자기활동 평가지에 작성한다. • 모둠별 연주회를 통해 느낀 점을 모둠활동 평가지에 작성한다. 〈교사활동〉 • 모둠활동을 통해 학생들의 느낀 점을 정리하여 준다. • 스스로 문제를 해결하고 학습목표를 성취하였음을 칭찬·격려해 주며 수업을 마무리한다.	• 자기활동 평가지는 학습 내용의 습득과 학습에 대한 흥미와 태도를 알아보기 위해 느낀 점을 평가지에 작성하게 한다. • 모둠활동 평가지는 모둠별 발표한 내용을 정리한 후에 협동적 태도, 학습에 대한 흥미를 알아보기 위해 작성하도록 한다.

출처: 조아름(2010). 구성주의의 인지적 도제이론에 근거한 기악 수업 지도안. 경원대학교 대학원 석사학위청구논문.

인지적 융통성이론 수업지도안 사례

〈1차시 지도안: 인물의 관점에서 사례를 학습하는 수업〉

단원명		인물들을 통해 살펴보는 세종 대왕 시대		
본시주제		• 인물 탐색을 통해 인물에 대한 다양한 관점 획득하기		
학습목표		인물에 대한 다양한 정보를 획득, 재조합하여 새로운 이미지를 형성할 수 있다.		
단계	학습요소	교수-학습 활동	시간	자료 및 유의점
도입	동기유발	◈ 동기유발하기 ♠ Keyword 게임을 통한 동기 유발 ⇨ 앙부일구, 자격루, 측우기 등 ⇨ 관련 있는 인물 말하기 ⇨ 인물에 대한 느낌, 생각 말하기	4′	※ 인물에 대한 선지식 점검
	학습목표 제시	◈ 학습목표 제시 인물에 대한 다양한 정보를 획득, 재조합하여 새로	1′	

<table>
<tr><th>단계</th><th>학습요소</th><th>교수-학습 활동</th><th>시간</th><th>자료 및 유의점</th></tr>
<tr><td></td><td></td><td>운 이미지를 획득할 수 있다.</td><td></td><td></td></tr>
<tr><td rowspan="3">전개</td><td rowspan="2">활동1</td><td>◈ 인물 탐색을 통한 다양한 사례 수집하기
♠ 인터넷 검색을 활용하여 제시된 인물에 대한 다양한 정보를 살펴 봅시다.
⇨ 각 인물별로 제시된 소사례에 대한 궁금증을 해결하는 것부터 시작합니다.</td><td>30′</td><td>※ 하이퍼텍스트 특징 지도</td></tr>
<tr><td>♠ 인물에 대해 새롭게 알게 된 점을 적어봅시다.<table><tr><th>선행 이미지</th><th>새로운 이미지</th></tr><tr><td></td><td></td></tr></table></td><td>5′</td><td></td></tr>
<tr><td>활동2</td><td>◈ 인물에 대한 정보 재조합하기
♠ 소사례를 바탕으로, 탐구 인물에 대해 새롭게 획득된 정보를 재조합하여 봅시다.
⇨ Mind-Map으로 인물에 대한 정보를 표현해 봅시다.
◈ 인물 에세이 쓰기
♠ 탐구 인물에 대한 인물 에세이를 적어 봅시다.
⇨ 인물에게 편지 쓰기
⇨ 인물에 대한 시 쓰기
⇨ 인물에 대한 평가 내리기(상, 중, 하로)</td><td>20′

15′</td><td>※ 별도 부여되는 학습물 참고</td></tr>
<tr><td>정리</td><td></td><td>◈ 정리하기
♠ 인물 에세이를 수합하고, 학습 활동 후 소감 적어 보기</td><td>5′</td><td></td></tr>
</table>

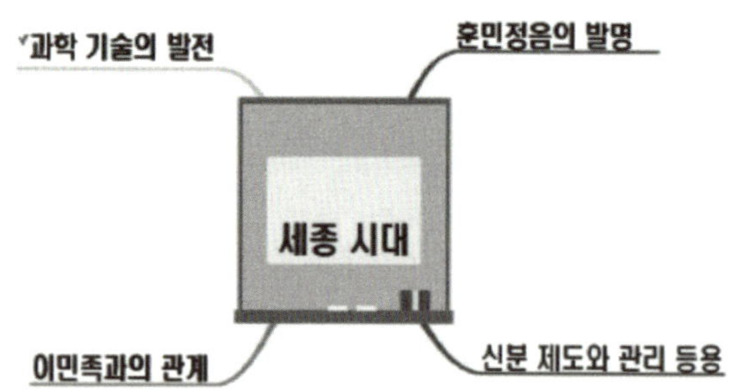

〈인터넷과 인물 학습1-세종대왕 시대 학습 주제망 만들기〉

〈인터넷과 인물 학습2-장영실〉

사례	의문이 생겼어요	의문점 해결했어요
1. 자격루		
	의문점 해결과정 적어보기	
사례	의문이 생겼어요	의문점 해결했어요
2. 앙부일구		
	의문점 해결과정 적어보기	
사례	의문이 생겼어요	의문점 해결했어요
3. 측우기		
	의문점 해결과정 적어보기	

〈인터넷과 인물 학습3-Mind-Map으로 표현하기〉

〈2차시 지도안: 시대의 관점에서 사례를 재학습하는 수업〉

<table>
<tr><th colspan="2">단원명</th><td colspan="3">인물들을 통해 살펴보는 세종 대왕 시대</td></tr>
<tr><th colspan="2">본시주제</th><td colspan="3">• 탐구 인물들의 상호 연관성 획득하기</td></tr>
<tr><th colspan="2">학습목표</th><td colspan="3">인물들 간의 관련성 탐색을 통해, 그 시대의 특징을 찾아낼 수 있다.</td></tr>
<tr><th>단계</th><th>학습요소</th><th>교수-학습 활동</th><th>시간</th><th>자료 및 유의점</th></tr>
<tr><td rowspan="2">도입</td><td>동기유발</td><td>◈ 동기유발하기
♠ 탐구 인물에 대한 새로운 생각 발표하기</td><td>5′</td><td rowspan="2">※ 인물에 대한 새로운 이미지 탐색하기</td></tr>
<tr><td>학습목표 제시</td><td>◈ 학습목표 제시
인물들 간의 관련성 탐색을 통해, 그 시대의 특징을 찾아낼 수 있다.</td><td>1′</td></tr>
<tr><td rowspan="3">전개</td><td>활동1</td><td>◈ 인물 에세이 돌려 읽기
♠ 탐구한 인물에 대한 마인드맵과 인물 에세이를 서로 돌려 읽어 봅시다.
⇨ 각 인물들의 주요 특징과 자신이 탐구한 인물과의 연관성에 대해 생각해 봅시다.
♠ 탐구 인물과 관련 인물에 대해 궁금하게 된 점을 재탐색, 해결해 봅시다.</td><td>14′
20′</td><td></td></tr>
<tr><td>활동2</td><td>◈ 다른 인물과 관련 맺기
♠ 소주제와 관련 있는 다른 인물들과의 연결고리를 찾아서 표현해 봅시다.</td><td>15′</td><td>※ 별도 부여되는 학습물 참고</td></tr>
<tr><td>활동3</td><td>◈ 인물들로 알아보는 시대의 특징 찾아내기
♠ 인물들 간의 연결고리를 토대로 그 시대의 주요한 특징과 그로 인한 사람들의 삶의 모습을 추론해 봅시다.
♠ 그 시대 사람들의 삶의 모습을 시대 에세이로 서술해 봅시다.</td><td>20′</td><td></td></tr>
<tr><td>정리</td><td>정리하기</td><td>◈ 정리하기
♠ 시대 에세이를 수합하고, 학습 활동 후 소감 적어보기</td><td>5′</td><td></td></tr>
</table>

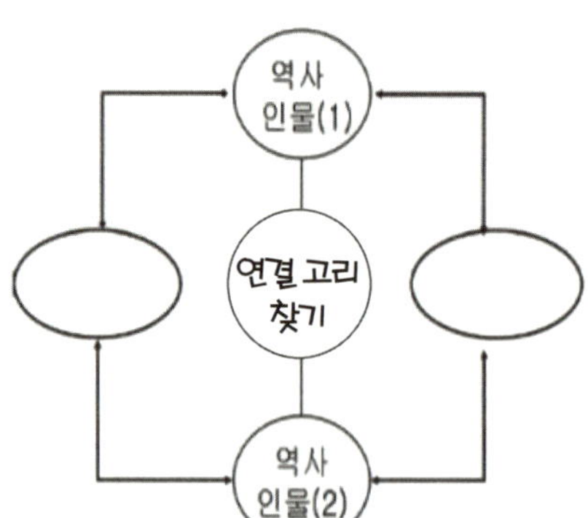

〈인터넷과 인물 학습4-인물들 간의 연결 고리 찾기〉

시대 에세이 쓰기

여러분은 그동안 '세종대왕'과 관련 있는 역사 인물 탐구 활동을 해 왔습니다. 탐구한 역사 인물들에 대한 학습 내용을 토대로, 조선 전기 시대상과 관련한 역사 에세이를 작성해 보세요.

〈인터넷과 인물 학습5-시대 에세이 쓰기〉

출처: 홍영주(2008). 인지적 융통성 이론을 적용한 역사 인물 학습 방안. 서울교육대학교 교육대학원 석사학위청구논문.

참고문헌

변영계(2005). 교수학습이론의 이해. 서울: 학지사.

조규락, 김선연(2006). 교육방법 및 교육공학. 서울: 학지사.

조아름(2010). 구성주의의 인지적 도제이론에 근거한 기악 수업 지도안. 경원대학교 대학원 석사학위청구논문.

최미나(2003). 인적자원개발부서 주도의 실행공동체(CoP) 창출 및 활성화 과정에 대한 사례연구. 미출판 박사학위논문, 한양대학교, 서울.

한국교육공학회(2005). 교육공학용어사전. 서울: 교육과학사.

홍영주(2008). 인지적 융통성 이론을 적용한 역사 인물 학습 방안. 서울교육대학교 교육대학원 석사학위청구논문.

Barab, S. A., & Duffy, T. M. (2000). From practice fields to communities of practice. In D. H. Jonassen, & S. M. Land (Eds.), *Theoretical foundations of learning environments* (pp. 25-55). Mahwah, NJ: Lawren Erlbaum Associates.

Brainerd, C. S. (1978). *Piaget's theory of intelligence.* Englewood Cliffs, NJ: Prentice-Hall.

Brown, J. S., & Duguid, P. (2000). *The socal life of information. Boston: Harvard Business School Press.* 이진우(역)(2001). 비트에서 인간으로. 서울: 거름.

Brown, J. S., Collins, A., & Duguid, P. (1989). Situated cognition and the culture of learning. *Educational Researcher, 18,* 32-42.

Clancey, W. J. (1997). *Situated cognition: On human knowledge and computer representations.* New York: Cambridge University Press.

Cognition and Technology Group at Vanderbilt (CTGV) (1992). The Jasper experiment: An exploration of issues in learning and instructional design. *Educational Technology Research and Development, 40*(1), 65-80.

Collins, A., Brown, J., & Newman, S. (1989). Cognitive Apprenticeship: Teaching the crafts of reading, writing, and mathematics. In L. Resnick (Ed.), *Knowing, Learning and Instruction* (pp.453-494). Hillsdale, NJ: Lawrence Erlbaum.

Driscoll, M. P. (2005). *Psychology of learning for instruction* (3rd Ed.). MA: Allyn & Bacon. 양용칠(역)(2006). 수업설계를 위한 학습심리학. 서울: 과학교육사.

Gibson, J. J. (1979). *The ecological approach to visual perception.* Boston, MA: Houghton Mifflin.

Gladwin, T. (1970). *East is a big bird: Navigation and logic on Puluwat atoll.* Cambridge, MA: Harvard University Press.

Gleason, J. B. (1973). Code switching in children's language. In T. E. Moore (Ed.), *Cognitive development and the acquisition of language* (pp. 159-168). New York: Academic Press.

Gredler, M. E. (2005). *Learning and instruction* (5th Ed.). NY: Macmillan Publishing Company.

Hill, J. R., & Hannafin, M. J. (2001). Teaching and learning in digital environment: The resurgence of resource-based learning. *Educational Technology Research and Development, 49*(3), 37-52.

Jonassen, D. (1999). Designing constructivist learning environments. In C. M. Reigeluth (Ed.), *Instructional-design theories and models: A new paradigm of instructional theory.* Mhawah, NJ: Lawrence Erlbaum Associates, Inc.

Jonassen, D., Peck, K., & Wilson, B. (1999). *Learning with technology: A Constructivist perspective.* Prentice Hall, Inc. 김윤경, 김영서(역)(2001). 학습과 교육공학. 서울: 한국문화사.

Lave, J. (1991). Situated learning in communities of practice. In L. B. Resnick, J. M. Levine, & S. D. Teasley (Eds.), *Perspectives of socially shared cognition* (pp. 63-82). Washington, DC: American Psychology Association.

Lave, J., & Wenger, E. (1991). *Situated learning: Legitimate peripheral participation.* Cambridge, UK: Cambridge University Press.

Lave, J., Murtaugh, M., & de la Rocha, O. (1984). The dialectic of arithmetic in grocery shopping. In B. Rogoff, & Lave (Eds.), *Sitated cognition: Social, semiotic, and psychological perspectives.* Mahwah, NJ: Erlbaum.

Morrison, D., & Collins, A. (1996). Epispemic fluency and constructivist learning environments. In B. G. Wilson (Ed.), *Constructivist learning environments: Case studies in instructional design.* Englewood Cliffs, NJ: Educational Technology Publications.

Norman, D. (1988). *The psychology of everyday things.* New York, NY: Basic Books.

Palincsar, A. S., & Brown, A. L. (1984). Reciprocal teaching of comprehension-fostering and monitoring activities. *Cognition and Instruction, 1,* 117-175.

Rogoff, B. (1984). Introduction: Thinking and learning in social context. In B. Rogoff, & J. Lave (Eds.), *Everyday cognition.* Cambridge, MA: Harvard University Press.

Spiro, R. J., Feltovich, P. J., Jacobson, M. J., & Coulson, R. L. (1991). Cognitive flexibility, constructivism, and hypertext: Random access instruction for advanced knowledge acquisition in ill-structured domains. *Educational Technology, 31*, 24-33.

Wenger, E. (1998). *communities of practice: Learning, meaning, and identity.* New York: Cambridge University Press.

Wilson, B. B., & Myers, K. M. (2000). Situated Cognition in Theoretical and Practical Context. In D. Jonassen, & S. Land (Eds.) *Theoretical Foundations of Learning Environments* (pp. 57-88). Mahway, NJ: Lawrence Erlbaum Associates.

Wood, D., Bruner, J., & Ross, G. (1976). The role of tutoring in problem solving. *Journal of child psychology and psychiatry, 17*, 89-100.

Young, M. F., Barab, S. A., & Garrett, S. (2000). Agent as detector: An ecological psychology perspective on learning by perceiving-acting systems. In D. H. Jonassen, & S. M. Land (Eds.), *Theoretical foundations of learning environments* (pp. 147-171). Mahwah, NJ: Lawren Erlbaum Associates.

PART 03

수업설계이론

인간이 학습을 더 잘하도록 어떻게 도와줄 수 있을 것인가에 대한 이론이 수업이론이다. 수업설계이론과 수업이론은 많은 학자들이 같은 의미로 사용하기도 한다. 본 과정에서는 수업이론보다 구체적인 활용에 목적을 둔 수업설계이론으로 통일하여 사용하고자 한다. 수업설계이론은 인간의 학습과 발달을 촉진하기 위한 보다 나은 방법에 관한 명확한 지침을 주는 이론이다. 수업설계이론은 수업이론보다 구체성과 처방성을 보다 강조하는 이론이라고 할 수 있다. 제 3부에서는 수업설계를 위한 여러 이론들을 학습이론과 마찬가지로 객관주의와 구성주의로 나누어 살펴보고자 한다.

CHAPTER 05 객관주의 수업설계이론

객관주의 수업설계이론은 일반적으로 전통적인 수업설계이론을 지칭한다. 객관주의 수업설계이론과 구성주의 수업설계이론에서 지식을 어떻게 보는지, 지식을 어떻게 학습자에게 가르치려고 하는지에 대한 철학적, 인식론적 관점은 다르다. 본 장에서는 객관주의와 구성주의 수업설계이론의 차이를 바탕으로 객관주의 주요 수업설계이론인 가네와 켈러, 라이겔루스의 수업설계이론의 주요 원리를 살펴보고자 한다.

주요내용

1. 객관주의와 구성주의 수업설계이론의 비교
2. 가네의 수업설계이론
3. 켈러의 ARCS이론
4. 라이겔루스의 정교화 이론

심화학습: 수업설계이론과 수업체제설계의 이해
수업사례: 가네와 라이겔루스 이론의 수업지도안 사례

학습목표

1. 객관주의 수업설계이론과 구성주의 수업설계이론을 비교할 수 있다.
2. 가네의 9가지 수업사태를 적용하여 수업을 설계할 수 있다.
3. 켈러의 ARCS 이론의 주요 동기촉진전략을 활용하여 수업을 설계할 수 있다.
4. 라이겔루스의 정교화이론의 주요 원리를 수업설계 시 적용할 수 있다.

1. 객관주의와 구성주의 수업설계이론의 비교

학습 이론 분야의 패러다임 변화와 마찬가지로 수업설계이론 분야도 지속적으로 변화되어 왔다. 최근 수업의 상위체제라고 할 수 있는 사회의 특징이 산업사회에서 정보사회로 변화하고 있다. 인터넷의 등장으로 더욱 가속화된 정보사회로의 이동은 교육에 대한 요구에도 큰 변화를 야기하고 있다. 산업사회에서 추구되던 표준화는 수업 활동에도 주요한 기준으로 적용되어 효과성과 효율성을 높이기 위한 수업 설계가 추구되어 왔다. 그러나 정보사회의 다변화와 다양화에 대응하기 위해서는 학습자에게 독창성, 비판적 사고력, 문제 해결 능력이 필요하며, 이로 인해 수업 설계의 기준과 방향도 함께 변화하고 있다. 학습 이론의 패러다임이 객관주의에서 구성주의로 변화된 것 또한 수업설계이론의 변화에 영향을 주었다. 학습 이론과 같은 맥락으로 수업설계이론의 변화도 객관주의적 수업설계이론과 구성주의적 수업설계이론으로 나누어 살펴보고자 한다.

객관주의 수업설계이론은 일반적으로 전통적인 수업설계이론을 지칭한다. 객관주의 수업설계이론과 구성주의 수업설계이론에서 지식을 어떻게 보는지, 지식을 어떻게 학습자에게 가르치려고 하는지에 대한 철학적, 인식론적 관점은 다르다. 객관주의적 수업설계이론은 교수자가 교과의 지식을 학습자에게 그대로 전달할 수 있다는 믿음을 가지고 있다(조규락 외, 2006). 이 입장에서는 교수자의 시각에서 수업 목표를 사전에 명시적으로 규명하는 것이 중요한 활동으로서 수업설계이론의 각 단계는 교수자의 활동을 중심으로 표현된다. 한편 구성주의 수업설계이론은 학습자가 교수자로부터 객관적 실체로서의 지식을 그대로 전달받는 것은 불가능하다고 본다. 때문에 구성주의 수업설계이론에서 중요하다고 여기는 것은 세부적이고 계열적인 교육 내용의 제시보다는 학습자의 주관적인 경험에 근거한 개인적 의미 창출을 돕도록 학습 환경을 조성하는 것이다. 학습자가 실제적인 삶의 맥락을 경험하는 것이 중요하므로, 현실성 있는 과제를 제공하고 동료 간의 활발한 협력과 상호작용을 강조한다. 때문에 교수자 중심이 아닌 학습자 중심의 설계 활동을 중시하며, 수업이라는 용어보다는 학습이라는 용어를 채택하여 수업 설계라는 용어보다 학습 환경 설계라는 용어를 더 선호하기도 한다. 객관주의 수업설계 모형과 구성주의 수업설계 모형을 비교하면 다음 〈표 5-1〉과 같다.

〈표 5-1〉 객관주의와 구성주의 수업설계이론 비교(조규락 외, 2006)

객관주의 수업설계이론	구성주의 수업설계이론
• 객관주의적 인식론적 배경	• 주관주의적, 간주관주의적 인식론적 배경
• 교수자의 활동에 초점	• 학습자의 활동에 초점
• 학습자의 개별적인 학습 강조	• 학습자 간의 협력적인 학습 강조
• 목표의 사전 명세화	• 수업활동의 종합적인 결과로서의 목표
• 분석 활동의 강조	• 종합과 통합 활동의 강조
• 세부화, 계열화 강조	• 맥락화 강조
• 선수학습의 중요성 강조	• 학습자의 개인적인 사전 경험의 강조
• 목표를 근거한 준거지향평가의 강조	• 과정중심의 성찰적 평가의 강조

2. 가네의 수업설계이론

가네(Gagné)는 1965년 "학습의 조건(The Conditions of Learning)"을 저술하였는데 1985년 4판에 이르러 행동주의에서 출발하여 인지주의로 변화하는 당시 주요 학습 이론의 아이디어를 종합하여 체계적인 수업 이론을 제시하였다. 가네는 초기 연구 경험의 많은 부분을 공군 조종사 훈련의 실제적인 문제를 해결하는 데 보냈다. 가네는 자신의 이론을 구축하는 토대로서 정보 처리 이론을 채택하여 이를 바탕으로 학습을 위한 내적 조건과 외적 조건, 교사가 수업 설계 시 고려해야 하는 주요한 9단계의 과정을 구체화하여 제시하였다. 그의 이론은 크게 세 가지 영역으로 구성된다. 첫째, 학습 결과의 분류, 둘째, 학습을 위한 조건, 셋째, 수업을 위한 조건인 수업의 9가지 사태이다.

1) 학습 결과의 분류

가네 이론에서 다루는 첫 번째 영역은 지식의 분류와 관련된 이론이다. 가네는 지식을 분류하는 것이 학습의 대상으로 접근할 때는 구별이 용이하지 않지만, 학습의 결과로서 학습자에게 생기는 능력으로 구별하는 것은 용이하다고 생각하였다. 인간이 학습한 이후 학습하기 전에는 없었지만 새롭게 생긴 학습된 능력을 구분하면 학습에 필요한 조건을 찾아내기가 용이하다고 본 것이다. 이처럼 인간의 학습 결과를 구분한 것은 가네의 이론뿐만 아니라, 블룸, 메릴 등의 이론이 있다. 이들이 구분한 학습 결과의 구분은 수업 설계 시 학습목표 분석과 설정에 도움을 준다.

가네는 학습 결과를 언어 정보, 지적 기능, 인지 전략, 태도, 운동 기능의 5가지 영역으로 구분하였다. 다음 〈표 5-2〉에 제시된 학습 결과 분류 및 예시를 참고한다.

〈표 5-2〉 가네의 학습 결과 분류(Driscoll, 2005)

<table>
<tr><th colspan="2">학습결과</th><th>정의</th><th>예시</th></tr>
<tr><td colspan="2">언어정보</td><td>선언적 정보들의 기억</td><td>경기 지역의 산업 특징</td></tr>
<tr><td rowspan="5">지적 기능</td><td>변별</td><td>대상, 특징, 상징의 구별</td><td>강아지와 늑대의 구분</td></tr>
<tr><td>구체적 개념</td><td>구체적인 대상, 특징, 사상의 분류</td><td>강아지 중에서 코카스페니얼 종을 모두 찾아냄</td></tr>
<tr><td>정의된 개념</td><td>정의에 따라 사상이나 아이디어의 새로운 보기를 분류</td><td>"민주주의"의 정의에 따른 특징을 구별함</td></tr>
<tr><td>규칙(원리)</td><td>문제해결을 위해 단순한 규칙 적용</td><td>평균을 계산함</td></tr>
<tr><td>고차적 규칙
(문제해결)</td><td>복잡한 문제 해결을 위해 여러 가지 규칙을 조합적으로 활용</td><td>고객의 변화 관리 계획 수립</td></tr>
<tr><td colspan="2">인지전략</td><td>학습, 사고, 행위, 감정을 안내하기 위한 개인적 방법의 활용</td><td>줄거리를 작성하기 위한 주제어 확인 전략</td></tr>
<tr><td colspan="2">태도</td><td>이해와 감정의 내적 상태를 기초로 개인적 행위를 선택</td><td>공공장소에서 적절한 핸드폰 사용법</td></tr>
<tr><td colspan="2">운동기능</td><td>근육 활용을 포함하는 수행</td><td>전자레인지 사용법</td></tr>
</table>

- 언어 정보: 선언적 지식에 해당하는데, 방대한 양의 지식이 여기에 해당한다. 국가의 수도 말하기, 시 암송하기, 음식의 재료 열거하기와 같은 것이다. 블룸(Bloom)의 분류 중에서 지식과 이해에 해당한다.
- 지적 기능: 절차적 지식에 해당하며, 위계적 순서로 되어 있는 다섯 가지 하위 범주를 가진다. 가네는 학습 위계(learning hierarchies)의 연구를 통해 복잡한 기능을 위해서는 하위기능이 먼저 학습되어야 한다고 본다. 하위 기능 분석이

라는 과제 분석의 주요 방법론으로 활용되는 아이디어가 학습위계이다. 변별 학습은 지각적 특성을 기초로 대상과 대상, 형태와 형태, 상징과 상징을 구분하는 능력이다. 때로는 말이나 글로 차이를 설명할 수 없어도 지각적 특성으로 그 차이를 구분할 수 있다. 개념 학습은 변별 학습이 선수 요건으로 이루어진 이후에 일어날 수 있다. 가네에 따르면 구체적 개념은 사물, 형태, 사건 등을 지각적으로 구분하고 명칭으로 확인할 수 있다. 정의된 개념은 단순히 지각적으로 구분하는 것이 아니라 정의를 통해 식별할 수 있는 단계이다. 제시된 사례를 분류하면서 정의를 활용할 수 있어야 한다. 사례를 제시하기 어려운 경우에는 학습할 개념이 포함된 문제를 통해서 추리나 이유를 생성하도록 요구할 수 있다. 예를 들면 아름다움이라는 정의는 분명한 보기를 들기 어려우므로 아름다움이 포함된 문장을 통해 아름다운 이유 등을 생성하도록 요구할 수 있다. 일반적으로 전형적인 사례, 반증 사례, 희귀 사례의 순서로 사례를 제시하는 것이 바람직하다. 규칙 학습은 정해진 방식으로 환경을 표상하고 상징을 활용하는 것을 의미한다. 단어를 해독하고, 문장을 문법에 맞게 작성하고, 원리에 따라 계산한다. 이들 규칙은 문제해결에 적절하게 응용할 수 있는지를 보여줄 수 있어야 한다. 고차적 규칙 학습은 문제 해결 학습이라고도 하는데 간단한 규칙을 조합하여 보다 복잡한 문제를 해결하는 것이다. 학습자들이 이미 알고 있는 규칙을 새롭게 조합하여 적용할 때 고차적 규칙이 개발된다. 지적 기능에서 개념과 규칙은 블룸의 적용에 해당하며, 고차적 규칙은 분석, 종합, 평가에 해당한다.

- 인지 전략: 학습자의 학습, 사고, 행위, 감정을 안내하는 수많은 방법으로서 정보 처리 과정의 실행 통제의 기능을 수행한다. 이를 조건적 지식으로 보는 학자도 있는데, 자신의 주의 집중을 확인하고, 새로운 정보의 약호화를 돕고, 시험 전략을 활용하는 등의 학습 능력을 의미한다. 인지 전략은 다른 학습 목표를 돕거나, 어떤 전략이 활용되었는지 바로 드러나지 않기 때문에 평가가 어려워 주목받지 못했으나, 최근 메타인지의 연구와 함께 점차 강조되고 있는 영역이다.

- 태도: 언어 정보, 지적 기능, 인지 전략은 모두 인지적 영역이며, 태도는 가치와 같은 정의적 영역이다. 태도는 사물, 사건, 사람에 대한 개인적 행위의 선택에 영향을 주는 습득된 내적 상태로 규정된다.
- 운동기능: 심동적 기능과 일치하는 운동 기능은 근육을 활용해서 정확하고, 유연하고, 엄밀하게 정해진 시간 안에 실행하는 것으로 정의된다.
  예 테니스 서브하기 등

2) 학습을 위한 조건

가네는 학습의 결과에 따라 학습조건이 다르다고 보았다. 학습 결과인 각각의 목표 유형에 따른 내적 조건과 외적 조건은 다음과 같다.

〈표 5-3〉 목표의 유형에 따른 내적 조건과 외적 조건(Driscoll, 2005)

		내적 조건	외적 조건
언어 정보	명칭	언어 연쇄들을 기억함	명칭을 영상이나 의미 있는 문장에 연결하여 기호화함. 뚜렷한 특징에 주의집중
	사실	정보의 의미 있는 맥락을 기억함	보다 큰 정보의 의미 있는 맥락 속에서 사실을 귀속함
	지식	관련된 정보들의 맥락을 기억함	새로운 지식을 관련 정보의 맥락에 귀속함
지적 기능	변별	자극 반응의 결합을 기억함	동일한 자극과 상이한 자극에 피드백을 차별화하여 제공
	구체적 개념	관련 대상의 특징 분류를 기억함	관련 없는 특징을 바꾸어 가며 여러 가지 예를 제시함
	정의된 개념	구성 개념들을 기억함	개념의 구성요소를 제시하여 언어적으로 나타냄
	규칙	하위원리를 기억함	원리를 적용해 보도록 함
	고차원적 규칙	관련된 하위원리들의 연쇄를 기억함	새로운 문제해결에 하위원리들을 적용하도록 함
인지전략		관련된 전략을 기억함	전략을 기술하거나 시범을 보이며, 전략을 활용할 기회를 제공

	내적 조건	외적 조건
운동기능	운동기능의 연쇄들을 기억함	실행을 암시하는 언어 및 기타 안내 제공, 연습 기회 제공
태도	의도된 개인행동에 영향을 주는 정보 및 기술을 기억함	바람직한 태도에 따른 성공의 기대 확립, 존경하는 모델의 동일시 시범의 여건 제시, 적절한 피드백

3) 수업의 9가지 사태

정보가 감각 등록기에서 작동 기억, 장기 기억으로 통과될 때 일련의 과정을 거치게 된다. 주요 과정은 주의 집중, 형태 재인, 인출, 시연, 부호화, 파지 등이다. 이러한 정보의 흐름에 따라 수업이 진행되었을 때 정보의 처리를 촉진할 수 있다. 대부분의 차시 수업은 다음의 9가지 단계를 따라 진행될 수 있다. 가네는 이 순서가 절대적이라고 단정하지는 않는다. 내용의 특성과 수업 전달 체제에 따라 다양할 수 있다고 하였다. 그는 학습 결과의 영역별 특성에 따라 9가지 수업 사태(events)가 다르며 그에 대한 이론을 제시하였으나, 체계적이고 세분화되지는 못하였다. 라이겔루스와 메릴은 가네 이론을 확장하여 학습 영역에 따라 더욱 세분화한 미시적 차원의 수업설계이론을 개발하였다.

① 주의 집중: 강좌를 시작할 때 우선적으로 학습자의 주의를 획득하는 것이 요구된다. 정보는 학습자의 내적인 정보 처리 과정으로 들어가기에 앞서 감각 등록의 선택적인 주의 집중의 특성에 따라 우선적으로 감각기를 통과해야 한다. 이를 위해 시청각적인 자극을 활용할 수 있으며, 학습자의 흥미를 유발하는 내적인 주의 집중을 유발할 수도 있다.

② 목표 제시: 학습이 끝났을 때 학습자가 성취할 수 있는 능력이 무엇인지 분명하게 인식하도록 하여 새로운 학습에 대한 기대감을 높여주는 것이다. 학습 내용이 목표와 어떠한 관련성이 있는지를 명확하게 알려줌으로써 학습자들이 목표 달성을 위해 더욱 노력하도록 도울 수 있다. 학습자들에게 기대되는 최종적인 행동을 알려주어 언제, 어떻게 하여야 학습 과제를 완성할 수 있는

지, 언제 만족감을 경험할 수 있는지 알려주는 것이 목표의 역할이다.

③ 선수 학습 회상: 학습자가 새로운 정보를 학습하기 위해 필요한 기본이 되는 지식과 기술, 태도 등을 장기 기억에서 단기 기억으로 불러오는 활동이다. 새로운 정보는 선수 학습과 밀접하게 연결되지 않으면 일시적으로 저장되었다 사라질 가능성이 높다. 단기 기억상에서 새로운 지식이 들어올 때 장기 기억과의 연계를 높일 수 있는 선행적인 정보들을 미리 준비하도록 유도하는 것이다. 만약 학습자들이 선수 학습이 충분하지 않아 새로운 정보를 받아들일 준비가 되어 있지 않다면 새로운 학습을 시작하기 전에 이전의 내용에 대한 충분한 재학습이 제공되어야 한다.

④ 자극 제시: 학습자에게 학습할 새로운 내용을 제시하는 것이다. 학습자는 자신이 수행해야 할 새로운 지식이 무엇인지를 명확하게 알 수 있도록 제공받아야 한다. 새로운 정보가 적절한 자극의 형태로 제시되는 것은 매우 중요하기 때문에 정보의 성격에 따라 인지적 정보, 변별, 개념, 원리, 문제 해결, 인지 전략, 태도, 운동은 그 영역에 따른 적합한 자극의 형태를 결정하는 것이 요구된다. 한편 자극 제시는 선택적 지각을 결정하는 특징을 반영하여야 한다. 텍스트 내의 핵심 정보에 대한 강조, 물리적인 배열 등을 활용할 수 있다. 그림이나 도표 등은 근접성을 따라야 하며, 차별화를 위해 확대를 활용할 수 있다. 개념과 법칙 학습에서는 일반적으로 법칙을 제시한 후 예를 제공하거나, 예를 제공한 후 법칙을 제공하는 등의 연역적 접근과 귀납적 접근을 모두 활용할 수 있다.

⑤ 학습 안내: 학습 안내 단계는 새로운 자극으로 인지 과정에 들어온 정보들을 이미 알고 있는 지식들과 연결하도록 학습자를 지원하는 것이다. 학습 안내는 스캐폴딩이라고 할 수 있어서 학습자들의 인지적 구성 활동을 지원하는 것이다. 자극 제시의 내용에 대한 심화된 의사소통이나, 다른 표상을 활용하여 내용을 상이한 방식으로 제시할 수 있다. 학습 안내에서 활용하는 직접적이거나 간접적인 조언들은 학습할 내용과 기능에 따라 다양할 수 있다. 힌트나 질문을 활용하거나, 정교화를 돕는 학습 안내는 학습자의 유형에 따라 다양

하게 활용할 수 있다. 학습자에 따라 안내의 양에 대한 선호가 다르다. 너무 많은 학습 안내는 빠른 학습자를 방해하기도 하고 너무 적은 안내는 속도가 늦은 학습자를 좌절하게 할 수 있으므로, 학습 안내는 전반적으로 적게 제공하면서 필요한 학습자들이 선택적으로 활용할 수 있도록 설계하는 것이 필요하다.

⑥ 수행 유도: 충분한 학습 안내를 갖게 되면 학습자들은 새로운 정보를 기존의 지식과 통합할 수 있다. 이 단계에서 학습자들에게 학습된 능력을 보여주도록 요구할 수 있다. 학습자들이 확실히 학습되었음을 스스로 확신하도록 유도하는 것이다. 수행 유도는 학습 과제를 수행하기 위해 단기 기억의 내용이 장기 기억으로 넘어갔음을 확인할 수 있어야 하며, 충분하게 학습되었는지를 확인할 수 있어야 한다.

⑦ 피드백: 무엇이 학습되었는지에 대한 정확한 판단을 제공하는 단계이다. 학습자의 수행 정확성의 정도를 확인하는 것이다. 피드백은 즉각적이고 정확해야 한다. 피드백을 통해 학습자가 올바른 수행을 하지 못했다는 것을 아는 것이 중요한 것이 아니라 수행을 어떻게 바꾸어서 해야 하는지 구체적인 방법을 제공하는 것이 중요하다.

⑧ 수행 평가: 바람직한 학습의 발생은 수행이 발생할 때 즉각적으로 알 수 있지만, 학습 결과로서의 평가와 수업의 효과성 평가를 위해 분명한 수행의 정도를 파악해야 한다. 수행 평가는 수행이 실제로 정확하게 수업 목표를 반영하고 있는지를 고려해야 하며, 수행의 왜곡이 없는지를 파악해야 한다.

⑨ 파지와 전이: 새롭게 배운 지식과 기술의 망각을 방지하고 필요한 때에 재생을 하도록 돕기 위한 활동이다. 필요할 때 활용할 수 있는 유의미한 맥락을 제공하며, 새롭게 학습한 내용이 포함된 지식의 관계망을 제공할 수 있다. 체계적인 복습을 제공하고, 다양한 종류의 과제를 설정하는 것도 바람직하다.

학습 결과 분류에 따른 9가지 수업 사태를 살펴보면 다음 〈표 5-4〉와 같다.

〈표 5-4〉 학습 결과 분류에 따른 9가지 수업 사태(Driscoll, 2005)

수업사태	학습 유형				
	지적기능	인지전략	언어정보	태도	운동기능
주의집중	감각 양식의 다양한 변화를 포함하여 여러 가지 멀티미디어 자극을 다양하게 제시				
목표제시	기대하는 성취수행을 설명하고 예를 제시	기대하는 해결 방안의 일반적 특성을 명료화	해답해야 할 언어적 질문의 종류를 명시	의도하는 행동 선택의 종류를 제시	기대하는 성취 수행의 시범을 제공
선수학습 회상	선행요건이 되는 하위개념과 원리의 상기를 자극	인지전략 및 관련 지적기능의 상기를 자극	조직된 정보의 맥락을 상기하도록 자극	관련 정보와 기능 및 동일시하고자 하는 인간 모델의 상기를 자극	실행의 하위절차와 부분기능의 상기를 자극
자극제시	개념 또는 원리의 예를 제시	신기하고 참신한 새로운 문제를 제시	정보를 명제의 형태로 제시	인간모델을 제시하고 개인적 행위의 선택을 실증	성취수행을 위한 도구 또는 실행을 포함한 외적 자극을 제공
학습안내	문제해결을 돕는 언어적 단서를 제공	참신하고 새로운 해답을 위한 힌트나 단서를 제시	보다 큰 유의미 맥락에 언어적 관련성을 제공	모델의 선택행위와 모델로 인한 강화의 관찰을 제공	수행행동의 성취에 대한 피드백과 함께 연습 기회를 제공
수행유도	학습자에게 새로운 예를 제시하고 규칙과 개념을 적용하도록 요구	문제에 대한 해결안을 요구	학습자에게 정보를 부연 설명하거나 자기 자신의 말로 진술하도록 요구	학습자에게 실제 또는 모의상황에서 행위선택을 하도록 요구	성취수행의 실행을 요구
피드백	규칙 또는 개념적 용어 정확성 여부를 확증	문제해결의 독창성 여부를 확인	정보의 정확성 여부를 확인	행위선택에 대한 직접적인 또는 간접적인 강화를 제공	성취수행의 정확성과 타이밍의 정도에 대한 피드백을 제공
수행평가	학습자에게 개념이나 원리의 적용여부를 실증하도록 요구	학습자에게 새로운 해답을 창출하도록 요구	학습자에게 정보를 부연설명 형태로 재진술하도록 요구	실제 및 모의상황에서 개인적 행위의 바람직한 선택을 요구	학습자에게 전체 기능의 수행을 실행하도록 요구
파지와 전이	여러 가지 다양한 예를 가지고 분산적 복습의 기회를 제공	다양하고 참신한 문제해결의 기회를 제공	정보의 부가적 복잡성에 대한 언어적 연결을 제공	대안적 행위선택에 대한 부가적인 여러 상황을 제공	학습자에게 지속적인 기능 연습을 제공

3. 켈러의 ARCS 이론

켈러(Keller, 1987)가 개발한 ARCS 모형은 주의(Attention), 관련성(Relevance), 자신감(Confidence), 만족감(Satisfaction)의 영어 두음을 조합한 모형으로 보통 '악스(ARCS) 모형'이라 불린다. 행동을 일으키는 원인으로 정의되는 동기는 심리학 분야에서 오랫동안 연구되어 온 주제이다. 한 연구에서 동기는 학업 성취의 주요 요인으로 학업 성취 변량의 16~38%를 설명한다고 보고되기도 하였다(Means, Janassen, & Dwyer, 1997). 그러나 동기에 대한 많은 심리학적 연구에도 불구하고 교사가 수업에 체계적으로 적용할 수 있는 동기에 대한 수업설계이론의 개발은 미흡하다. 이에 켈러는 학습과 동기에 관한 행동주의적, 인지주의적 이론들을 통합하여 효과적, 효율적으로 수업에 적용할 수 있는 동기 모형을 개발하였다. 켈러의 악스 모형은 국내 평생교육이나 이러닝 수업 설계에 매우 적극적으로 활용되고 있는 모형이다.

ARCS 모형의 가정은 다음과 같다. 첫째, 학습 동기는 수업에 적용되는 동기 전략에 따라 조절될 수 있다. 즉, 학습자의 동기는 교수자의 수업 전략에 따라 적절하게 증진될 수 있는 변인인 것이다. 둘째, 동기의 조절은 체계적인 접근을 통해 촉진될 수 있다. 동기와 관련되는 노력, 수행, 결과의 요인의 관계를 체계적으로 고려하였을 때 동기는 촉진될 수 있다(윤광보 외, 2008). 한편, ARCS 모형의 한계점은 첫째, 동기를 학업 성취를 위한 수단으로 설정하고 있어 동기 자체를 중요한 학습의 목적으로 한 접근을 취하지 못하고 있으며, 둘째, 동기의 사회적 특성에 대한 고려가 부족하여 학습자 간의 협력적 동기 조절을 위한 전략 제시가 미흡하다.

켈러는 ARCS 모형의 4가지 요소 각각에 대한 전략과 전술의 구체적인 실례들을 제시하였다. 보다 구체적인 내용을 켈러와 송상호(1999)의 '매력적인 수업설계'를 중심으로 살펴보면 다음과 같다.

1) 주의

주의집중(Attention)을 위해 교사가 고려해야 하는 핵심적인 질문은 '학습자의 주의집중을 어떻게 유발시키고 어떻게 유지시킬 수 있는가?'이다. '주의'를 위한 동기 전략은 각성 이론, 호기심, 지루함, 감각적인 추구 등의 연구를 바탕으로 개발되었다. 문제는 각각의 개념에서 일관되게 효과적인 최적의 조건이 나타나지 않는다는 것이다. 즉, 각성이 너무 낮아도 각성이 너무 높아도 최적의 수행을 방해하며, 호기심의 범주 안에도 다양한 수준이 존재하며, 최적의 자극 수준도 개인 간에 상이한 경향을 보인다는 것이다. 때문에 대상자의 특성을 세심하게 분석하여 '주의'에 대한 동기 설계를 해야 한다.

학습자의 감각기로 들어오는 정보는 선택적인 경향이 있다. 학습자의 주의집중을 유도하는 것은 수업의 시작에서 매우 중요한 동기 유발 요건이다. 지각적 주의집중뿐만 아니라 호기심과 기대를 증진시켜야 작동 기억의 활성화가 유지된다. 그러나 사람에 따라 자극에 대한 반응이 다르기 때문에 '주의'에 대한 동기 설계 시 일관성, 신기함, 다양성이 적절한 균형을 갖도록 해야 한다. '주의'의 동기 설계 시 고려해야 하는 하위 구성요소와 전술은 다음 〈표 5-5〉와 같다.

〈표 5-5〉 주의의 동기 설계 고려사항

구성요소	과정 질문	주요 전술	방법의 실례
1. 지각적 주의 환기	흥미를 끌기 위해 무엇을 할수있을까?	새로운 접근을 사용하거나 개인적, 감각적 내용을 넣어 호기심과 놀라움을 만들기	• 추상적인 용어보다 특정한 사람을 언급하기 • 구체적인 실례나 생생한 교재를 가지고 추상적인 내용을 설명하기 • 복잡한 개념이나 개념들 간의 관계에 대한 구체적인 은유나 비유를 사용하기 • 문단형식보다 목록형식으로 제시하기 • 단계나 관계를 흐름도, 다이어그램, 만화, 시각적 보충교재를 사용하여 구체화하기
2. 탐구적 주의 환기	탐구하는 태도를 어떻게 유발할 수 있을까?	질문, 역설, 탐구, 도전적 사고를 양성함으로써 호기심을 증진시키기	• 과제를 '문제거리'로 제시하거나 소개하기(새로운 지식이나 기능을 사용해야만 해결할 수 있는 문제를 제시하여 탐구심 유발하기) • 지적 갈등을 유발하여 호기심 자극하기(모순되는 과거 경험, 역설적 실례, 대립하는 원리나 사실, 예기치 못했던 의견 제시)

구성요소	과정 질문	주요 전술	방법의 실례
			• 해결책이 있을 수도 있고 없을 수도 있는 문제 사용하여 신비감 불러일으키기
3. 다양성	그들의 주의 집중을 어떻게 지속시킬 수 있을까?	자료제시 형식, 구체적 비유, 흥미 있는 인간적인 실례, 예기치 못했던 사건들의 변화를 통해 흥미를 지속하기	• 정보를 분리하기 위해 종이나 여백 활용하기 • 다양한 글씨체 사용하되 일관성 유지하기 • 정보배치 변화 주기 • 제시내용 유형(글, 그림, 표, 사진) 변화 주기 • 진술형식(설명, 기술, 화술, 설득) 변화 주기 • 진술속성(진지하게, 재미있게, 교훈적으로) 변화 주기 • 수업계열(소개, 자료제시, 실례, 연습) 순서 바꾸고 필요시 추가 • 능동적 반응이 필요한 수업활동(질문, 문제, 연습, 퍼즐)

2) 관련성

관련성(Relevance)을 위한 핵심 질문은 '이 수업이 어떠한 측면에서 학습자에게 가치 있을 수 있는가?'이다. '관련성' 개념은 기대-가치이론, 충동 이론과 목적 지향적 행동이론, 욕구 위계 이론, 의사소통과 지각 이론을 바탕으로 개발되었다. 주의를 유지하기 위해서는 학습자의 선행 지식이나 인지 구조와 새로운 정보가 연결되도록 관련성을 맺어야 한다. 학습자에게 의미 있는 목적의식은 동기를 유지시키는데 매우 중요한 요소가 된다. 학습자에게 와 닿는 수업은 동기를 유지시키는 핵심 요소이다. 관련성의 동기 설계를 위한 고려사항은 다음 〈표 5-6〉과 같다.

〈표 5-6〉 관련성의 동기 설계 고려사항

구성요소	과정 질문	주요 전술	방법의 실례
1. 목적지향성	학습자의 요구를 어떻게 최적으로 충족시켜 줄 수 있겠는가? (내가 그들의 요구를 아는가?	수업의 유용성에 대한 진술문이나 실례를 제공하고 목적을 제시하거나 학습자들에게 목적을 정의하게 하기	• 자명하지 않다면, 수업의 이점 말하기 • 수업내용의 내재적인 만족감을 강조하는 말, 일화, 실례를 포함하기 • 학습한 후에 학습자가 할 수 있는 것이 무엇인지 기술하기 • 미래에 필요할 지식, 기능과 분명하게 관련이 있는 실례와 연습활동 넣기

구성요소	과정 질문	주요 전술	방법의 실례
			• 수업의 성공의 미래의 목적달성과 어떤 관련이 있는지 말하기 • 일상적인 기술이 얼마나 향상되었는지 말하기 • 수업이 앞으로 연구하고 개발하기에 내재적으로 흥미 있는 영역이라고 생각하도록 격려하기
2. 필요의 부합성	수업을 학습자의 학습양식과 개인적인 흥미에 언제 어떻게 연결시킬까?	개인적인 성공기회, 협동학습, 지도자적 책임감, 긍정적인 역할 모델 등의 제공을 통해 학습자 동기와 가치에 민감하게 반응하는 수업 만들기	• 한 개인으로 대접받고 있음을 느끼도록 개별적인 언어 사용하기 • 성취 노력과 목적달성을 나타내는 실례 제공하기 • 성취와 관련된 감정을 나타내는 진술문이나 실례를 포함하기 • 성취와 성공의 과정, 그와 관련된 감정을 시각화하도록 격려하기 • 개인적인 목표설정, 기록유지, 피드백 제공할 수 있는 연습 포함 • 협력학습 요구하는 연습 포함 • 문제해결이나 성취행동을 유발하는 퍼즐, 게임, 모의상황 포함 • 연습상황에서 서로, 자신과 경쟁하도록 격려하기 • 학습 내용 분야에서 직면하는 장애, 성취, 결과에서 주목할 만한 사람의 일화 소개 • 수행 후 한 단계 높은 목적을 획득한 사람들로부터 실례, 증언 사용하기 • 이점에 신뢰 있는 사람의 언급이나 인용 포함하기
3. 친밀성	수업과 학습자의 경험을 어떻게 연결시킬까?	구체적인 실례와 학습자의 학습이나 환경과 관련된 비유를 제공하여 교재와 개념들을 친밀하게 만들기	• 수업이 학습자의 이전 경험이나 지식에 어떠한 근거를 두고 있는 명백하게 진술하기 • 학습자들에게 친밀한 과정, 개념, 기능과 현재 내용을 연결하기 위한 비유, 은유 사용하기 • 개별적인 흥미를 느끼는 과제 내용에 대한 실례, 주제를 선택하도록 하기 • 과제 유형에 대한 선택권 주기(다양한 수단을 선택할 수 있도록 하기)

3) 자신감

자신감(Confidence)을 위한 핵심 질문은 '학습자들이 자신의 통제하에서 성공하도록 하기 위해 어떻게 도와줄 수 있는가?'이다. 교사는 학습자의 불안과 공포를 과소평가하는 경향이 있다. 학습자가 보이는 다양한 이상행동, 예를 들면 장기 결석과 반항적인 반응, 공격과 폭력 행동은 학습자의 실패, 불안에 대한 공포와 관련이 있다. 학습자들에게 더 높은 자신감을 가지도록 돕는 전략을 개발하기 위해 통제의 소재, 귀인 이론, 자기 효능감 이론이 고려되었다.

할 수 있다는 자신감은 동기를 지속적으로 유지시키는 중요한 요소이다. 행동주의에서 복잡하고 어려운 학습을 작게 단위화하는 목적은 학습의 성공률을 높여서 긍정적 강화를 제공하기 위한 것이다. 너무 어려워서 포기하는 학습이 아니라 가능한 성공의 가능성을 높이도록 수업을 설계해야 한다. 너무 쉬운 내용은 흥미를 떨어뜨리므로 적절한 도전 심리를 유발하도록 해야 하며, 때로는 고난도의 문제도 교사의 도움을 받아서 성공해 볼 수 있게 해야 흥미가 촉진된다. 자신감의 동기 설계 시 고려사항은 다음 〈표 5-7〉과 같다.

〈표 5-7〉 자신감의 동기 설계 고려사항

구성요소	과정 질문	주요 전술	방법의 실례
1. 학습 요건	성공에 대한 긍정적인 기대감을 어떻게 깨워줄 수 있을까?	성공요건과 평가 준거에 대해 설명하여 믿음과 긍정적 기대감을 확립하기	• 성공적인 학습의 증거로서 학습자들에게 기대되는 관찰 가능한 행동에 대한 분명한 진술문을 제공하기 • 가능할 때마다, 학습자들이 자신의 학습목적이나 목표들을 적어보도록 하는 기회 제공하기
2. 성공 기회	자신의 역량에 대한 믿음을 향상시킬 수 있는 학습 경험을 어떻게 제공할까?	학습의 성공을 증가시키는 많은 다양한 도전적인 경험을 제공하여 역량에 대한 신념을 증가시켜 주기	• 명확하고 따라하기 쉬운 계열로 내용을 조직하기 • 교재의 각 부분마다 단순한 과제에서 어려운 과제로 계열화하기 • 적절한 도전수준을 만들어주기 • 함정이나 지나치게 어려운 질문이나 문제가 없도록 하기 • 목표, 내용, 실례와 일치하는 연습문제 제시하기 • 해답이나 자기평가를 위한 방법 포함하기 • 반응을 확인하는 피드백 제공하고 준거에 일치하지 않는 반응에 교정적 피드백 제공하기

구성요소	과정 질문	주요 전술	방법의 실례
3. 개인적 통제	학습자가 자신의 성공이 스스로의 노력과 능력에 의한 것이라고 어떻게 알 수 있을까?	개인적인 통제를 제공하는 기법을 사용하고 개인적 노력 때문에 성공했다는 것에 대해 피드백을 제공하기	• 계열성에 있어서 학습자들에게 선택권 주기 • 학습자들이 자신의 속도에 맞추어 학습할 수 있도록 하기 • 학습자들이 자신의 능력을 증명하는 방법에 있어서 선택권 부여하기 • 자신만의 연습 방법 고안하도록 기회 제공하기 • 학습환경에 대해 학습자들에게 선택권 부여하기

4) 만족감

만족감(Satisfaction)을 위한 핵심 질문은 '학습자들이 그들의 학습 경험에 대해 만족하고, 계속적으로 학습하려는 욕구를 가지도록 하기 위해 어떻게 도와줄 수 있는가?'이다. 만족감과 관련하여 내재적 동기와 외재적 강화의 관계, 공정성 이론, 인지 평가 이론 등이 고려되었다. 학습자는 결과가 자신의 노력에 부합하였음을 느낄 때 만족감이 높아지며, 학습을 통해 내적인 충실감을 느낄 때 학습을 지속하고자 한다. 만족감의 동기 설계 시 고려사항은 다음 〈표 5-8〉과 같다.

〈표 5-8〉 만족감의 동기 설계 고려사항

구성요소	과정 질문	주요 전술	방법의 실례
1. 내재적 강화	학습경험에 대한 학습자들의 내재적 즐거움을 어떻게 격려하고 지원할까?	개인적 노력과 성취에 대한 긍정적 느낌을 제공할 수 있는 피드백이나 정보를 제공하기	• 가능하면 새롭게 획득한 기능을 현실적인 상황에서 곧바로 사용할 수 있는 기회 제공 • 어려운 과제를 달성할 때 학습자의 내재적 자존심에 대한 언어적 강화를 제공 • 목적달성에 대한 긍정적인 감정을 갖도록 긍정적이고 열정적인 말을 교재나 피드백에 제공 • 성공에 필수적인 행동이나 특성에 대한 칭찬 제공 • 관련 있는 다른 영역에 대한 정보 제공 • 관심을 계속적으로 추구하는 방법 질문, 정보 제공 • 새로운 적용 영역 알려주기

구성요소	과정 질문	주요 진술	방법의 실례
2. 외재적 보상	학습자의 성공에 대한 보상으로 무엇을 제공할까?	언어적 칭찬, 실제적이거나 추상적인 보상, 인센티브를 사용하거나, 학습자들로 하여금 그들의 성공에 대한 보상을 제시하도록 하기	• 반복 연습과 같은 지겨운 과제를 위해 점수제도, 게임 적용 • 예기치 못한 방법으로 외재적으로 보상하기 • 정확한 반응에 대한 칭찬 • 새로운 기능의 숙달을 위해 노력할 때 강화 사용 • 과제에 능숙해지면 간헐적 강화 제공 • 과제 수행 수단으로 위협이나 감시 활용하지 말기 • 경쟁 시, 또는 수업이 끝날 때 증명서나 상징적 보상 사용하기
3. 공정성	공정한 처리에 대한 학습자들의 지각을 어떻게 만들어 줄까?	진술된 기대와 수행요건을 일치시키고, 모든 학습자의 과제와 성취에 있어서 일관성 있는 측정기준을 사용하기	• 최종 평가 내용과 유형이 수업이나 교재의 지식, 기술, 연습문제와 일치하는 것을 보장하기 • 최종 평가의 난이도 수준이 이전의 연습문제와 일치한다는 것을 보장하기

4. 라이겔루스의 정교화 이론

1) 거시적 이론: 정교화 이론

라이겔루스(Reigeluth)는 주제의 특성이 개념에 해당하는지, 원리에 해당하는지, 절차에 해당하는지에 따라 수업 설계 시 활용할 수 있는 미시적 내용 조직 전략과 여러 주제들을 어떠한 순서로 가르칠 것인가와 관련된 거시적 내용 조직 전략 이론을 정립하였다. 정교화 이론(elaboration theory)은 학습에서 어떠한 내용을 어떠한 순서로 가르칠 것인가에 대한 이론이다. 가르칠 내용의 범위와 계열 결정을 위해 수업 내용을 선택(selection)하고, 계열화(sequencing)하고, 종합(synthesizing), 요약(summarizing)하는 방법을 제공하기 위한 이론이다(Reigeluth, 1983). 여기서 계열화란 내용을 묶고 순서를 정하는 과정으로 하나의 묶음에 어떠한 내용을 포함시킬 것인가를 결정하는 것이다. 범위란 어느 수준까지 가르칠지 내용의 특성을 결정하는 과정으로서 학습자가 무엇을 필요로 하는가, 무엇을 배우고자 하는가를 결정하는 것이다. 내용은 모듈, 주제, 과제, 에피소드 등의 용어와 유사하게 활용된다. 계열화는 주로 단순한 내용에서 복잡한 내용으로, 쉬운 내용에서 어려운 내용으로, 추상적인 것에서 구체적인 것의 순으로 이루어진다. 이 계열화의 방식은 오수벨의 유의미학습 이론에서 배운 정착 아이디어의 개념과 같은 맥락임을 알 수 있다.

정교화 이론을 적용한 수업은 카메라의 줌 렌즈로 비유한다. 먼저 사물의 전체적인 모습을 관찰하여 각 부분들의 관계를 먼저 파악한 후(zoom-out) 각 부분별로 확대하여 세부의 사항들을 파악한다(zoom-in). 다시 전체 모습을 관찰해서 반복적으로 전체와 부분 간의 관계를 검토하고(zoom-out), 특정 부분을 확대해서 검토한다(zoom-in)(조규락 외, 2006). 이 과정은 먼저 숲을 보여주어 전체적인 구조를 파악하게 한 후 나무를 관찰하도록 해야 한다는 것으로 오수벨의 포섭의 개념과 밀접하게 관련된다.

라이겔루스는 다음과 같은 7가지의 정교화 전략을 제시하였다(Reigeluth, 1983).

① 정교화된 계열: 단순한 내용에서 복잡한 내용으로, 일반적인 내용에서 세부적인 내용으로, 추상적인 내용에서 구체적인 내용으로 학습할 내용을 순서화하는 전략이다.

② 선수 학습의 계열: 어떤 내용을 학습하기에 앞서 반드시 학습해야 하는 사실이나 내용을 순서화하여 가르치는 전략이다.

③ 요약자: 내용에 대한 간단한 진술이나 참조할 수 있는 예처럼 일반적으로 수업 단원의 끝부분에 제시되어 학습의 내용 등을 전반적으로 망각하지 않도록 돕는 전략이다.

④ 종합자: 개개의 아이디어들을 상호 관련지을 수 있고 통합시킬 수 있는 전략으로서 수업 단원 내에서 새롭게 가르친 아이디어들 간의 관련성이나 기존의 아이디어들과의 관련성들을 통합하는 전략이다.

⑤ 비유: 배워야 할 새로운 아이디어를 친숙한 아이디어들과 관련시켜 새로운 아이디어를 좀 더 쉽게 이해할 수 있도록 하는 전략이다.

⑥ 인지 전략 활성자: 학습자들이 특정한 방식으로 내용을 다룰 수 있도록 각

내용에 적합한 학습 방법을 익히도록 돕는 전략이다.

⑦ 학습자 통제: 학습할 내용이나 학습 속도, 학습자가 선택하는 전략, 인지 전략을 학습자가 스스로 통제하고 선택할 수 있도록 하여 학습 동기를 높이도록 하는 전략이다.

2) 단순화 조건법

이상의 7가지 전략들을 근거로 수업을 정교화시키는 과정에 대하여 제시한 단순화 조건법에 대하여 알아보자. 학습 내용의 가장 핵심이 바로 정수(epitome)이며, 이를 확인하고 정교화하는 방법을 제시하는 이론이 정교화 이론인 것이다. 정수란 가장 단순하면서도 전체 과제에 대한 대표성을 가지는 과제로서 가장 중요한 과제라 할 수 있다. 정수를 어떻게 선택하고 이를 어떤 순서로 가르칠 것인지를 안내하기 위해 라이겔루스는 단순화 조건법(Simplifying Conditions Method: SCM)을 제안하였다(Reigeluth, 1999).

라이겔루스는 정교화 이론을 통해 가네가 제시한 학습의 조건에서 학습 위계성을 문제점으로 지적하고 이에 대한 대안을 제시하고자 하였다. 가네의 위계적 접근은 가르치고자 하는 최종의 학습 결과인 목표를 달성하기 위해서 하위의 기능들을 단계적으로 분석하게 되며, 가장 최종의 하위 기능에서부터 상위의 순서로 학습을 하게 된다. 라이겔루스는 이 때문에 가네의 위계적 접근으로는 전체의 학습 구조를 최종에 이를 때까지 파악할 수 없다고 지적하였다. 이 때문에 그는 학습의 과정 처음에서부터 학습자가 학습 내용의 가장 핵심적인 구조를 파악하도록 설계하는 것이 중요하다고 하였다.

[그림 5-1]은 가네의 위계적 접근과 라이겔루스의 단순화 조건법(SCM)을 비교한 표이다. 위계적 접근은 과제를 분석하는 순서가 목표에서부터 하향적으로 이루어지며 실제수업은 아래서부터 위로 상향적으로 이루어지는 반면에, 단순화 조건법(SCM)은 분석과 실행이 모두 상향적으로 이루어져서 보다 빠른 분석과 실행을 유도한다.

단순화 조건법(Simplifying Conditions Method: SCM)이란 주어진 과제를 단순화

시키는 조건을 찾아가면서 과제를 분석하고 계열화하는 정교화 방법이다. 단순한 버전에서 시작하여 점진적으로 복잡한 버전으로 가르치는 것이다. 정수화란 전체 과제를 대표하면서도 가장 단순한 과제를 찾아내는 과정으로서, 정수화의 예는 과제의 전체 버전, 과제의 단순 버전, 과제의 현실 세계 버전, 과제의 전형적 버전을 활용할 수 있다. 정교화란 점진적으로 더 복잡한 과제의 버전을 찾아내는 과정으로서, 정교화의 예는 또 다른 과제의 전체 버전, 좀 더 복잡한 과제의 버전, 현실 문제와 동등하게 유사한 버전, 전체 과제와 동등하거나 약간 덜 대표적인 버전 등을 활용할 수 있다.

구분	위계적 과제분석 및 계열화	SCM을 이용한 과제분석 및 계열화
개념도	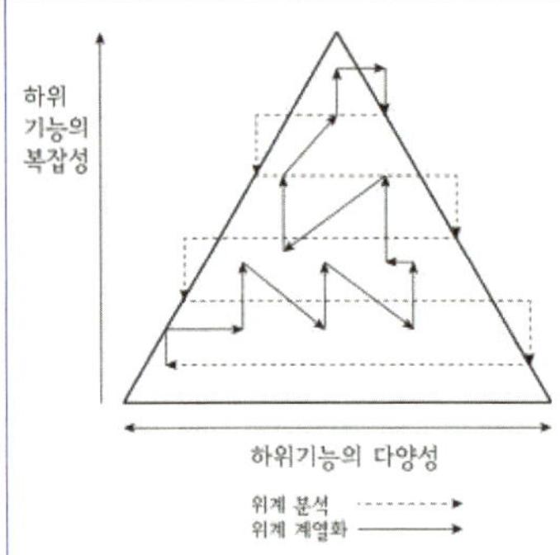	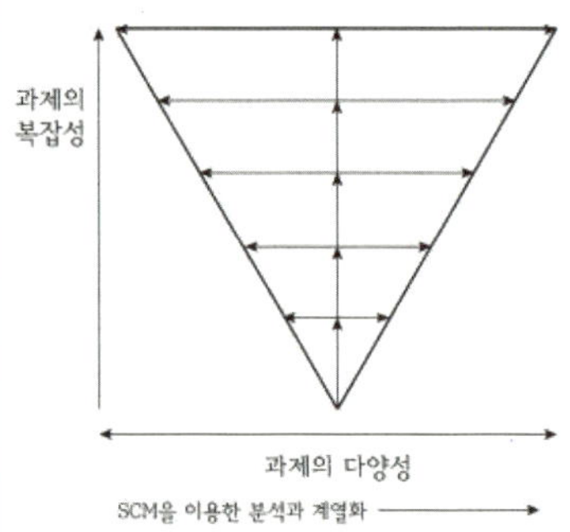
배경 논리	부분에서 전체/단순에서 복잡	단순에서 복잡 (단순한 과제에서 복잡한 과제)
설계자에게	과제분석은 계열화 이전에 별도의 작업으로 이루어져야 한다.	과제분석과 계열화는 동시적으로 이루어질 수 있다. • 원형은 쾌속으로 만들어질 수 있다.
학습자에게	고차원적 기술의 학습을 촉진한다.	첫 수업에서부터 다음을 제공한다. 1) 전체 과제의 맛 2) 간단하지만 적용 가능한 기술 3) 동기를 촉진
위계적 접근은 필요하지만 충분하지는 않다. 또한 매우 분절적인 접근을 사용한다.		

[그림 5-1] 가네의 위계적 접근과 라이겔루스의 SCM의 비교(Reigeluth, 1999)

3) 미시적 이론: 개념학습

라이겔루스는 학습을 개념 학습, 원리 학습, 절차 학습으로 분류하였다. 개념 학습이란 사물의 속성을 아는 것으로 의미 있는 학습의 최소 단위인 개념을 획득하고 이를 활용하는 것이다. 예를 들면 '개'를 단순히 정보로 아는 것과 다르게 개념으로 획득한 후에는 '늑대'와 구분할 수 있게 된다. 원리 학습이란 사물의 변화를 아는 것으로 두 가지 이상의 사물의 변화 사이에 있는 관계를 획득하고 이를 활용하는 것이다. 예를 들면 물과 온도와의 관계에 대해 '물이 얼면 팽창한다'는 원리를 알고 이를 적용하는 것이다. 적용에는 예측, 함의, 설명, 추론, 해결, 기술하는 것을 포함한다. 절차 학습이란 사물을 어떻게 변화시키는지 아는 것으로 어떠한 목적을 달성하기 위해 수행하는 일련의 행위를 아는 것으로, 방법, 기능(skill)을 배우는 것으로 단계와 수준이 있다. 예를 들면 독서, 작문, 산수, 요리 등은 모두 절차 학습을 필요로 하며 단계와 수준이 존재한다. 본 장에서는 이 세 가지 유형의 학습 중에서 개념 학습에 대하여 어떻게 수업을 설계해야 하는지 살펴보고자 한다.

개념 학습을 가네는 지적 기능의 하위 유형으로 제시하였으며, 여러 학자들의 개념학습의 수업 설계 원리가 조금씩 상이하다. 개념 학습은 원리와 절차 학습의 기초가 되기 때문에 개념 학습이 실패하면 원리와 절차 학습이 부진할 수 있다. 개념 학습이 잘 이루어져야 '획득'한 개념을 새로운 대상에 '적용'할 수 있다. 즉, 개념이 획득되면 특정 사례(instances)가 주어졌을 때 개념을 활용하여 사례가 개념에 해당하는 실예(example)인지 아니면 비예(non-example)인지 구분할 수 있다.

(1) 개념 학습의 수업 설계 원리

- 전형의 형성: 학습자가 전형을 형성하기 위해 교수자는 전형적인 사례를 제공한다. 사례는 일반적이어야 하고 다수의 사례를 대표할 수 있어야 한다.
- 구별: 개념의 사례들이 공통적으로 지니고 있는 특성(결정적 특성)을 학습해야 한다. 개념에 속하는 것과 속하지 않는 것을 구분하게 된다. 이를 위해 교수자는 개념의 일반성이나 정의를 제시하거나, 실예(사례)와 비예(대응적 비사례)를 비교해 준다.

- 일반화: 전형으로부터 모든 사례들로 일반화한다. 무시해도 좋은 가변적 특성이 무엇인지 학습한다. 이를 위해 교수자는 가변적 특성 중 가장 공통적인 것을 보여주는 정의를 제시하거나, 서로 매우 상이한 사례(발산적 사례)를 제시하는 것이다.

(2) 개념 학습의 일상적(1차) 수업의 단계

- 제시(일반성): 사례의 포함 여부를 판단하는 데 도움이 되는 것을 주어야 한다.
- 연습: 자신이 접하지 못해 본 상황에 개념을 적용할 수 있어야 한다.
- 피드백: 정보를 제공하고 동기를 유발하도록 한다.

  예 다양한 예, 실예와 비예의 제시, 다양한 유형의 예를 제시

(3) 개념 학습의 심화(2차) 수업의 단계

(1차 수업에서 개념 학습이 이루지지 않으면 2차로 심화 학습을 진행한다.)

- 제시(일반성): 주요 특징에 주의집중을 유도하거나, 다양한 표상, 알고리즘을 활용한다.
- 연습: 연습을 증가하거나 난이도를 증가시킨다.
- 피드백: 주의집중을 활용하고, 다양한 표상을 사용하여 피드백을 제공한다.

  예 사례의 양을 증가, 쉬운 사례에서 어려운 사례로 제시

심화학습

◈ 수업설계이론과 수업체제설계의 이해

인간이 학습을 더 잘하도록 어떻게 도와줄 수 있을 것인가에 대한 이론이 수업이론이다. 수업설계이론과 수업이론은 많은 학자들이 같은 의미로 사용하기도 한다. 본 과정에서는 수업이론보다 구체적인 활용에 목적을 둔 수업설계이론으로 통일하여 사용하고자 한다. 수업설계이론은 인간의 학습과 발달을 촉진하기 위한 보다 나은 방법에 관한 명확한 지침을 주는 이론이다. 수업이론보다 수업설계이론은 구체성과 처방성을 보다 강조하는 이론이라고 할 수 있다. 수업설계이론은 수업이론보다 첫째, 설계지향적이다. 설명 지향적이지 않고 설계 지향적인데, 결과에 초점을 둔 것이 아니라 과정에 초점을 두고 있다. 때문에 수업이론보다 현장의 교육자들에게 더욱 직접적으로 활용될 수 있다. 둘째, 상황적이다. 수업에 대한 방법과 그 방법이 사용되는 상황에 대한 지침을 제공한다. 좋은 수업은 각기 다른 상황에 다른 방법을 요구하기 때문이다. 셋째, 구성적이다. 수업설계이론에서 제시하는 방법들은 보다 세분화된 구성 요소로 이루어져 있다. 넷째, 개연적이다. 수업 방법은 결정적인 것이 아니라 개연적이다. 기대된 수업이 학습 결과를 반드시 보장하는 것은 아니다. 그러나 적절한 수업 방법을 실행했을 때 기대하는 수업의 결과가 나타날 개연성이 높아진다(Reigeluth, 1999).

한편, 수업설계이론은 수업설계 모형과 동일한 용어로 사용되는 경향이 있다. 모형은 이론의 실제적인 활용을 높이기 위해 개발된다. 이론의 개념과 요소의 관계를 설명해 주는 개념적 모형과 이론의 실제적인 활용 방법을 알려주는 절차적 모형이 있다. 수업설계이론은 때로는 개념적 모형으로 개발된 이론과 절차적 모형으로 개발된 이론이 있다. 본 과정에서 살펴보는 수업설계이론은 다양한 수준의 모형을 포함한 이론들로 구성되어 있기 때문에 수업설계 모형이라는 용어보다는 수업설계이론이라는 용어로 통칭하여 사용하고자 한다.

수업설계이론은 수업체제설계, 수업체제개발이라는 용어와 유사한 용어로 사용된다. 수업체제설계(Instructional Systems Design: ISD)나 수업체제개발(Instructional Systems Development: ISD)은 수업 프로그램을 개발하는 과정과 절차에 초점을 두기 때문에 일반적으로 수업설계이론과 구분된다. ISD는 수업설계이론보다 구체적인 수업 설계의 과정에서 고려해야 하는 단계적 지침을 더욱 처방적으로 제시해 준다. 수업체제설계에 비하여 수업체제개발은 교육공학의 역사적 발전과 함께 매체 및 수업자료 개발을 강조하는 하드웨어적 관점하에서 많이 사용되었다. 수업체제설계는 특정한 수업 체제의 설계, 실행, 평가에 관심을 두는 구체적 절차를 강조하는 미시적 관점으로, 수업체제개발은 수업 체제를 구성하는 모든 가능한 요소의 운영과 포괄적인 전체 수업 체제를 계획, 조정하는 것에 관심을 두기 때문에 일반적 절차를 제시하는 거시적 관점으로 구분하기도 한다(Kemp, 1985).

지금까지 살펴본 개념들을 처방성을 기준으로 정리하면 다음과 같다. 학습이론, 수업이론, 수업설계이론, 수업체제설계이론, 수업체제개발이론의 순서로 처방적인 성격이 강조되며, 이론보다 모형이 처방적이다. 이와 같이 용어의 다양함에도 불구하고 개념과 정의에 포함된 내용의 유사성으로 인하여 관련 용어들이 다소 혼용하여 사용되고 있는 것이 사실이다. 중요한 것은 어떠한 용어를 사용하는지와 관계없이 좋은 수업을 설계하기 위해 여러 학자들의 연구 결과를 살펴보는 일일 것이다. 본 과정에서는 수업이론과 수업설계이론을 수업설계이론으로, 수업체제설계와 수업체제개발을 수업체제설계로 통일하여 사용하고자 한다. 3부에서는 수업설계이론에서 다양한 설계 지향적 이론들을 객관주의와 구성주의로 나누어서 살펴보며, 4부에서는 수업체제설계이론에 대하여 일반적이고 공통적인 수업의 절차적 과정에 필요한 원리들을 분석, 개발 및 실행(수업 매체와 방법), 실행과 평가 영역으로 나누어서 살펴볼 것이다.

라이겔루스의 수업설계이론의 체계

가네의 이론이 수업 사태의 각 단계를 개략적으로 제시하였다면, 구체적인 수업 전략을 설계할 수 있는 처방적 이론을 개발한 것이 라이겔루스(Reigeluth, 1983)이다. 가네는 목표별 학습 결과를 언어 정보, 지적 기능, 태도, 인지 전략, 운동 기능으로 구분하고 영역의 특성에 부합하는 9가지 수업 사태를 설계해야 한다고 하였다. 라이겔루스는 가네의 이러한 관점을 발전시켜 더욱 처방적인 수업설계이론을 제안하였다. 그는 수업설계이론의 처방성과 체계성을 강조하면서 수업의 조건과 결과에 따라 상이한 수업 방법(전략과 전술)이 처방되어야 함을 강조하였다. 라이겔루스는 가네의 학습 결과 5가지 유형을 보다 발전시켜 학습 과제(learning task)의 유형에 따라 구체적인 수업의 처방 전략을 제시하고자 하였다. 그가 제시한 수업 조건과 수업 결과를 반영한 처방적 수업 방법은 다음 〈표 5-9〉와 같다. 그는 수업 전략의 체계성을 보여주기 위하여 조직 전략, 전달 전략, 관리 전략으로 구분하였으며, 조직 전략은 학습 과제인 교과 내용의 조직 전략으로서 미시적 전략과 거시적 전략으로 구분하였다.

〈표 5-9〉 수업방법 변인들과 그러한 변인들 각각에 영향을 미치는 주요 조건변인들의 유목을 나타낸 체계도(Reigeluth, 1983)

수업 조건	교과 내용의 특성	제약점	학습자 특성 환경 특성
수업 방법	조직 전략 • 미시적 • 거시적	전달 전략	관리 전략
수업 결과	수업의 효과성 수업의 효율성 수업의 매력성		

라이겔루스는 다음 〈표 5-10〉에서 제시하는 바와 같이 조직 전략을 거시적 전략과 미시적 전략으로 나누었다. 그의 거시적 전략을 포괄적으로 정교화 이론이라고 하며, 학습 과제의 유형인 개념 학습, 원리 학습, 절차 학습에 따른 수업 설계 전략이 미시적 전략에 해당한다. 미시적 전략에 속하는 하위 전술에는 제시, 연습, 피드백과 같은 1차적인 일상적 방식(routine tactics)과 각각의 일상적 방식을 다시 다른 형태로 나타낸 2차적인 심화 방식(enrichment tactics)이 있다. 거시적 전략은 여러 주제들 간의 순서와 계열성에 대한 방법을 다룬다(박성익 외, 2007).

〈표 5-10〉 라이겔루스의 수업전략의 체계도

<table>
<tr><th rowspan="7">방법</th><th colspan="2" rowspan="3">전략</th><th colspan="4">조직</th><th>관리</th><th>전달</th></tr>
<tr><td colspan="3">미시적</td><td rowspan="2">거시적</td><td rowspan="6">조직전략 및 전달전략의 관리</td><td rowspan="6">매체, 교사, 교과서의 활용방식</td></tr>
<tr><td>개념 학습</td><td>원리 학습</td><td>절차 학습</td></tr>
<tr><td rowspan="4">전술 (방식)</td><td rowspan="3">일상적</td><td colspan="3">제시</td><td rowspan="4">계열성 (위계와 순서): 정교화 이론</td></tr>
<tr><td colspan="3">연습</td></tr>
<tr><td colspan="3">피드백</td></tr>
<tr><td>심화</td><td colspan="3">필요시</td></tr>
</table>

수업사례

◈ 가네와 라이겔루스 이론의 수업지도안 사례

가네이론의 수업지도안 사례

〈가네의 수업설계이론을 적용한 수업지도안〉

단원	Ⅱ. 말하기의 기술	소단원	무엇을 말할까?	차시	2/3
단계	수업 사태	교수, 학습활동	시간	학습 자료	지도상유의점
도입	주의 집중	▶ 교사는 학생들에게 짤막한 동영상을 제시하여 주의를 집중시키고 오늘 배울 차시의 학습내용을 안내한다. • 교사: 안녕하세요. 여러분~ 여기 두 아기가 대화를 하고 있네요. 무슨 대화를 하고 있을까요?  출처: http://pann.nate.com/video/218072608(2012.07.21) • 교사: 모두들 동영상을 잘 보았지요? 이 아기들은 어떤 화제로 대화를 하는 걸까요? 아기들은 언어로 대화를 하지는 못하지만 소통을 하기 위한 태도와 공감하려는 노력이 보입니다. 그렇다면 언어를 마음대로 표현할 수 있는 1학년 4반 학생들은 부모님과 어떤 화제로 대화하나요? • 학생: 여러 가지 얘기요. 공부 얘기, 용돈 얘기요 • 교사: 그럼 학교에서 친구들과는 어떤 대화를 하나요? • 학생: 게임이요! 연예인 얘기도 해요. • 교사: 우리는 일상생활에서 매일 대화를 하는	2′	동영상	학생들이 흥미를 가질 수 있는 동영상 매체를 활용한다. (동영상은 30초 정도 시청)

단계	수업 사태	교수, 학습활동	시간	학습 자료	지도상유의점
		데, 그 대화를 하는 상대에 따라서 화젯거리가 조금씩 달라져요. 가족들과는 가족들끼리 하는 대화가 있고, 또 친구들은 친구들끼리 할 수 있는 대화가 있지요. 오늘 우리는 대화상대를 고려하면서 대화를 하는 것에 대해서 공부해 볼 거예요.			
	목표 제시	▶ 파워포인트 슬라이드로 학습목표를 보여준다. • 학생: 1) 대화상대를 고려하여 화제를 고를 수 있다. 2) 대화상대를 고려한 대화를 할 수 있다. • 교사: 잘 읽어주었어요! 오늘 공부할 내용을 들어가기 전에 먼저 지난 시간에 '화제의 적절성'에 대해서 잠시 복습을 하도록 하겠습니다.	3′	PPT	학습목표를 명확하게 제시하여 학습에 도움을 주도록 한다.
	선수 학습 회상	▶ 학습목표에 맞는 선수학습 내용을 상기시킨다. 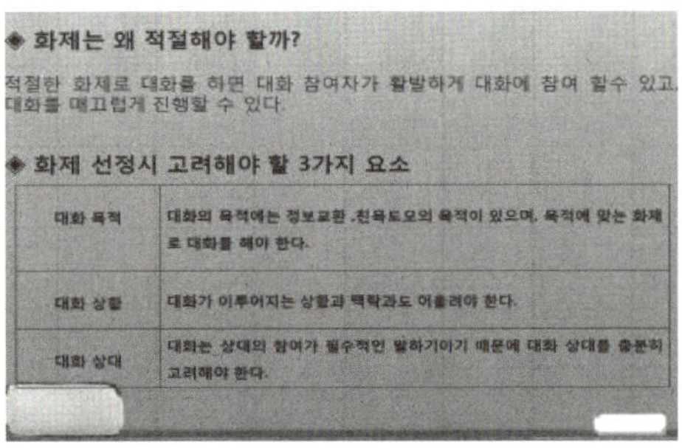 • 교사: 지난 시간에 배운 내용들을 다들 기억하고 있나요? • 학생: 네~ • 교사: 지난 시간에는 화제가 적절해야 하는 이유와 화제를 선정할 때 고려해야 할 점을 공부했는데, 그럼 화제는 왜 적절해야 할까요? • 학생: 화제가 적절해야 대화 상대가 대화에 잘 참여하고 대화의 진행이 잘 돼요. • 교사: 맞아요! 우리가 대화를 할 때 대화를 매끄럽게 진행하기 위해서는 화제가 적절해야 해요. 그리고 적절한 화제를 선정하기 위해서는 세 가지 고려할 점이 있었죠. 무엇이었나요? • 학생: 대화 목적, 대화 상황, 대화 상대요~ • 교사: 맞아요. 다들 잘 기억하고 있네요. 자 그럼, 오늘 우리는 무엇을 배울지 알아보겠습니다.	5′	PPT	이전 내용을 잘 기억하고 있는지 확인할 수 있는 자료를 활용한다. (PPT의 애니메이션 기능을 활용하여 학생들이 대답을 하기 전에는 지난시간 학습내용을 가려놓는다.)

단계	수업 사태	교수, 학습활동	시간	학습 자료	지도상유의점
전개	자극 제시1	▶ 구체적 개념을 교과서와 그림 자료를 통해 제시한다. • 교사: 우리는 화제를 선정할 때, 대화 목적, 상황, 상대를 고려해야 합니다. 이번 시간에 우리는 지난시간에 배웠던 '화제를 선정할 때 고려해야 할 3가지 요소' 중에서 '대화 상대'를 고려한 적절한 화제를 골라, 대화하는 법에 대해서 공부합니다. 또, 이를 바탕으로 대화상대를 고려한 대화를 모둠활동을 통해서 역할극으로 직접 해 볼 거예요! • 교사: 대화상대에는 누가 있을까요? • 학생: 친구, 선생님, 가족들이요! • 교사: 맞아요, 우리는 대화를 할 때 가족, 친구 등 여러 대화상대와 대화를 하게 되는데, 대화상대에 따라서 화제가 조금씩 달라져요. 자 그럼, 교과서 98쪽을 펴볼까요? • 교사: 교과서 98쪽의 첫 문단을 종현이가 읽어주세요. • 학생: 네~ 화제를 선정할 때에는 …… (98쪽의 (2)대화 상대를 고려하여 화제 고르기의 첫 문단을 읽는다.) • 교사: 잘 읽어주었어요. 화제를 선정할 때는 대화상대의 흥미나 관심거리에 대한 고려가 이루어져야 해요. 왜냐하면 대화는 한 사람만으로 이루어질 수 없는 활동이기 때문이에요. 그래서 대화상대의 흥미를 끌 수 있는 화제를 골라서 대화를 하게 되면 대화가 보다 원활하게 진행될 수 있어요. 교과서 아래에 있는 만화를 볼까요?	24′		
	학습 안내1	 • 교사: 순희와 친구가 대화를 하고 있어요. 두 친구는 어떤 화제를 가지고 대화를 하고 있죠?			학생들이 교과서 본문의 개념을 잘 받아들일 수 있도록 적절한 예시와 본문의 자료와 그림자료를 활용한다.

단계	수업 사태	교수, 학습활동	시간	학습 자료	지도상유의점
	자극 제시2 학습 안내2	• 학생: 순희 강아지 발발이가 새끼를 낳았는데 그걸 화제로 대화하고 있어요. • 교사: 왜 친구는 순희의 강아지를 화제로 대화했을까요? • 학생: 발발이가 어제 새끼를 낳아서 순희가 지금 제일 흥미를 가지고 있기 때문인 것 같아요. • 교사: 네, 지금 순희의 친구는 순희의 강아지를 화제로 순희와 원활하게 대화하고 있어요. 이렇게 만화처럼 우리는 대화상대가 어떤 관심과 흥미를 가지고 있을지 생각해서 화제를 골라야 해요. 다음 문단은 희준이가 한번 읽어볼까요? • 학생: 네, 대화를 원활히 진행하고 …… (교과서의 두 번째 문단을 읽는다.) • 교사: 우리는 대화를 하면서 대화 상대의 심리적, 신체적 상태도 고려해서 화제를 선정할 필요가 있어요. 예를 들어서, 우리 반이 수학시험을 봤어요. 영미는 평소에는 시험을 잘 보는데 오늘따라 시험에서 실수를 해서 성적이 좋지 않았어요. 그런데, 짝꿍인 민지가 자꾸 대화의 화제로 '수학시험'을 언급하면 수미는 어떨까요? • 학생: 화가 날 것 같아요. 별로 얘기하고 싶지 않을 것 같아요! • 교사: 맞아요. PPT의 만화처럼 화가 나서 대화를 더 이상 하고 싶지 않겠죠? 즉, 영미가 생각하고 싶지 않은 '시험'에 관계된 화제보다는 다른 화제가 대화에 더 적절한 것이죠.  • 교사: 이처럼 우리는 매 상황마다 대화상대의 심리적, 신체적 상태를 잘 파악하고 그에 맞는 화젯거리를 선정해야 대화를 잘 할 수 있답니		PPT	

단계	수업 사태	교수, 학습활동	시간	학습 자료	지도상유의점
	자극 제시3	다. 그럼 이제 세 번째, 네 번째 문단을 범택이가 읽어볼까요? • 학생: 화제 선정에는 말하는 이와 ······ (세 번째, 네 번째 문단을 읽는다.) • 교사: 또박또박 잘 읽어 주었어요. 우리는 처음 만난 사람과 어떤 이야기를 할까요? • 학생: 날씨, 취미, 어느 학교 다니는지 얘기해요. • 교사: 그럼, 친한 사람과는 어떤 이야기를 하죠? 예를 들면 같은 반 친구들끼리? • 학생: 그 날 있었던 일들, 취미, 고민얘기들을 해요~			학생들이 적극적으로 참여할 수 있도록 대답할 수 있는 수준의 질문을 한다.
	학습 안내3	• 교사: 맞아요. 우리는 화제를 선정할 때, '친소관계'를 생각해서 적절한 화제를 선정합니다. 즉, 듣는 이와 말하는 이가 얼마나 친하냐, 혹은 친하지 않느냐에 따라서 주고받는 대화의 화제가 달라진다는 뜻이에요. 교과서 100쪽에 있는 만화를 혜영이와 진수가 각각 만화 속의 인물이 되어서 읽어볼까요? • 학생: 네~ (만화 속 인물들의 대사를 읽는다.)  • 교사: 이 대화는 어떤 사이에서 이루어질 수 있는 대화일까요? 두 사람은 친한 관계인가요? • 학생: 두 사람은 처음 만난 것 같아요. 아직 친한 사이는 아니에요. • 교사: 그럼 두 사람은 어떤 화제로 대화를 할 수 있을까요? • 학생: 만화에서 나온 것처럼 졸업한 학교랑 집 얘기요. 아직 친하지 않으니까 가벼운 취미나			

단계	수업 사태	교수, 학습활동	시간	학습 자료	지도상유의점
	자극 제시4	날씨얘기도 할 수 있을 것 같아요! • 교사: 맞아요. 우리는 서로에 대해서 점점 신뢰를 쌓고 나중에 친해졌을 때 좀 더 개인적인 화제로 대화를 할 수 있어요. 그럼, 이제 선생님이 교과서 본문의 마지막 부분을 읽을 테니, 여러분은 잘 들어주세요. 상대방과 어떠한 사회적 …… (100쪽의 다섯 번째 문단을 교사가 읽는다.)			
	학습 안내4	• 교사: 우리는 대화의 화제를 선정할 때, 상대방과의 사회적 관계도 고려를 해야 해요. 혹시 초등학교 6학년 국어시간에 사회적 관계를 고려해서 적절한 인사말을 하는 법을 배웠던 것을 기억하나요? • 학생: 네, 6학년 때 사회적 관계를 고려해서 인사하고 말하는 방식에 대해서 배웠어요~ • 교사: 그렇다면 '사회적 관계'는 무엇이라고 배웠죠? • 학생: 사회에서의 사람들의 관계를 말해요. 회사에서 사장과 직원의 관계 같은 것들이요. • 교사: 아주 잘 기억을 하고 있네요! '사회적 관계'는 사회 속에서 사람들이 상호작용을 하면서 맺는 관계를 말해요. 예를 들어서 선생님과 학생들, 자식과 부모님 그리고 여러분이 말한 사장과 직원의 등의 관계가 있어요. 사회적 관계를 고려해서 인사하는 법을 다르게 하는 것과 마찬가지로 사회적 관계를 고려해서 화제를 선정해야 해요. 선생님께 인사를 할 때 '안녕하세요?'라고 하지요? 대화의 화제를 고를 때도 마찬가지예요. 선생님과 학생의 사회적 관계를 고려했을 때 적절한 화제가 있어요. 그럼, 우리 1학년 4반 학생들은 선생님과 어떤 화제로 대화를 할 수 있을까요? • 학생: 성적이랑 학교생활이야기요! • 교사: 그럼 가족들과는 어떤 화제로 이야기를 하죠? • 학생: 좀 더 개인적이고 가족에 관련된 얘기들이요. • 교사: 네, 맞아요. 우리는 이렇게 대화상대와		판서	

<table>
<tr><th>단계</th><th>수업
사태</th><th>교수, 학습활동</th><th>시간</th><th>학습
자료</th><th>지도상유의점</th></tr>
<tr><td></td><td></td><td>내가 어떤 사회적 관계인지를 생각해서 적절한 화제를 골라 대화를 할 수 있어야 해요. 지금까지 대화 상대를 고려해서 적절한 화제를 고르는 것을 공부했는데, 이제 이것을 토대로 모둠별로 역할극을 해볼 거예요. 여기 교과서를 정리한 표가 칠판에 있어요.
이 표를 보고 이 요소들을 생각하며 모둠활동을 하세요.
<table><tr><th>대화상대를 고려하여 화제를 선정할 때 생각해야 할 요소</th></tr><tr><td>1. 상대방의 흥밋거리, 관심거리 고려하기
2. 상대방의 신체적, 심리적 상태 고려하기
3. 상대방과 나의 친소관계 고려하기
4. 상대방과 나의 사회적 관계 고려하기</td></tr></table></td><td></td><td></td><td></td></tr>
<tr><td></td><td>수행
유도</td><td>▶ 모둠활동을 통한 학생들의 행동을 유도한다.
• 교사: 자, 이제 지금 앉은자리에서 앞뒤 4명씩 같은 모둠이 되는 거예요. 선생님이 한 모둠당 두 개의 카드를 줄 거예요. 각각의 카드에는 한 명의 인물이 있어요. 우리는 그 인물들과 대화를 해야 하는 거예요. 모둠당 한 장씩 활동지를 받게 되면, 받은 카드의 인물과 어떤 화제로 대화를 할 건지 생각해서 활동지 1번에 모둠원들과 함께 간단한 대본을 작성해 보세요. 그리고 모든 모둠원들이 역할극을 하듯이 발표를 할 거예요. 대본은 간략히 1분 정도의 분량이 될 수 있게 준비해 주세요. 모둠활동시간은 10분을 주겠습니다. 시작하세요.</td><td>34′</td><td>활동지
&
활동용
카드</td><td>모둠활동에 참여하지 않는 학생이 있는지 살핀다.

모둠활동으로 인해 산만해질 수 있는 분위기를 잘 지도하며, 각 모둠을 돌면서 약간의 힌트를 준다.</td></tr>
<tr><td></td><td></td><td>
할머니 단짝 친구</td><td></td><td></td><td>발표를 큰 목소리로 할 수 있도록 격려한다.</td></tr>
</table>

단계	수업 사태	교수, 학습활동	시간	학습 자료	지도상유의점
		 아버지  소녀시대  국어 선생님  사장님 • 교사: 다들 대본을 완성한 것 같은데, 그럼 이제 1조부터 발표를 해볼게요. 다른 조가 발표하는 내용을 잘 듣고 어떤 대화상대와 무슨 화제로 이야기를 하고 있는지 활동지 2번에 적어주세요. • 학생: (한 모둠이 발표를 하면 그 발표를 잘 듣고, 나머지 모둠들은 활동지 2번을 작성한다.)			한 모둠의 발표가 끝날 때마다 교사는 활동지 2번을 작성할 잠시간의 시간을 준다.
	피드백	▶ 각 모둠의 발표에 대한 피드백을 한다. • 교사: 모두 발표를 너무 잘 했어요! 그러면 선생님과 같이 각 모둠이 발표한 내용들을 정리해 볼게요. 혹시 자신이 적은 활동지 2번 내용과 다른 내용이 있다면 선생님 말을 잘 듣고 수정하세요. • 학생: 네~ • 교사: 1조는 선생님이 '아버지' 카드와 '사장님' 카드를 줬어요. 그래서 발표를 할 때, 아버지와 아들로 역할극을 했는데요. 여러분, 그럼 1조의 화제는 뭐였죠? • 학생: 용돈이요! • 교사: 맞아요, 화제는 '용돈'이었어요. 1조는 친소관계와 사회적 관계를 동시에 고려해서	42′	활동지	학생들이 스스로 작성한 활동지와 교사의 피드백을 맞춰보며 스스로 점검하게 한다.

단계	수업 사태	교수, 학습활동	시간	학습 자료	지도상유의점
		대본을 작성했지요. 또 사장님 카드로는 사장님과 직원의 대화를 '월급인상'이라는 화제로 진행했는데요. 그렇다면, 1조가 사장님과의 대화에서 고려한 요소들은 무엇이 있었을까요? • 학생: 사회적 관계요~ • 교사: 네, 1조는 사회적 관계와 심리적, 신체적 상태를 고려해서 역할극을 했어요. 1조는 여러 가지 요소를 고려하여 상대방에 맞는 적절한 화제를 잘 선정했고, 역할극의 대화도 굉장히 매끄러웠어요. 잘했습니다! (교사는 각 모둠의 발표에 대해 피드백을 한다.)			
정리	수행 평가	▶ 본 차시에서 학습한 내용을 간략히 정리한다. • 교사: 1학년 4반 여러분, 배운 내용들을 다 기억할 수 있나요? 이제부터 오늘 배운 내용을 잘 기억하기 위해서 정리를 하는 시간을 잠깐 가질게요. PPT를 보고 빈칸에 들어갈 내용을 다 함께 큰 소리로 말해보겠습니다! • 학생: 네~ • 교사: 대화상대를 고려하여 화제를 선정할 때 생각해야 할 요소 첫 번째, 상대방의? • 학생: 흥밋거리, 관심거리 고려하기! • 교사: 두 번째, 상대방의? • 학생: 신체적, 심리적 상태 고려하기! • 교사: 세 번째는? • 학생: 상대방과 나의 친소관계 고려하기! • 교사: 네 번째, 상대방과 나의? • 학생: 사회적 관계 고려하기! 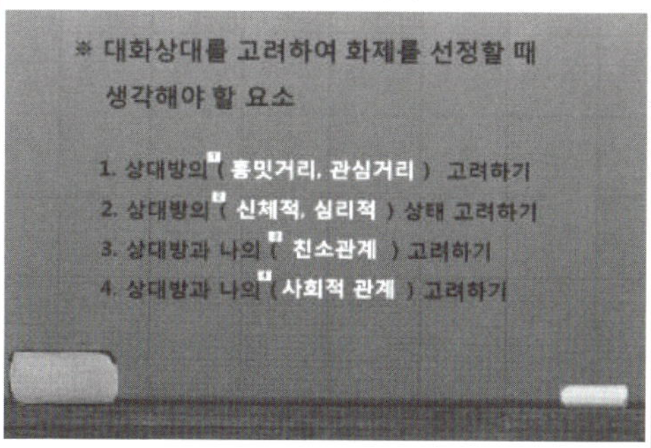 	44′	PPT	학생들이 큰 소리로 다 같이 대답할 수 있도록 유도한다. PPT의 애니메이션 기능을 활용하여 학생들이 대답을 할 때마다 빈칸의 답을 나타나게 한다.

단계	수업 사태	교수, 학습활동	시간	학습 자료	지도상유의점
	파지와 전이	▶ 과제를 제시와 학습을 마무리하며, 다음 차시를 예고한다. • 교사: 오늘 참 잘해주었어요. 오늘 수업은 여기까지 하고 선생님이 지금 나눠주는 학습지는 오늘 배운 내용을 여러분이 확실히 이해했는지 확인하는 숙제니까 다음 시간까지 꼭 해오세요. • 학생: 네~ 선생님 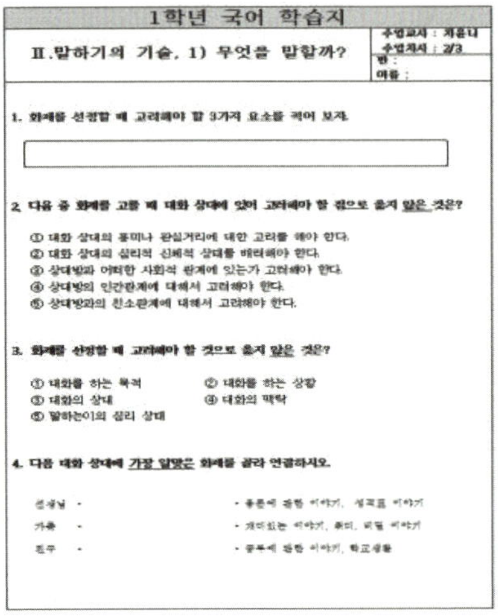 1학년 국어 학습지 Ⅱ.말하기의 기술. 1) 무엇을 말할까? 수업교사 : [illegible] 수업차시 : 2/3 반 : 이름 : 1. 화제를 선정할 때 고려해야 할 3가지 요소를 적어 보자. 2. 다음 중 화제를 고를 때 대화 상대에 있어 고려해야 할 점으로 옳지 않은 것은? ① 대화 상대의 흥미나 관심거리에 대한 고려를 해야 한다. ② 대화 상대의 심리적 신체적 상태를 배려해야 한다. ③ 상대방과 어떠한 사회적 관계에 있는가 고려해야 한다. ④ 상대방의 인간관계에 대해서 고려해야 한다. ⑤ 상대방과의 친소관계에 대해서 고려해야 한다. 3. 화제를 선정할 때 고려해야 할 것으로 옳지 않은 것은? ① 대화를 하는 목적 ② 대화를 하는 상황 ③ 대화의 상대 ④ 대화의 맥락 ⑤ 말하는이의 심리 상태 4. 다음 대화 상대에 가장 알맞은 화제를 골라 연결하시오. 선생님 - · [illegible] 가족 - · 재미있는 이야기, 취미, 비밀 이야기 친구 - · 공부에 관한 이야기, 학교생활 • 교사: 다음시간에는 우리가 소단원1 '무엇을 말할까?'의 본문에서 공부한 내용들을 바탕으로 교과서의 학습활동을 해결하면서 소단원1을 정리하는 시간을 갖겠습니다. 지난 시간과 이번 시간에 배웠던 내용을 꼭 복습해 오길 바랍니다!	45′	학습지	

출처: 박선희(2012). 학습지도안 자료 모음집.

<table>
<tr><th colspan="2">1학년 국어 학습지</th></tr>
<tr><td rowspan="2">II. 말하기의 기술, 1) 무엇을 말할까?</td><td>수업교사: 차윤나
수업차시: 2/3</td></tr>
<tr><td>반:
이름:</td></tr>
</table>

1. 화제를 선정할 때 고려해야 할 3가지 요소를 적어보자.

2. 다음 중 화제를 고를 때 대화 상대에 있어 고려해야 할 점으로 옳지 않은 것은?
   ① 대화 상대의 흥미나 관심거리에 대한 고려를 해야 한다.
   ② 대화 상대의 심리적 신체적 상태를 배려해야 한다.
   ③ 상대방과 어떠한 사회적 관계에 있는가 고려해야 한다.
   ④ 상대방의 인간관계에 대해서 고려해야 한다.
   ⑤ 상대방과의 친소관계에 대해서 고려해야 한다.

3. 화제를 선정할 때 고려해야 할 것으로 옳지 않은 것은?
   ① 대화를 하는 목적 ② 대화를 하는 상황
   ③ 대화의 상대 ④ 대화의 맥락
   ⑤ 말하는 이의 심리 상태

4. 다음 대화 상대에 가장 알맞은 화제를 골라 연결하시오.

선생님 ·	· 용돈에 관한 이야기, 성적표 이야기
가족 ·	· 재미있는 이야기, 취미, 비밀 이야기
친구 ·	· 공부에 관한 이야기, 학교생활

라이겔루스의 개념학습 수업지도안 사례

〈라이겔루스의 개념학습 원리를 적용한 수업지도안〉

1. 개념: 지역이기주의
2. 결정적 특성
   ① 지역이기주의는 자기가 사는 지역의 발전을 위해서 노력하는 현상이다.
   ② 지역이기주의는 물질적 이익을 위해 공공선에 피해를 주는 현상이다.
3. 가변적 특성
   ① 수익성 있는 사업을 내 지역에 유치하겠다는 지역이기주의가 있다.
   ② 수익성 없는 사업을 내 지역에 유치하지 않겠다는 지역이기주의가 있다.

방법	실행	시간
Ⅰ. 제시		
1. 전형적인 예	신문기사는 "교도소 반대 거창 주민들, 주민투표 요구(오마이뉴스)", "평택 미군기지 이전과 관련하여 국가 안보를 위해 전체 국민을 대신해 피해를 감수한 평택 시민에 대한 논평(조선일보 월간지)"에 대해 제시한다.	3분
2. 개념 정의	• 두 신문기사의 차이점을 질문한다. • 위의 신문기사는 지역이기주의와 지역이타주의의 예로 들 수 있음을 설명한다. • 지역이기주의의 결정적 특성을 제시한다.	5분
3. 주의 집중	• 님비 현상을 보여주는 동영상을 제시	2분
4. 파악 단계	• 동영상의 내용 발표를 통한 정리 • 님비 현상 해결책을 조별 토의 후 발표	5분
5. 주의 집중	• 핌피 현상 "우리지역을 살려라! 청송 교도소 유치작전(YTN)"에 관련된 동영상 제시	2분
6. 파악 단계	• 동영상의 내용 발표를 통한 정리 • 핌피 현상 해결책을 조별 토의 후 발표	5분
7. 예	• 이전에 제시된 예들을 떠올려보고 우리 지역의 님비, 핌피 현상의 사례가 있었는지 생각하고 발표하기 • 지역이기주의의 가변적 특성을 제시한다.	5분
8. 다양성	• 님비, 핌피 현상 대략적 정리 • 님비와 핌피 현상 이외의 지역이기주의 사례 제시	3분
Ⅱ. 연습		
연습 가	• 신문 사회면에서 지역 이기주의 사례 찾기	10분
연습 나	• 연습 가에서 찾은 사례들이 지역 이기주의 중 어느 부분이 님비에 속하는지 핌피에 속하는지 발표	
연습 다	• 연습 가에서 찾은 사례의 해결책 발표	
다양성	• '연습 가'는 학생들의 지역 이기주의의 결정적 특성을 이용하여 신문에서 지역 이기주의 사례를 구분해 낼 수 있다. • '연습 나'는 찾은 사례들을 구체적인 지역 이기주의 종류로 구분하고 그것의 결정적 특성을 설명할 수 있다. • '연습 다'는 자신의 의견으로 지역 이기주의의 해결책을 제시할 수 있다.	

방법	실행	시간
Ⅲ. 피드백		
동기화	• PPT와 비디오 자료, 신문 자료를 통해 학생들의 주의를 집중시키고 지역 이기주의 개념에 쉽게 다가갈 수 있도록 도와준다. • 발표를 통하여 교사가 학생의 상호작용을 유도하고, 학생 스스로 개념을 정립하도록 한다.	
유도	• 모든 조들이 발표할 수 있는 기회를 제공한다. • 학생들을 격려하여 창의적인 대안이 나올 수 있도록 한다. • 교사는 학생들이 지역 이기주의라는 개념에서 벗어나지 않도록 이끈다.	
정보 제시	• 주위에서 접할 수 있는 자료를 선별하여 신문자료, PPT, 유인물, 동영상 자료를 제작한다.	

참고문헌

박선희(2012). 학습지도안 자료 모음집.
박성익, 임철일, 이재경, 최정임(2003). 교육방법의 교육공학적 이해(제2판). 서울: 교육과학사.
윤광보, 김용옥, 최병옥(2008). 교육방법과 교육공학의 이해. 서울: 양서원.
조규락, 김선연(2006). 교육방법 및 교육공학. 서울: 학지사.
켈러, 송상호(1999). 매력적인 수업설계. 서울: 교육과학사.

Cennamo, M. S., Abell, S. K., & Chung, M. L. (1996). A "layers of negotiation" Model for designing constructivist learning materials. *Educational Technology, 36*(4), 39-48.

Driscoll, M. P. (2005). *Psychology of learning for instruction* (3rd Ed.). MA: Allyn & Bacon. 양용칠(역)(2006). 수업설계를 위한 학습심리학. 서울: 과학교육사.

Gagné, R. M. (1977). *The Conditions of learning*. NY: Holt, Rinehart & Winston.

Hannafin, M. J., & Hill, J. R. (2007). Epistemology and the design of learning environments. In R. Reiser, & J. Dempsey (2007). *Trends and issues in instructional design and technology*. New Jersey: Prentice-Hall.

Hill, J. R., & Hannafin, M. J. (2001). Teaching and learning in digital environment: the resurgence of resource-based learning. *Educational Technology Research and Development, 49*(3), 37-52.

Keller, J. M. (1987). *The systematic process of motivational design*. New York: Nichols.

Kemp, J. E. (1985). *Instructional design process*. NY: Row, Pub.

Means, T. B., Janassen, D. H., & Dwyer, F. M. (1997). *Enhancing relevance: Embede ARCS strategies vs. purpose. Education Technology Research and Development, 45*(1), 5-18.

Reigeluth, C. M. (1983) (Ed.). *Instructional design theories and models: An overview of their current status*. Hillsdale, NJ: Lawence Erlbaum Associates. 박성익, 임정훈(역)(1993). 교수설계의 이론과 모형. 서울: 교육과학사.

Reigeluth, C. M. (1999) (Ed.). *Instructional design theories and models: A New Paradigm of instructional theory*. Hillsdale, NJ: Lawence Erlbaum Associates. 최욱, 박인우, 변호승, 양영선, 왕경수, 이상수, 이인숙, 임철일, 정현미(역)(2005). 교수설계 이론과 모형. 서울: 아카데미프레스.

CHAPTER 06 구성주의 수업설계이론

하나핀과 힐(Hannafin & Hill, 2007)은 구성주의 교수설계 활동이 상대주의적 인식론에 근거하여 지식과 앎의 본질에 대해 기존과는 다른 관점을 가진다고 하였다. 그들은 지식이 획일적으로 전수되는 것이 아니라 개별적으로 독특하게 구성되는 대상이며, 학습은 개인이 자신의 이해를 증진하기 위해 의미를 협상하는 과정이고, 설계는 개인이 표상과 이해를 구성하도록 돕는 환경을 만드는 과정이라 보았다. 따라서, 학습자들이 개인적인 표상과 이해를 구성하도록 돕는 수업 설계를 강조하며, 타당한 연구와 이론에 기초한 지속적인 실행을 중시한다. 학습 목적은 덜 처방적이며, 의미를 명료화하기 위해 협상되고 개인적인 이해로 재생성되거나 학습자들이 전적으로 생성하기도 한다. 이러한 과정을 돕기 위해 다양한 자원과 도구가 제공되며, 개인의 이해를 돕기 위한 조언이 제공된다. 구성주의적 관점에서 학습자는 수용자가 아니라 설계자로서 개인적인 학습 목적을 설정하고 학습과정(sequences)에 대한 참여 여부를 결정하며, 자원을 평가하고 평가 방법을 선택한다. 본장에서는 구성주의 수업설계이론의 대표적인 모형인 PBL 모형과 CLEs 모형, 자원기반학습 모형의 주요 수업 설계 요인들을 살펴보고자 한다.

주요내용

1. PBL 모형
2. CLEs 모형
3. 자원기반학습 모형

심화학습: GBS 모형
수업사례: PBL 모형 수업지도안 사례

학습목표

1. PBL 모형의 주요 원리와 요소를 이해하고 수업설계에 반영할 수 있다.
2. CLEs 모형의 주요 원리와 요소를 이해하고 수업설계에 반영할 수 있다.
3. 자원기반학습 모형의 주요 원리와 요소를 이해하고 수업설계에 반영할 수 있다.

1. PBL 모형

1950년대에 의과대학에서 전통적으로 고수되어 온 의사 양성 방법의 문제점을 개선하기 위하여 문제중심학습(Problem-Based Learning: PBL)이 개발되었다. PBL 모형을 개발한 배로우스(Barrows, 1985)는 의과대학 학생들이 오랫동안 힘든 교육을 받아도 인턴이 되어 실제 환자를 진단할 때는 어려움을 겪게 되는 것을 보며 전통적인 의과대학 교육의 문제점을 분석하였다. 의과대학생은 엄청난 양의 지식을 암기하는데, 현장에서 의사로서 직면하는 문제들은 정보의 기억보다 매우 고차원적인 문제 해결 기능을 요구한다. 환자들을 진단해야 하는 문제 상황은 불충분한 정보에서 진단의 단서를 찾아내야 하는 비구조적인 문제 상황으로서, 예비 의사들에게는 추론 기능이 필요하다. 또한, 의과대학을 졸업한 후에도 끊임없이 새로운 의학 기술을 스스로 익혀야 하기 때문에 자기주도적 학습 능력이 필요하다. 한편, 추론 기능은 습득했지만 광범위한 지식이 없는 경우 효과적인 진단과 처방이 불가능하다. 때문에 추론 기능과 지식의 획득, 자기주도적 학습이 PBL에서 추구하는 주요한 학습목표이다.

이처럼 의과대학에서 처음 개발된 PBL은 이후 그 효과성으로 인하여 경영, 교육, 법률 분야에서 널리 채택되어 활용되고 있으며, 고등교육뿐만 아니라 초 · 중등교육에서도 다양하게 응용된 모형들이 활용되고 있다.

1) PBL의 특징

배로우스(Barrows, 1994)는 문제중심학습을 학생들이 장차 부딪히게 될 과업들로 문제를 설정하고, 이 문제를 이해하고 해결하는 데 필요한 지식과 기술, 태도들이 무엇인가를 스스로 파악하여 필요한 지식과 정보를 찾아서 학습하게 하는 교육 방법이라고 정의하였다. 슈미트(Schmidt, 1993)는 문제중심학습을 학생들이 튜터의 관리하에 소집단으로 문제를 다루는 교수학습 접근이라고 정의하면서, 문제는 현실에서 파악될 수 있는 현상이나 사건으로 구성되며 비구조적인 성격을 가진다고 보았다.

배로우스(Barrows, 1996)는 의과대학에서의 문제중심학습 특징을 학습이 학생 중심으로 이루어지고, 소집단 안에서 일어나며, 교사는 조언자 또는 안내자 역할을 하고, 학습을 위한 자극과 핵심으로서 문제를 조직하며, 문제는 문제 해결 능력을 개발시키는 수단이며, 새로운 정보는 자기주도적 학습을 통해 획득된다고 하였다.

PBL과 전통적인 학습을 비교하면, 전통적인 학습에서는 전체 교육과정이 분리된 교과목의 형태로 주제들을 분리하여 학습하기 때문에 교과목의 구성 체계 속에서 한정된 개념으로 배우게 되며, 교과목 내용의 관점에서 출제된 필기시험에 통과

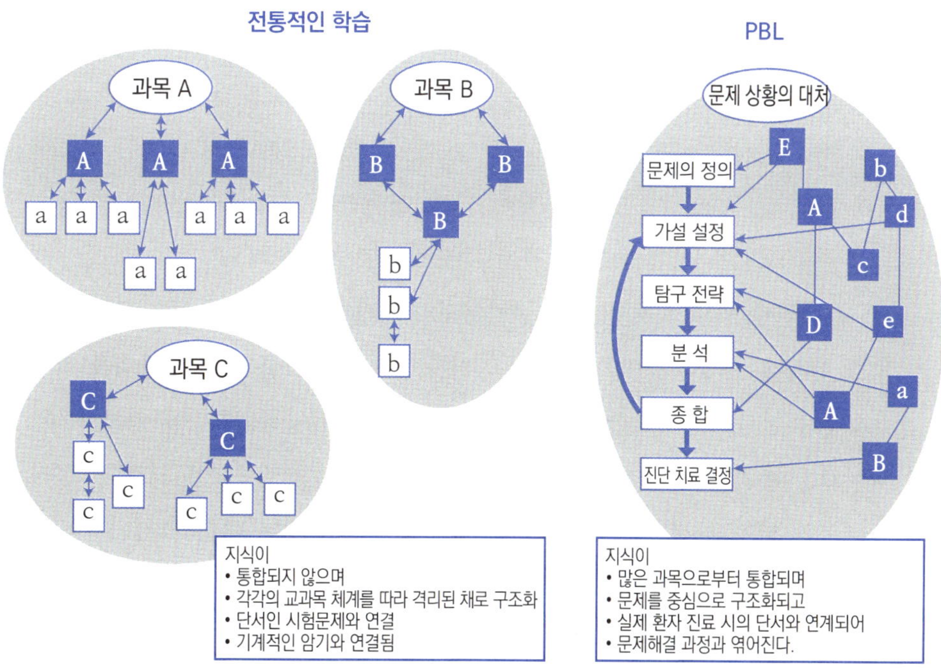

[그림 6-1] 전통적인 학습과 PBL의 지식구조 비교(Barrows, 1994)

하기 위해 기계적으로 암기하는 경향이 있다. 반면 PBL에서는 여러 분야 과목의 지식들이 통합적으로 문제와 관련된 단서와 정보를 중심으로 구조화되어 추론과정에 결합된다.

2) PBL의 구성 요소

랑가차리(Rangachari, 1996)는 문제중심학습을 위한 4가지 기본적 요소(이윤옥, 2003 재인용)를 학습자, 교사, 문제, 학습 자원으로 설명하였다.

① 문제: 문제중심학습에서 문제는 학습을 구조화하고 조직하기 위한 핵심적 단위이다(Davis & Harden, 1999). 즉, 문제중심학습은 문제로부터 학습이 시작되고 문제를 해결해 가는 과정에서 맥락적 지식과 기능을 학습하게 되며, 협동적이고 자기 주도적인 학습 능력과 효율적인 인지적 학습 전략을 습득할 수 있는 기회를 제공한다.

② 학습자: 문제중심학습에서 학습자들은 소그룹 활동을 통해 문제를 해결함으로써 학습 목표에 도달한다(Allen, Duch, & Groh, 1996). 학습자들은 협력적이며 독립적으로 학습에 참여하며, 문제를 처리하기 위해 개별적으로 각각의 책임을 맡아 활동하고, 그룹의 다른 구성원들과 함께 정보를 공유한다(Albanese & Mitchell, 1993; Vernon & Blake, 1993). 그 후 소그룹에 모여 모든 정보를 통합하고, 의견일치를 통해 문제해결책을 모색한다. 학습자들은 자신의 학습 행동에 책임을 져야 하므로 자기 주도적으로 행동한다.

③ 교사: 문제중심학습에서 교사는 권위적이지 않다. 교사는 학습 과정에 정보를 제시해 주거나 받아쓰게 하는 지시자가 아니라 그룹의 학습 과정을 촉진하는 촉진자로서의 역할을 한다(Barrows, 1996). 문제중심학습을 성공적으로 이끄는 데 필요한 결정적 요소는 교사이다. 교사는 학습을 안내해 주는 튜터로서의 역할과 적절한 평가 정보를 제공한다. 교사는 학습의 지원자이며, 문제 상황의 설계자이며, 지속적인 모니터링을 통해 학습 과정을 관찰하고 평가한다.

④ 학습 자원: 기존 수업에서는 교육 자원인 주요 정보와 이론적 근거가 교사의 강의에서 제시되며, 책과 정기 간행 학술지, 논문 등은 보충적인 역할을 한다. 그러나 문제중심학습에서는 학습자가 교재, 저널, 인터넷, 비디오, 교사, 친구 등의 가능한 많고 다양한 자원을 지식의 습득에 활용한다(Allen, Duch, & Groh, 1996; Solomon & Stratford, 1996). 이렇게 다양한 교육자원의 활용 습관은 정보탐색을 효율적으로 할 수 있는 능력 신장을 지원하여 문제해결 능력 향상에 크게 기여하게 된다.

3) PBL 문제의 특성

- 비구조성: PBL에서의 문제는 비구조적인 특성을 요구한다. 비구조적인 문제란 문제와 관련된 상황이나 요소가 분명히 정의되어 있지 않고 문제 해결에 필요한 정보가 충분히 포함되지 않은 문제를 의미한다. 비구조적인 문제는 논쟁을 촉진하고, 대안적 해결책을 찾고, 자신의 가설을 지지하기 위한 논의의 과정을 촉진한다(최정임, 장경원, 2010). 잘 구조화된 문제는 제한된 영역 내에서 한정된 수의 개념이나 규칙, 원리를 적용하는 문제로서 문제와 관련된 모든 요소가 학습자에게 제공되는 문제이지만, 비구조적인 문제는 간학문적인 성격을 가지고 있어서 한 영역의 개념과 원칙을 적용해서 해결되는 문제가 아니며 잘 알려지지 않은 측면을 포함하고 있어 해결안이 여러 개이거나 아예 해결안이 없는 경우도 있다. 또한 시간이 흘러가면서 문제의 환경과 요인이 변할 수 있는 문제로 이미 나와 있는 해결책이 적합하지 않을 수 있는 문제이다. 구조적인 문제보다 더 많은 의사소통과 논쟁을 필요로 하는데, 학습자는 자신의 해결안을 생성하고 이를 지지하는 과정이 중요하기 때문이다(Jonassen, 2004).
- 복잡성: PBL에서 문제는 문제를 해결하는 과정과 방법이 다양하고 해결책에 대한 예측이 어렵도록 복잡할 필요가 있다. 최정임, 장경원(2010)은 PBL에서의 문제는 단순한 문제가 아니라 해결 과정과 해결 방법이 다양하고 복잡하여 해결책 예측이 어려워야 한다고 하였다. 학습자들은 단순히 과제를 나누고

결과를 합하는 것으로는 문제를 해결할 수 없고, 협력을 통해 자신이 학습한 것과 새로운 정보를 연결하고 종합해야만 문제를 해결할 수 있어야 한다. 문제의 복잡성은 다양한 요인과 관련이 있다. 문제에 수반되는 이슈, 기능, 변수의 수, 변수 간의 연결 정도, 속성 간의 기능적 관계, 변화하지 않는 속성 간의 안정성 등이 있다. 간단한 문제는 적은 변수로 구성되는 반면에 비구조적인 문제는 예상할 수 없는 방식으로 상호작용하는 요인과 변수를 갖는 경우가 있으며, 난이도와 관련이 있어 학습자에게 인지적 부담감을 준다. 복잡성과 비구조성은 서로 중복되는 부분이 있으며, 실제에서 파생되는 비구조적인 문제는 더욱 복잡한 경향이 있다. 그러나 잘 구조화된 문제가 복잡한 경우도 있고(비디오 게임) 비구조적인 문제이지만 단순한 경우도 있다(다양한 상황에서 옷고르기)(Jonassen, 2004).

- 실제성: PBL에서의 문제는 학습자가 살아가는 실제 세계에서 사용되는 진짜 문제여야 한다. 이러한 문제는 학습자가 단순히 문제를 이해하는 것에 그치지 않고 문제를 해결하기 위해 다양한 관련 지식과 기능을 사용하도록 유도한다. 문제는 해결되어야 하는 정당성을 가지게 되어 학습자의 유의미한 활동과 흥미를 촉진하게 된다. 여기서 실제성은 학습자가 학습하는 환경의 실제성보다는 학습자가 실제 실천하는 환경과 관련된 실제성으로서 학습자가 장차 일을 수행할 때 요구되는 인지 능력을 요구하는 환경이다. 실제 세계에서 전문가나 실천가에게 요구되는 것과 같은 유형의 인지적 도전에 참여하도록 요구되는 문제가 적합하다(최정임, 장경원, 2010).
- 관련성: PBL에서의 문제는 학습자가 자신과 관련됨을 느끼게 할 수 있는 문제여야 한다. 학습자의 수준에서 체험했거나 앞으로 체험할 가능성이 있는 문제는 문제를 해결해야 할 필요성을 학습자에게 느끼게 한다. 이는 학습에 대한 필요성과 주인의식을 일깨워 학습 내용을 더 깊이 있게 이해하게 하고, 더 잘 기억하게 하여 유의미한 학습 활동을 촉진하는 효과를 발휘하게 한다. 이를 위해 문제 상황 안에서 학습자의 역할에 대한 단서를 주거나, 수행할 과제가 분명한 것이 좋으며, 학습자의 사전 경험, 지식, 학년 등 학습자의 수준을 고려

한 문제가 필요하다(최정임, 장경원, 2010).

4) PBL의 절차

가장 일반적으로 쓰이는 문제중심학습의 절차는 다음 <표 6-1>과 같다(Barrows & Myers, 1993). 의과대학에서 주로 사용되는 모형으로, 우선 학생들을 다섯 명 정도의 소집단으로 구성하여 각 소집단마다 그들의 학습을 도와줄 수 있는 튜터를 배당한다. 강좌를 소개하는 단계에서 학생들과 튜터를 대상으로 PBL에 대한 오리엔테이션을 실시하는 것은 매우 중요하다. PBL의 배경과 목적, 절차, 역할 등을 충분하게 이해하지 못하면 전통적인 수업 방식에 익숙한 학생과 튜터들은 성공적인 PBL을 수행하기 힘들기 때문이다. 각 집단마다 실제 또는 가상의 환자에 대한 병의 증세를 포함한 문제를 제시한 후, 문제에 대해서 토의하고, 자신이 가진 경험이나 지식을 토대로 가설을 생성하고, 각 경우에 관련하여 구성원들이 알고 있는 사실들을 구분해 내며, 더 알아야 할 학습 과제를 규명하고 각자 역할 분담의 활동 계획을 세운다. 이때 자신이 잘 아는 부분이 아니라 새롭게 알아야 할 부분들을 맡아서 역할을 수행한다. 이상의 과정은 각 학생이 자신의 최근 진단에 대한 신념에 대해서 이야기할 기회를 모두 가질 때까지 계속된다. 이때 학생들에게 학습 목표를 제시하지 않는다. 대신 학생들은 자신의 문제에 대한 분석에 기초하여 학습 문제(목표)를 생성한다.

문제 패키지 안에는 환자에게 실시할 수 있는 모든 검사의 결과지가 포함되어 있어야 하며, 첫 협동 학습 이후 학생들은 흩어져 자기 주도적인 학습을 통해 검사 결과지 분석, 의과 도서관이나 컴퓨터 데이터베이스, 담당 교수 등 여러 자원으로부터 효과적인 정보를 수집하고 이를 분석한다. 이러한 자기주도적 학습 이후에 다시 만나서 협동 학습을 통해 자원의 유용성을 평가한다. 이때 자신이 알게 된 내용을 전통적인 강의식으로 전달하지 않는다. 가장 유용한 것이 무엇이고, 가장 유용하지 않은 것은 무엇인지 파악하고, 학생들은 이전에 처음 협동 학습을 할 때보다 한 차원 높은 단계에서 새로운 이해와 시각으로 가설을 검증하기 위해 토론을 한다. 이때 학생들은 단순히 그들이 무엇을 배웠는지에 대한 것보다는 이 문제를 어떤 식으로 새롭게 바라보게 되었는지에 초점을 두면서 토론을 하게 된다. 이러한 과정은 또 다른 새로운 학습 문제를 발견하기 전까지 계속 반복하게 되며, 협동 학습과 개별 학습을 반복하며 한 문제를 해결하는 데 걸리는 시간은 보통 1주에서 3주 정도 걸린다. 정해진 협동 학습의 횟수는 없지만, 일반적으로 초보자들은 약 5회 정도 실시하며 경험이 쌓이면 횟수는 줄어드는 경향을 보인다.

마지막 단계에서는 자기주도적 학습, 문제 해결, 집단 구성원으로서의 팀 활동 능력, 자신의 지식 증가라는 네 가지 영역에서 동료 평가와 자기 평가, 튜터 평가를 실시하며 끝마치게 된다. 특히 이 단계에서는 학생들이 자신의 수행에 대하여 스스로 자신의 탐구 능력과 사고 과정을 반성해 보도록 하는 것이 중요하다.

〈표 6-1〉 문제중심학습 모형의 절차(Barrows & Myers, 1993)

<table>
<tr><th colspan="4">강좌 소개</th></tr>
<tr><td colspan="4">1. 소개
2. 수업 분위기 조성(교사/ 튜터(tutor)의 역할 소개)</td></tr>
<tr><th colspan="4">새로운 문제 시작</th></tr>
<tr><td colspan="2">1. 문제 제시
3. 최종 산출/ 수행에 대한 설명</td><td colspan="2">2. 문제의 내면화
4. 과제 분담</td></tr>
<tr><th>아이디어(가설)</th><th>사실</th><th>학습과제</th><th>활동계획</th></tr>
<tr><td>주어진 문제에 대하여 원인과 결과, 가능한 해결책 등을 추측 한다</td><td>생성된 가설을 뒷받침하기 위해 탐구를 통해 획득된 정보들을 종합한다.</td><td>주어진 문제를 해결하기 위하여 알아야 할 것이나 이해해야 할 것에 대해서 기록한다.</td><td>문제해결에 필요한 활동 계획을 세운다.</td></tr>
<tr><td colspan="4">5. 문제로부터의 추론: 칠판에 적힌 다음 사항에 대해 내가 해야 할 것을 생각한다.</td></tr>
<tr><th>아이디어(가설)</th><th>사실</th><th>학습과제</th><th>활동계획</th></tr>
<tr><td>확장/집중</td><td>종합/재종합</td><td>규명/정당화</td><td>계획의 공식화</td></tr>
<tr><td colspan="4">6. 가능성 있는 결과로서의 수용(비록 아직 많은 것을 학습해야 하더라도)
7. 학습과제의 설정/분담
8. 학습자료의 선정 및 선택
9. 차시 계획</td></tr>
</table>

재확인 단계

1. 활용된 학습 자료와 그에 대한 비평
2. 문제에 대한 재평가: 칠판에 적힌 다음 사항에 대해 내가 해야 할 것을 생각한다.

아이디어(가설)	사실	학습과제	활동계획
수정	새로운 지식의 적용과 재종합	필요할 경우, 새로운 규명	결정에 대한 재설계

결과물 제시 및 발표

문제에 대한 결론 이후의 단계

1. 지식의 추상과 요약(정의, 도표, 목록, 개념, 추상적 개념, 원리 개발)
2. 자기평가 및 성찰(집단으로부터 의견을 들은 이후), 동료평가 및 튜터평가
   - 문제를 통하여 논리적으로 생각하였는가?(추론능력)
   - 좋은 자료를 사용하여 정보를 찾아내었는가?(자기주도적 학습)
   - 자신의 과제 수행이 집단에 도움이 되었는가?(팀 활동 능력)
   - 지식의 습득 또는 심화가 이루어졌는가?(지식의 증가)

2. CLEs 모형

구성주의 학습환경 모형(Constructive Learning Environments Model: CLEs)은 구성주의 시각을 반영한 학습자 중심의 학습 환경으로서 조나센(Jonassen, 1999)에 의해 개발되었다. 그는 학습자가 주도적으로 학습 활동을 경험하면서 지식을 구성하기 위한 학습 환경을 설계하는 CLEs 수업설계 모형을 다음 [그림 6-2]와 같이 제시하였다. 이는 구성주의에서는 지식이 학습자의 경험과 상호작용을 통해 새롭게 구성되는 과정이 중시되기 때문에 이러한 지식 구성 과정을 촉진하는 학습 무대로서의 환경 설계가 중심적인 수업 설계 활동이다.

조나센은 일반적으로 객관주의와 구성주의가 양립할 수 없고 배타적이라고 알려져 있지만, 객관주의와 구성주의가 학습에 대하여 서로 다른 관점을 보여주기 때문에 오히려 우리가 어떻게 학습을 이끌어 내어야 하는 문제에 대한 시사점을

준다고 하였다. 그리고 그는 이 두 가지 관점이 보완적 관계를 가질 때 더욱 훌륭한 환경을 설계할 수 있다고 보았다.

CLEs 모형은 크게 두 가지 차원으로 구성되어 있다. 한 차원은 학습자의 학습 활동으로 ① 문제/프로젝트의 맥락, 표상, 조작 공간, ② 관련 사례, ③ 정보 자원, ④ 인지적 도구, ⑤ 대화/협력적 도구, ⑥ 사회적/맥락적 지원의 6가지 요소로 구성된다. 다른 한 차원은 교수자의 교수 활동으로 ① 모델링, ② 코칭, ③ 스캐폴딩의 세 가지 활동으로 구성되어 있다.

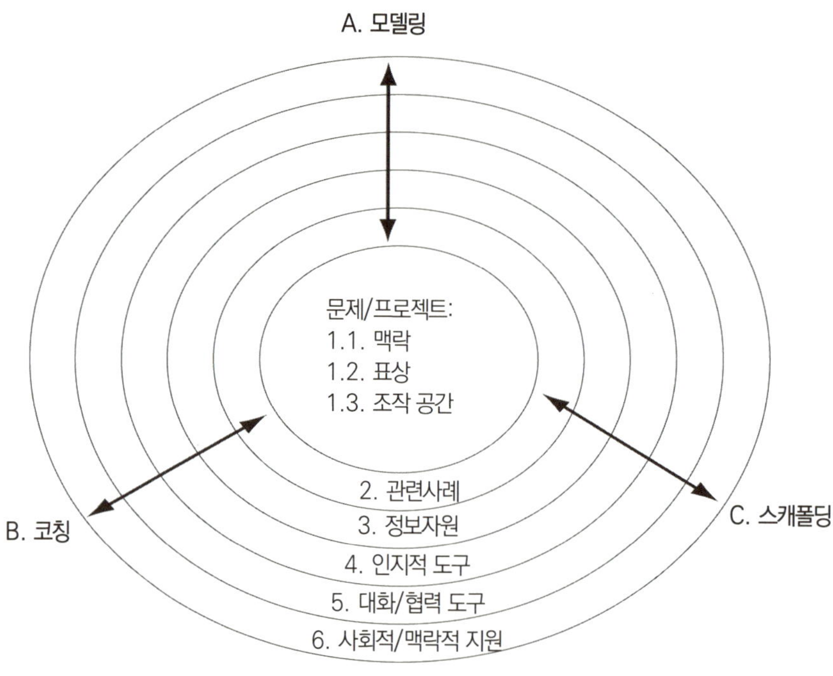

[그림 6-2] Jonassen의 CLEs 모형(Janassen, 1999)

1) CLEs의 학습 활동 설계 요소

[그림 6-2]에 제시한 것처럼 문제, 질문, 또는 프로젝트를 환경의 중심으로 구성하고 있으며, 그 주변에 다양한 해석적, 지적 지원 체계를 나타낸다. 학습자의 목표는 문제를 해석하거나, 해결하거나, 프로젝트를 완성하는 것이다. 관련된 사례나

정보 자원은 문제에 대한 이해를 돕거나 가능한 해결책을 제안한다. 인지 도구는 학습자로 하여금 문제의 여러 가지 측면에 대한 해석과 조작을 돕는다. 대화 및 협력 도구는 학습 공동체를 통해 문제에 대한 의미를 협상하게 하고 구성하게 한다. 사회 맥락적 지원 체계는 학습자의 실행을 돕는다.

① 문제/프로젝트의 맥락, 표상, 조작 공간: 구성주의에서는 지식을 분절화된 방식으로 주입하는 것에 반대하며, 실제 일상에서의 학습의 과정과 동일하게 직접적인 문제를 접하게 하는 것이 중요하다. 문제는 프로젝트일 수도 있으며, 사례와 질문일 수도 있다. 문제는 구조적이고 정답이 존재하고, 단일한 접근 방법으로 해결될 수 있는 것이 아니라, 비구조적이어서 복잡하며 다수의 정답이 존재하며 다양한 접근 방법과 관점을 통해서 해결할 수 있어야 한다. 문제를 설계할 때 고려해야 하는 것은 학습자들이 문제를 둘러싼 물리적, 사회적, 조직적 맥락을 이해하도록 해야 한다는 것이다. 문제와 관련된 사람들의 가치와 믿음, 사회적 기대나 관행 등이 함께 제시되어야 학습자들은 문제의 원인이 되는 배경을 폭넓게 이해할 수 있다. 문제의 표상을 돕기 위해 학습자들에게 직접적이고 실제적인 관심을 끌 수 있어야 하며 매력적이고 흡인력 있는 표상 방식을 활용해야 한다. 가상현실이나 스토리 등을 활용하여 현실과 유사한 학습 환경을 제공하는 것이 학습자들에게 실제 현실 세계에 직접적으로 참여하는 것과 같은 학습 활동을 경험하도록 유도하게 된다. 문제의 조작 공간은 학습자들에게 의미 있는 학습의 창출을 위한 의식적인 활동을 유도하는 공간으로 제공되어야 한다. 학습자들이 활동적으로 학습에 참여하도록 제공되어야 하는 공간으로 학습자들이 문제를 조작하여 어떠한 방법으로든 그 결과가 나타나도록 유도해야 한다. 변형적 상호작용을 이끌도록 대상과 상징, 도구를 제공한다. 이러한 조작 공간은 학습자들이 어떤 의미 있는 방법으로 자신들이 스스로 문제 상황에 영향을 미치도록 유도함으로써 자신이 그 문제에 직접적인 관련이 있는 주요한 사람임을 인식시켜 학습에 대한 주인의식을 가지도록 유도할 수 있다.

② 관련 사례: 문제를 해결하기 위해 학습자들에게 가장 부족한 것은 문제와

관련된 구체적인 경험이다. 특히 초보 학습자들에게는 그들이 참조할 수 있는 실제적인 경험들에 접근할 수 있도록 하는 것이 중요하다. 사례들은 학습자들이 문제를 풀어가는 동안 문제와 비교해 볼 수 있는 다양한 근거들로 제공될 수 있다. 사람들은 처음 접하는 문제에 직면했을 때 자연스럽게 과거의 유사한 사례를 접한 적이 있는지 자기 기억에서 찾아보게 된다(Polya, 1957: Jonassen, 1999 재인용). 따라서 학습 환경에서 제시되는 사례는 당면한 문제를 비교할 수 있는 경험을 제공하는 주요한 매개물로 기능한다. 한편, 사례는 문제와 동일하지 않은 요소들로 인하여 학습자들이 문제를 다른 시각과 해석을 통해 이해할 수 있도록 돕는다. 기존의 객관주의적인 수업 설계 방식으로 개발된 수업에서는 일반적으로 지식의 영역에 존재하는 복잡성이 분석과 함께 분절화되는 가운데 제거되는 경향이 있으며, 그로 인하여 지식을 단순히 암기하는 수준에서는 학습이 용이하지만, 고차원적인 문제 해결에 활용할 때는 전이되지 않는 점이 지적되어 왔다. CLEs에서 관련 사례는 인지적 융통성 이론을 바탕으로 설계 시 가능한 다양한 형태로 사례를 설계하도록 하며, 여러 해석을 제공하고 아이디어의 개념적 상호 관련성을 강조하도록 한다. 특히 주제에 대한 다양한 관점을 전달하기 위해서 유사한 딜레마적인 사례뿐만 아니라 다른 개인적인 해석을 제공해야 하며, 사례의 대조를 통해 학습자들이 자신의 해석을 재구성할 수 있도록 도울 수 있어야 한다.

③ 정보 자원: 학습자들은 문제를 조사하기 위해, 문제의 조작 공간을 주도하기 위해 정보가 필요하다. 학습자들이 문제를 이해하고 문제를 해결하기 위해 어떤 정보가 필요한지 설계해야 한다. 풍부한 정보원을 설계하는 것이 CLEs 모형의 필수 요소이다. 일반적으로 낮은 목표의 지식 수준에서는 지나치게 많은 정보가 제공되면 학습을 방해하는 경향을 보이지만 고차원적인 목표 수준에서는 풍부한 정보를 제공하여야 학습을 촉진할 수 있다. CLEs 모형은 특히 비구조적인 문제 상황을 다루는 고차원적인 학습을 촉진하는 것을 목적으로 하기 때문에 더욱 다양한 정보 은행과 저장소가 환경에 연결될 수 있도록 설계되어야 한다. 그러나 학습자들이 정보의 질을 평가하는 정교한 정보

문해력(information literacy)을 충분히 갖추지 못한 경우가 있으므로, 환경에서 제공되는 정보들이 각 활동을 적절히 지원할 수 있도록 그 연계성을 면밀히 검토해야 한다. 학습자가 구성적인 수업 환경의 경험이 부족한 경우, 지나친 정보 제공이나 웹 정보만 제공한다면 문제에 필요한 사고를 분산시키는 원인이 되기도 한다.

④ 인지적 도구: 문제를 해결하는 것을 돕기 위해 학습자들에게 제공될 수 있는 도구를 설계하는 것이 요구된다. 학습자들이 문제를 해결하는 데 필요한 활동이 무엇인지 분석하고 이러한 활동을 돕기 위한 기술이 무엇인지 확인하여야 한다. 즉 이러한 기술을 개발시키기 위해 사고 기술을 시각화, 조직화, 자동화하는 도구나, 다른 형식으로 대체할 수 있는 다양한 지능적 도구들을 활용하는 것이다.

⑤ 대화 및 협력 도구: CLEs는 학습자들이 사회적으로 공유된 지식을 협력적으로 구성하는 활동을 돕도록 설계한다. 이메일, 전자 게시판, 커뮤니티, 채팅 등을 통해 학습 공동체를 형성해 상호작용을 증진할 수 있도록 설계한다. 기존의 객관주의적 수업설계 모형은 개개인의 학습자들의 능력과 학습에 초점을 맞추기 때문에 집단 지성 차원의 지식 구축을 지원하기보다는 저해하는 경향이 있다(Scadamalia & Bereiter, 1996). 지식 공동체를 구축하도록 지원하는 것은 학습자들이 공동체의 구성원과 공유한 지식들을 저장, 조직, 재구성화 하는 매개물을 제공하는 것을 의미한다. 학습자들은 자신의 지식을 객관화하고, 외현적으로 표현해 보고 평가해 보고, 점검받아 보고, 덧붙여 보고, 수정 재형성해 보는 가운데 진정한 의미의 지식 구성을 경험할 수 있게 된다. 또한 지식 공동체 내에서 초보자들이 능숙한 학습자들과 함께 작업하면서 공동체의 가치와 신념을 학습할 수 있으며, 학습을 진행하는 데 필수적인 절차적 지식에 대한 타인들의 모델링 기회가 풍부하게 제공될 수 있다. 학습자들은 읽기, 보기, 공부하기, 상담하기 등을 통해 선언적 지식뿐만 아니라 절차적 지식의 영역에 대한 암묵적 지식의 습득이 촉진되는 기회를 얻게 된다. 학습 공동체에서는 학습자들이 학습과 관련된 과정에 대한 반성적인 사

고(reflection)를 지원한다. 학습자들은 무엇을 배우고 있는지에 대한 과정과 관련하여 다른 학습자들과 대화를 나누게 되는데, 이러한 대화는 학습의 과정에 대한 깊이를 더해주고 경험을 풍부하게 재구성하도록 돕기 때문에 반성적 사고의 지원을 설계하는 것은 CLEs 모형의 주요한 요인의 하나이다.

⑥ 사회 맥락적 지원: 수업 설계와 테크놀로지의 역사에서 프로젝트의 빈번한 실패는 사회적 맥락 요인을 고려하지 않은 것에 기인하는 경우가 많다. CLEs는 적용하고자 하는 맥락적 요인을 충분하게 반영하여 설계하여야 하며, 특히 이를 실시하게 될 직접적인 교수자와 학습자들에게 CLEs의 이해를 도모하는 것이 매우 중요한 요인이다. 이를 위해 사전 오리엔테이션과 워크숍 등을 지원하는 것을 설계해야 한다.

2) CLEs의 교수 활동 요소

CLEs에서 학습자들이 수행하게 되는 학습 활동과 이를 지원하기 위한 교수 활동을 다음 〈표 6-2〉에 제시하였다. CLEs 안에서 학습자들은 탐색하고, 학습한 것을 명료화하고, 이론과 모델을 구성하고 검증하기 위해 환경을 조작하고 자신들이 한 일과 그에 따른 결과를 파악하고 활동을 통해 배운 것이 무엇인지에 대하여 반성적 사고를 해야 한다.

〈표 6-2〉 CLEs 모형의 학습활동에 따른 교수활동(Janassen, 1999)

학습활동	교수활동
탐색	모델링
명료화	코칭
반성적 사고	스캐폴딩

① 모델링: 교수 활동을 지원하는 설계 요인으로서 모델링은 외현적 행동 모델링과 내재적 인지 모델링으로 나눌 수 있다. 외현적 행동 모델링(behavioral modeling)은 학습자들이 어떻게 수행하면 되는지를 시연하는 것으로 바람직한 수행의 예를 학습자들에게 제공해 주거나, 수행에 포함된 개별적인 활동

중에서 주요한 의사결정에 대해 학습자들에게 알려주는 것으로 예제 풀이 등이 이에 해당한다. 예제 풀이는 경험 많은 문제 해결자들이 문제를 어떻게 해결하는지에 대한 스키마를 개발하도록 도와주어야 한다. 한편 내재적 인지 모델링(cognitive modeling)은 능숙한 수행자의 추론 과정이나 의사결정방법을 명료화하는 것이다. 문제와 관련된 주의 집중을 어느 곳에 해야 하는지, 각 단계마다 주의를 어떻게 이동해야 하는지 등을 알려주어 사고의 명료화를 돕도록 설계되어야 한다. 예를 들면 수행 중인 수행자에게 소리 내어 생각하기를 제공하거나, 중요한 행동이나 과정에 대해서는 학습자에게 큐를 제공하거나, 자세한 설명이나 다른 표상으로 다시 설명해 주는 것도 가능하다. 또는 사후 분석을 제공하거나 축약된 재현을 제공할 수 있다.

② 코칭: 모델링 전략을 사용하면서 각 단계에 코칭이 제공되면 더욱 수행이 증진될 수 있다. 코칭의 역할은 학습자를 동기화하고, 수행을 분석하고, 피드백을 제공하고, 학습 방법을 조언하고, 학습자들이 배운 내용에 대해 반성적 사고를 하도록 유도하는 것이다. 동기 유발 프롬프트를 제공하기 위해서 학습 과제의 중요성을 알려주고, 자신감을 높일 수 있도록 설계해야 한다. 과제의 특정 부분에 관심을 돌리게 하거나 간과한 부분에 대해 학습자의 상기를 돕게 하도록 모니터링과 규제가 필요하다. 반성적 사고를 유발하기 위해 학습자를 자극하거나, 미숙한 학습자들이 구축한 표상의 결함을 스스로 확인할 수 있도록 하는 것도 코칭의 주요한 활동으로 설계에 반영하여야 한다.

③ 스캐폴딩: 스캐폴딩의 개념은 모델링, 코칭과 관련하여 다소 모호하고 명확하지 않은 경향이 있다(Jonassen, 1999). 모델링이 전문가나 교수자의 수행에 초점을 맞추고, 코칭이 학습자들의 수행에 초점을 맞춘다면 스캐폴딩은 과제, 환경, 교사, 학습자에 광범위하게 초점을 맞추며 학습자를 지원하는 면에서 더 체계적으로 접근할 수 있다. 스캐폴딩은 학습과 학습자의 능력을 넘어서는 학생들의 수행을 지원하기 위해 임시적인 틀을 제공하는 것이다. 학습자가 수행하는 과제에 초점을 두고 학습자들의 수행을 체계적으로 지원할 수 있다. 학습자들의 능력을 넘어서는 학습이나 수행을 돕기 위해 과제의

난이도를 조정하거나, 부족한 사전 지식을 대체하기 위해 과제를 재구성하여 학습자에게 적합하게 제공한 후 점차 스캐폴딩을 제거할 수 있도록 설계한다. 또는 대안적인 평가를 제공하여 학습자들이 프로젝트나 문제에서 요구하는 사항이 무엇인지를 분명하고 명료하게 알 수 있도록 지원한다. 학습자들이 해결책이 어떤 것인지 이해하기 전에는 문제 표상이나 해석의 과정을 시작하기 어렵기 때문이다.

3. 자원기반학습 모형

1) 자원기반학습의 개념

자원기반학습(Resource-based Learning)은 자원이 점차 디지털화되어 가고 학습자가 손쉽게 자원을 조작할 수 있는 학습 환경이 되면서 그 중요성이 다시 부각되고 있는 수업설계이론이다(Hill & Hanaffin, 2001). 하나핀(Hanaffin, 1999)은 그의 이론을 열린 학습 환경(Open Learning Environments; OLEs)이라 제시하였다. 이는 교수자 중심의 교육 방식에서 학습자가 참여하고, 정보를 조직하고, 공유하는 방식을 강조하는 학습자 중심의 수업설계이론이다. 강명희와 한연선(2000)은 자원기반학습이란 학습자 스스로 다양한 학습 자원과 직접적인 상호작용을 함으로써 이루어지는 학습 형태라고 정의하였다. 자원기반학습에서 학습자는 자신의 필요를 반영하여 학습 목적을 설정하고 적합한 학습 방법을 선택하며 보조적인 학습 매체와 지원 도구를 선택할 수 있다. 이러한 자원기반학습을 통해 학습자의 문제해결력, 비판적 사고력, 정보 활용 능력이 향상될 수 있다.

2) 자원기반학습의 설계 요소

자원기반학습은 4가지의 주요한 설계 요소를 제시하고 있다(Hanaffin et al., 1999).

① 학습 맥락: 학습 맥락은 개개인의 필요나 문제에 초점을 두도록 유도하고

해석적 견해들이 상황화되는 매개물의 역할을 한다. 맥락은 문제를 인지하거나 생성하고 학습 요구를 형성하도록 안내한다. 학습자에게 특정 문제들을 구체적으로 제시하는 외부에서 부여된 학습 맥락(externally imposed enabling context), 거시적인 문제 맥락을 제시하고 그 맥락 속에서 학습자가 직접 해결해야 할 구체적인 문제들을 생성하도록 하는 외부적으로 유도된 학습 맥락(externally induced context), 학습자가 맥락과 문제를 모두 생성하는 개인적으로 생성된 맥락(individually generated context)의 세 가지 맥락 제시 방식을 활용할 수 있다.

② 자원: 자원(resource)은 학습을 지원하는 자료들을 말한다. 자원은 전자적인 매체부터 인쇄 매체, 인간에 이르기까지 다양할 수 있다. 역사적인 사건을 촬영한 사진과 같이 시간이 흘러도 안정적인 정보를 담고 있는 자원, 비디오 디스크, 멀티미디어 CD-ROMs, 교재, 전자 백과사전 등에 담긴 내용은 그 자체가 변화하지 않기 때문에 정적인 자원(static resource)이라 할 수 있다. 반면에 시간이 흐르면서 새로운 자료들이 유입됨에 따라 지속적으로 변화하는 자원은 동적인 자원(dynamic resource)이라 할 수 있다. 기상 데이터베이스는 매일 날씨에 따라 계속적으로 변화하며, 위키백과와 같이 지속적으로 사용자에 의해 내용이 추가 수정되는 자원이 이에 해당한다.

③ 도구: 도구(tool)는 개인을 학습에 참여시키고, 자원과 자신의 아이디어를 조작하는 수단을 제공한다. 정보가 있는 장소를 찾아내고, 접근하고, 조작하고, 정보의 효용성을 해석하고 평가하는 것을 지원한다. 처리 도구(processing tools)에는 정보의 위치를 알아내고 여과하는 탐색 도구, 자원을 수집하는 수집 도구, 아이디어 간의 관계를 표현하게 해 주는 조직 도구, 새로운 지식을 기존의 지식과 연결하는 통합 도구, 생각하는 새로운 것이나 인공물을 창조하도록 돕는 생성 도구 등이 있다. 예를 들면 스프레드 시트(spreadsheet), 인지맵(cognitive map), 차트 등이 여기에 해당한다. 조작 도구(manipulation tools)는 신념이나 이론의 설명력을 탐색하거나 타당성을 검증하기 위한 수단을 제공한다. 시뮬레이션 생성 프로그램을 활용할 수 있는데, 예를 들면 롤러코

스터의 변수를 조작함으로써 학습자는 움직임, 힘, 속력, 에너지, 중력 간의 관계를 확인할 수 있다. 의사소통 도구(communication tools)는 학습자, 교사, 전문가들 간의 교류를 시작하거나 지속하는 것을 지원한다. 비실시간 의사소통을 지원하는 이메일, 리스트서브(listserve), 게시판 등의 비동시적 도구와 실시간 상호작용을 지원하는 문자, 메신저, 오디오 콘퍼런싱, 비디오 콘퍼런싱 등의 동시적 의사소통 도구가 있다.

④ 스캐폴딩: 스캐폴딩(scaffolding)은 학습자들의 학습 활동을 체계적으로 지원하는 것을 의미한다. 스캐폴딩은 네 가지 유형으로 나눌 수 있다. 첫째, 개념적 스캐폴딩은 무엇을 고려해야 하는지를 안내하는 것이며, 둘째, 절차적 스캐폴딩은 어떻게 학습해야 하는지를 안내하는 것이다. 셋째, 메타인지적 스캐폴딩은 학습이 잘 진행되도록 지속적으로 계획하고 진행 결과를 평가하고 필요를 결정하도록 안내하는 것이다. 넷째, 전략적 스캐폴딩은 대안적인 방법과 절차들을 안내함으로써 다른 관점과 방향을 고려할 수 있도록 안내하는 것이다.

3) 대표 모형: Big6 모형

자원기반학습 모형의 대표 모형인 Big6 모형은 워싱턴 대학(University of Washington)의 아이젠버그(Eigenberg) 교수와 웨인 센트럴(Wayne Central)의 고등학교 도서관 사서교사인 베르코비츠(Berkowitz)가 개발한 수업설계 모형이다. 미취학 아동부터 고학력자까지의 다양한 사람들의 경험을 바탕으로 개발한 정보 문제 해결을 위해 개발되었다(Eigenberg & Berkowitz, 1990: 박성익 외, 2003 재인용). 이 모형은 Big6 정보 리터러시 모형이라고 불리는데 정보 문제 해결의 단계를 블룸의 인지적 영역의 단계를 적용하여 제시하였다. 다음 〈표 6-3〉은 블룸의 인지적 영역의 단계에 따라 제시된 Big6 정보 리터러시 모형의 절차이다. 지식 단계에서 과제를 인식하고 정의하며, 이해 단계에서는 정보원을 이해하고 선택한다. 적용 단계에서는 정보원의 소재를 파악하여 정보를 찾고, 분석 단계는 찾아낸 정보를 분석하여 적합한 정보를 가려낸다. 종합 단계는 가려낸 정보들을 체계적으로 정리하여 최종 결과물을 만들고, 마지막 평가 단계에서 결과물의 유효성과 과정의 효율성을 평가하도록 한다.

〈표 6-3〉 블룸의 단계와 Big6 모형의 단계 및 내용

블룸의 인지적 영역의 단계	Big6의 단계	단계별 주요 내용
지식	과제의 정의	• 해결할 과제의 요점 파악 • 과제해결에 필요한 정보의 유형 파악
이해	정보탐색전략	• 사용가능한 정보원 파악 • 최적의 정보원 선택
적용	소재 파악과 접근	• 정보원의 소재 파악 • 정보원에서 정보찾기
분석	정보 활용	• 찾아낸 정보를 읽고, 보고, 듣기 • 적합한 정보 가려내기
종합	통합 정리	• 가려낸 정보들의 체계적 정리 • 최종 결과물 만들기
평가	평가	• 결과의 유효성 평가 • 과정의 효율성 평가

심화학습

◈ GBS 모형

GBS의 개요

GBS(Goal-Based Scenarios) 모형은 생크(Schanks)에 의해 개발된 시나리오 형태의 구조화된 목표를 제시하는 구성주의 수업설계 모형이다. GBS 모형은 정해진 목표를 중심으로 학습에 필요한 모든 것, 예컨대 학습자의 활동, 학습 자료 및 정보, 피드백 등을 시나리오라는 설정된 상황에 배치하여 학습자들이 마치 연극이나 역할 놀이처럼 시나리오에 따른 역할을 수행해 가는 과정에서 자신도 모르게 정해진 목표를 성취하도록 하는 교수학습 모형이다.

학교에서 가르치고 있는 지식이 지나치게 단편적이라는 비판에서 출발하여 실제적인 실생활의 맥락이 배제된 상태에서 학습자에게 전달되는 지식은 학습자의 본래적인 자연스러운 학습을 방해한다는 것이 이론의 전제이다. 실제적인 맥락에서 자신도 모르게 행함으로써 학습(learning-by-doing)되는 자연스러운 학습(natural learning)은 학습자에게 쉽게 내면화되어 필요할 때 적절한 시점에서 활용될 수 있다(Schanks & Cleary, 1995). 목표 기반 시나리오 모형으로 불리는 GBS 모형은 실제적인 맥락을 강조하는 점에서 구성주의적이지만, 수업 설계 과정을 통해 분석된 목표를 중심으로 학습에 필요한 모든 과정을 절차화하기 때문에 객관주의적인 관점을 함께 절충하고 있다. 때문에 객관주의적 관점에서 구성주의 관점으로 넘어가는 중간 입장에 위치하는 이론이라고 할 수 있다.

자연스러운 학습을 발생시키려면 학습자들에게 관련성이 있고, 유의미하며, 흥미로운 목표와 내용을 학습자들이 직접적으로 참여하게 될 과제의 실제적인 맥락과 함께 제공되어야 한다. 예를 들면, 대통령의 역할을 배우기 위해 실제로 대통령이 되어 그 역할을 수행해 보는 것이 가장 효과적인 학습 방법이다(조규락 외, 2006). GBS 모형은 국내에 소개된 이후 특히 이러닝 수업 설계에 적용되어 국내 이러닝 콘텐츠의 질을 향상시키는 데 크게 기여하였다. 그러나 캐릭터를 활용한 스토리 요소만이 부각되고 주요한 요소들이 충실하게 반영되지 못한다는 한계를 가진다. GBS의 구체적인 구성 요소들을 살펴보면 다음과 같다.

GBS의 구성 요소

① 목표

목표(goal)는 GBS를 통하여 학습자들이 획득하기 원하는 지식과 태도 기술을 제시하는 단계이다. GBS의 다른 모든 요소들은 이 목표를 중심으로 학습자들이 이를 완성해 가도록 구성된다. 목표는 과정 지식(process knowledge: 절차적 지식)과 내용 지식(content knowledge: 선언적 지식)으로 나누어진다. 과정 지식은 목표를 성취하기 위해 필요한 기술을 습득하는 방법에 대한 지식으로 암묵적 지식의 성격을 가지며, 내용 지식은 목표를 성취하면서 습득하게 되는 명시적 지식으로 구분할 수 있다.

② 미션

미션(mission)이란 학습자들이 설정된 목표를 성취하기 위해 수행해야 하는 과제로 목표와 미션은 서로 밀접한 관련을 갖는다. 미션을 설정할 때는 학습자들이 지속적으로 미션을 끈기 있게 추구할 수 있도록 적절한 동기를 유발시킬 수 있어야 한다. 미션은 실제적이어야 하며, 학습자들이 현실에서 당면하고 있는 실제 상황과 유사할수록 동기가 유발될 수 있다.

③ 표지 이야기

표지 이야기(cover story)는 목표 달성을 위해 학습자들이 수행해야 할 미션과 관련된 맥락을 이야기 방식으로 설명함으로써 학습자들이 취해야 할 행동을 구체적으로 이해시키기 위해 만들어진다. 학습자들은 미션을 수행하면서 필요한 사항이 무엇인지를 구체적으로 알 수 있어야 한다. 표지 이야기를 통해 미션을 정확하게 이해하고 미션 수행을 위해 무엇을 해야 하는지를 구체적으로 알 수 있게 된다. 미션과 마찬가지로 표지 이야기는 실제적이고도 흥미롭게 구성되어야 한다.

④ 역할

GBS 내에서 역할(role)은 학습자들이 표지 이야기 속에서 맡게 되는 인물로서, 표지 이야기 내의 역할에 따라 미션을 수행하는 것이다. 어떤 역할이 목표를 성취하는 데 최선인가를 파악하여 설정하여야 하며, 학습자의 역할이 흥미롭고 실제적이어야 한다.

⑤ 시나리오 운영

시나리오 운영(scenario operation)은 학습자들이 미션을 수행하는 모든 구체적인 활동이 설계되어 제공되어야 한다. 시나리오의 운영은 목표와 미션에 따라 체계적으로 긴밀하게 관련되도록 설계되어야 한다. 학습자들이 무엇을 해야 하는지 의사결정을 하거나, 지시를 내리게 하거나, 질문에 답하게 하거나, 도구를 사용하게 하거나, 필요한 정보를 탐색하게 하는 등의 활동으로 구성된다.

⑥ 자원

목표를 달성하는 데 필요한 자원(resources)을 제공한다. 미션을 수행하는 데 필요한 정보는 잘 조직되어 있어야 하며, 어렵지 않게 접근할 수 있도록 준비되어야 한다. 자원은 과정 지식을 습득하는 데 필요한 정보와 내용 지식을 습득하는 데 필요한 정보 모두 적절하게 제공되어야 한다.

⑦ 피드백(feedback)

학습자들이 미션을 수행하는 과정에서 발생할 수 있는 어려움을 해결하는 데 피드백(feedback)을 제공해야 한다. 교수자의 도움이라 할 수 있는 피드백은 학습자의 미션 수행의 맥락에서 이루어지며, 적절한 시기에 제공될 수 있도록 설계되어야 한다. 피드백의 형태는 임무 수행 과정에서 취하게 되는 행동의 결과에 대한 피드백, 학습자들이 필요로 하는 시기에 학습자를 돕기 위한 조언이나 권고를 제공하는 코칭, 전문가들이 실제 미션을 수행할 때 겪게 되는 경험에 대한 간접적인 체험을 제공하도록 한다.

GBS 설계 시 유의 사항

- 학습 목표를 정의할 때 내용 지식(선언적 지식)의 목표와 과정 지식(절차적 지식)의 목표를 구분하여 제시한다.
- 내용 지식과 과정 지식이 모두 포함된 실제적인 사례를 바탕으로 가상의 시나리오를 만든다.
- 학습자들이 목표 지식과 기술의 사용을 요구하도록 유도할 미션을 만들기 위해 실제 사례 현장에서 발생했던 이슈들을 분석한다.
- 학습자들이 수행해야 할 활동과 주요 절차를 설계한다.
- 학습자들이 수행하는 절차별 코치의 활동(주요 활동 별 중간 피드백/ 최종 피드백 등)을 설계한다.
- 학습자들이 절차마다의 주요 활동을 기록하고 색인화하여 향후 업무에 적용할 수 있도록 지원한다.
- 학습자들이 공개적, 양적으로 평가받기보다는 개별적, 주관적, 질적으로 평가받을 수 있도록 한다.

수업사례

◈ PBL 모형 수업지도안 사례

〈PBL 모형을 적용한 수학교과 수업지도안〉

교과명	수학	대상	중학교 2	차시	1/4
대단원	Ⅳ. 확률				
중단원	2. 확률의 계산				
전체 학습목표	1. 확률의 성질을 알 수 있다. 2. 일상생활에서 확률의 계산과 관련된 상황을 말할 수 있다. 3. 사건이 일어나지 않을 확률을 구할 수 있다. 4. 사건 A 또는 사건 B가 일어날 확률을 구할 수 있다. 5. 사건 A와 사건 B가 동시에 일어나는 확률을 구할 수 있다.				

단계과정	교수-학습 활동	시간(분)	지도상의 유의점
문제 만나기	• 인사 및 출석을 확인한다. • 전시학습을 확인한다.(확률의 의미) 〈동기유발〉 • 동기유발을 위해 학생들이 생활 속에서 쉽게 경험할 만한 '확률의 계산'과 관련된 대화를 진행한다. - '확률! 하면 가장 먼저 뭐가 떠오르나요?' - '우리 실생활 주변에 확률과 관련된 것은 무엇이 있을까요?' - '우리 실생활 주변에 확률을 계산할 수 있는 것은 무엇이 있을까요?' - '꼭 확률을 구하고 싶은 문제 상황이 있나요?' - '손을 들어서 발표해 봅시다.' ▹ 자신의 경험을 생각해 보고 교사의 질문에 손을 들어 대답한다. ▹ 의문 사항이 있으면 질문한다.	7'	* 확률의 의미를 경우의 수와 연관시켜서 확인한다.
	• 학습목표를 제시한다. 〈문제제시〉 안녕하세요? 남이중학교 학생 여러분들 내달 5월에는 여러분들이 기다리고 기다리던 문화체육의 날의 있습니다.	15'	

<table>
<tr><th>단계과정</th><th>교수-학습 활동</th><th>시간(분)</th><th>지도상의 유의점</th></tr>
<tr><td></td><td>
다가올 문화체육의 날은 25년 동안 한 회도 빠짐없이 진행되어 내려온 전통있는 남이중학교만의 대축제입니다.
문화체육의 날은 이틀을 연이어서 진행됩니다.
<table>
<tr><th>첫째날</th><th>둘째 날</th></tr>
<tr><td>문화의 날
(실내 공연)</td><td>체육의 날
(실외 체육대회)</td></tr>
</table>
(단, 실내 공연이 있는 문화의 날은 비가 와도 진행되지만 실외 체육대회가 있는 체육의 날은 비가 오면 진행되지 않습니다.)

여러분들을 위한 날인만큼,
축제의 날짜도 여러분들이 정하면 더욱 의미가 있을 것이라 생각됩니다.
학교일정이 가능한 주간과 그에 따른 기상 예보를 첨부하였으니, 참고 바랍니다.
최고의 날짜를 정하여, 최고의 축제를 즐겨봅시다.

남이 중학교 교장 올림.
※ 날짜 계획서(날짜, 요일)는 선생님께 제출해 주세요.
※ 이유도 반드시 적어주세요.
(제출 양식 - PPT 제작)

</td><td></td><td></td></tr>
<tr><td></td><td>
• 개발한 문제를 PPT로 제시하고, 학생들이 흥미를 갖도록 유도한다.
- '여러분, 다들 축제 좋아하시나요?'
- '매일매일 축제만 하면 얼마나 좋을까요?'
- '만약 매일 축제를 한다면, 언젠가는 즐거움이 줄어들어서 지금처럼 재미를 느끼지 못하게 될지도 몰라요.'
- '그럴까봐 우리 학교 축제도 1년에 한 번만 진행하는가봐요.'
- '비록 매일 축제를 하진 못하더라도, 학생 여러분들이 직접 원하는 날짜와 요일을 계획하면 어떨까요?'
- '선생님이 그럴까봐 미리 상황을 만들어봤어요, 주인공은 여러분이랍니다.'
</td><td></td><td>* 학생들이 제시된 문제를 정확히 인식할 수 있도록 유인물도 배부한다.</td></tr>
</table>

<table>
<tr><th>단계과정</th><th>교수-학습 활동</th><th>시간(분)</th><th>지도상의 유의점</th></tr>
<tr><td></td><td>▹ 제시된 문제를 인지한다.
▹ 의문 사항이 있으면 질문한다.

• 제시된 문제를 통해서 학생들이 제출해야 할 결과물, 발표, 평가 내용 등에 대한 설명을 간략히 한다.
- '결과물은 PPT로 저에게 제출하시면 됩니다.'
- '발표는 그룹별 발표와 개인 발표가 있습니다. 그룹별 발표는 해당 학습이 진행될 때 다시 자세하게 설명해 드리겠습니다. 개인 발표는 수업과 관련된 내용이라면 언제든지 손을 들고 해주세요.'
- '평가는 제출한 결과물에 대한 평가, 그룹 활동에 대한 평가, 학습에 대한 평가가 진행됩니다.'
- '구체적인 것은 활동이 진행될 때 한 번 더 자세하게 설명해 드리겠습니다.'
▹ 의문 사항이 있으면 질문한다.

〈문제파악〉
• 제시된 문제를 학생들 스스로 정의해 본다.
- 제시된 문제를 보고 주인공의 역할은 무엇인지, 어떤 상황인지, 어떤 활동이 필요한지, 제출해야 할 과제는 무엇인지를 파악한다.
- 의문 사항이 있으면 질문한다.

• 제시된 문제를 학생들이 어떻게 이해하고 있는지 확인하는 활동을 진행한다.
- '여러분, 남이중학교 교장선생님께서 우리에게 무슨 부탁을 하셨나요?'
- '우리가 해결해야 할 문제가 무엇인지 각자 적어봅시다.'
- '제시된 문제를 읽고 중요한 단어나 문장을 찾아서 각자 적어봅시다.'
- '제시된 문제는 확률과 관계가 있을까요?'
▹ 문제에 대하여 의문 사항이 있으면 질문한다.</td><td>8′</td><td>* 제시된 문제에 대한 학생들의 이해도를 확인한다.
* 배부한 유인물에 작성하도록 진행한다.</td></tr>
<tr><td>문제해결 계획 세우기</td><td>• 문제해결 계획을 세우는 이유와 접근 내용들을 설명한다.
- '보통 우리가 일상생활에서 문제 상황이 발생했을 때 이 문제를 해결하기 위해서 제일 먼저 무엇이 떠오르나요?'
- '여러분들은 보통 문제를 해결하기 위해서 계획을 세우는 편인가요?'
- '문제를 해결하기 위해서 계획을 왜 세울까요?'
- '문제를 해결하기 위해서 계획을 세우는데, 어떤 항목을</td><td>15'</td><td>※ 실생활의 문제들은 비구조적임을 설명하고, 그에 따른 계획 세우기가 필요하다는 것을 파악할 수 있도</td></tr>
</table>

단계과정	교수-학습 활동	시간(분)	지도상의 유의점
	넣으면 효과적일까요?' - '제시된 문제를 계획을 세워서 해결한다면 어떨까요?' - '여러분이라면 어떻게 계획을 세울 건가요?' ▹ 문제를 해결하기 위해서 계획을 세우는 이유에 대해 생각한다. ▹ 어떻게 계획을 세워야 효과적일지 생각한다. - '손을 들어서 발표해 봅시다.' ▹ 자신의 생각을 정리하고, 손을 들어 대답한다. ▹ 의문 사항이 있으면 질문한다.		록 진행한다.
	• 제시된 문제와 관련하여, 문제해결 계획을 세우기 위한 접근 내용들은 무엇이 있는지 스스로 생각해 본다. - '문제와 관련하여, 문제해결 계획을 세우기 위한 내용들은 무엇이 있는지 생각해 봅시다.' ▹ 제시된 문제를 학습과 관련하여, 현재 무엇을 알고 있고, 무엇을 더 알아야 하며, 어떻게 알아낼 것인가 등을 생각한다. ▹ 의문 사항이 있으면 질문한다. • 차이 예고를 한다.		

활용된 PBL 절차

차시	단계과정	교수-학습 활동
1	문제 만나기	• 동기유발을 위해 생활 속에서 '확률의 계산'과 관련된 대화를 진행한다. • 개발한 문제를 제시하고, 학생들이 문제에 흥미를 갖도록 유도한다. • 문제를 통해서 학생들이 제출해야 할 결과물, 발표, 평가 내용 등에 대한 설명을 한다. • 제시된 문제를 학생들 스스로 정의해 본다. • 학생들이 문제를 어떻게 이해하고 있는지 확인하는 활동을 진행한다.
	문제해결 계획 세우기	• 문제해결 계획을 세우는 이유와 접근 내용들을 설명한다. • 제시된 문제에 관련하여, 문제해결 계획을 세우기 위한 접근 내용들은 무엇이 있는지 생각해 본다.
2	문제해결 계획 세우기	• 그룹을 나누고, 문제해결 계획표를 제시한다. • 문제해결 계획표를 작성하기 위한 활동을 진행한다. • 그룹 활동을 통해서 문제해결 계획표를 작성한다.
	탐색 및 재탐색하기	• 탐색 과정표를 제시한다. • 작성한 문제해결 계획표를 바탕으로, 어떻게 순차적으로 수행하고 활동할 것인가에 대한 탐색 과정표를 작성한다. • 탐색 과정표를 바탕으로 각자의 과제 및 역할을 분담하고, 분담한 과제 및 역할들은 개인 시간에 수행한다.
3	탐색 및 재탐색하기	• 분담해서 수행한 과제 및 역할을 바탕으로 다시 그룹 활동을 진행한다. • 재탐색 과정표를 제시한다. • 재탐색 과정표를 작성하기 위한 활동을 진행한다. • 그룹 활동을 통해서 재탐색 과정표를 작성한다. • 작성한 내용에 해당하는 재탐색 과정 활동을 수행한다.
	해결책 고안하기	• 얻은 지식과 정보를 활용하여 그룹별로 해결책에 대해서 토의한다. • 그룹별로 수행한 활동들을 종합하여 제시된 문제에 대한 해결책을 고안한다.
4	발표 및 평가하기	• 고안한 해결책을 제출할 결과물 양식에 준하여 제작한다. • 제작한 결과물에 대한 발표를 진행한다. • 발표한 결과물에 대해서 피드백(feedback)을 진행한다. • 활동 평가지와 학습 평가지를 제시한다. • 개인 활동을 통해서 활동 평가지와 학습 평가지를 작성한다. • 학생들이 발표하고 제출한 결과물을 바탕으로 결과물 평가지를 작성한다.

출처: 김남협(2014). 문제중심학습(PBL)을 활용한 수학교과 교수학습 지도 방법 연구. 경희대학교 교육대학원 석사과정청구논문.

참고문헌

강명희, 한연선(2000). 자원기반 학습환경에서 탐구훈련모형의 활용이 탐구능력과 과제수행능력에 미치는 영향. 교육공학연구, 16(2), 3-18.

김남협(2014). 문제중심학습(PBL)을 활용한 수학교과 교수학습 지도 방법 연구. 경희대학교 교육대학원 석사과정청구논문.

박성익, 임철일, 이재경, 최정임(2003). 교육방법의 교육공학적 이해(제2판). 서울: 교육과학사.

이윤옥(2003). 문제중심학습에 관한 연구 검토 및 실행요소 분석. 교육문제연구, 19.

조규락, 김선연(2006). 교육방법 및 교육공학. 서울: 학지사.

최정임, 장경원 (2010). PBL로 수업하기. 서울: 학지사. 37-42, 85-95.

Jonassen, D. H. (2004). *Learning to solve problems: An instructional design guide* (Vol. 6). John Wiley & Sons. 조규락, 박은실(역)(2009). 문제해결학습 교수설계가이드. 서울: 학지사. 39-44.

Barrow, H. S. (1994). *Practice-Based Learning: Problem-based learning applied to medical education.* Springfield, IL: Southern Illinois University School of Medicine. 서정돈, 안병헌(역)(2005). 문제중심학습법. 서울: 성균관대학교 출판부.

Barrow, H. S. (1996). Problem-based learning in medicine and beyond: a brief overview. In Wilkerson, L. and W. H. Gijselaer (Eds.), *Bringing Problem-Based Higher Education: Theory and Practice: New Directions for Teaching and Learning, 8*(5-6). San Fransisco, CA: Jossey-Bass.

Barrows, H. S. (1985). *How to design a problem-based curriculum for the preclinical years.* New York: Springer Publishing Co.

Barrows, H. S., & Myers, A. C. (1993). *Problem-based learning in secondary schools. Unpublished monograph.* Springfield, IL: Problem-based learning institue. Lanphier high school and southern illinois university medical school.

Bednar, A. K., Cunningham, D., Duffy, T. M., & Perry, J. D. (1991). Theory into practice: How do we link?. In G. J. Anglin (Ed.), *Instructional Technology: Past, Present, and Future.* Englewood, CO: Libraries Unlimited.

Delisle, R. (1997). *How to use problem-based learning in the classroom.* Alexandria, VA: Association for Supervision and Curriculum.

Hannafin, M. J., & Hill, J. R. (2007). Epistemology and the design of learning environments. In R. Reiser, & J. Dempsey (2007). *Trends and issues in instructional design and technology.* New Jersey: Prentice-Hall.

Hannafin, M. J., Land, S., & Oliver, K. (1999). Open Learning Environments: Foundations, Methods, and Models. In C. M. Reigeluth (Ed.), *Instructional design theories and models: A New Paradigm of instructional theory.* Hillsdale, NJ: Lawrence Erlbaum

Associates. 최욱, 박인우, 변호승, 양영선, 왕경수, 이상수, 이인숙, 임철일, 정현미 (역)(2005). 교수설계 이론과 모형. 서울: 아카데미프레스.

Hill, J. R., & Hannafin, M. J. (2001). Teaching and learning in digital environment: the resurgence of resource-based learning. *Educational Technology Research and Development, 49*(3), 37-52.

Jonassen, D. H. (1999). Designing constructivist learning environments. In C. M. Reigeluth (Ed.), *Instructional design theories and models: A New Paradigm of instructional theory.* Hillsdale, NJ: Lawrence Erlbaum Associates. 최욱, 박인우, 변호승, 양영선, 왕경수, 이상수, 이인숙, 임철일, 정현미(역)(2005). 교수설계 이론과 모형. 서울: 아카데미프레스.

Polya, M. (1957). *How to solve it* (2nd Ed.). New York: Doubleday.

Scardamalia, M., & Bereiter, C. (1996). Computer support for knowledge-building communities. In T. Kotchmann (Ed.), *CSCL: Theory and practice of an emerging paradigm.* Mahwah, NJ: Lawrence Erlbaum Associates.

Schank, R. C., & Cleary. C. (1995). *Engines for education.* Hillsdale, NJ: Erlbaum Assoc.

Schank, R. C., Berman, T. R., & Macpherson, K. A. (1999). Learning by doing. In C. M. Reigeluth (Ed.), *Instructional design theories and models: A New Paradigm of instructional theory.* Hillsdale, NJ: Lawrence Erlbaum Associates. 최욱, 박인우, 변호승, 양영선, 왕경수, 이상수, 이인숙, 임철일, 정현미(역)(2005). 교수설계 이론과 모형. 서울: 아카데미프레스.

Schmidt, H. G. (1993). Foundations of problem-based learning: Some explanatiory notes. *Medical Education, 27*, 422-432.

van Merrienboer, J. J. G. (1997). Alternate models of instructional design: Holistic design approach. In R. A. Reiser, & J. V. Dempsey (Eds.), *Trends and issues in instructional design and technology* (2nd Ed.). NJ: Pearson Education, Inc. 노석준, 소효정, 이지연 (역)(2005). 교수설계 공학의 최신 경향과 쟁점(제2판). 서울: 아카데미프레스.

van Merrienboer, J. J. G. (1997). *Training complex cognitive skills: A four-component instructional design model for technical training.* Educational Technology Publications, Inc. 김동식, 노관식, 김지일, 김경(역)(2005). 인지과학적 구성주의 기반의 4C/ID 모형. 서울: 아카데미프레스.

van Merrienboer, J. J. G., Clark, R. E., & de Croock, M. B. M. (2002). Blueprints for Complex Learning: The 4C/ID Model. *Educational Technology Research & Development, 50*(2), 39-64.

PART 04

수업체제설계

3부에서 배운 수업설계이론은 요리의 구체적인 레시피와 같다고 할 수 있다. 반면 4부에서 배우는 수업체제설계는 요리의 기본절차를 배우는 것이다. 레시피에 따라 요리를 하려면 기본적인 요리 방법과 절차를 익혀야 한다. 실제 요리의 절차에는 재료 구입부터 손질 및 보관법, 도구 사용법, 상차리기와 설거지까지 반복적이지만 매우 중요한 단계들이 필요한데, 이를 모른다면 레시피를 잘 안다고 해도 요리를 제대로 하기 어렵기 때문이다. 수업체제설계란 이처럼 수업의 전체 과정을 하나의 체제로 보고 전반적인 단계들을 설계하는 방법론이라고 할 수 있다.

수업체제설계(Instructional Systems Design: ISD)는 수업설계이론에 비하여 보다 일반적이고 포괄적이며 광범위한 수업설계의 방법을 다룬다. 수업설계이론은 수업체제설계에 비하여 범위가 좁아서, 분석, 설계, 개발, 실행, 평가의 전체 수업체제설계 범위 중에서 주로 분석, 설계 단계에 초점을 맞추고 있다(van Merriënboer, 1997). 수업설계이론은 실제 작업 과정에서 필요한 기능에 따라 과제분석 방법, 과제분석 결과를 바탕으로 한 수업전략 개발 방법, 학습자의 학습 환경 설계 방법에 초점을 둔다.

CHAPTER 07

수업체제설계 모형

수업체제설계(Instructional Systems Design: ISD)는 수업설계이론에 비해 보다 일반적이고 포괄적이며 광범위한 수업설계 방법을 다룬다. 수업설계이론은 수업체제설계에 비해 범위가 좁아서, 분석, 설계, 개발, 실행, 평가의 전체 수업체제설계 범위 중에서 주로 분석과 설계 단계에 초점을 맞추고 있다(van Merriënboer, 1997). 수업설계이론은 실제 작업 과정에서 필요한 기능에 따라 과제분석 방법(예: 라이겔루스의 단순화조건법), 과제분석 결과를 바탕으로 한 수업전략 개발 방법(예: 켈러의 ARCS 모형), 학습자의 학습 환경 설계 방법(예: CLEs 모형)에 초점을 둔다.

이러한 수업설계이론과 달리 수업체제설계는 어떤 수업을 설계하거나 기본적으로 따라야 하는 기본 절차에 대한 방법론을 다루는 것이다. 이러한 기본적인 수업설계 절차에 대한 방법론도 2, 3부에서 살펴본 바와 마찬가지로 두 가지 패러다임을 가진다. 건강 위주의 요리법과 간편 요리법이 전혀 다른 관점으로 요리를 바라볼 수밖에 없기 때문에 다른 방법으로 요리하게 되는 것처럼, 객관주의 수업체제설계와 구성주의 수업체제설계는 전혀 다른 관점의 수업설계 방법론을 주장한다.

앞서 설명한 수업설계이론과 수업체제설계의 구분을 위해서 이해하기 쉽게 비유적으로 설명하면 다음과 같다.

수업설계이론은 "맛있는 요리 레시피"와 같다고 볼 수 있다. 이는 무엇을, 어떻게 가르칠 것인가에 대한 구체적인 원리와 방법을 제시하는 이론이다. 마치 김치찌개를 만들 때 "김치를 볶고→두부를 넣고→물과 양념을 넣어 끓인다"라는 구체적인 절차와 맛을 내는 비결이 담긴 레시피처럼, 수업설계이론은 효과적인 수업을 위한 세부적인 지침을 제공한다. 예를 들어, 가네(Gagné)의 9가지 교수 사태나 켈러(Keller)의 ARCS 동기 유발 전략은 교사가 수업을 설계할 때 활용할 수 있는 구체적인 방법론에 해당한다.

반면, 수업체제설계 이론은 "레스토랑 주방 운영 시스템"에 비유할 수 있다. 이는 수업 전체를 어떻게 체계적으로 설계하고 운영할 것인가를 다루는 이론이다. 레스토랑에서 메뉴를 정하고(학습 목표 분석), 재료를 구비하고(학습자 분석, 자원 확보), 주방 동선을 설계하고(수업 전략과 매체 선정), 요리를 점검하고(형성 평가), 손님 반응을 보고 다음에 개선하는(총괄 평가 및 피드백) 전체 과정처럼, 수업체제설계 이론은 교육 시스템 전반을 설계하고 관리하는 프레임워크를 제공한다. ADDIE 모형(분석-설계-개발-실행-평가)이 대표적인 예로, 교육 프로그램의 전체적인 개발과 운영 절차를 체계적으로 안내한다.

주요내용

1. 객관주의 수업체제설계 모형
2. 구성주의 수업체제설계 모형
3. 매체 및 수업 방법 중심의 수업체제설계 모형

심화학습: 다양한 수업체제설계 모형

학습목표

1. 객관주의와 구성주의 수업체제설계 모형의 특징을 비교할 수 있다.
2. ADDIE 모형의 기본 요소에 따라 수업을 설계할 수 있다.
3. 구성주의 수업설계 모형의 공통점을 설명할 수 있다.

1. 수업체제설계 모형의 이해

1) 다양한 수업체제설계 모형

일반적으로 수업체제설계는 분석, 설계, 개발, 실행, 평가 등의 단계로 나뉜다. 때로는 선행 분석, 설계 및 개발과 전달, 후행 분석의 세 측면으로 구분하기도 한다(Spector, 1993). 수업체제설계는 각 단계를 이루고 있는 활동을 수행하기 위한 지침과 방향을 제공한다. 초기에 개발된 ISD(이하 수업체제설계를 ISD로 표현하고자 함) 모형들은 각 단계별 활동을 강조하기 때문에 선형적인 특성을 지닌다. 초기 모형들은 경성 체제 이론을 적용한 경향을 보이기 때문에 분석과 절차를 강조하며, 주로 체계적(systematic)인 접근법을 활용하였다. 대표적인 모형인 ADDIE 모형과 딕과 케리(Dick & Carey) 모형이 여기에 속한다. 선형적인 절차들은 수업설계의 특성상 서로 밀접하게 관련되어 있기 때문에 켐프(Kemp) 모형에 이르러서는 연성체제이론을 강조하는 체제적(systemic)인 접근법이 강조되며 분석보다는 순환적이고 종합적 설계과정이 중시된다. 1990년대에 등장한 구성주의적 관점의 수업체제설계는 기존의 체계적 · 체제적 모형들을 객관주의적 관점이라고 지적하며, 상대적 인식론을 토대로 한 구성주의적 관점의 모형을 제시하기 시작했다. 쾌속 원형(Rapid Prototyping)모형, 다층 협상(Layer of Negotiation)모형, R2D2 모형이 여기에 속한다.

한편 1970년대 이후 ISD 모형은 교육기관의 특성과 교육내용에 따라 매우 다양한 형태로 개발되었다. 국내에 도입된 ISD 모형은 대기업을 중심으로 각 기업의 특성에 맞는 ISD 모형으로 개발되기도 하였다(예: 삼성 ISD 모형, LG ISD 모형 등). ISD 모형은 체제적인 개발과 운영을 촉진하기 위해 매체에 따라서도 다양한 모형으로 개발되어 왔다. 본 책에서는 인식론적 관점에 따른 ISD와 매체 및 수업방법에 따른 ISD로 구분하여 살펴보고자 한다. 다음 〈표 7-1〉은 본장에서 살펴볼 ISD 모형들을 인식론과 매체 및 수업방법에 따라 구분한 것이다.

〈표 7-1〉 ISD 모형의 구분

<table>
<tr><th colspan="2">인식론에 따른 ISD 분류</th><th colspan="2">매체와 수업방법에 따른 ISD 분류</th></tr>
<tr><th>객관주의적 ISD</th><th>구성주의적 ISD</th><th>매체 일반</th><th>수업방법</th></tr>
<tr><td>ADDIE 모형</td><td>쾌속 원형 모형</td><td rowspan="4">ASSURE</td><td>온라인수업 CAFE 모형</td></tr>
<tr><td>딕과 케리 모형</td><td>다층 협상 모형</td><td rowspan="3">토론수업 모형</td></tr>
<tr><td>브리그스 모형</td><td rowspan="2">R2D2 모형</td></tr>
<tr><td>켐프 모형</td></tr>
</table>

2) 객관주의와 구성주의 수업체제설계의 비교

객관주의적 수업체제설계는 일반적으로 전통적인 수업체제설계로 지칭하기도 한다. 객관주의적 수업체제설계와 구성주의적 수업체제설계는 지식의 성격과 이를 어떻게 학습자에게 전달할 것인가에 대한 철학적·인식론적 관점을 달리한다. 객관주의적 수업체제설계는 교수자가 교과의 지식을 학습자에게 그대로 전달할 수 있다는 믿음을 가지고 있다(조규락 외, 2006). 이 입장에서는 교수자의 시각에서 수업 목표를 사전에 명시적으로 규명하는 것이 주요한 활동이기 때문에 수업설계 모형의 각 단계는 교수자의 활동을 중심으로 표현된다. 한편 구성주의적 수업체제설계는 교수자를 통해 객관주의에서 의미하는 객관적 실체로서의 지식을 그대로 전달하는 것은 불가능하다고 본다. 때문에 구성주의 수업설계 모형에서 중요하게 여기는 것은 세부적이고 계열적인 교육 내용의 제시보다는 학습자의 주관적인 경험에 근거한 개인적 의미 창출을 돕도록 학습환경을 조성하는 것이다. 학습자들이 실제적인 삶의 상황과 맥락을 경험하는 것이 매우 중요한 요소가 되기 때문에 현실성 있는 과제와 문제를 제공하고, 동료들과 활발한 협력 활동을 통한 상호작용이 중시된다. 때문에 교수자 중심이 아닌 학습자 중심의 설계 활동이 중시되며, '수업'이라는 용어보다는 '학습'이라는 용어를 채택하여 수업 설계라고 하기보다 학습환경 설계라는 용어를 더 선호한다.

다음 〈표 7-2〉는 하나핀과 힐(Hannafin & Hill, 2007)이 제시한 객관주의적 수업체제설계와 구성주의적 수업체제설계의 단계별 주요 활동의 비교이다.

〈표 7-2〉 객관주의, 구성주의 수업체제설계의 비교(Hannafin & Hill, 2007)

구분	객관주의 수업체제설계	구성주의 수업체제설계
분석	내용 분석 학습자 분석 수업 요구 분석 수업 목적 분석	맥락 분석 학습자 분석 문제 분석 확인된 학습 개념
설계	수업 목표 설정 과제 분석 준거지향 평가	학습 목적 학습 과정(sequences) 확인 맥락지향 평가

구분	객관주의 수업체제설계	구성주의 수업체제설계
개발	수업 자료 개발	학습 자원 구성
실행	교사: 전달 및 지도 학습자: 수용 및 습득 초점: 목표 달성	교사: 조언 및 촉진 학습자: 지도 및 조정 초점: 문제 해결
평가	학습자가 알고 있는 것 선언적 지식과 절차적 지식	학습자가 아는 방법 전부를 알지는 못하지만 자신이 알고 있는 것만큼은 잘 알고 있는 정도

2. 객관주의 수업체제설계 모형

객관주의자들은 지식이란 학습자와 별도로 존재한다고 믿는다. 따라서 수업은 지식을 학습자에게 전이시키는 데 초점을 둔다. 수업한다는 것은 지식을 특히 질서 정연한 방식으로 제공하는 것이며, 수업이란 나누어진 혹은 습득된 지식 항목이라고 본다(Hannafin & Hill, 2007). 수업은 어떤 의도된 목적의 달성을 증진하기 위해 학습 조건을 세심하게 배열해야 하며, 수업 설계 방법은 의미를 학습자에게 일관성 있고 효과적으로 전달하도록 도와준다. 수업 설계자는 학습자의 학습과제를 적절한 대상과 사태에 따라 묶음으로 조직하여 새로운 지식과 기능을 기존의 지식과 기능으로 통합하도록 돕는 것이다. 최근까지 대부분의 형식교육과 훈련 분야에서는 주로 행동주의 심리학적 기초와 가정들, 인지주의 심리학적 기초와 가정을 토대로 하는 객관주의적 수업설계 모형이 일반적이었다. 객관주의 수업은 교사나 교과 전문가가 중요하다고 여기는 지식을 사전에 구조화하는 것이 특징이다. 객관주의적 수업 설계는 분리된 각각의 단계를 따르는 설계에 초점을 둔다(Cennamo, Abell, & Chung, 1996). 객관주의적 수업설계 모형의 대표적인 모형인 딕과 케리(Dick & Carey)모형, 브리그스(Briggs)모형, 켐프(Kemp)모형, ADDIE 모형을 살펴보면 다음과 같다.

1) ADDIE 모형

ADDIE 모형은 분석(Analysis), 설계(Design), 개발(Development), 실행(Implementation), 평가(Evaluation)라는 다섯 단계로 이루어지는데, 각 단계의 첫 글자를 따서 'ADDIE' 모형이라고 불린다. 이 모형은 한 학자나 소수의 학자에 의해 개발되고 정교화된 이론이 아니라 오랜 시간에 걸쳐 형성된 것이다(한정선 외, 2004). 모든 수업체제설계 모형은 공통적으로 ADDIE 모형의 모든 요소 혹은 일부 요소를 포함하게 되는 가장 일반적인 모형이다.

① 분석: 분석(Analysis)은 학습과 관련된 요인들을 분석하는 것으로 학습 내용을 정의하는 과정이다. 요구 분석, 학습자 분석, 환경 분석, 직무 및 과제 분석이 주요 분석 활동이다. 요구분석이란 바람직한 상태와 현재 상태 간의 격차인 요구를 분석하는 것이다. 요구분석을 통하여 교육으로 해소할 수 있는 문제를 보다 분명하게 규명할 수 있게 되어, 교육의 가장 핵심적인 활동이라 할 수 있다. 학습자 분석은 학습자 특성을 파악하는 것으로 지능, 선수학습능력, 적성, 인지 스타일이나 학습 스타일, 학습동기와 태도 등을 분석하여 설계를 위한 기초 자료로 활용된다. 환경분석은 학습과 수업에 영향을 미치는 환경에 대한 분석으로서 학습이 진행될 공간의 분석과 매체, 기자재, 시설 등의 물리적 자원 환경이 포함된다.

② 설계: 설계(Design)는 분석 과정에서 나온 결과를 종합하는 과정으로 구체적인 교육계획서라 할 수 있다. 수행 목표를 명세화하고 평가 도구를 결정하며, 프로그램의 구조와 계열을 완성하고, 수업 전략과 매체를 선정하게 된다. 수행 목표 명세화에서는 학습자들이 수업이 끝난 다음에 수행해야 할 성취행동과 성과를 행동적인 용어로 기술한다. 평가 도구의 설계는 행동적인 용어로 기술된 목표의 달성 여부를 측정하기 위한 도구를 개발하는 것이다. 평가 도구로는 출발점 행동 검사, 사전 검사, 사후 검사, 진도 확인검사 등이 있으며, 방법으로는 지필 검사, 실기 검사, 관찰 등이 있다. 프로그램의 구조화와 계열화를 위해 어떤 내용을 어떤 방식으로 조직할 것인지, 어떤 순서로 수업에서 제시할 것인지를 결정하게 된다. 수업 전략 수립을 위해서는 각 목표를

달성하기 위한 구체적인 수업 학습 활동과 운영 방법을 결정하게 된다.

③ 개발: 개발(Development)은 설계 단계에서 결정된 설계명세서에 따라 실제 수업에서 사용할 수업자료나 교육프로그램을 제작하는 단계이다. 수업자료와 교육프로그램의 초안을 개발하여 교과 전문가와 학습자를 대상으로 형성평가를 실시한 후, 수정해야 할 부분을 찾아서 개선하여 수업 현장에서 활용될 최종 산출물을 개발하게 된다.

④ 실행: 실행(Implementation)은 최종 산출물인 수업 자료나 교 육프로그램을 실제 현장에 적용하는 단계로서 지속적인 활용을 위한 관리 활동이 이루어진다. 이때 원활한 실행을 위해서는 시설, 기자재, 예산, 인적자원 등의 지원이 요구된다.

⑤ 평가: 평가(Evaluation)는 최종적인 총괄 평가를 실시하는 단계로, 실제 수업 현장에 실행된 수업자료나 교육프로그램의 효과성과 효율성을 평가하는 것이다. 이를 통해 해당 자료나 프로그램의 계속적인 사용 여부, 문제점 파악, 수정 사항 등을 결정한다.

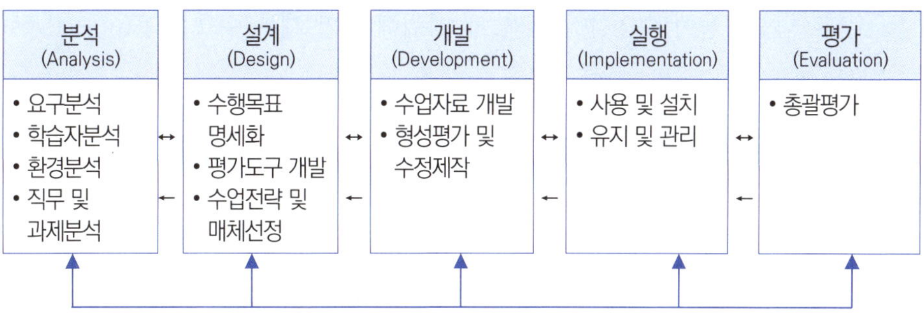

[그림 7-1] ADDIE 모형

2) 딕과 케리 모형

거시적인 수업설계 모형 중에서 가장 대표적인 모형 중 하나인 딕과 케리(Dick & Carey)모형은 체계적인 접근 방법을 활용한 객관주의 모형의 대표적인 모형이다. 이 모형은 효과적인 교육 프로그램 개발을 위한 일련의 단계들의 역동적인 관련성에 초점을 맞추고 있다(Dick & Carey, 1990).

① 수업 목적 확인: 수업을 모두 끝마쳤을 때 학습자들이 할 수 있기를 기대하는 바가 무엇인지를 최종 목적으로 규명하는 단계이다. 이를 위해 요구 분석을 실시하여 교육으로 해결할 수 있는 요구를 바탕으로 교육 프로그램을 설계하게 된다.

② 수업 분석: 최종적인 수업 목적을 성취하기 위해 학습자가 배워야 할 학습의 유형을 결정하기 위해 목적을 분석하여 하위 기능 분석을 실시한다.

③ 학습자 및 환경 분석: 특정 학습을 하기 위해 학습자가 반드시 갖추어야 할 선수 지식, 출발점 행동, 학습 유형과 학습 동기 등 학습자 특성과 학습 환경 및 수행 환경을 분석한다. 학습 환경 분석에는 교육 장소의 적합성, 교육의 적용 가능성, 전달체제의 적용 가능성, 학습 장소의 제약요인 등을 고려해야 한다. 수행 환경 분석은 학습자가 학습한 이후 실제 수행을 할 때의 환경을 고려하는 것으로 관리 지원, 현장의 물리적 여건, 현장의 사회적 여건, 현장에 비추어 본 기능의 적절성 등이 있다.

④ 수행 목표 진술: 수업 분석에서 나온 결과와 학습자 특성 분석의 결과를 바탕으로 학습자들이 수업을 끝냈을 때 성취해야 할 세부 수행 목표(objectives)를 구체적으로 진술한다.

⑤ 평가 도구 개발: 앞 단계에서 설정한 수행 목표에 따라 구체적인 준거 지향평가 문항을 개발하여 학습자의 성취 수준과 학습 결과를 측정할 수 있도록 준비한다.

⑥ 수업 전략 개발: 목표에 적합한 수업 학습 모형을 선정하고 이를 진행할 방법과 절차를 개발하고, 적합한 수업 매체를 선정하고 활용 계획을 수립한다. 이때 동기유발 전략이나, 학습 내용 제시 전략, 내용 디자인 전략 등을 고려한다.

⑦ 수업 자료 개발 및 선정: 앞 단계에서 개발한 수업 전략에 따라 구체적으로 활용될 수업 프로그램을 개발하는 단계이다. 수업에서 활용될 모든 자료로 수업 자료뿐만 아니라 안내서 등을 개발한다.

⑧ 형성 평가: 개발이 완료된 교육 프로그램은 형성 평가를 통해 수정 · 보완이 필요한 부분을 점검한다. 형성 평가는 일대일 평가, 소집단 평가, 현장평가 등을 활용할 수 있다.

⑨ 교육 프로그램 수정: 형성 평가에 의해 학습 목표를 달성하는 데 있어 수정이 필요한 부분을 전반적으로 수정한다. 수업 분석, 학습자 분석 등이 타당하지 않았다면 재검토를 실시하며, 수행 목표 및 평가 도구, 수업 전략과 수업 자료 등의 전반적인 수정을 실시하여 프로그램의 완성도를 높인다.

⑩ 총괄 평가: 프로그램을 실행하고 난 후 총괄 평가는 프로그램의 효과를 검증하기 위해 실시한다. 보통 외부 평가자에 의해 실시되며, 프로그램의 목적이 달성되었는지를 확인한다.

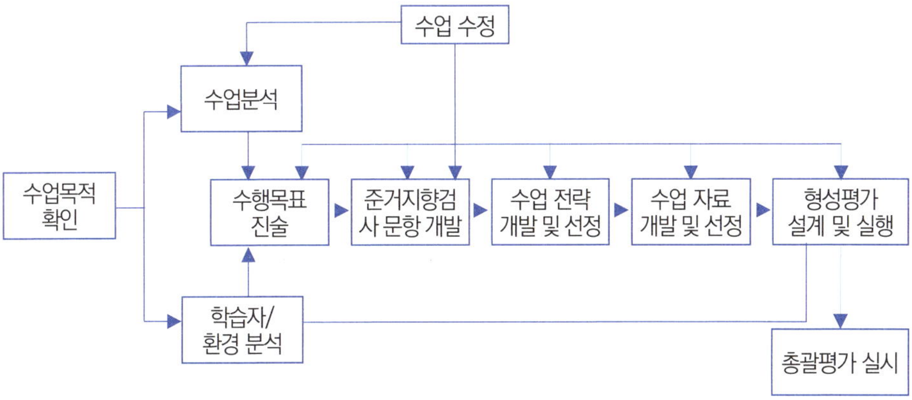

[그림 7-2] Dick & Carey의 체제적 수업설계 모형(2001)

3. 구성주의 수업체제설계 모형

구성주의적 수업체제설계란 개인이 과제에 참여하며 스스로 지식을 구성할 수 있는 학습환경을 조성하기 위한 다양한 수업설계 요소와 방법을 제시하는 이론이다. 구성주의적 수업체제설계는 다음과 같은 4가지 학습원리를 수반한다(Papert, 1980). ① 개인은 적극적인 학습자이며, 자신의 학습 과정을 통제한다. ② 개인은 자신의 이해를 보여주는 구체적이고 실제적인 인공물(artifacts)을 만든다. ③ 인공물은 개개인의 이해를 증진시키기 위해서 여러 사람들과 함께 공유할 뿐만 아니라 개인적으로도 활용한다. ④ 개인에게 의미 있는 학습을 증진하기 위해 특정 맥락이나 공동체에 참여한다.

구성주의 수업체제설계에서는 내용이 아니라 맥락이 주요한 조직자로서 지식이 작용하는 학습 환경에 초점을 맞추어 분석한다. 학습할 문제를 어떻게 제시할 것인지의 분석을 수반하며, 맥락을 조성하기 위해 문제에 관한 기술과 그 문제와 관련된 핵심 개념을 확인하는 것에 초점을 둔다. 설계 단계에서 학습자가 적극적으로 개인적인 학습 목표를 설정하도록 설계하고, 학습 활동의 잠정적인 계열성 참여 여부를 결정한다. 잠재적인 자원들을 평가하며 학습자 자신이 해결책을 평가하기 위한 방법을 고려한다. 개발 단계에서는 필요한 경우 활용될 학습 자원을 준비하며, 몇 가지는 설계자가 개발하지만 순수한 의미에서는 학습자 개인이 인공물을 구성하고 만들어가면서 개발한다. 실행 단계에서 학습자는 문제해결과 인공물 구성에 참여하며 무엇을 해야 하고, 언제 해야 하며, 누구에게 조언을 들을 것인지 등을 결정한다. 평가 단계에서는 학습자에 의해 결정될 평가 방법에 초점을 둔다(Hannafin & Hill, 2007).

구성주의 수업체제설계의 구체적인 모형인 속성 원형 모형이라고도 불리는 쾌속원형(rapid prototyping)모형과, 다층 협상(Layers of Negotiation)모형을 살펴보고자 한다.

1) 쾌속원형 모형

일명 쾌속 원형(rapid prototyping)모형이라고 불리는 이 모형은 트립과 비셀마이어(Tripp & Bichelmeyer, 1990)에 의해 개발되었다(한국교육공학회, 2005 재인용). 이 모형은 수업 설계 의뢰인이나 학습자의 요구를 초기에 적극적으로 반영하여 최종적인 수업 산출물을 개발하기 전에 일련의 프로토타이핑, 즉 원형을 개발하는 수업설계 방법론 중 하나이다. 전통적인 수업설계에서 교수자는 수업 프로그램의 사용자인 학습자가 사용하게 되는 실제의 상황적 자료를 마지막 단계에서야 확인할 수 있게 된다. 이러한 문제에 대하여 수업설계 초기에 최종 결과물의 기능과 형태를 가지고 있는 원형을 신속하게 개발할 것을 제안하고 있다. 쾌속원형 모형은 기존의 객관적인 수업설계 모형에서는 각 단계가 끝난 후 다음 단계로 진행되는 것에 비교하여 각 단계가 동시적이고 순환적, 반복적으로 이루어지는 것을 강조하였다. 또한 사용자와 설계자가 협동하면서 참여하며 원형을 개발한 후 문제점을 발견하고 수정 · 보완하면서 최종단계에 이르러서 프로그램의 목표를 결정하도록 되어 있어 기존의 모형과는 매우 상이한 특징을 지닌다. 또한 수업설계의 현장을 반영하여 상황 특성과 맥락적 특성을 고려하는 것을 중요한 요소로 다루는 비선형적인 수업설계 방식을 취하고 있다. 도르시(Dorsey 외, 1997)는 협력적 쾌속원형(Rapid Collaborative Prototyping) 모형에서 사용자를 결정권자로 가정하고 사전 분석 실시 과정을 포함하여 전체 프로그램의 방향이 철저히 사용자의 관심에 따라 역동적으로 진행되도록 모형을 제시하였다. 본 모형은 후에 다층 협상(Layers of Negotiation) 모형과 R2D2 모형에도 영향을 주어 객관주의적 수업설계 모형의 대안적 모형 개발을 도모한다. 최근 이러닝 등 다양한 모바일을 활용한 학습환경이 주목받으며, 산업 현장에서 즉각적으로 활용할 수 있는 미니 과정 개발에 대한 관심이 높아지면서 쾌속 원형 수업체제설계 모형을 적용하고자 하는 요구가 높아지고 있다.

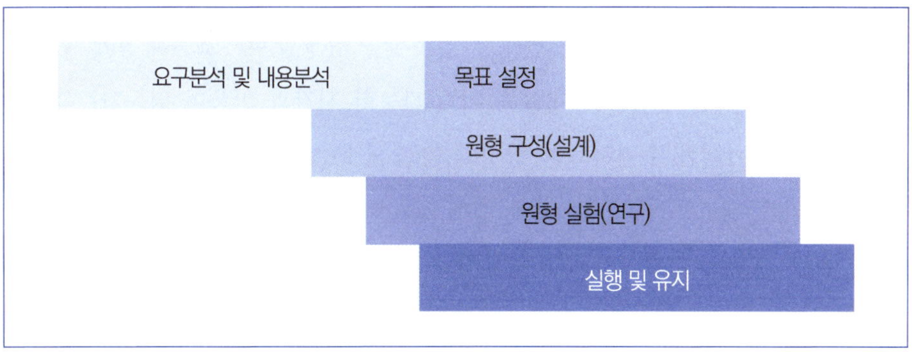

[그림 7-3] 쾌속 원형(Rapid Prototyping) 모형

2) 다층협상 모형

세네모(Cennamo) 외(1996)는 다층 협상(layers of negotiation) 모형을 통해 구성주의적 관점을 통합한 기본 가정을 다음과 같이 다섯 가지로 제안하고 있다(Cennamo, Abell, & Chung, 1995). 첫째, 실제적 활동을 통합한 복잡한 학습 환경을 제공해야 하고, 둘째, 집단 과정을 통해 도출된 통찰이 학습의 필수적인 부분이므로 이러한 사회적 협상을 제공해야 하며, 셋째, 다양한 관점으로 수업 자료를 탐색하고 같은 내용을 다양한 형태의 표상 방법으로 접근할 수 있도록 수업 내용을 병렬적으로 배치한다. 넷째, 학습자 스스로의 사고와 학습 과정에 대해 본질을 성찰 또는 인식하도록 유도하며, 다섯째, 학습자 중심 수업을 강조하여, 학습자 스스로가 학습요구를 결정하고, 어떻게 그들의 요구와 만날 수 있을지에 대해 적극적으로 참여할 수 있도록 한다. 이러한 기본 가정을 근거로 수업설계 과정에 포함되어야 할 기본 조건으로 학습환경의 복잡성을 포함할 것, 수업자료 설계의 필수적 부분으로 사회적 협상을 제공할 것, 다양한 관점으로 다양한 시간에 수업설계와 관련된 정보를 탐색할 것, 설계 과정에서 본질을 성찰할 것, 학습자 중심 설계를 강조할 것을 제시하고 있다.

다층협상 모형은 전통적인 ISD 모형과 구별되는 몇 가지 주요한 특징을 가지고 있다. 첫째, 과제 중심이라기보다 질문 중심이다. 좋은 수업 설계자는 단순히 전통적인 수업설계 모형에서 규정된 단계를 따라가기보다 좋은 질문에 대해 답해가는 과정에 초점을 맞춰야 한다. 예컨대 수업목적을 규명할 때, 교육과정에 무엇이 포함되어야 하는가? 수업자료 개발을 위해 가능한 시간과 비용이 있는가? 학습자는 누구인가? 이러한 수업자료를 완성할 만한 충분한 인력이 있는가? 등과 같이 수업설계의 단계별로 해야 할 일에 대해 질문하고 답을 찾아갈 것을 강조한다. 둘째, 절차 기반의 설계라기보다는 과정 기반의 설계이다. 전통적인 ISD 모형은 일련의 절차를 규정하고 그 절차를 따라가는 반면, 다층협상 모형은 수업설계 과정의 의사결정과정을 강조한다. 성찰을 강조한 학습자 중심 설계과정에서 의사결정 활동은 수업자료 설계와 개발에 기여하는 지식을 만들어가는 데 중요한 측면이 된다. 설계의 전체 과정이 분리된 단계라기보다는 나선형으로 진행된다. 전통적

ISD 모형은 분석, 설계, 개발, 평가 활동이 단계별로 분리되어 있지만, 본 모형에서는 하나의 수준에서 일련의 단계를 통해 진행하여, 자료를 기반으로 단계를 뛰어넘어 의사결정을 시도해 나선형으로 돌아보고 세밀한 부분을 덧붙이는 식으로 진행한다. 다층협상 모형을 도식화하면 다음 [그림 7-4]와 같다.

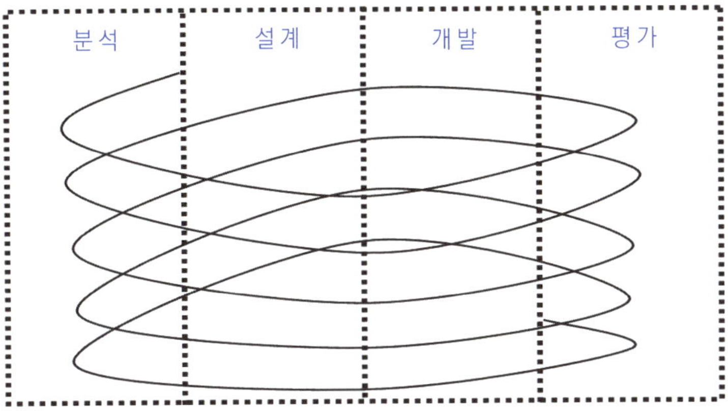

[그림 7-4] 다층협상(Layers of Negotiation) 모형(Cennamo, Abell & Chung, 1995)

심화학습

◈ 다양한 수업체제설계 모형

브리그스 학교중심 수업체제설계 모형

브리그스(Brrigs, 1970)는 유치원, 초중등학교에서 활용할 수 있는 ISD 모형을 개발하였다. 이 모형은 교육프로그램이나 코스 설계 시 유용하다(Richey, 1988: 박성익 외, 2003 재인용). 브리그스의 모형은 수업내용의 구체적인 계열화를 포함하고 있지는 않지만, 코스나 프로그램의 개발 시 고려해야 하는 요소들을 체계화하였다. 학습자의 능력을 고려하는 점이 우수하며, 각 단계별로 프로그램에 대한 평가 자료를 수집할 수 있어 초기 프로그램의 목적에 비추어 효과성과 효율성을 증진시킬 수 있는 모형이다.

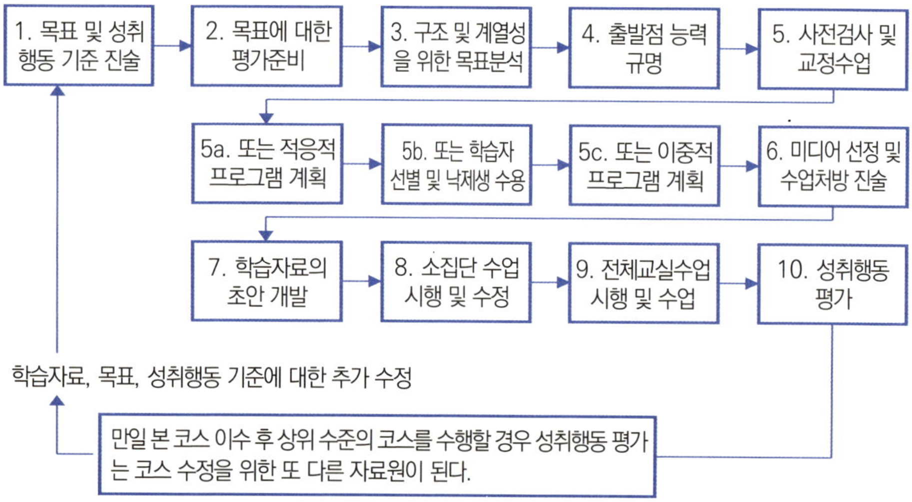

[그림 7-5] Brrigs(1970)의 학교중심 수업체제설계 모형

켐프 모형

켐프(Kemp, 1985)는 수업설계가 교육공학의 핵심임을 강조하면서, 기존의 수업체제설계 모형이 주로 박스와 화살표로 이루어진 논리적 흐름도의 형식으로 지나

치게 분절적이라고 지적하였다. 그는 수업설계 과정의 순환성을 강조하면서 다음과 같은 타원형의 모형을 개발하였다. 초기 모형을 보완하여 개발된 새로운 모형에는 바깥 원에 계획, 실행, 프로젝트 관리, 지원서비스 등의 과정 요소가 추가되었다. 이 모형의 요소들은 사전에 결정된 순서나 절차에 구속되지 않고 실제 수업상황에 따라 융통성 있게 변화시켜 사용할 수 있다. 즉 학습자의 요구가 분명할 때는 수업문제, 과제분석 등의 요소를 생략할 수도 있다. 기존 켐프의 모형은 다른 모형과 달리 '학습자'의 관점을 강조하고 있으며, 기존의 모형들의 체계적 접근의 한계점을 체제적 접근으로 발전시킨 모형으로 평가받고 있다.

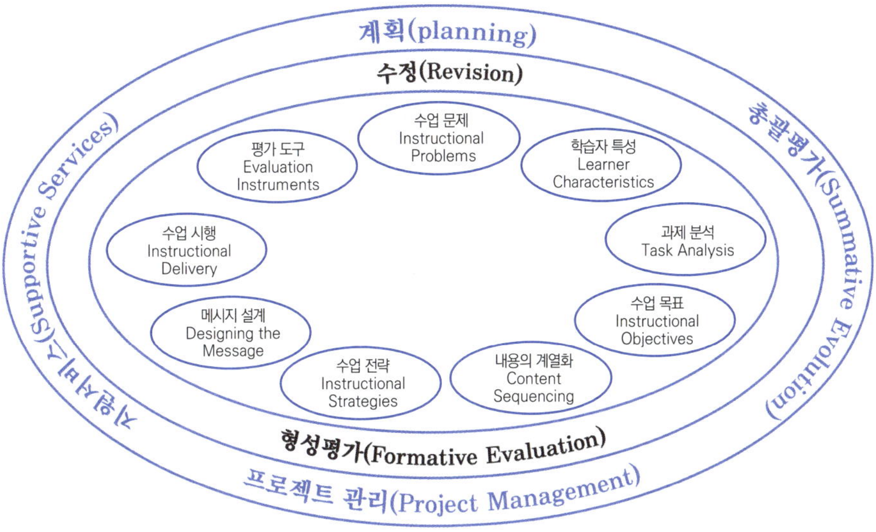

[그림 7-6] Morrison, Ross, & Kemp(2004)의 수업체제설계 모형

R2D2 모형

R2D2 모형은 Recursive, Reflective Design and Development를 줄여 표현한 것으로 윌리스(Willis)에 의해 1995년에 처음 소개되었다(Willis, 1995). R2D2 모델은 순환, 성찰, 비선형, 참여적 설계라는 4가지 중요한 원리를 가지고 있다. 첫째, 순환적이다. 설계자는 수정이나 개선이 필요할 때 산출물의 설계 및 개발 과정 중 어느 단계에서든 이전 단계로 되돌아가 재검토할 수 있다. 둘째, 성찰적이다.

일반적으로 기술-논리적 접근을 기반으로 한 설계는 개발자에게 미리 정해진 규칙을 따르도록 처방하지만, 성찰적 접근법은 사전에 규정된 것에 의존하기보다 설계자가 다양한 자원을 탐색하고 피드백과 아이디어를 깊이 있게 검토하는 것을 중시한다. 이는 카오스 이론에서 유래한 것으로, 정해진 순서를 따라야 하는 선형적 절차 대신 미리 결정된 순서에 구애받지 않고 접근할 수 있는 여러 초점 영역들을 제시한다. 넷째, 참여적 설계가 중요하다. 사용자들은 자신의 맥락에서 사용할 때 가장 효과적이므로 설계와 개발의 모든 과정에 적극 참여해야 한다.

매체 일반 수업체제설계 모형: ASSURE 모형

step 1	Analyze Learners (학습자분석)
step 2	State Objectives (목표 진술)
step 3	Select Methods, media, and Materials (매체 및 자료 선정)
step 4	Utilize Media and Materials (매체 및 자료 활용)
step 5	Require Learner Participation (학습자 참여 유도)
step 6	Evaluation and Revise (평가와 수정)

ASSURE 모형

온라인 수업체제설계 모형: CAFE 모형(Wang, 2021)

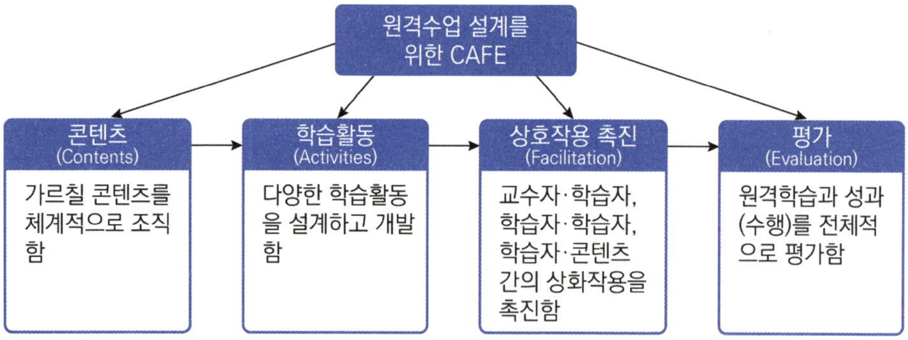

토론수업 수업체제설계 모형(최욱, 2017)

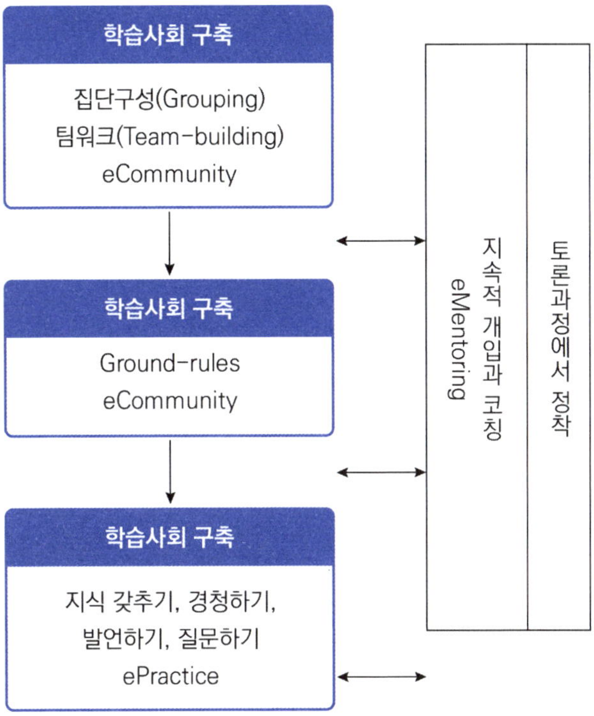

참고문헌

김대현, 왕경순, 이경화, 이은화(1999). 프로젝트 학습의 운영. 서울: 학지사.

김종량(1991). 교육공학: 수업공학의 이론 및 실제. 서울: 문음사.

박성익 외(2007). 교육방법의 교육공학적 이해. 서울: 교육과학사.

최욱(2017). 교실 및 온라인 토론수업을 위한 준비 수업체제 (Preparatory Instructional System) 설계모형 개발. 교육방법연구, 29(4), 677-705.

한국교육공학회(2005). 교육공학 용어사전. 서울: 교육과학사.

한국교육학술정보원(2001). ICT 활용 수업학습 방법 연구: 중학교 과학교과를 중심으로. 연구보고 KR 2001-2.

함영기(2002). 바람직한 ICT 활용교육 이론과 실제. 서울: 즐거운 학교.

Alessi, S. M., Trollip, S. R. (2001). *Multimedia for Learning: Methods and Development* (3th Ed.). Allyn & Bacon. 김동식, 박인우(역)(2003). 멀티미디어와 학습. 서울: 아카데미프레스.

Cennamo, K. S., Abell, S. K., & Chung, M, L. (1996). A "layers of negotiation" model for designing constructivist learning materials. *Educational Technology, 36*(4), 39-48.

Dick, W., & Carey, L. (1990). *The systematic design of instruction* (3rd Ed.). Harper Collins Publishers. 김형립, 김용칠, 김동식(역)(1994). 체제적 교수설계. 서울: 교육과학사.

Dick, W., Carey, L., & Carey, J. O. (2001). *The systematic design of instruction* (5th Ed.). Allyn & Bacon. 최수영, 백영균, 설양환. (역) (2003). 체제적 교수 설계. 서울: 아카데미프레스.

Dorsey, L. T., Goodrum, D. A., & Schwen, T. M. (1997). Rapid collaborative prototyping as an instructional development paradigm. In C. Dilla, & A. romiszowski (Eds.), *instructional design paradigms,* 445-465.

Hannafin, M. J. & Hill, J. R. (2007). Epistemology and the design of learning environments. In R. Reiser, & J. Dempsey(2007), *Trends and issues in instructional design and technology.* New Jersey: Prentice-Hall.

Heinich, R., Molena, M., Russell, D., & Smaldino, S. E. (2002). *Instructional media and technologies for learning* (6th Ed.). Englood Cliff, NY: Prentice Hall.

Kemp, J. E. (1985). *The instructional design process.* NY: Harper & Row.

Morrison, G. R., Ross, S. M., & Kemp, J. E. (2004). *Designing effective instruction* (4th Ed.). Hoboken, NJ: John Wiley & Sons, Inc.

Papert, S. (1980). *Mindstorms: Children, computers and powerful ideas.* NY: Basic Books.

Tripp, S. D., & Bichelmeyer, B. (1990). Rapid prototyping: An alternative instructional design strategy. *Educational Technology Research and Development, 38*(1), 31-44.

van Merrienboer, J. J. G. (1997). *Training complex cognitive skills: A four-component instructional design model for technical training.* Educational Technology Publications,

Inc. 김동식, 노관식, 김지일, 김경(역)(2005). 인지과학적 구성주의 기반의 4C/ID 모형. 서울: 아카데미프레스.

Wang, C. X. (2021). CAFE: An instructional design model to assist K-12 teachers to teach remotely during and beyond the COVID-19 pandemic. *TechTrends, 65*(1), 8-16.

Willis, J. (1995). A recursive, reflective instructional design model based on constructivist-interpretivist theory. *Educational Technology, 35*(6), 5-23.

CHAPTER 08 수업분석

본 장에서는 교수체제설계의 기본 과정인 분석, 설계, 개발, 실행, 평가 중에서 분석(Analysis)에 대하여 보다 상세하게 살펴보고자 한다. 분석에는 요구분석, 학습자분석, 환경분석, 과제분석, 학습목표분석 등이 포함된다. 이와 같은 분석을 '전단분석(front-end analysis)'이라고도 하며 '광의의 요구분석'이라고도 한다(한정선 외, 2008). 본 장에서는 수업을 체제적으로 설계하기 위해 분석해야 할 여러 세부 분석을 포괄하여 수업분석으로 제시하고자 한다.

앞 장에서 살펴본 바와 마찬가지로, 수업분석을 하기 위한 과정에서도 객관주의 관점과 구성주의 관점은 분석활동의 강조점이 다르다. 교육 현장에서 많이 활용되고 있는 수업분석은 ADDIE 모형의 수업분석 방법이다. 이 모형은 객관주의 관점을 바탕으로 개발된 교수설계 모형으로서, 구성주의적인 수업을 설계하기 위한 분석 과정에는 적합하지 않을 수 있다. 기본적으로 ADDIE 모형을 바탕으로 객관주의 수업분석의 세부 분석인 요구분석, 학습자분석, 환경분석, 과제분석, 학습목표분석을 살펴보고, 구성주의 수업분석 활동에서 고려되어야 할 학습자분석과 과제분석의 요소들은 심화학습에서 살펴본다.

주요내용

1. 요구분석
2. 학습자분석
3. 환경분석
4. 과제분석
5. 학습목표분석

심화학습: 구성주의 수업분석

학습목표

1. 요구분석의 개념 및 절차를 설명할 수 있다.
2. 학습자분석을 실행하고 그 결과를 수업에 적용할 수 있다.
3. 환경분석의 주요 요소를 설명할 수 있다.
4. 과제분석을 실행하여 수업내용을 구조화할 수 있다.
5. 학습목표영역에 따라 적절하게 학습목표를 진술할 수 있다.

1. 요구분석

1) 요구분석의 개념

요구(needs)란 최적의 수행과 실제 수행 사이의 격차를 의미한다. 다시 말해 최적의 수행, 즉 바람직한 상태(what should be: desired states)와 실제 수행, 즉 현재의 상태(what it is: current states) 사이의 차이(gap)를 요구라 한다. 요구는 현재의 문제(problem)로 규명될 수도 있지만, 앞으로 다가올 미래의 기회(opportunity)로 규명될 수도 있다.

요구분석이란 이 두 수행상의 차이가 무엇인지 근본적인 원인을 찾아내고, 그 원인을 해결할 수 있는 방안을 찾는 것이다. 차이의 근본적인 원인을 규명하면 조직의 한정된 자원을 합리적으로 분배하기 위한 우선순위를 결정할 수 있다. 요구분석의 결과로 프로그램의 목적(goal)을 도출할 수 있다.

요구분석의 의의는 이상적인 수행 수준(교육목적), 실제적인 수행 수준(교육실태), 이 둘 간의 차이, 원인, 해결방안을 구체적으로 규명할 수 있기 때문에 모든 문제를 교육으로 해결하려 하기보다 근본적인 원인에 대한 다각적인 방안의 제시가 가능하다는 점에 있다. 요구분석에 따라 근본적인 원인이 밝혀지면 그에 따른 해결방안을 구체적으로 개발할 수 있다. 일반적으로 모든 문제를 교육으로 해결하려는 경향을 보이는 조직의 특성을 고려할 때, 요구분석은 문제해결의 효과성과 효율성을 높이는 최선의 방법이다. 이에 현장의 문제를 해결하고, 교육 프로그램의 교육목표를 설정하고 교육내용을 결정하기 위해 수업설계 전에 요구분석을 필수적으로 수행해야 한다. 다음은 조직에서 요구분석을 통해 규명할 수 있는 원인과 그에 따른 해결방안의 예시이다(Rossett, 1987).

〈표 8-1〉 요구분석을 통해 규명된 문제의 원인과 그에 따른 해결방안

원인	해결방안
기술 및 지식의 부족	교육, 작업 명세서의 작성
열악한 환경	작업도구 개선, 작업환경 개축
부적절한 보상체계	정책 개선, 보상체계 개선
동기 저하	교육, 정보 제공, 코칭

2) 요구분석의 절차

요구분석을 실시하기 위한 절차는 다음과 같다(최정임, 2002; 한국교육공학회, 2005).

(1) 1단계: 요구분석의 상황 분석

왜, 어떤 점 때문에 요구분석이 필요한지에 대한 배경적 정보를 파악하고, 요구분석을 통해서 궁극적으로 무엇을 달성하려고 하는지, 어떤 정보를 얻고 어떤 사항들을 고려해야 하는지 개괄적인 정보를 파악하는 것이다. 흔히 교육에서 요구분석을 수행하는 상황은 크게 3가지 유형이 있다. 첫째, 업무 수행상의 문제 발생, 둘째, 새로운 체제나 기술의 도입, 셋째, 자동적 습관적인 교육관행이다. 이와 같은 요구분석의 수행상황에 따라 요구분석을 통해 분석해야 할 정보의 종류 및 목적이 달라질 수 있으므로 어떤 유형에 속한 상황인지 파악하는 것은 중요하다. 또한, 이와 더불어 시간이나 자원의 제약은 어떠한지, 누구로부터 정보를 얻어 낼 수 있는지와 같이 요구분석 수행에 영향을 미칠 수 있는 환경을 분석하고 이해하는 것도 필요하다.

(2) 2단계: 요구분석의 목적 결정

요구분석의 상황에 대해 파악이 된 후엔 요구분석을 통해 파악하고자 하는 정보

가 무엇인지 요구분석의 목적을 결정한다. 요구분석의 목적은 불확실한 문제의 본질을 규명하고, 그 문제를 해결하기 위한 가장 적절한 방안을 찾아내는 것이다. 요구분석을 통해 추구해야 할 목적은 다섯 가지 유형으로 구분할 수 있는데, 첫째, '직무에서 요구하는 최적의 업무 수행 또는 지식은 무엇인가?', 둘째, '실제 또는 현재 수행되고 있는 업무 또는 지식은 무엇인가?', 셋째, '학습자와 교육관련자의 문제와 관련된 느낌은 무엇인가?', 넷째, '문제의 원인은 무엇인가?', 다섯째, '문제를 해결하는 방안은 무엇인가?'이다. 각 유형별 구체적 내용은 다음 〈표 8-2〉와 같다. 요구분석의 목적은 요구분석의 상황과 밀접한 관련을 갖는다. 업무 수행상의 문제라면 5가지 목적 모두를, 새로운 체제나 기술의 도입이라면 최적, 느낌, 해결을, 습관적 관행이라면 5개 목적 모두, 또는 최적, 느낌, 해결을 파악하는 것을 목적으로 둘 수 있다.

〈표 8-2〉 요구분석의 목적

목적의 유형	주요 내용
최적 (optimals)	업무 수행의 바람직한 상태 또는 최적의 상태를 말한다. 요구분석 과정에서 직무 수행의 바람직한 상태가 무엇인지를 설정해야 현재 상태 대비 무엇이 '문제'인지 정확히 진단할 수 있다.
실제 (actuals)	현재의 업무가 수행되고 있는 상태 또는 업무를 수행하는 자가 알고 있는 지식 또는 할 수 있는 것에 대한 정보이다. 이를 파악해야 최적의 상태와의 격차를 찾아낼 수 있다.
느낌 (feeling)	문제나 업무, 이와 관련된 구성원들이 '문제'에 대해 갖고 있는 의견을 파악하는 것이다. 구성원이 갖고 있는 생각과 느낌은 문제를 해결하고 실행하는 데 실질적인 도움을 줄 수 있다.
원인 (causes)	무엇이 문제를 발생시키는지에 대한 정보이다. 문제에 대한 근본적인 원인이 무엇인지를 파악하면, 문제에 대한 해결 대안을 설정하는 데 도움이 된다. 원인에 대한 파악이 미흡할수록 해결 대안에 대한 방향을 설정하는 것이 어려워질 수 있다.
해결방안 (solutions)	문제의 원인이 파악되면, 이를 기반으로 문제를 해결하는 방안이 제시되어야 한다. 해결방안은 궁극적으로 요구분석을 통해 얻고자 하는 최종적인 정보로, 교육적인 대안과 교육 외적인 대안을 모두 제시하여 문제의 체계적인 해결방안을 마련하는 것이 바람직하다.

출처: 'Training needs assessment' by A. Rossett (1987)

(3) 3단계: 정보의 출처 확인

요구분석의 목적이 결정되면, 누가 필요한 정보를 가지고 있는지 정보의 출처를 확인해야 한다. 요구분석의 목적을 달성하기 위해 가장 정확한 정보를 제공해 줄 수 있는 사람이나 장소 또는 대상과 원천을 확인한다. 정보는 어디에 있고, 누구에게서 얻을 수 있는지, 누가 요구분석의 과정을 알 필요가 있는지 등을 고려하여 가장 최적의 정보출처를 확인하고 정보원을 선정한다.

(4) 4단계: 요구분석의 도구 선정

요구분석의 목적을 달성하기 위해 어떤 방법으로 요구를 도출할 것인지 결정해야 한다. 요구분석 도구는 요구분석의 목적에 따라 다르게 선정될 수 있는데, 최적, 원인, 해결방안을 찾을 때 면담이나 그룹회의가 적절하다. 특히 문제의 원인을 파악할 때는 면담 대상자와의 밀접한 관계를 먼저 수립해야 한다. 실태를 파악할 때는 현존자료분석, 관찰, 무기명 설문이 적절하고, 느낌과 해결방법의 우선순위를 파악해야 하는 경우에는 면담이나 그룹회의, 무기명 설문조사가 적절하다.

(5) 5단계: 요구분석 계획

본격적으로 요구분석을 실행하기 전에 요구분석 계획을 수립해야 한다. 요구분석 계획서를 작성을 통해 요구분석 실행을 구체화할 수 있고, 상사의 승인과 협조를 구할 수 있다. 요구분석 계획에는 문제상황, 요구분석의 목적, 요구분석 절차, 요구분석 도구, 실행일정 등이 포함되어야 한다.

(6) 6~7단계: 요구분석의 실행 및 보고

요구분석 계획에 따라 요구분석을 실행하여 양적, 질적자료를 수집한다. 수집된 자료를 최적, 실제, 느낌, 원인, 해결방안으로 분석하고, 이를 토대로 해결방안에 대한 대안을 제시하고, 해결방안의 우선순위를 제시함으로써, 의사결정에 도움을 줄 수 있도록 보고한다.

한편, 학교상황에 따른 교수학습 차원의 요구분석의 과정은 다음과 같다. 우선,

교수학습 차원에서 요구분석이 필요한 상황은 현재의 학습목적이 성취되지 않고 있을 경우, 현재의 수업이 비효과적이거나 비효율적인 경우, 현재의 수업이 학습자의 흥미를 끌지 못할 경우, 새로운 학습목적이 추가될 경우, 학습 집단의 크기에 변화가 올 경우 등이 있다.

학교상황에 따른 교수학습 차원의 요구분석 절차는 다음과 같다.

① 현 교육 체제의 목적을 파악한다.

② 학습자들이 교육 체제의 목적을 이미 얼마나 성취하였는지 평가한다.

③ 학습자들이 현재 할 수 있는 것과 바람직한 미래 상태에서 할 수 있어야만 하는 것 사이의 차이를 규명한다.

④ 가장 중요하고 주의를 기울여야 하는 차이부터 우선순위를 결정한다(차이의 크기가 큰 사항, 목적의 중요도가 큰 사항, 영향을 받을 학생의 수가 많은 경우, 목적달성에 큰 영향을 미칠 사항, 차이를 줄일 가능성이 높은 사항을 고려한다).

⑤ 요구가 발생하는 원인을 분석하여 교육적인 요구에 대한 해결방법과 그 외 요구에 대한 해결방법을 분리한다.

⑥ 교육적 요구 해결을 위해 적절한 교육프로그램을 개발한다.

2. 학습자분석

수업설계에서 일반적으로 활용되어 온 학습자분석은 객관주의적 관점에 기반하고 있으며, 개인적 학습의 최적화를 목적으로 분석되어 왔다. 이 단계를 흔히 출발점 행동의 진단이라 부르기도 한다(박숙희 외, 2007). 출발점 행동의 진단은 학습자 간의 개인차, 즉 지적 특성, 선수학습 성취 정도, 정의적 특성, 인지유형이나 학습유형으로 나눌 수 있다. 개인의 지적인 능력인 IQ가 학습에 영향을 주는 정도는 25%에 불과한 것에 비하여 다른 사회적인 역량(social competence)이 학습에 75%의 영향을 미치기 때문에 이러한 요소들의 특성을 수업에 반영하는 것이 필요하다(Borich, 2000).

1) 학습자의 일반적 특성

학습자의 일반적 특성으로 성, 연령, 학력, 직위, 지적인 특성, 문화사회적 요인 등을 분석하여 교수설계에 반영한다. 성의 차이에 대한 연구는 다양하게 수업설계에 반영할 수 있는 요소들을 시사한다. 여자들은 감정적이고 사회적 관계에 관심을 가지는 경향이 있으며, 남자들은 자신의 성공은 능력 때문이고 자신의 실패는 노력이 부족해서라고 생각하는 경향이 있다. 성과 관련된 테크놀로지의 특성은 보다 분명한 차이를 보이는데, 남학생들이 여학생들에 비하여 보다 공격적이고 장비 사용이 뛰어나기(Swain & Harvey, 2002) 때문에 경쟁적 게임 등에서 보다 적극적으로 반응하는 경향을 보인다(Smaldino et al., 2005). 여학생들은 테크놀로지의 사회적 기능에 보다 초점을 두는 경향이 있으며(Bruner & Bennett, 1997), 테크놀로지 사용능력과 활용에 자신감이 부족하다.

2) 학습내용에 대한 기존 지식

학습내용에 대한 기존 지식은 학습자들이 학습 준비가 되었는지를 확인하는 것과 이미 목표를 성취하였는지를 확인하는 두 가지 종류의 점검이 요구된다. 선수조건은 학습자들이 수업을 시작할 때 가지고 있어야만 하는 지식을 사전에 정의하고 이를 분석하는 것이다(Newby et al., 2006). 출발점 능력이 다양한 집단을 대상으로 수업설계를 해야 할 경우 학습자 자신의 수준과 속도에 따라 학습할 수 있는 개별 수업자료를 보완해야 한다.

주제에 관하여 선수학습 정도가 미약한 학습자의 경우에는 현장체험이나 역할놀이 등을 체험할 수 있도록 구체적이고 직접적인 활동이 요구된다. 한편 수준이 높은 학습자는 보통 시청각 자료와 언어적인 자료만으로 충분하다(Smaldino et al., 2005).

3) 학습동기

동기는 '목표 지향적인 활동을 유발하고 유지하는 과정'(Pintrich & Schunk, 1996)

과 관련하여 사람들이 무엇을 할 수 있는가보다는 무엇을 하고자 하는가와 관련된다. 동기는 학습자들이 원하는 특정 수업목표를 강조하고 이러한 목표에 도달하도록 학습자들의 노력을 증대시켜 학습에 직접적으로 영향을 준다. 내재적 동기는 신기함과 과제에 대한 도전 같은 경험이나 과제 그 자체에 의해 만들어지는 것이며, 외재적 동기는 성적이나 인정과 같은 경험과 과제와 직접 관련이 없는 것으로 만들어지는 요인이다. 내재적 동기와 외재적 동기는 서로 다른 차원으로 구분하여 학습자의 수준을 분석할 수 있다. 일반적으로 내재적 동기와 외재적 동기는 모두 유용하지만 내재적 동기가 학습에 더욱 효과적이다(Newby et al., 2006). 학습자들의 동기로 수업에 대한 외재적 요구나 내재적 요구를 결정할 수 있으며, 어떠한 강화의 종류를 사용할 것인지를 의사결정할 수 있다. 내재적 동기와 관련된 수업전략은 다음과 같다(Eggen & Kauchak, 2001). 첫째, 도전전략은 활동의 난이도 수준을 개별 학습자들의 요구에 부합하도록 즉각적으로 조절하고 피드백을 제공한다. 둘째, 통제전략은 학습자들의 활동 속도를 조절하고 학습자들이 받는 도움의 양과 유형에 변화를 줌으로써 자신의 학습을 통제하도록 허용하는 것이다. 셋째, 호기심의 전략은 학생들에게 독특하고 신기하면서 이미 가지고 있는 생각과 일치하지 않는 다양한 상황을 제시하는 것이다. 넷째, 자신감의 전략은 학습의 성공에 도움이 되고 자신의 능력에 대한 자신감을 개발할 수 있는 안내와 도움을 제공하는 것이다. 켈러(Keller)의 ARCS 모형을 수업설계에 반영하는 것도 고려할 수 있다.

4) 학습유형

학습자들은 동일한 능력을 가지고 있지 않으며, 동일한 방식으로 학습하지 않는다(Gardner, 1999). 때문에 수업설계자는 상이한 학습유형들을 알고 있어야 하며 가능한 다양한 수업 상황을 제공하는 것이 필요하다. 교수자, 수업설계자, 매체전문가는 학습자들의 상이한 측면의 지능을 개발할 수 있는 교육프로그램을 설계하기 위해 협력해야 한다. 각 학습자들은 학습유형에 있어서 강점과 약점이 서로 상이하기 때문에 그들에게 다양한 학습방법과 다양한 표상을 활용하는 테크놀로지들이 제공되도록 설계되어야 한다.

장의존형(Field-Dependent)과 장독립형(Field-Independent)의 인지유형에 따르면, 전체적인 지각의 장에 의해 영향을 받는 총체적 인지유형인 장의존형과 달리 장독립형은 외적 단서를 무시하고 분절적으로 인지하는 유형이다(강이철, 2001).

콜브(Kolb)는 학습을 경험을 통한 지식 획득과정으로 보고, 학습자가 정보를 지각하고 처리하는 선호방식에 따라 조절자(Accommodator), 수렴자(Converger), 동화자(Assimilator), 확산자(Diverger)의 네 가지 유형을 분류하였다. 조절자는 경험과 직관을 중심으로 실천적 학습을 선호하여 현장체험이나 실험, 역할 놀이 등의 학습전략을 활용하는 것이 좋다. 수렴자는 아이디어를 실제 적용하고 문제를 해결하는 것에 관심을 가지므로, 기술적 과제수행, 실험, 실천적 프로젝트 등의 학습전략을 활용하는 것이 좋다. 동화자는 이론적 모형의 창안과 여러 가지 관찰을 통한 분석적 사고에 능해, 이론 정리, 모델 분석, 계획수립, 강의 등의 학습전략을 활용할 수 있다. 확산자는 관찰과 반성을 중심으로 상상력이 풍부하고 아이디어를 만드는 것을 좋아해, 다양한 관점에서 아이디어를 탐색하거나, 브레인스토밍, 토론, 사례분석 등의 학습전략을 활용할 수 있다(Kolb, 1984).

외향성(Extraversion)과 내향성(Introversion)으로 학습유형을 구분하기도 한다. 외향적인 학습자는 사람들과의 상호작용, 활동적 경험을 통해 학습하고, 새로운 상황을 선호하고, 토론하면서 사고가 정리되는 경향이 있어, 빠른 정보 처리를 필요로 하는 과제나 문제해결 중심 활동이나 사회적 판단이나 행동 판단 등의 상호작용 과제에 효과적이고, 내향적 학습자는 조용히 관찰하고 스스로 생각을 충분히 정리하는 표현하는 경향이 있어 개별학습, 자기주도학습, 충분한 준비 시간 후 토론 참여 등의 학습전략이 효과적이다.

정보를 처리하는 감각채널을 고려한 학습유형은 시각적(Visual), 청각적(Auditory), 감각운동적(Kinesthetic) 학습자로 구분한다. 시각적 학습자는 보는 것을 통해 가장 잘 학습하며 공간적 관계에 유능하고 정보를 기억하기 위해 이미지나 색상을 잘 활용한다. 이들에게는 그래픽, 그림, 애니메이션, 비디오나 다른 시각적 유형의 정보를 제시하거나, 마인드맵, 다이어그램, 플로우챠트, 프레젠테이션 등 시각적 자료를 활용한다. 청각적 학습자는 듣기와 말하기를 통해 가장 잘 학습하며 어학

기능이 강하다. 이해의 방법으로 남의 생각을 묻거나 이야기한다. 이에 질의응답, 발표, 토론, 그룹학습, 소리내어 읽기, 녹음 후 듣기 등의 학습전략을 활용하는 것이 효과적이다. 감각 운동적 학습자는 자신이 실제 활동을 경험하고 수행할 때 가장 잘 학습하며 통합을 잘한다. 자신의 환경을 직접 탐색하는 것을 선호한다. 이들에게는 역할극, 실험, 현장체험, 모형 제작 및 실습활동 등과 같이 직접적인 학습활동을 조작하도록 하는 것이 유용하다.

그레고크(Gregorc)의 사고유형(mind style)(1982)은 학습자를 지각방식에 따라 구체적(Concrete)과 추상적(Abstract), 처리방식에 따라 순차적(Sequential)과 임의적(Random)으로 구분하여 4가지 사고 유형으로 제시하였다. 구체-순차형(CS) 학습자들은 논리적 순서로 제시된 직접적인 체험적 경험을 선호하기 때문에 워크북, 프로그램학습, 시연, 구조화된 실험실습 등의 방법으로 가장 잘 학습한다. 구체-임의형(CR) 학습자는 시행착오적 접근, 탐구적 경험으로 빠르게 결론 내리는 경향을 보인다. 그들은 게임이나 시뮬레이션, 독립적인 연구 프로젝트, 발견학습 같은 방법을 선호한다. 추상-순차형(AS) 학습자들은 논리적 계열로 제시될 때 언어적 상징적 메시지를 잘 해석하고 이론적 개념을 선호하므로, 강의, 독서, 토론, 논리적 모델 정리 등의 방법을 선호한다. 추상-임의형(AR) 학습자들은 감정적이고 대인관계를 중시하여 사람들이 하는 설명이나 의미를 잘 추출한다. 그들은 메시지뿐만 아니라 화자의 음성의 변조나 스타일에도 민감하게 반응하기 때문에 집단 토론, 스토리텔링, 사례기반학습 등의 방법으로 잘 학습한다.

5) 디지털 리터러시

전통적인 문해력(literacy)은 읽고 쓰는 능력을 의미하였지만, 디지털 시대에서는 문해력이 확장되어 디지털 정보의 사용능력과 ICT 및 테크놀로지의 사용능력 등을 포함하게 되었다. 디지털 리터러시(Digital Literacy)는 '디지털 사회 구성원으로서 자기주도적 삶을 살아가기 위해 필요한 기본 소양으로, 책임감 있고 건강하게 디지털 기술을 사용하여 디지털 자원을 탐색, 평가, 관리, 생산하고, 다른 사람들과 소통, 협력함으로써 일상생활의 문제를 해결하는 역량'(계보경 외, 2022)을 말한다.

테크놀로지 사용능력(technology literacy)은 '학습, 생산성, 수행을 향상시키기 위해 컴퓨터와 다른 매체 등을 사용할 수 있는 기술과 능력'(미국 교육부, 1996)을 의미한다. AI시대에 디지털 리터러시는 학습을 위한 기본 역량으로, 학습자들이 디지털 리터러시 역량을 갖추고 있는지 점검하고 이에 맞춰 테크놀로지를 지원하는 것은 중요하다. AI시대에는 디지털 리터러시에 더해 AI가 어떻게 작용하는지 이해하고 AI를 비판적으로 평가하고 책임있게 활용할 수 있는 AI리터러시 역량도 요구되고 있다. 학습자들의 디지털 리터러시 역량은 기존의 평가도구를 활용해 점검할 수 있다. 이는 학생들이 디지털 환경 및 에듀테크에 대해 얼마나 잘 알고 있는지를 확인하는 것이 목적이며 이에 적합한 에듀테크를 선택하여 학생들과 친숙한 활동을 설계하며 수업과 관련하여 학생들이 요구하는 방식으로 테크놀로지를 지원할 수 있다.

6) 과제에 대한 태도

학습자들은 배우게 될 내용이나 전달 방법에 대하여 선입견이 있을 수 있다. 수업설계자는 학습 표본 집단을 통하여 교수에서 다루게 될 내용에 대한 사전 경험과 지식뿐만 아니라 태도를 파악해야 하며 특히 전달될 방법에 대한 학습자의 기대를 파악하는 것도 필요하다(Dick & Carey, 2001).

교과에 대한 태도가 무관심하다면 학습자의 흥미를 높이기 위한 설계가 보완되어야 한다. 관련 동영상이나, 시뮬레이션, 게임 등을 통해 자극을 주는 수업을 고려할 수 있다(Smaldino et al., 2005).

3. 환경분석

교육이 수행될 맥락과 조건을 파악하는 환경분석은 교수학습이 실행될 물리적, 기술적, 조직적, 사회문화적 환경을 체계적으로 파악하는 과정이다(Morrison, Ross, & Kemp, 2007). 교수학습이 수행될 공간 수행될 공간, 교수학습에 사용 가능한 자원, 기술 및 인프라, 조직의 지원 체계 및 제도적 제약 등을 분석하여 실제 교육이 실행 가능한 실행조건을 확인하는 것이다. 환경분석을 통해 분석해야 하는 요소는 구체적으로 다음과 같다. 첫째, 물리적 환경에 대한 분석이다. 교수학습이 수행될 장소, 교실 공간, 책걸상 형태 및 배치, 조명, 소음 등 물리적 조건 등을 파악한다. 둘째, 기술적 환경에 대한 분석이다. 인터넷, LMS, 디바이스, 소프트웨어 및 에듀테크 등 사용 가능한 정보통신기술 및 인프라를 파악한다. 셋째, 조직 및 제도적 환경을 파악한다. 기관의 운영방식 및 리더십, 예산지원, 교육정책 및 제도 등을 파악한다. 넷째, 사회문화적 환경을 파악한다. 학습자 및 조직의 문화, 가치관, 태도 등을 파악한다. 환경분석은 단순히 조건에 대한 분석 차원이 아니라, 수업을 설계할 때 수업의 효과성과 실행력을 담보하는 실천적 핵심요소가 될 수 있다.

4. 과제분석

1) 과제분석의 개념

과제분석이란 학습자가 학습의 결과로 획득하게 될 지식의 다양한 유형에 따라 학습내용의 요소와 단위를 결정하고 이를 계열화하는 것이다. 즉, 학습자가 수행해야 할 수행목표를 도출하고, 그 수행을 가능하게 하는 지식, 기술, 태도 등의 하위기능을 논리적, 위계적으로 분석하여, 수업내용에 대한 정보를 제공하기 위한 활동이다. 이를 통해 학습목표를 도출하고, 수업전략을 결정하고, 평가기준의 수립하는 등의 수업설계를 위한 기초자료를 제공할 수 있다.

과제분석의 실행은 크게 교육 프로그램의 목적분석(goal analysis)과 하위기능분석(subordinate skills)의 두 단계로 구분할 수 있다. 우선, 목적분석에서는 요구분석에서 도출된 교육프로그램의 교수목적(instructional goal)을 위해 어떤 유형의 학습이 일어날 것인지 학습영역(learning domain)을 분류하고, 교육프로그램의 목적을 실행하는 데 필요한 주요 단계들을 분해한다. 이때 목적을 달성하기 위해 학습자가 수행해야 할 행동을 확인하며 학습자가 무엇을 할 수 있어야 하는가에 초점을 두어 분해한다. 두 번째 하위기능분석 단계에서는 분석할 과제가 어떤 학습 영역인지 파악하고 학습목표 유형에 따라 적절한 하위기능분석 유형을 선택하여, 목표를 달성하기 위한 하위기능(sub-skills)을 단계별로 분해한다. 하위기능분석 시 상위기능이 성취되기 위한 선행조건을 아래로 내려 논리적 위계 구조로 도식화해 가면서 단계별로 구조화시킬 수 있다. 분석된 결과는 수업전략 설계에 적용 가능한 형태인지 검토하고, 학습목표, 교수방법, 평가도구로 확장 가능한지 확인하며, 동료 또는 전문가의 검토를 받아 누락된 요소나 비논리적인 흐름이 있는지 점검한다.

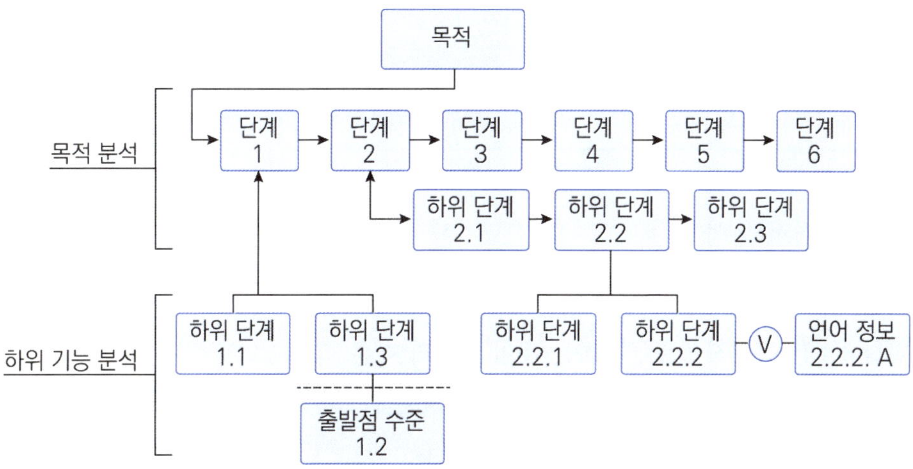

[그림 8-1] 과제분석 과정의 요소들

출처: 'The systematic design of instruction' by Dick, L. Carey & Carey (2015)

과제분석이 적절하게 이루어지지 않으면 교수자는 학습자에게 무엇을 가르쳐야 할지 정확하게 파악하기 어렵고, 최적의 수업전략도 수립할 수 없다(김신자, 1999). 과제분석을 통하여 성취목표를 확인할 수 있고, 교육요소나 목표들 중에서 불필요한 것은 제거할 수 있으며, 계열화 및 조직화가 가능하고, 수업의 관련자들과 의사소통이 원활해지며, 교육비용 절감의 효과를 볼 수 있고, 부적절한 수행을 개선시킬 수 있다(박성익, 1997).

2) 과제분석의 하위기능분석 유형

최종의 학습목적 성취를 위해 요구되는 각 세부 단계를 분석하는 하위기능분석을 하는 방법으로는 위계적 분석(hierarchical analysis), 절차적 분석(procedural analysis), 군집적 분석(cluster analysis), 통합적 분석(combining analysis)이 있다. 학습목표의 유형에 따른 하위기능분석 방법은 다음 〈표 8-3〉과 같다(Dick & Carey, 2001).

〈표 8-3〉 학습목표 유형과 하위기능분석 유형

학습목표 유형	하위기능분석 유형
지적기능	위계적 분석
운동기능	절차적 분석
언어정보	군집적 분석
태도	절차적, 위계적, 군집적의 통합적 분석

(1) 위계적 분석

학습목표가 지적기능의 영역일 때 사용하는 분석법이다. 즉 하나의 학습과제나 학습요소는 독립적으로 존재하는 것이 아니라 다른 학습요소와 종적으로 연결되어 위계적 조직을 이루고 있을 때 이 방법을 쓴다. 위계적 분석을 할 때, 수업설계자는 목적의 각 단계에 대한 하위기능을 분석한다. 하나의 학습과제는 몇 개의 하위 학습과제로 분석될 수 있으며, 이들 하위 과제는 또 그 아래로 하위의 보다 세부적인 학습과제로 분석될 수 있다(변영계, 1988). 이때 상위 학습과제의 학습은 하위 학습과제가 충분히 학습되었을 경우 학습이 용이하거나 가능하다.

위계적 분석은 가네의 지적기능의 위계를 따라 분석할 수 있다. 학습자가 문제해결기능을 수행하기 위해서는 문제해결에 필요한 원리를 적용할 수 있어야 하며, 원리학습은 개념학습이 가능해야 한다. 개념학습은 변별학습을 바탕으로 한다. 최종 목표의 수준이나 성격에 따라 단위의 개수나 수준의 범위가 달라진다.

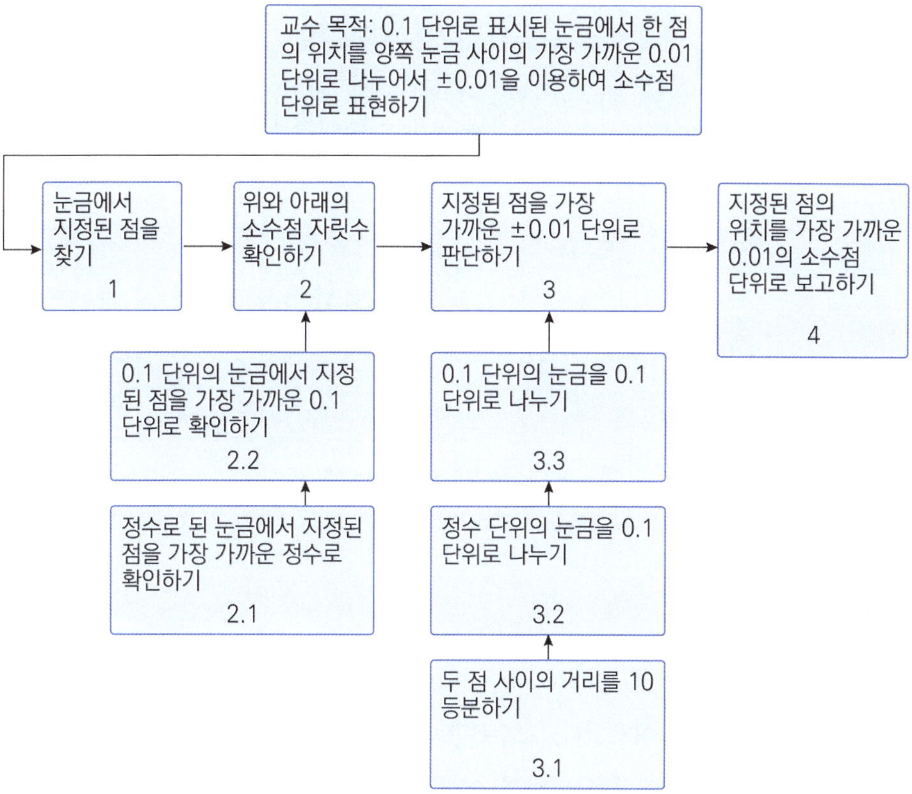

[그림 8-2] 위계적 분석의 예

출처: 'The systematic design of instruction' by W. Dick., L. Carey, & J. O. Carey (2001)

(2) 절차적 분석

절차적 분석은 운동기능과 인지전략으로 분류된 학습과제의 하위기능을 분석하는 데 활용된다. 각 단계의 기능을 학습하기 전에 먼저 습득되어야 하는 기능을 확인한 다음 하위기능들 간의 시간상의 순서를 결정한다. 다시 각 하위기능을 습득하기 위해서 학습자가 먼저 습득해야 할 하위기능을 확인하고 그들 간의 순서를 결정한다.

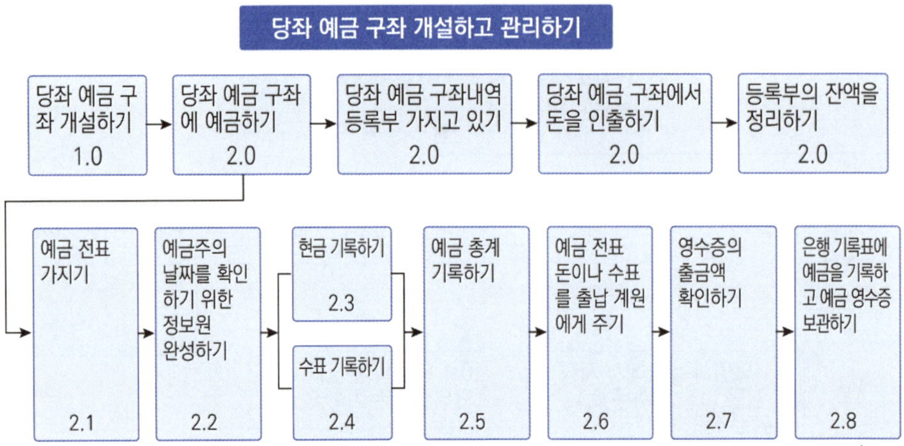

[그림 8-3] 절차적 분석의 예

출처: 'The systematic design of instruction' by W. Dick, L. Carey, & J. O. Carey (2001)

(3) 군집적 분석

언어정보를 학습자에게 습득시키는 것이 목표일 때, 그 목표의 하위기능을 분석하기 위해 군집분석을 이용한다. 교수목표를 달성하기 위한 하위 언어정보 범주를 확인하고, 각 범주에 해당하는 하위 언어정보를 군집별로 열거한다. 각 범주에 포함된 하위기능들은 상호 간에 논리적 관계나 시간상의 전후 관계를 갖지 않는다. 따라서 각 하위기능에 표시된 번호는 전후 관계나 상하 관계를 표시하는 것이라기보다는 한 범주 내에 포함될 수 있는 요소를 나타낼 뿐이다.

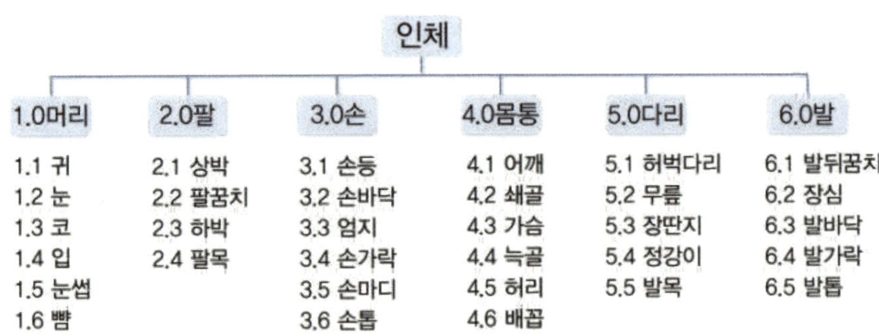

[그림 8-4] 군집적 분석

(4) 통합적 분석

통합적 분석이란 글자 그대로 위계적 분석, 절차적 분석, 군집적 분석을 동시에 활용하는 하위기능 분석법이다. 이러한 경우는 주로 태도학습 목표를 분석하는 데 활용된다. 즉, 태도학습은 학생이 지적기능이나 운동기능 또는 언어정보를 통해서 어떤 행동을 선택하는 능력이다. 따라서 태도를 보여 주기 위해서는 그것에 선행하는 어떤 하위기능을 알거나 수행할 수 있어야 한다. 통합적 분석을 수행하는 방법은 위계적 분석, 군집적 분석, 절차적 분석을 결합하여 이루어진다.

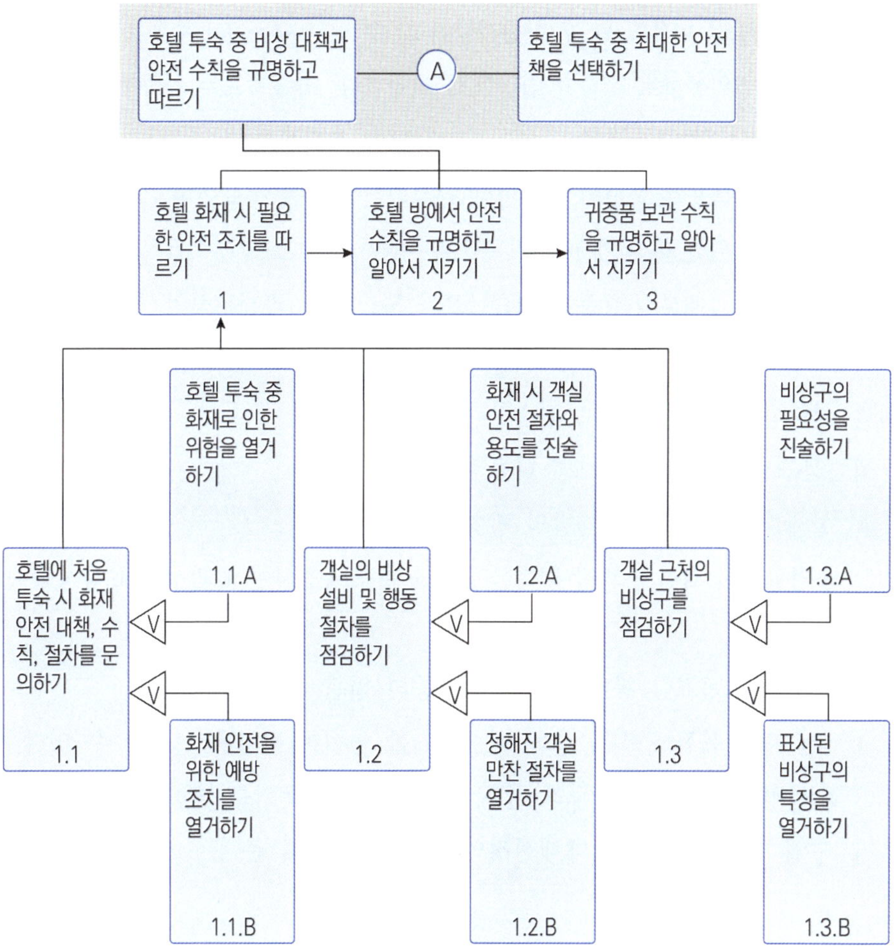

[그림 8-5] 통합적 분석 예시

출처: 'The systematic design of instruction' by W. Dick, L. Carey, & J. O. Carey (2001)

5. 학습목표분석

1) 학습목표의 개념

수업설계 시 목적(goal)이란 앞 절에서 살펴본 바와 같이 요구분석을 통해 규명되는 일반적 수준의 포괄적 진술로 프로그램목적, 교육목적 등으로 불린다. 목표(objectives)는 목적을 성취하기 위해 구체적인 수준으로 세분화되어, 측정 가능하고 관찰 가능하도록 진술된다. 목표는 학습자분석, 환경분석, 과제분석의 결과를 종합하여 불필요한 부분을 제외한 학습과제(learning task)를 바탕으로 도출된다. 학습목표는 학습을 마치고 난 후 학습자들이 할 수 있는 행동이나 수행을 객관적으로 확인 가능한 행위동사로 학습자 입장에서 진술한다. 학습목표는 최종목표(terminal objective)와 실행목표(enabling objective) 또는 중도목표(en route objective)로 구성된다. 최종목표는 학습의 단위마다 달성되어야 하는 목표이며, 실행목표는 최종목표 달성을 위한 여러 개의 하위목표로 이루어진다. 요구분석을 통해 교육목적이 도출된다면 과제분석을 통해 학습목표가 도출된다. 과제분석의 결과물인 과제목록을 바탕으로 최종목표가 결정되며, 각 과제의 구성요소인 지식, 태도, 기술에 따라 실행목표를 구체적으로 진술한다.

학습목표의 역할을 살펴보면 다음과 같다.

① 설계과정과 수업체제개발의 방향을 제시한다.

② 수업설계의 일련의 과정에 대한 의사소통을 촉진하여 효과성과 효율성을 높인다.

③ 교수자는 목표를 통해 전체 수업활동의 일관성을 유지시킨다.

④ 학습자는 목표 인식을 통해 학습동기를 높이며 방향을 설정할 수 있다.

⑤ 수업평가(준거지향평가)의 내용, 방법, 절차의 준거를 제공해 준다.

⑥ 수업내용, 수업전략, 매체선정의 지침을 제공해 준다.

2) 학습목표의 영역

학습목표를 분석하기 위해서는 과제분석에서 도출된 세부 과제들의 유형을 구분하여야 한다. 과제란 지식, 교과, 내용, 주제, 모듈 등으로 불리는데 과제의 유형이 학습의 유형을 규정하기 때문에 학습의 영역, 지식의 영역으로 구분되기도 한다. 블룸(Bloom)은 학습목표의 분류, 가네(Gagné)는 학습된 능력의 종류, 라이겔루스(Reigeluth)와 메릴(Merrill)은 학습의 유형이라고 부르기도 하였다. 블룸은 학습의 목표를 인지적 영역(cognitive domain), 정의적 영역(affective domain), 심체적 영역(psychomotor domain)의 세 가지로 구분하였다. 가네는 학습된 능력이라고 표현하였는데, 이 또한 학습목표를 분석하기 위한 과제의 유형으로 볼 수 있으며 언어정보, 지적기능, 인지전략, 태도, 운동기능으로 나뉜다. 라이겔루스는 메릴과 유사하지만 사실학습이 빠져있는 개념학습, 절차학습, 원리학습으로 구분하였고(Reigeluth, 1983), 정보 기억, 관계 이해, 기술 적용, 일반적 기술 적용의 체계로 구분하기도 하였다(Reigeluth, 1999). 메릴은 사실학습, 개념학습, 절차학습, 원리학습으로 구분하였다. 학습목표 영역의 구분은 다소 유사한 영역과 차별화된 영역을 중심으로 제시한 다음 〈표 8-4〉를 참고하여 비교할 수 있다.

〈표 8-4〉 학습목표 영역의 비교

<table>
<tr><th colspan="2">블룸</th><th colspan="2">가네</th><th>라이겔루스</th><th>메릴</th></tr>
<tr><td rowspan="8">인지적 영역</td><td rowspan="2">지식 이해</td><td colspan="2" rowspan="2">언어정보</td><td rowspan="2">개념</td><td>사실</td></tr>
<tr><td>개념</td></tr>
<tr><td rowspan="4">적용</td><td rowspan="5">지적 기능</td><td>변별</td><td rowspan="4">절차</td><td rowspan="4">절차</td></tr>
<tr><td>구체적 개념</td></tr>
<tr><td>정의된 개념</td></tr>
<tr><td>규칙</td></tr>
<tr><td rowspan="2">분석 종합평가</td><td>고차원적 규칙 (문제해결)</td><td rowspan="2">원리</td><td rowspan="2">원리</td></tr>
<tr><td colspan="2">인지전략</td></tr>
<tr><td colspan="2">정의적 영역</td><td colspan="2">태도</td><td>해당 없음</td><td>해당 없음</td></tr>
<tr><td colspan="2">심체적 영역</td><td colspan="2">운동기능</td><td>해당 없음</td><td>해당 없음</td></tr>
</table>

학습목표는 학습의 내용과 행동으로 진술되는데, 이상에서 살펴본 학습목표 영역에 따라 활용되는 행위동사에는 차이가 있다. 구체적인 영역별 행위동사를 활용할 경우 수업의 내용과 방법을 선정하기가 보다 용이하다. 다음은 학습목표 영역별 행위동사의 예시이다.

〈표 8-5〉 학습목표 영역별 동사

구분		동사
인지적 영역	지식	정의하다, 묘사하다, 확인하다, 명칭을 붙이다, 목록을 만들다, 이름을 대다, 진술하다
	이해	비교하다, 토의하다, 식별하다, 그리다, 스스로 설명하다, 예를 들다, 해석하다
	적용	풀다, 계산하다, 사용하다, 연습하다, 작성하다, 시범 보이다
	분석	배열하다, 발견하다, 분류하다, 관련시키다, 추론하다, 변환시키다
	종합	조정하다, 개발하다, 연구하다, 결합하다, 구성하다, 공식화하다, 설계하다, 일반화하다, 통합하다, 생산하다, 조직하다, 만들다, 모으다
	평가	감정하다, 등급 매기다, 시험해 보다, 판단하다, 권장하다, 비평하다, 결정하다
정의적 영역		선택하다, 조직하다, 참가하다, 감상하다, 완성하다
심체적 영역		조립하다, 분해하다, 고정하다

3) 학습목표의 진술

학습목표의 진술은 메이거(Mager) 스타일과 타일러(Tyler) 스타일을 가장 많이 활용한다. 메이거 스타일은 학습자의 도달점 행동과 그 행동이 일어나는 조건, 그리고 도달점 행동이 어느 정도 숙련되어야 하는지 나타내는 준거(조건)를 명시한다(Mager, 1975). 메이거 스타일은 적용한 목표진술의 ABCD Rule로 더욱 알려져 있다. 목표 진술을 위해 학습자(audience)가 수업의 마지막에서 할 수 있는 행동(behavior), 행동이 나타날 수 있는 조건(condition)과 성공 여부를 판단할 정도(degree), 즉, 준거(criterion)를 포함한다. 이 요소들의 첫 글자를 딴 '목표진술의 ABCD 규칙'을 살펴보면 다음과 같다(Heinich et al, 2002).

① Audience(학습자): 목표는 수업의 대상인 학습자 중심으로 진술되어야 한다.

② Behavior(행동): 목표는 학습 후 기대되는 행동으로 진술되어야 한다. 관찰

가능한 행위동사(action verb)를 사용해야 한다.

③ Condition(조건): 행동이 나타날 수 있는 조건을 진술한다. 과제가 수행될 작업환경을 진술한다.

④ Degree(정도), Criterion(준거), 또는 Standard(기준): 목표의 달성 여부를 판단할 수 있는 질적 혹은 양적 준거를 명세화한다. 양적인 요건의 예는 포함되어야 할 개수, 허용 가능한 오차 정도 등이 제시되며, 질적인 요건은 "유연하게", "논리적으로" 등의 방식으로 활용된다. 이상의 요건 중에서 필요에 따라 기준이나 조건은 생략할 수 있지만, 고도의 기술 습득을 필요로 할 때는 엄격한 것이 바람직하다.

다음은 목표진술의 ABCD 규칙의 예시이다(참조: 한정선 외, 2008).

- A(학습자) : 초등학교 1학년 학생은
- B(행동) : 십 단위 수의 덧셈 문제를 정확히 계산할 수 있다.
- C(조건) : 계산기를 사용하지 않고
- D(준거) : 두 개씩 무작위로 뽑아 만든 20개 문제 중 적어도 18개를

타일러(Tyler) 스타일의 학습목표 진술 방식은 학습자를 주어로 하고 학습내용을 목적어로 진술하며 도달점 행동이 동사적으로 진술되어야 한다. 학습자가 누구인지 명확할 때는 생략할 수 있다(Tyler, 1949; 한정선 외, 2008).

(학습자는)	삼각형의 합동조건을	열거할 수 있다.
(주어)	(내용)	(동사)

심화학습

◈ 구성주의 수업분석

구성주의 학습자분석

① 학습공동체의 사회문화적 맥락 분석

지식이 실제적으로 사용되는 맥락과 학습이 분리되면 학습자의 지식은 실제 생활에서 적용할 수 없는 비활성 지식으로 남게 된다. 이처럼 맥락은 지식이 사용되는 현장 또는 실세계를 의미하기 때문에 학습자가 속해 있는 공동체의 실제적인 사회문화적 맥락을 이해하지 못한다면 학습자의 의식적인 활동성을 이해하지 못하는 것과 마찬가지이다(조규락 외, 2006). 때문에 학습자가 학습하게 되는 맥락, 학습한 지식을 적용하게 되는 실세계의 맥락을 분석하여 학습자의 능동적인 학습 활동을 유발하도록 수업설계에 반영하는 활동이 요구된다.

② 학습공동체의 인지도구 분석

인지도구는 객관주의에서 말하는 매체와는 의미가 다르다. 구성주의에서 말하는 인지도구는 학습내용을 중재하기 때문에 내용과 분리되지 않는다. 학습자는 도구를 다루면서 학습하기 때문에 도구는 사용하는 사람들의 사회와 문화, 역사를 반영하는 유형, 무형의 어떤 것이다. 어떤 물건을 어떤 방식으로 사용한다는 것 자체가 이미 그 물건의 사회, 문화, 역사적 의미를 갖게 되므로 공동체의 객관화된 도구가 아닌 매개화된 도구의 특성이 분석되어야 한다(Vygotsky, 1978).

활동이론에서 도구는 인간의 생체적인 기능을 증대시키게 되며, 분산인지이론에서 도구는 다른 구성원들과의 상호작용을 높여주는 공유된 인지 시스템의 부분으로 작용하여 구성원들의 활동을 동일한 목적 및 방향으로 움직이도록 돕는 기능을 한다(조규락 외, 2006). 구성주의 수업설계에서 학습공동체의 구성원들이 주로 어떠한 인지도구를 활용하고 있는지를 분석하여 수업설계에 반영한다.

③ 학습공동체의 다양성 분석

테렌찌니(Terenzini et al., 2001)는 대학생들을 대상으로 그들의 인종적·민족적 다양성과 학습과의 관계를 연구한 결과, 다양한 학생들로 구성된 학급이 문제해결 능력과 집단기술 모두에서 좋은 결과를 보였다. 밀렘(Milem, 2003)도 다양한 사람, 다양한 아이디어와 상호작용한 대학생들이 지적인 참여, 학문적 동기 및 비판적 사고가 높게 나타났다고 보고하고 있다. 이러한 연구들은 개별적인 학습이 아닌 협력적인 학습공동체의 환경에서 집단의 다양성이 학습결과에 긍정적인 결과를 주고 있음을 강조한다. 문제해결능력과 비판적 사고력 등 고차원적인 수준의 학습 영역에서는 집단의 동질성보다는 이질성이 더욱 학습에 기여하는 것을 알 수 있다. 때문에 구성주의 수업설계 환경에서는 집단의 이질성 정도를 분석에 반영하는 것이 요구된다.

학생들의 다양성을 적용하는 수업방법에 대하여 사폰-세빈(Sapon-Shevin, 2001)은 다음과 같은 수업전략을 제안하였다. 첫째, 협동학습으로서 공통의 학습과제를 학습하도록 집단을 배치할 때, 집단은 한 차원 이상에서 다양성을 갖도록 한다. 둘째, 동료 튜터링을 활용하는 것으로 학생들끼리 서로 가르치도록 요구하는 것이다. 모든 학생들이 한 번은 교수자가 되도록 하여 궁극적으로는 내용을 학습하지 못한 학생이 하나도 없도록 유도한다. 셋째, 다수준 수업(multi-level teaching)으로서 기본적인 아이디어를 강조하면서 학습과제의 다양성을 다양한 문화적 배경, 학습양식, 기존 지식을 가진 학생들에게 맞추어 제공하는 창조적인 수업방식이다.

주제에 대하여 가지고 있는 선수 경험의 양이 다양한 이질적 집단의 경우 비디오테이프와 같은 시청각적 경험을 함께 공유하도록 하는 것이 유용하다. 이러한 매체 제시가 하위 집단과의 토론이나 개별적인 학습의 경우에도 보편적인 참조의 관점으로서 기능하게 된다(Hannafin et al., 2007).

구성주의 과제분석

① 과제의 맥락분석

구성주의에서 제공되는 과제는 개념들을 요소로 나누어서 명시적으로 가르치고자 하는 대상이 아니라 이해에 관한 인공물(artifacts)을 창출하고 조작할 수 있는 지식형성 도구와 수단으로 제공된다. 구성주의 수업설계에서 과제분석은 학습자 개인들이 협상할 수 있는 이해의 방법을 찾아내고, 점진적으로 변화할 수 있는 풍부한 맥락을 제공하기 위한 활동을 분석한다(Hanafin et al., 2007). 학습자들은 설계된 수업자료와 활동을 그대로 받아들이는 수용자가 아니라 설계자로서 기능하도록 하여야 한다. 학습자들이 수업설계에 직접적으로 참여하도록 유도하기 위해 학습목적을 설정하고, 학습활동의 계열 과정 중 어디에 참여할 것인지를 결정하고 잠재적인 자원을 찾아 평가하고, 제시된 문제들에 대해 자신의 해결책을 평가하는 방법을 선택한다. 때문에 과제와 관련하여 맥락이 중요한 조직자이므로 학습자의 학습활동에 초점을 맞추어 맥락을 분석한다.

② 문제분석

문제는 프로젝트일 수도 있으며 질문일 수도 있다. 문제는 구조적이고 정답이 존재하고, 단일한 접근방법으로 해결될 수 있는 것이 아니라, 비구조적이어서 복잡하며 다수의 정답이 존재하며 다양한 접근방법과 관점을 통해서 해결할 수 있어야 한다. 문제분석에서 먼저 고려해야 할 사항은 문제의 맥락을 분석하는 것이다. 학습자들이 문제를 둘러싼 물리적, 사회적, 조직적 맥락을 이해하도록 제공되어야 한다. 문제와 관련된 사람들의 가치와 믿음, 사회적 기대나 관행 등이 함께 제시되어야 학습자들은 문제의 원인이 되는 배경을 폭넓게 이해할 수 있기 때문이다. 문제의 실제성을 높여줄 표상방식을 분석하여 활용할 수 있다. 학습자들에게 직접적인 관심을 끌 수 있어야 하며 매력적이고 흡인력 있는 표상방식을 활용할 수 있도록 해야 한다.

③ 사례분석

사례는 학습자들이 문제를 풀어가는 동안 문제와 비교해 볼 수 있는 다양한 근거로 제공될 수 있다. 사례는 학습환경에서 제시되는 문제를 파악할 수 있는 간접경험을 제공하는 주요한 매개물로 기능한다. 학습자들을 돕기 위해 풍부하고 다양한 사례를 제공하려면 과제와 관련된 내용을 대표할 수 있는(유사한 맥락, 해결책,

결론을 가진) 사례 세트를 수집하고, 상반된 맥락에서 접근된 사례와 비교하거나, 각 사례가 줄 수 있는 교훈을 규명하고, 각 사례의 상황 특징을 기술하며, 사례들이 적절하게 활용될 수 있도록 목차를 만들고 대표적 특징을 추출해 활용한다(Kolodner, 1993).

생각해 볼 질문

1. 학교에서 요구분석을 실행할 상황을 한 가지 설정하여 교수학습 차원의 요구분석을 절차에 따라 분석해 보자.
2. 교과의 한 단원을 설정하여 학습자분석, 환경분석, 과제분석, 학습목표분석을 실행해 보자.

참고문헌

강이철(2001). 코스웨어 설계를 위한 교육공학의 이론과 실제. 서울: 학지사.

계보경, 김혜숙, 차현진, 한나라, 문법섭, 송지혜(2022). 수행형 기반 디지털 리터러시 평가도구 개발연구. KERIS 연구보고 RR2022-6.

김신자, 이인숙, 양영선(1999). 교육공학의 이론과 실제. 서울: 학지사.

박성익(1997). 교수-학습의 이론과 실제. 서울: 교육과학사.

박숙희, 염명숙(2007). 교수학습과 교육공학. 서울: 학지사.

변영계(1988). 수업설계. 서울: 배영사.

조규락(2003). 구성주의 기반의 학습이론 탐구. 교육공학연구, 19(3), 3-40.

최정임(2002). 인적자원개발을 위한 요구분석 실천 가이드. 서울: 학지사.

한국교육공학회(2005). 교육공학 용어사전. 서울: 교육과학사.

한정선, 김영수, 주영주, 강명희, 정재삼, 박성희(2008). 미래사회를 위한 교육방법 및 교육공학. 서울: 교육과학사.

Borich, G. D. (2000). *Effective teaching methods* (4th Ed.). Merrill, Prentice Hall.

Brunner, C., & Bennett, D. (1997). Technology and gender: Differences in masculine and feminine views. *NASSP Bulletin, 81*, 46-51.

Dick, W., Carey, L., & Carey, J. (2015). *The systematic design of instruction* (8th Ed.). Addison-Wesley Educational Publishers Inc.

Dick, W., Carey, L., & Carey, J. O. (2001). *The systematic design of instruction* (5th Ed.). Allyn & Bacon. 최수영, 백영균, 설양환(역)(2003). 체제적 교수 설계. 서울: 아카데미프레스.

Eggen, P. D., & Kauchak, D. P. (2001). *Strategies for teachers: Teaching content and thinking skills* (4th Ed.). Boston: Allyn and Bacon.

Gardner, H. (1999). *Intelligence reframed: Multiple intelligences for the 21st century*. New York: Basic Books.

Gregorc, A. F. (1982). *Gregorc Style Delineator: Development, technical and administration manual*. Maynard, MA: Gabriel Systems.

Hannafin, M. J., & Hill, J. R. (2007). Epistemology and the design of learning environments. In R. Reiser, & J. Dempsey (2007). *Trends and issues in instructional design and technology*. New Jersey: Prentice-Hall.

Heinich, R., Molena, M., Russell, D., & Smaldino, S. E. (2002). *Instructional media and technologies for learning* (6th Ed.). Englood Cliff, NY: Prentice Hall.

Kaufman, R. (1986). *Assessing needs. Introduction to performance technology*. Washington, D.C: The National Society for Performance and Instruction.

Kolb, B. H. (1984). Experiential Learning. NJ: Prentice Hall.

Kolodner, J. (1993). *Case-based reasoning*. San Mateo, CA: Kaufmann Development.

Mager, R. (1975). *Preparing instructional objectives.* Palo Alto, CA: Fearon Publishers.

Milem, J. F. (2003). The Educational Benefits of Diversity: Evidence from Multiple Sectors, In Chang, M. J., Witt, D., Jones, J., & Hakuta, K. (Eds.), *Compelling Interest: Examining the Evidence on Racial Dynamics in Colleges and Universities.* Stanford: Stanford University Press. 126-69.

Morrison, G. R., Ross, S. M., & Kemp, J. E. (2007). *Designing effective instruction* (5th Ed.). Wiley.

Newby, T., Stepich, D., Lehman, J., & Russell, J. (2006). *Educational technology for teaching and learning* (3rd Ed.). Upper Saddle River, NJ: Pearson.

Pintrich, P. R., & Schunk, D. H. (1996). *Motivation in education: Theory, research, and applications.* Englewood Cliffs: Prentice Hall.

Reigeluth, C. M. (1983) (Ed.). *Instructional design theories and models: An overview of their current status.* Hillsdale, NJ: Lawence Erlbaum Associates. 박성익, 임정훈(역)(1993). 교수설계의 이론과 모형. 서울: 교육과학사.

Reigeluth, C. M. (1999)(Ed.). *Instructional design theories and models: A New Paradigm of instructional theory.* Hillsdale, NJ: Lawence Erlbaum Associates. 최욱, 박인우, 변호승, 양영선, 왕경수, 이상수, 이인숙, 임철일, 정현미(역)(2005). 교수설계 이론과 모형. 서울: 아카데미프레스.

Rossett, A. (1987). *Training needs assessment.* NJ: Educational Technology Publications.

Sapon-Shevin, M. (2001). Schools fit for all. *Educational Leadership, 58*(4), 34-39.

Smaldino, S. E., Russell, J. D., Heinich, R., & Molenda, M. (2005). *Instructional technology and media for learning* (8th Ed.). Upper Saddle River, NJ: Pearson. 설양환, 권혁일, 박인우, 손미, 송상호, 이미자, 최욱, 홍기칠(역)(2005). 교육공학과 교수매체. 서울: 아카데미프레스.

Swain, S. L., & Harvey, D. M. (2002). Single-sex computer classes: An effective alternative. *Tech Trends, 46*(6), 17-20.

Terenzini, P. T., Cabrera, A. F., Colbeck, C. L., Bjorklund, S. A., & Parente, J. M. (2001). Racial and ethnic diversity in the classroom: Does it promote student learning?. *Journal of Higher Education, 72*(5), 509-531.

Tyler, R. (1949). *Basic principles of curriculum and instruction.* Chicago: The University of Chicago Press.

Vygotsky, L. (1978). *Mind in society: the development of higher psychological processes.* Cambridge, MA: Harvard university presss.

PART 05

수업방법 및 매체

제4부에서 수업체제설계의 이론과 절차를 학습했다면, 제5부에서는 이를 실제 교실에서 실행할 때 가장 핵심이 되는 교육방법과 매체를 다룬다. 아무리 체계적으로 수업을 설계하더라도 학습자와 직접 만나는 순간는 어떤 방법으로 가르치고, 어떤 매체를 활용하느냐가 수업의 성패를 좌우한다.

교육방법과 매체는 설계된 수업을 현실로 구현하는 핵심 도구이자, 학습자의 참여와 학습 효과를 결정하는 중요한 요소이다. 따라서 예비교사는 다양한 교육방법의 특성과 적용 원리를 이해하고, 수업 목표와 학습자 특성에 맞는 적절한 매체를 선택하여 활용할 수 있는 능력을 갖추어야 한다.

현대 교육에서는 전통적인 교수매체를 넘어서 디지털 기술을 활용한 다양한 수업 매체의 활용이 필수적이다. 이 부에서는 멀티미디어 자료, 온라인 플랫폼, 가상현실(VR), 증강현실(AR) 등 다양한 교육 매체의 특성과 활용 방법을 구체적으로 다룬다. 또한 각 매체가 학습자의 인지적, 정의적 측면에 미치는 영향을 이해하고, 교육목표와 학습자 특성에 특히 인공지능(AI) 기술의 발전은 교육 분야에 혁신적인 변화를 가져오고 있다. AIDT, 생성형 AI 등의 에듀테크는 개별 학습자의 수준과 특성에 맞는 차별화된 교육을 가능하게 한다. 제5부에서는 이러한 AI 기술과 에듀테크 도구들을 교육현장에서 윤리적이고 효과적으로 활용하는 방법을 제시하며, 예비교사들이 미래 교육환경에 능동적으로 적응할 수 있는 실질적인 역량을 기를 수 있도록 구성되었다.

CHAPTER 09 수업방법

이 장에서는 중·고등학교 수업에서 활용할 수 있는 다양한 교육방법을 알아보고자 한다. 먼저 강의법, 토의·토론수업, 협동학습, 하브루타처럼 교실에서 직접 학생들과 소통하며 진행하는 대면 수업 방법을 소개한다. 이어서 비실시간 원격, 실시간 원격수업, 플립러닝, 블렌디드 러닝처럼 디지털 환경에서 활용되는 비대면 수업 방법도 함께 살펴본다. 각 방법의 특징과 장단점을 이해하고, 실제 수업에서 어떻게 적용할 수 있을지 고민해 보는 것이 이 장의 핵심이다. 이 장의 비대면 수업 방법(비실시간 원격, 실시간 원격, 플립러닝, 블렌디드러닝)에 대한 내용은 유선주, 노혜란, 박미혜(2022)의 『원격수업의 설계와 운영』 7장과 8장 내용을 재구성하여 작성했다.

주요내용

1. 대면 수업방법: 강의법, 토의토론수업, 협동학습, 하브루타
2. 비대면 수업방법: 비실시간 원격, 실시간 원격, 플립러닝, 블렌디드러닝

심화학습. 1. 하이브리드 러닝
2. 하이플렉스 러닝

학습목표

1. 교육방법의 개념을 설명할 수 있다.
2. 주요 교육방법의 특징을 설명할 수 있다.
3. 주어진 수업상황에 최적의 교육방법을 적용할 수 있다.

교육방법은 교수자가 교육목표를 성공적으로 달성하기 위해 학습자에게 교육내용을 효과적으로 전달하도록 적절하게 선정된 일련의 활동이다(조규락, 김선연, 2006). 교육방법을 탐구하는 근본적인 목적은 보다 더 잘 가르치기 위해서이다. 이러한 교육방법은 하나의 방법만이 있는 것이 아니므로 최적의 교육방법을 찾기 위해 고민하는 시점에서 출발하는 것이 필요하다. 무엇보다 효율적인 수업이 되기 위해서는 교사와 학생의 역동적 상호작용을 극대화하는 것이 좋다.

교육방법은 교수전략과 구별되어 사용된다. 나일주와 정인성(1996)의 경우 교육방법은 교수체제의 전체적인 운영방식이나 큰 틀을 의미하고, 교수전략은 이러한 교육방법을 달성하기 위해 실천하는 구체적인 활동을 의미한다고 보았다. 즉 토의식 수업이나 강의식 수업 등이 교육방법에 상응하는 것이라면 암기법, 노트필기법, 인지전략 활용법 또는 주의집중을 통한 동기 촉진법 등은 교수전략이라고 할 수 있다. 결국 교수전략은 교육방법의 하위개념으로 볼 수 있다(Reigeluth, 1983).

1. 대면적 수업방법

1) 강의법

(1) 강의법의 의미

강의법은 교육현장에서 가장 오랫동안 지속되었고 가장 널리 활용되고 있는 보편적인 교육방법이다. 강의법은 교수자 주도하에 일방향으로 학습자에게 학습정보를 전달하고 이해시키는 형태이다. 교수자는 정보전달자 입장에서 전달하고자 하는 정보의 종류와 수준을 정하고 글과 언어를 통하여 학습자에게 전달하며, 학습자는 정보의 수용자 입장에서 전달되는 정보를 지각하고 이해한다(백영균 외, 2006; 노혜란, 박선희, 최미나, 2012).

(2) 강의법의 장점과 단점

강의법은 교육 현장에서 가장 널리 사용되는 교수법 중 하나로, 다음과 같은 장점을 지닌다.

정해진 시간에 다양한 지식을 많은 학습자에게 동시에 전달하기에 가장 좋은 방법이다. 논쟁의 여지가 없는 사실적 정보나 개념을 논리적이고 객관적으로 분명하게 효과적으로 전달할 수 있다(Cruickshank, Jenkins, & Metcalf, 1995). 전체 내용을 개괄적으로 설명하거나 요약하고자 할 때 교사의 언어적 표현 능력에 따라 학습자를 쉽게 이해시킬 수 있다. 수업 시간, 학습량 등을 교사가 자유롭게 조절할 수 있고 학습 경제성 면에서 매우 유리하다. 학생 수가 많아도 실행하기 쉽고, 심리적으로 경직되거나 융통성이 부족한 학생들도 편안하게 느낄 수 있어 효과적인 교육 방법이다.

강의법은 여러 장점에도 불구하고 다음과 같은 단점들을 지닌다.

학습자가 능동적으로 수업에 참여할 수가 없어 학습에 대한 동기 유발이 힘들고 학습자의 수업 태도가 수동적이 되기 쉽다. 고차적인 인지 학습 목표나 정의적인 학습 목표를 달성하는 데는 좋은 방법이 아니며 주의력이 떨어지기 쉽다. 특히, 저학년인 경우 주의력을 집중할 수 있는 시간이 매우 짧으므로 적절하지 않다.

교사의 능력에 전적으로 의존하게 되므로 사전에 충분한 수업 계획이 없거나 설명력이 부족한 경우에는 그 영향이 직접적으로 학습자에게 미치게 된다. 또한 학습자들의 개별화나 사회화를 기대하기 어렵다는 한계를 지닌다(박숙희, 염명숙, 2007).

〈표 9-1〉 강의법의 장점과 단점(추성경, 손은주, 2019)

장점	단점
• 경제성이다. 즉, 교수자 한 명이 여러 명의 학습자에게 정보를 전달하는 형태이므로 경제적이다. • 효과성이다. 즉, 블룸(Bloom)이 언급한 지식, 이해, 적용 수준의 인지목표 달성에 효과적이다. • 친밀성이다. 즉, 교수자와 학습자 모두에게 친숙한 방법이다.	• 비표준성이다. 즉, 교수자 개인의 능력과 기술에 전적으로 의존하므로 비표준성을 가진다. • 비능동성이다. 즉, 학습자를 수동적이고 비참여적으로 만들기 쉬우므로 상호작용이 활발히 일어나지 않는다. • 비효율성이다. 즉, 학습자의 다양한 능력, 지식, 경험 등이 고려될 여지가 없어서 제한시간 내에 학습목표 달성이 어렵다.

2) 토의법

(1) 토의법의 의미

토의법은 학습의 목적을 달성하기 위하여 학습자가 자신의 의견을 제시하고 다른 사람의 의견을 받아들이는 상호작용 속에서 합의점을 찾고 문제를 해결하는 방법이다. 이 방법은 민주주의 원칙에 기반을 둔 학습 활동으로, 교수자와 학습자 모두의 의사소통 기술과 대인 관계 기능의 함양을 토대로 이루어진다. 일반적으로 토의법에서 교수자는 토의의 촉진자나 학습자의 토의를 중재하는 역할을 담당한다. 이때 교수자도 토의자의 일원으로 참여할 수 있다. 학습자는 능동적인 입장에서 의견을 개진하고, 다른 학습자의 의견을 경청하고 조율하여 합의된 의견을 만들어 나간다(백영균 외, 2003; 변영계, 김영환, 손미, 2007; 노혜란 외, 2012).

토의법은 토론법과 자주 활용되는 교육방법으로 토의와 토론의 차이점은 다음과 같다.

〈표 9-2〉 토의와 토론의 차이점(정문성, 2014)

구분	토의	토론
주제의 성격	합의가 필요한 주제	선택이 필요한 주제
목적	최선의 결과 도출	대안의 우열을 가림
참석자(2명 이상)	주장이 같아도 됨	주장이 달라야 함
상호작용	정보나 의견교환	논증과 실증
규칙	규칙이 없거나 느슨함	엄격한 토론 규칙
말하기와 구분	특별한 제한 없음	공평성을 위한 제한
필요한 능력	창의성	논리성

(2) 토의법의 장점과 단점

토의법의 장점은 첫째, 토의를 통해 학습자는 집단 활동의 기술을 개발하고 민주적인 태도를 배울 수 있다. 둘째, 토의는 학생 자신의 생각을 일관성 있고 의미 있게 표현할 수 있는 의사소통 기술을 연습할 기회를 제공한다. 셋째, 토의는 대화를 통해 상호의견을 교환하고 집단적으로 문제를 해결하는 협력의 과정을 전제로 하기 때문에 사회적 기능 및 태도를 형성할 수 있다(박숙희, 염명숙, 2007).

단점은 첫째, 집단의 크기가 크면 원활한 토의가 이루어질 수 없으므로 집단 구성원의 수에 한계가 있다. 둘째, 토의의 리더가 미숙하면 효과적인 토론이 이루어질 수 없으므로 리더의 영향력이 크다. 셋째, 소수에 의해 토의가 주도될 염려가 있다. 넷째, 토의 참여자 전체의 자발적이고 적극적인 참여가 필요한데, 평가 불안이나 사회적 태만을 보일 수 있다. 평가 불안은 자신의 생각이나 행동에 대해 다른 사람이 부정적으로 평가할까 봐 느끼는 두려움을 말하며, 사회적 태만은 '내가 아니어도 남들이 하겠지' 하는 방관적인 태도로 개입하지 않으려는 태도를 말한다. 다섯째, 토의는 준비와 계획 단계뿐만 아니라 진행과정에서도 많은 시간이 소요된다. 여섯째, 학습자들이 토의 주제에 관해 충분히 이야기할 수 있을 만큼의 수준에 도달해 있어야 하고 주제에 대해서도 잘 파악하고 있어야 하는데, 그렇지 못할 경우 토의에서 기대하는 만큼의 효과를 거두기 어렵다.

(3) 토의법의 유형

토의법은 다양한 형태로 구분할 수 있다. 원탁토의는 토의에 사람들이 공평하게 참여하고, 공개토의는 청중과 공개적으로 토론하고, 청중이 참여하는 것이 특징이다. 패널토의는 패널들을 뽑아서 패널끼리 토론을 진행하는 특징이 있고, 대담토의는 배심토의가 발전된 것으로 패널들을 둘로 나누어서 대담시키는 방식이다. 단상토의는 일반인을 대상으로 전문가들이 발표, 토론을 하는 것이다. 세미나의 경우 대상이 되는 참여자가 모두 전문가인 특징이 있다(노혜란 외, 2012; 윤광보 외, 2008).

① 원탁토의

10명 정도의 인원이 둘러앉아 고정적인 규칙에 구속되지 않고 자유롭게 의견이나 태도를 표명하며, 지식이나 정보를 상호 제공하는 방법이다. 이를 통해 참가자 상호 간의 의견이나 견해의 차이를 조정하여 집단으로서의 의견을 요약해 나간다.

원탁토의(Round table discussion)를 할 때 유의할 점은 구성원들이 동질적이지 않거나 지식수준, 대화 능력 등에 있어 차이가 클 경우 토의가 실패할 가능성이 커지기 때문에, 각각의 수준에 맞는 토의가 이루어질 수 있도록 토의 구성원 배정에 주의를 기울여야 한다. 그리고 토의가 성공적으로 이루어지기 위해서는 충분한 경험을 지닌 사회자가 필요하다. 마지막으로, 소모적 논쟁이나 논박으로 주제에서 벗어나지 않도록 하며 참가자 모두가 발언할 수 있도록 기회를 적절히 제공해야 한다.

② 배심토의

배심토의(Panel)는 참가할 인원이 많을 때 적절한 것으로 배심원(패널) 4~6명과 다수의 일반인으로 구성된다. 사회자는 각 패널에게 1회당 약 3분씩 발언 기회를 주고, 다른 패널들이 그 내용에 대해 토의하게 한다. 토의가 마무리될 무렵에는 일반 참가자의 발언이나 질문도 받아들일 수도 있다. 이러한 과정을 거쳐 최종적으로 토론단(패널)이 결론을 내린다.

③ 공개토의

공개토의(Forum)는 특별한 주장을 가진 1~3명이 자신의 의견을 청중 앞에서 발표하고, 발표한 내용을 중심으로 여러 명의 청중과 질의 응답하는 방법이다. 공개토의는 청중이 토의에 직접 참여하는 것이 특징이다.

④ 단상토의

단상토의(Symposium)는 전문적인 지식을 가진 2~5명의 인사가 사회자의 안내에 따라, 특정 주제에 대해 서로 다른 입장으로 청중 앞에서 발표하고, 발표자 간의 질의응답을 통한 토의를 한다. 이는 토론자, 사회자, 청중이 전문가로 구성되는 것이 특징이다.

⑤ 대담토의

대담토의(Colloquium)는 3~4명의 청중 대표와 3~4명의 전문가 집단이 청중 앞에서 사회자의 진행으로 특정 주제에 대하여 대담 형식으로 진행하는 토의를 말한다. 토의 주제에 대한 전문가들의 의견 발표와 청중 대표들의 질문 및 의견 개진 형식으로 진행되는 토의이다. 배심 토의의 변형이 대담 토의로서 배심 토의에서는 대표들로 이루어진 토론단이 토의를 진행하는 한편, 대담 토의는 청중 대표와 전문가의 대담으로 진행된다.

⑥ 버즈학습

버즈학습(Buzz)은 벌들이 윙윙거리는 것과 같이 여러 명의 학생들이 집단을 편성하여, 서로 의견을 교환하면서 학습해 가는 방법이다. 이 학습법의 목적은 학급 내의 인간관계를 개선하고, 학생의 기초학력을 향상시키기 위해 고안된 토의학습의 한 유형이다. 대표적인 토론 방법 중 하나인 6・6법은 필립스(J.D. Phillips)가 고안한 것이다. 1단계는 소그룹 토의로 학생들을 6명씩 한 분단으로 편성하고, 각 분단은 6분 동안 특정 주제에 대해 집중적으로 토의한다. 2단계는 전체 토론으로 6분간의 소그룹 토의가 끝나면, 각 분단의 토의 결과를 바탕으로 전체 학생이 모여 다시 토론을 이어가는 형태이다. 각 분단은 학습 효과를 높이기 위해 친구끼리, 남녀 혼합, 성적 수준별, 또는, 흥미나 관심사를 중심으로 다양하게 구성할 수 있다. 그리고 분단은 학습 주제에 따라 1~2주 또는 1~2개월마다 새롭게 개편하여 활용할 수 있다.

⑦ 세미나

세미나(Seminar)는 참가자 모두가 주제에 대하여 권위 있는 전문가나 연구자들로 구성된다. 세미나는 주제에 대한 공식적인 보고와 함께 참여자들의 의견을 전개하거나 질의응답을 통한 공개 토론의 형태로 이루어지며 참가자들에게 특정 주제에 대한 전문적인 연수나 훈련의 기회를 제공해 주는 데 목적이 있다. 세미나의 경우 참여하는 모든 인원들이 전문가들로 구성되어 있기 때문에 전 구성원 간의 적극적이고 능동적인 참여가 있어야 한다.

(4) 토의 절차

토의가 효과적으로 진행되기 위해서는 다음과 같은 일반적인 절차를 거쳐야 한다.

① 문제 확인

토의 문제는 참가자들의 입장에서 구체적으로 진술되고 설명되어야 한다. 문제를 의미 있게 제시하기란 쉽지 않지만 가능한 한 오해 없이 해결될 수 있는 문제로 표현되어야 한다.

② 문제 분석

토의 문제의 다양한 측면을 검토하고 평가해야 한다. 이 과정에서 참가자들은 문제와 관련된 중요한 사실이나 상황을 주의 깊게 탐색하고 문제의 핵심을 분석해야 한다. 예를 들어, '지구 온난화를 줄이기 위한 방안은 무엇인가?'라는 문제를 분석하려면 다음과 같다.

[토의 문제분석의 예시]

- 지구 온난화란 무엇인가?
- 지구 온난화의 실태는 어떠한가?
- 지구 온난화를 확인할 수 있는 지표는 무엇인가?
- 지구 온난화에 대한 대책은 실제적인가? 부작용은 없는가?

③ 가설 설정

토의 문제를 분석한 후, 이것을 해결하기 위한 대안들이 제시되어야 한다. 가설 설정단계는 아이디어 창출과정으로 문제해결의 핵심부분이다. 참가자들은 가능성 있는 대안을 제공하는데 이 중에는 새롭고 창의적인 것들도 있을 수 있다. 여기에서 때때로 15분~20분 동안 브레인스토밍(brainstorming)을 할 수 있으며 제안된 각각의 대안들에 대한 장·단점을 토의할 수 있다.

④ 가설 검증

문제해결을 위한 대안들 가운데 최적의 가능성을 검증하기 위해 이를 평가하는 기준이나 준거를 개발해야 한다. 우선적으로 실행할 수 있는 대안들을 평가하는 체제를 마련해야 하는 것이다.

⑤ 일반화

토의를 통해 해결된 문제가 실생활에 응용되거나 행동으로 실천되도록 해야 한다. 토의 과정에서 얻은 경험을 일반화하여 실천으로 이끄는 것이 중요하다.

3) 협동학습(Cooperative Learning)

(1) 협동학습의 의미

협동학습은 학습자들이 소집단 또는 대집단을 구성하여 공동의 과제를 수행하면서 함께 학습하는 방법이다. 이 방법의 궁극적인 목표는 실생활에서 다른 사람들과 긍정적인 협력 관계를 맺으며 문제를 해결하고, 지식과 기술을 함께 발전시키는 것이다.

성공적인 협동학습을 위해서는 네 가지 핵심 요소가 필요하다. 첫째, 긍정적 상호의존성(Positive Interdependence)이다. 이는 모든 구성원이 서로 연결되어 있어, 한 사람이라도 제 역할을 하지 못하면 전체 그룹이 성공할 수 없다는 것을 인식하는 것을 의미한다. 학습자들은 집단 전체의 성공을 위해 각자에게 맡겨진 역할을 책임감 있게 수행해야 한다는 의식을 가져야 한다. 교사는 학생들이 "우리는 함께 성공하거나 함께 실패한다"는 의식을 갖도록 과제를 설계해야 한다.

둘째, 면대면 상호작용(Face-to-Face Interaction)이다. 학습자들은 직접 만나서 서로의 노력을 나누고, 도움을 주고받으며, 격려하고 칭찬하는 활동을 해야 한다. 이때 중요한 것은 단순히 같은 공간에 있는 것이 아니라 적극적으로 소통하고 협력하는 것이다. 학습자들은 서로에게 관심을 갖고 개방적이며 수용적인 태도를 보이면서, 구성원들의 성공을 적극적으로 격려하고 지원하는 점진적이고 지속적인 상호작용을 유지해야 한다.

셋째, 개별적 책무성(Individual Accountability)이다. 각 학습자의 과제 수행이 집단 전체 결과에 직접적인 영향을 미치며, 동시에 집단의 성과가 개인의 학습에도 영향을 준다는 것을 인식해야 한다. 이 과정에서 학업 능력이 뛰어난 학생이 어려움을 겪는 동료를 자발적으로 도우려는 동기가 생겨나는 효과를 얻을 수 있다.

따라서 개인별 성취도와 집단 성취도를 모두 고려한 평가가 이루어져야 한다.

넷째, 사회적 기술(Social Skills)이다. 협동학습은 학습 과제 수행과 함께 팀워크에도 참여해야 하므로, 경쟁 학습이나 개별 학습보다 더 복잡한 특성을 지닌다. 효과적인 협동학습을 위해서는 상호 신뢰 구축, 효과적인 의사소통, 갈등 해결, 공동 문제 해결, 리더십과 팔로우십 발휘 등의 사회적 기술이 필요하다. 그러나 이러한 기술들은 협동 수업을 실시한다고 해서 저절로 습득되는 것이 아니므로, 교사의 의도적이고 체계적인 지도가 반드시 필요하다.

결국 협동학습은 공동의 집단 목표를 달성하기 위하여 학습자들이 서로를 존중하면서도 건설적으로 견제하고, 상호 신뢰를 바탕으로 도움을 주고받으며, 정확하고 효과적인 의사소통을 통해 함께 문제를 해결할 수 있도록 독려하는 교육 방법이라 할 수 있다(백영균 외, 2003; 노혜란 외, 2012).

(2) 협동학습의 장점과 단점

협동학습의 장점은 다음과 같다. 첫째, 사회생활에서 필요한 협력성, 의사소통 및 대인 관계 기술 등을 기를 수 있다. 둘째, 혼자서 학습할 때보다 더 많은 지식과 기술을 익힐 수 있다. 셋째, 사고력과 같은 고차원적 능력을 기르는 데 효과적이다.

반면 협동학습의 단점도 있다. 첫째, 학습 과정에서 많은 시간과 노력을 요구한다. 둘째, 비슷한 수준의 학습자끼리 학습을 진행할 경우, 잘못 이해한 것을 정답으로 인정할 우려가 발생할 뿐만 아니라 다른 집단에 대한 무관심과 자기 집단의 편애가 나타날 수 있다. 셋째, 학습자 간 학습 능력의 격차가 있을 경우 문제가 발생할 수 있다. 학습 능력이 낮은 학생들은 노력 없이 학습 능력이 높은 학생들의 결과물을 공유하는 무임승차 효과가 나타날 수 있다. 반대로, 학습 능력이 높은 학생들은 자신의 성과를 다른 학생들이 무임승차할까 봐 걱정하여 학습에 적극적으로 참여하지 않을 수도 있다(조규락, 김선연, 2006).

(3) 협동학습의 유형

협동학습의 종류를 진행단계별로 정리하면 다음 〈표 9-3〉과 같다(윤기옥 외, 2002; 윤광보, 김용욱, 최병옥, 2008).

〈표 9-3〉 협동학습 유형(I)

<table>
<tr><th rowspan="2">구분</th><th colspan="4">과제분담학습</th></tr>
<tr><th>직소 I</th><th>직소 II</th><th>직소 III</th><th>직소 IV</th></tr>
<tr><td>1단계</td><td colspan="4">학습자가 교과내용의 일정한 부분을 읽고 과제를 부여받음</td></tr>
<tr><td>2단계</td><td colspan="4">동일 주제, 학생전문가 그룹으로 흩어졌다가 다시 모임</td></tr>
<tr><td>3단계</td><td colspan="2" rowspan="2">팀으로 돌아가 동료를 가르침</td><td colspan="2">팀으로 가서 동료지도</td></tr>
<tr><td>4단계</td><td colspan="2">평가대비 학습정리</td></tr>
<tr><td>5단계</td><td colspan="4">퀴즈</td></tr>
<tr><td>6단계</td><td>개인점수 산정</td><td colspan="3">팀 점수와 개인점수 산정</td></tr>
<tr><td>7단계</td><td></td><td></td><td></td><td>재교육</td></tr>
</table>

① 직소

직소(Jigsaw) 모형은 아론슨(Aronson)이 개발한 협동학습 방법이다. 이 모형의 핵심은 교사가 주된 지식 전달자가 아니라, 집단 구성원들 서로가 학습 자료원이 되게 하는 것이다. 소집단으로 나뉜 각 학생이 전체 학습 내용의 일부를 담당하기 때문에, 모든 구성원이 협동하지 않으면 주어진 학습 목표를 달성할 수 없다. 초기 직소 I 수업방법은 모집단 활동, 전문가 활동 그리고 모집단의 재소집으로 진행된다. 직소 모형이 점점 정교화됨에 따라 수업방법은 ㉮ 수업에 대한 안내 ㉯ 집단의 조직 ㉰ 역할의 부여와 설명 ㉱ 단원의 소개 ㉲ 학습과제와 역할의 점검 ㉳ 전문가 집단 조직 ㉴ 전문가 과제의 수행 ㉵ 순회지도 ㉶ 격려 ㉷ 모집단의 재소집 지시 ㉸ 전체 학급 단위의 요약 ㉹ 협력적 기능의 점검 ㉺ 휴식기, 평가 대비를 위한 모집단의 재소집 ㉻ 개인별 시험, 평가, 보상 및 재교육으로 진행된다.

② 성취과제분담학습(Student Teams Achievement Division)

성취과제분담학습은 슬래빈(Slavin)이 개발한 모형이다. 이 모형의 특징은 구성원 모두가 학습 내용을 완전히 이해할 때까지 팀 학습이 계속되고, 팀 학습이 끝나면 개별적으로 시험을 치르는 것이다. 학생은 자신의 시험 점수를 받지만 이전 시험의 점수보다 향상된 정도에 따라 팀 점수에 기여하게 된다. 이는 집단 구성원의 역할이 분담되지 않은 공동학습 구조이면서 개인의 성취에 대해 개별적으로 보상되는 개별 보상 구조이다.

성취과제분담학습의 수업 방법은 다음과 같다. 첫째, 교사는 강의나 토론으로 새로운 단원을 소개한다. 둘째, 각 집단은 이질적인 학습자로 4~5명씩 구성한다. 셋째, 팀별로 나누어 준 학습지의 문제를 협동학습을 통하여 해결한다. 넷째, 팀별 활동이 끝나면 모든 학생들에게 시험을 실시하여 개인 점수를 부여하고, 이를 지난번 시험의 개인 점수와 비교한 개선 점수를 준다. 다섯째, 개인별 향상 점수를 팀 점수로 환산한다. 여섯째, 환산한 점수를 근거로 우수 팀을 선정하는 단계로 진행된다.

③ 팀 경쟁학습(Team Games Tournaments)

팀 경쟁학습은 드브리스(DeVries)와 에드워드(Edwards)가 개발한 모형으로 성취과제분담학습과 비슷하다. 차이점은 성취과제분담학습에서 교사가 퀴즈 대신 교육 관련 내용 게임을 실시하는 것이다.

팀 경쟁학습의 수업 방법은 다음과 같다. 첫째, 교사는 학습지를 각 소집단에 나누어 주고 해당 학습 단원에 대하여 강의 중심으로 수업을 실시한다. 둘째, 강의가 끝나면 학습자들은 소집단별로 배포한 학습지에 나와 있는 문제를 푼다. 소집단 구성원들과 서로 맞추어 보고 필요하면 도움을 주고받는다. 셋째, 각 학습자들은 토너먼트 테이블로 가서 게임에 참여한다. 각 토너먼트 테이블은 서로 다른 소집단에서 온 구성원들로 구성된다. 한 테이블에 모인 학습자들의 학업 성취도가 비슷하도록 구성한다. 넷째, 교사는 사전에 준비한 토너먼트용 문제를 각 테이블에 올려놓는다. 각 카드에는 한 문제가 적혀 있고, 정답은 뒷면에 적혀 있다. 다섯째, 각 토너먼트 참여자들은 테이블에 있는 카드 중 임의의 카드를 뽑아 읽고 이에 답하는 활동을 교대로 해 나간다. 이때 답한 내용이 정답이 아니라고 다른 참여자가 생각한다면 자신이 생각하는 정답을 말할 수 있다. 정답을 말한 횟수에 따라 참여자들에게 점수를 부여한다. 여섯째, 모든 테이블의 토너먼트가 끝나면, 참여자들은 다시 원래의 소집단으로 돌아가 각자 얻은 점수를 모두 합산 한 후 구성원 수로 나누어 평균 점수를 계산한다. 일곱째, 교사는 성취과제분담학습(STAD)에서와 마찬가지로 소집단별로 보상하는 단계로 진행된다.

〈표 9-4〉 협동학습 유형(2)

<table>
<tr><th>구분</th><th>성취과제분담학습
(STAD)</th><th>팀 경쟁 학습
(TGT)</th><th>자율적 협동학습
(Co-op Co-op)</th><th>팀보조 개별학습
(TAI)</th></tr>
<tr><td>1단계</td><td colspan="2">교사가 강의 또는 토론으로
수업내용 전달</td><td>과제선택 후 팀
구성</td><td>공부내용 결정을 위한
진단검사 실시</td></tr>
<tr><td>2단계</td><td colspan="2">각 팀별로 문제지의 질문 스터디</td><td>팀별로 소주제
개별학습</td><td>학습속도에 따라 배정받은
내용 공부</td></tr>
<tr><td>3단계</td><td>교사는 퀴즈 준비</td><td>각 팀별
학문적 게임</td><td>개인보고,
팀보고</td><td>팀 동료끼리 정답 확인</td></tr>
<tr><td>4단계</td><td colspan="3">팀 평균점수과 개인 향상 점수 결정</td><td>퀴즈 점수, 팀 점수 정리, 보상</td></tr>
</table>

④ 자율적 보조학습(Co-operation Co-operation)

자율적 보조학습은 케이건(Kagan)이 고안한 협동학습 모형 중 하나로, 학생들이 스스로 학습 과제를 선택하고 동료들이 평가에 참여하는 것이 특징이다. 이 모형은 교사와 학생의 토의를 통해 큰 주제를 설정하고, 이를 다시 소주제와 세부적인 미니 주제로 나누어 진행한다.

자율적 보조학습의 수업 방법은 다음과 같다. 첫째, 교사와 학생이 토의를 통해서 학습 과제를 선정한다. 둘째, 교사는 이질적인 집단으로 팀을 구성한다. 셋째, 각 팀은 과제 해결에 관련된 주제를 선정하고, 이 주제를 소주제로 나눈 후, 구성원들의 흥미에 따라 분담한 후 개별적으로 정보를 수집한다. 넷째, 각자 학습한 소주제를 팀 구성원들에게 발표하고, 이를 종합하여 보고서를 만든다. 그 후 이 보고서를 다시 전체 학급에 발표한다. 다섯째, 평가 단계이다. 평가는 동료들에 의한 팀 기여도 평가, 교사에 의한 소주제 학습 기여도 평가, 그리고 전체 학급 동료에 의한 팀 보고서 평가가 있다. 교사는 이 세 가지 평가 중 어느 평가에 비중을 둘지 임의로 결정할 수 있다.

⑤ 팀보조개별학습(TAI: Team Assisted Individualization)

팀보조개별학습은 교사가 소집단 구성원 개개인의 능력에 맞춰 서로 다른 학습 과제를 주는 모형이다. 교사는 개별 학습과 단원 평가를 실시하여 팀에게 피드백을 제공한다. 최종적으로 개별 시험을 통해 점수를 매긴 후, 미리 정해진 팀 점수 기준을 초과한 팀에게 보상을 하는 방식으로 진행된다.

협동학습과 협력학습은 비슷해 보이는데 공통점과 차이점은 무엇인가요?

협동학습(Cooperative learning)과 협력학습(Collaborative learning)은 교육현장에서 혼용되기도 하지만, 명확한 차이점이 있다. 이 두 학습 방법 모두 구성원들이 공동의 학습목표를 가지고 있다는 공통점을 가진다. 그러나, 구성원들의 역할과 상호 의존성에서 차이를 보인다. 협동학습에서는 구성원들이 각자 맡은 개별 과제를 수행하여 공동의 학습목표를 달성하는 구조화되고 체계적인 관계이다. 따라서 개인의 책임이 크고, 각 구성원의 능력에 의존하는 경향이 있다(Panitz, 1999; 강인구, 2003). 반면에 협력학습에서는 개별 구성원의 역할이 따로 정해져 있지 않으며, 모든 구성원이 참여하고 합의하여 공동 학습목표를 수행한다(Hanri & Rigault, 1996; Brewer & Klein, 2006). 이 과정에서 구성원 전체에게 책임이 부여되며, 상호 의존성이 커지게 된다(Grahan & Barter, 1999). 즉, 협동학습은 '나'의 역할을 충실히 수행하는 것에, 협력학습은 '우리'가 함께 참여하여 결과물을 만드는 것에 중점을 둔다(Henri & Rigault, 1996; Panitz, 1999).

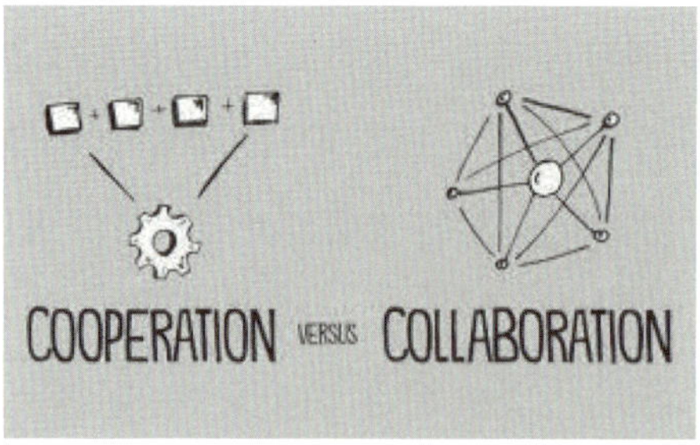

[그림 9-1] 협동학습과 협력학습의 차이

출처: https://www.youtube.com/watch?v=Gr5mAboH1Kk

4) 하브루타(Havruta)

(1) 하브루타의 의미

유대인들의 경전은 하나님의 백성으로 사는 방법을 가르쳐주는 토라(Torah)이다. 하브루타(havruta)는 두 사람이 짝을 이루어 상호 우정과 동반자의 관계에서 질문과 토론을 통해서 토라를 학습하는 방법이다. 하브루타는 아랍어 '하베르(haver)'에서 유래되었으며, 동반자 또는 친구를 의미한다. 이러한 하브루타 학습을 통해서 유대교 경전을 암기하여 이해하기보다는 학생들의 뇌를 자극해서 사고력을 높이는 안목과 통찰력, 비판적 사고력을 길러주는 데 그 목적이 있다(추성경, 손은주, 2019).

이러한 목적을 달성하기 위해서는 학습의 즐거움(Joy), 경청 능력(Listening), 집중력(Concentration), 논리력(Logic), 창의력(Creativity), 발표력(Presentation), 의사소통(Communication) 등의 능력이 필요하다(Arieli & 김진자, 2015, pp. 142-150).

첫째, 학습의 즐거움은 질문하고 답하며 토론하는 과정에서 지루함을 느끼지 않고, 스스로 생각하며 의견을 제시하는 경험에서 비롯된다. 특히, 예상치 못한 창의적인 아이디어를 떠올리는 순간 학습자는 공부의 즐거움을 느끼게 되는 것이다. 둘째, 경청 능력은 상대방의 말을 잘 듣고, 나와 어떤 생각이 다른지, 그리고 그 다른 이유가 무엇인지를 파악하기 위해 인내심을 가지고 귀 기울이는 능력이다. 셋째, 집중력은 인간의 뇌가 어려운 상황에 처했을 때 오히려 집중력이 높아지는 특성을 활용하는 것이다. 어려운 문제나 상황을 마주하면 뇌는 더 깊이 몰입하고 창의적인 해결책을 만들어내는 능력을 발휘하게 된다. 넷째, 논리력은 다른 사람과 의견을 주고받으며 설득하는 과정에서 꼭 필요한 능력이다. 다섯째, 창의력은 잠재되어 있던 생각을 의식의 영역으로 끌어올리는 데 탁월한 효과가 있다. 인간의 무한한 상상력과 창의력은 하브루타를 통해 개발되고 향상될 수 있다. 여섯째, 발표력은 하브루타가 대화 방식으로 이루어지므로, 상대방의 이야기를 들은 뒤 자신의 생각을 분명하게 표현하는 능력을 말한다. 일곱째, 의사소통은 사람들과의 관계를 원만하게 만들기 위해 필요한 능력이다. 원활한 의사소통을 통해서만 좋은 관계를 맺을 수 있다.

(2) 하브루타 절차

하브루타는 크게 주제 이해, 하브루타 실시, 상호 피드백의 세 단계로 진행된다(추성경, 손은주, 2019).

첫 번째 단계인 '주제 이해'는 하브루타를 효과적으로 진행하기 위한 준비 과정으로, 주제 선정, 주제 읽기, 주제 이해의 순서를 따른다. 먼저 주제의 선정은 탈무드 텍스트의 내용 중에서 찬반 의견이 나올 수 있는 것을 주제로 선정한다. 특히 창의적인 아이디어를 끌어낼 수 있는 주제를 선정하는 것이 좋다. 다음으로 주제 읽기는 주제를 명확하게 이해하기 위해 큰 소리로 읽는다. 이는 글자 하나하나의 의미를 정확하게 파악하는 데 도움이 된다. 그리고 주제 이해하기에서는 서로가 이해한 내용을 공유하여 주제를 얼마나 정확하게 파악했는지 확인하고, 함께 내용을 정리하는 단계이다. 이 과정에서 주제의 단어, 문장, 상황, 사건 등을 다양한 관점에서 분석한다.

두 번째 단계인 '하브루타 실시'는 먼저 2인 1조로 구성하고, 주제에 대해서 찬성과 반대를 통해서 자신의 입장에 대한 주장과 근거를 제시한다. 그리고 상대방이 주장하는 것에 대해 반론을 제시한다. 반론을 제시할 때는 상대방의 주장에 대한 허점, 부족한 점, 그리고 오류가 있는지 상세하게 밝힌다.

세 번째 단계인 '상호 피드백'은 하브루타 실시 후에 학습한 내용을 정리하는 단계이다. 먼저 하브루타 결과를 정리하기 위해서 주제에 대한 찬성과 반대에 대한 주장과 근거를 논리적으로 글로 작성한다. 다음으로 창의적인 해결을 위해서 찬성과 반대의 주장에 대해 두 사람의 공통적인 요소를 찾아 작성한다. 마지막으로 합의된 내용을 발표하고 다른 조와 더불어 다양한 주장과 근거를 학습한다.

(3) 하브루타 수업 모형

하브루타 수업은 여러 가지로 이루어질 수 있으나, 논쟁 중심 하브루타와 친구 가르치기 하브루타 수업 모형을 중심으로 살펴보고자 한다(추성경, 손은주, 2019).

① 논쟁 중심 하브루타 수업 모형

논쟁 중심의 하브루타는 논쟁할 주제, 즉 이슈를 정한 다음에 그 논제를 중심으로 짝 토론과 모둠 토론을 진행한다. 이 모형은 학습자들이 특정 주제에 대해 서로 다른 관점을 가지고 논쟁하면서 비판적 사고력과 논리적 사고력을 기를 수 있도록 설계되었다.

논쟁 중심 하브루타 수업 모형의 절차를 표로 제시하면 다음과 같다.

〈표 9-5〉 논쟁 중심 하브루타 수업 모형의 절차

절차	내용
① 논제 조사하기	• 논제 정하기 • 정해진 논제에 대해 찬성, 반대 입장 정하기 • 자신의 입장에 맞춰 철저하게 조사하기
② 짝 논쟁	• 각 입장에 따라 짝과 짝을 지어 논쟁하기 • 짝과 논쟁을 통해 둘의 통합된 입장 정하기
③ 모둠 논쟁	• 각 입장을 소개하고 모둠별로 논제에 대해 토론하기 • 모둠별 입장 정리하기 • 모둠별 입장의 근거를 정리하기
④ 발표	• 각 모둠의 입장과 근거 발표하기
⑤ 전체 토론(쉬우르)	• 교수자와 학습자가 함께 전체 토론

② 친구 가르치기 하브루타 수업 모형

친구 가르치기 하브루타 수업은 가르치고 배울 범위를 미리 정한 뒤, 이를 철저하게 공부하여 서로 가르치고 배우는 방식이다. 이 모형은 학생이 교사의 역할을 맡으면서 학습 내용에 대한 이해를 더욱 깊이 있게 할 수 있도록 돕는 동시에 다른 학생에게서 새로운 관점이나 해석을 배우는 기회를 얻을 수 있다는 장점이 있다. 친구 가르치기 하브루타 수업 모형의 절차를 표로 제시하면 다음과 같다.

〈표 9-6〉 친구 가르치기 하브루타 수업 모형의 절차

절차	내용
① 내용 공부하기	• 교재나 교과서의 범위를 둘로 나누기 • 맡은 부분에 대하여 철저히 공부해 오기
② 친구 가르치기	• 한 친구가 먼저 가르치기
③ 배우면서 질문하기	• 배우는 친구는 배우면서 치열하게 질문하기
④ 입장 바꾸기	• 입장을 바꿔 상대편 친구가 가르치기 • 친구로부터 배우며 치열하게 질문하기
⑤ 이해 못한 내용 질문하기	• 서로 토론하며 이해하지 못한 내용 정리하고 질문하기
⑥ 전체 토론(쉬우르)	• 교수자와 학습자가 전체 토론

하브루타 친구 가르치기와 토의 직소 모형이 비슷해 보이는데 공통점과 차이점은 무엇인가요?

하브루타 친구 가르치기와 직소(Jigsaw) 모형의 토의 방식은 둘 다 학습자 간의 상호작용을 강조하는 협력 학습 기법이라는 점에서 공통점이 있지만, 구성 방식과 진행 과정에서 차이가 있다.

공통점

1. 협력 학습
   - 학습자들이 서로 가르치고 배우면서 지식을 구성하는 방식이다.
   - 학습자의 능동적인 참여를 강조한다.
2. 소집단 활동
   - 소규모 그룹에서 학습이 이루어지며, 팀원 간 상호작용을 통해 학습 효과를 극대화한다.
3. 책임감 부여
   - 개별 학습자의 역할과 책임이 강조된다.
   - 학습자는 단순히 정보를 받아들이는 것이 아니라, 다른 학습자에게 설명하거나 토론을 통해 의견을 나눠야 한다.

〈표 9-7〉 하브루타와 직소 모형의 차이점

구분	하브루타 친구 가르치기	직소 모형(Jigsaw)
개념	친구(또는 짝)와 질문하고 답하며 학습하는 방식	주제를 여러 개로 나누어 개별 학습 후 서로 가르치는 방식
구성 방식	2~3인으로 짝을 이루어 질문과 답변을 반복	원래 소속된 모둠(Home Group)과 전문가 모둠(Expert Group)으로 구성
학습 과정	주어진 주제에 대해 질문을 만들고 서로 답하면서 학습. 논쟁을 통해 비판적 사고를 함양	모둠원들이 서로 다른 부분을 개별적으로 학습한 후 전문가 그룹에서 해당 내용을 심화 학습. 다시 원래 모둠으로 돌아와 학습 내용을 공유
중점 요소	질문-답변을 통한 사고 확장	역할 분담과 정보 공유
주요 목표	사고력, 논리력, 논쟁력 향상	협력적 문제 해결, 정보 통합

하브루타 친구 가르치기는 질문과 토론을 중심으로 진행되며, 한 가지 주제에 대해 깊이 있는 탐구가 이루어진다. 반면, 직소 모형은 학습 내용을 나누어 각자가 전문성을 기른 후 서로 가르치는 방식으로 전체적인 내용을 통합하는 데 초점이 맞춰져 있다.

즉, 하브루타 친구 가르치기는 "질문하고 토론하며 사고를 확장하는 과정"이고, 직소 모형은 "서로 다른 정보를 공유하여 완전한 학습을 이루는 과정"이라는 점에서 차이가 있다.

2. 비대면 수업방법

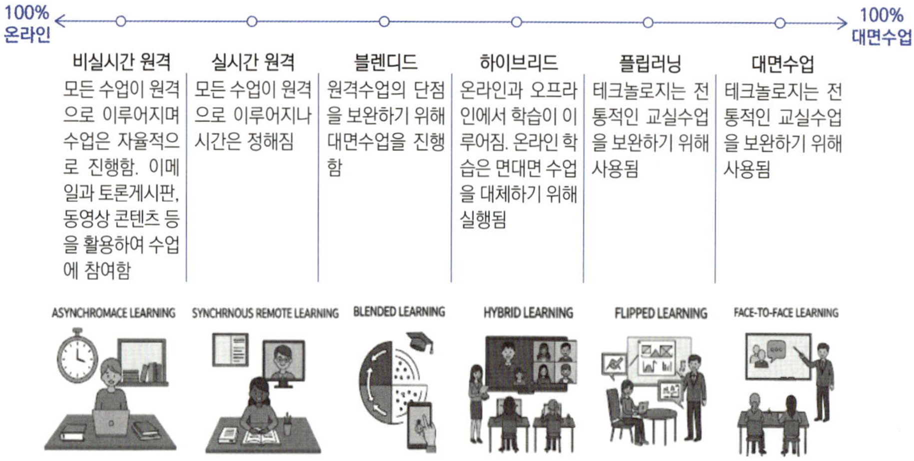

[그림 9-2] 원격수업 유형 스펙트럼

출처: https//www.wwt.com/article/guide-tohybrid-blended-learning-highter-ed.

1) 비실시간 원격수업

(1) 비실시간 원격수업의 개념

비실시간 원격수업은 모든 수업이 원격으로 이루어지며 수업은 자율적으로 진행된다. 이메일과 토론 게시판, 동영상 콘텐츠 등을 활용하여 학생들은 수업에 참여한다. 비실시간 원격수업을 이러닝, 온라인 수업 등의 다양한 용어로 표현하기도 한다. 이 장에서는 이러닝이나 온라인 수업이 아닌 원격수업이라는 용어를 사용한다.

예비교사들이 쉽게 이해할 수 있도록 이러닝(e-learning), 원격교육(distance education), 온라인 학습(online learning)의 개념을 살펴보자. 세 용어는 서로 겹치는 부분도 있지만, 약간씩 강조점이 다르므로 구분해서 설명하면 다음과 같다.

① 이러닝(e-learning)

"E-learning is the use of information and communication technologies to enable access to online learning resources"(UNESCO, 2002).

"이러닝은 정보통신기술(ICT)을 활용한 학습으로, 인터넷이나 CD-ROM, 모바일 기기 등을 통해 이루어지는 교육을 말한다."(교육부, 2023).

- 개념: 이러닝은 컴퓨터, 인터넷, 디지털 기술을 활용하여 이루어지는 모든 형태의 학습을 말한다. 이는 온라인뿐 아니라 오프라인에서도 디지털 자료를 활용하는 학습까지 포함한다.
- 예시: 교실에서 컴퓨터를 활용한 수업, 온라인 플랫폼(MOOC, LMS 등)을 통한 학습, 디지털 교과서 등을 활용한 수업 모두 포함된다.

② 원격교육(distance education)

"Distance education is a method of delivering instruction and learning when the learner and the instructor are separated by time and/or location"(Moore & Kearsley, 2012).

- 개념: 원격교육은 교수자와 학습자가 시공간적으로 떨어져 있는 상태에서 이루어지는 교육을 의미한다. 이러닝의 한 형태로 볼 수 있으며, 전통적으로 우편, 라디오, TV, 위성방송 등을 활용해 왔으며 현재는 대부분 온라인을 통해 진행된다.
- 예시: 대학의 사이버 강의, 방송통신고등학교, 실시간 화상 수업, MOOC 등이 해당된다.

③ 온라인 학습(online learning)

"Online learning refers to the learning experience delivered via the internet, allowing students to access content anytime and anywhere"(Means et al., 2014).

- 개념: 온라인 학습은 인터넷을 기반으로 하는 학습 형태로, 일반적으로 이러닝의 하위 개념이다. 웹을 통해 학습 자료, 강의, 피드백, 상호작용 등이 제공된다. 과거 온라인 학습은 대학교육이나 사교육기관에서 부분적으로 실시되었지만, 코로나19 발생으로 초·중·고등학교에서 전면적으로 실시되었다. 우리나라 교육부에서는 (1) 콘텐츠 활용 중심 수업, (2) 과제 수행 중심 수업,

(3) 실시간 쌍방향 중심 수업이라는 세 가지 유형의 온라인 학습을 제시하였다(교육부, 2020a).

• 예시: Zoom을 통한 실시간 수업, LMS를 활용한 비실시간 수업, 구글 클래스룸을 통한 과제 제출과 토론 등이 해당된다.

〈표 9-8〉 세 개념의 비교표

구분	이러닝 (e-learning)	원격교육 (distance education)	온라인 학습 (online learning)
범위	넓음 (디지털 활용 전반)	교수자와 학습자가 떨어진 상태의 교육	인터넷 기반 학습
역사	1990년대 이후 ICT 발전과 함께 등장	19세기 후반 편지학습부터 시작	2000년대 이후 본격화
예시	디지털 교과서, 인터넷 강의, 스마트러닝, 모바일 학습	방송대, 사이버대학, 온라인 고등학교	LMS 수업, 줌 수업, 유튜브 기반 강의
기술 요구 수준	중간 이상	과거엔 낮았지만 현재는 대부분 ICT 기반	인터넷 필수, 디지털 기기 활용 능력 요구됨

출처: Le Cunff, A.-L. (2020)

〈표 9-9〉 원격수업의 유형과 특징

콘텐츠 활용 수업	과제 기반의 활동 중심 수업	실시간 화상 수업
• 학생은 지정된 녹화강의 혹은 학습 콘텐츠를 시청하고 교사는 학습 내용을 확인 · 피드백하는 수업	• 교사가 교과별 성취기준에 따라 온라인으로 학생들에게 과제 제시 후 피드백하는 수업	• 실시간 원격교육 플랫폼을 활용하여 교사와 학생 간 화상수업을 실시하며, 실시간 토론 및 소통 등 즉각적인 피드백이 가능한 수업

출처: 교육부(2020a).

(2) 비실시간 원격수업의 특징과 활용

녹화된 영상 콘텐츠를 활용하는 비실시간 원격수업은 학습자에게 여러 이점을 제공한다(유선주 외, 2022, pp.157-158). 학습자는 자신의 일정에 맞춰 자유롭게 학습 시간을 정할 수 있으며, 학습 속도도 스스로 조절할 수 있다. 또한 강의 영상에 포함된 교수자의 음성 및 시각 자료는 학습 내용을 이해하는 데 도움을 주며, 특히 이해하기 어려운 부분은 원하는 만큼 반복해서 들을 수 있어 완전 학습을 가능하게 한다.

하지만 이러한 수업 방식은 몇 가지 한계점을 지니기도 한다(도재우, 2020; 이동주, 김미숙, 2020; 진성희, 신수봉, 2020). 가장 큰 단점은 교수자와 즉각적인 소통이 어려워 궁금한 점을 바로 해결하기 어렵다는 점이다. 또한, 학습자는 시간과 공간의 제약에서 벗어나 자유롭게 공부할 수 있지만, 스스로 학습 진도를 관리하는 자기주도 학습 능력이 부족할 경우 어려움을 겪을 수 있다. 실시간으로 다른 학습자들과 함께 학습하며 느끼는 동질감이 부족해 고립감이나 외로움을 느낄 수 있다는 점도 문제로 꼽힌다(Karker-Esperat, 2018).

이러한 비실시간 수업은 주로 설명식 강의 형태에 적합하며, 특히 시각 자료가 풍부하거나 학습 내용의 정확한 전달 및 반복 학습이 중요한 경우 효과적이다. 이론이나 기초적인 개념과 같이 기본적인 내용을 다룰 때도 유용하게 활용할 수 있다(진성희, 신수봉, 2020).

(3) 비실시간 원격수업의 설계

비실시간 원격수업을 설계할 때는 수업의 유형별로 필요한 요소를 고려해야 한다(유선주 외, 2022).

[그림 9-3] 비실시간 원격수업 동영상 수업설계안

출처: 진성희, 신수봉(2020).

① 강의식 비실시간 수업의 설계

가장 일반적인 형태인 강의식 수업은 도입-전개-정리의 구조로 구성하는 것이 효과적이다(진성희, 신수봉, 2020). 수업의 도입부에서는 이번 주에 다룬 핵심 내용을 간략하게 요약하며 학습자의 이해를 돕는다. 만약 과제가 있다면, 텍스트로만 제시하기보다는 영상으로도 구체적인 설명을 제공하여 학습자가 과제 내용을 명확히 파악하도록 하는 것이 좋다.

② 토의 · 토론식 비실시간 수업의 설계

비실시간 토의 · 토론 수업은 다음의 과정을 거쳐 진행하는 것이 일반적이다(진성희, 신수봉, 2020). 먼저, 토론 주제를 공지한 후 학습자들은 주제에 대해 탐색하고 자신의 생각을 정리한다. 이후 의견을 제시하고, 교수자의 피드백을 받으며, 최종적으로 성찰하는 활동으로 마무리된다.

토론 주제를 공지할 때는 학습자가 충분히 이해할 수 있도록 텍스트뿐만 아니라 구두 설명(동영상)을 함께 제공하는 것이 좋다. 또한, 토론 과정에서 질문을 할 수 있는 방법을 함께 안내하는 것도 필요하다.

학습자의 활발한 참여를 위해서는 토론 시스템의 기능이 중요하다. 학습자들이 언제든지 쉽게 주제를 확인하고, 다른 학습자들의 의견에 자유롭게 댓글을 남길 수 있는 플랫폼을 활용해야 한다. 또한, 토론 의견을 제시하는 기간과 다른 의견에 피드백하는 기간을 분리하면 더욱 활발한 상호작용을 유도할 수 있다.

교수자의 피드백은 온라인 토론의 질을 높이는 핵심 요소이다. 교수자가 학습자들의 의미 있는 의견에 댓글을 달거나 질문에 적극적으로 응답하는 것이 매우 중요하다. 토론 활동의 학습 효과를 극대화하려면, 토론이 끝난 후 자신의 의견과 동료, 교수자의 피드백을 종합하여 성찰하는 활동이 반드시 포함되어야 한다(강인애,

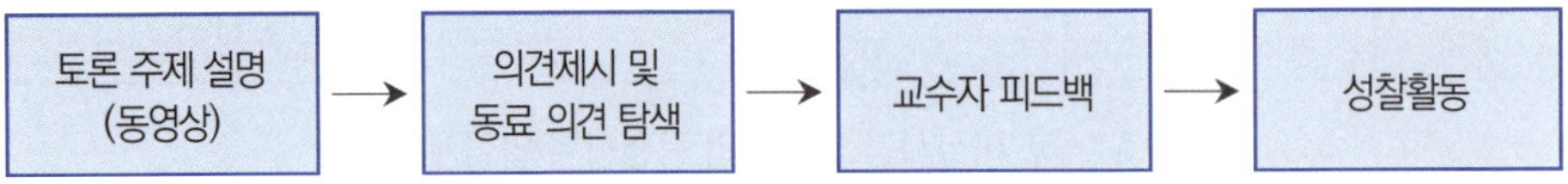

[그림 9-4] 비실시간 원격수업 토의 · 토론 활동의 단계

출처: 진성희, 신수봉(2020).

1996; 박미혜, 허운나, 2020; Xie, 2020).

(4) 비실시간 원격수업 수업전략

비실시간 원격수업은 학습자에게 자유를 주지만, 동시에 학습 관리와 시간 관리의 어려움을 야기할 수 있어 세심한 수업전략이 필요하다(유선주 외, 2022, pp. 174-176). 효과적인 비실시간 수업 운영을 위한 전략은 크게 세 가지로 나눌 수 있다.

① 동영상 수업 참여를 높이는 전략

동영상 수업의 효과를 높이기 위해 과제나 학습 활동을 활용할 수 있다. 다만, 매주 과제를 부과하면 학습자에게 부담이 될 수 있으므로 학습 내용의 중요도를 고려하여 적절히 조절해야 한다(진성희, 신수봉, 2020, pp. 32-33). 만약 학습자가 동영상 내용을 깊이 이해하고 응용해야 하는 경우라면, 연습 문제나 과제를 제출하게 하고 교수자는 이에 대한 구체적인 피드백을 제공할 계획을 세워야 한다.

난이도가 높은 내용을 다룬 후에는 학습자들이 스스로 질문을 만들고, 동료 학습자들과 질문에 대해 답하도록 유도하는 것도 좋은 방법이다. 교수자는 학습자들이 올린 질문과 답변에 대해 다음 시간에 반드시 피드백을 제공하여 학습을 마무리해야 한다.

과제 부담을 줄이면서도 참여를 유도하고 싶다면, 동영상 수업 중 필기한 내용을 사진으로 찍어 제출하게 하거나, 수업 내용을 바탕으로 간단한 퀴즈를 진행하는 것도 효과적이다.

② 비동시적 의사소통 전략

게시판 등을 활용하는 비동시적 의사소통은 면대면 수업이나 실시간 화상 강의와는 다른 장점을 가진다. 즉각적인 표정이나 억양은 알 수 없지만(이동주, 임철일, 임정훈, 2019), 학습자들은 충분히 생각하고 자신의 의견을 심층적으로 발전시킨 뒤에 표현할 수 있다(Jonassen & Kwon, 2001; Kamin, O'Sullivan, & Deterdin,

2002). 대면 수업에서 발표에 소극적인 학생들도 편하게 참여하여 수준 높은 상호작용을 경험할 수 있다는 것도 큰 장점이다(Howland, Jonasseng, & Marra, 2013).

③ 비동시적 토론 전략

비동시적 토론은 물리적 공간의 제약을 넘어 다양한 배경을 가진 사람들이 참여할 수 있다는 장점이 있다. 해외 참가자들이 참여하는 것도 가능하며, 주고받은 내용을 저장할 수 있어 학습 기록을 남기기에도 용이하다.

하지만 일부 학습자는 즉각적인 응답과 피드백을 선호하기 때문에 비동시적 소통을 어려워할 수 있다. 또한, 짧은 주제만으로는 내용을 파악하기 어렵고, 토론 글을 읽는 데 시간이 오래 걸린다는 단점도 있다(Howland et al., 2013; Woodley, 2018).

2) 실시간 원격수업

(1) 실시간 원격수업의 개념

실시간 원격수업은 교수자와 학습자가 서로 다른 공간에 있어도 정해진 시간에 온라인 매체를 통해 소통하며 진행하는 학습 형태를 말한다(유선주 외, 2022, pp.155, 157; 한송이, 이가영, 2020).

(2) 실시간 원격수업의 장단점

이 수업 방식은 여러 이점을 가진다. 첫째, 비실시간 수업에 비해 활발한 상호작용이 가능하여 학습자 중심의 수업을 진행하기에 용이하다(임철일, 김혜경, 김성욱, 이효은, 2013). 둘째, 특별한 장비 없이도 화상회의 시스템에 접속하기만 하면 수업에 쉽게 참여할 수 있다(한송이, 이가영, 2020). 마지막으로, 수업 내용을 녹화해두면 학습자들이 필요할 때마다 다시 시청하며 복습할 수 있다(오영범, 이창두, 2012; Nieuwoudt, 2020).

실시간 수업은 원하는 장소에서 참여할 수 있다는 장점이 있지만, 정해진 시간에 접속해야 하므로 시간적 자유가 제한된다. 다만, 교수자가 학습 시간을 관리해주기 때문에 자기주도 학습에 대한 부담은 줄어들 수 있다. 한편, 대면수업보다 팀 활동 시 상호작용에 어려움이 있어 더 많은 시간을 할애해야 한다는 점을 염두에 두어야 한다(도재우, 2020; 진성희, 신수봉, 2020).

실시간 원격수업은 교수자와 학습자, 혹은 학습자 간의 상호작용이 필수적인 수업에 적합하다. 일방적인 강의보다 토론, 팀 활동, 발표 등 학생 참여를 이끌어내는 수업에 특히 효과적이다. 또한, 녹화된 동영상 강의에 대한 질의응답과 같이 학습 지원을 목적으로도 활용될 수 있다(진성희, 신수봉, 2020).

(3) 실시간 원격학습의 설계

① 실시간 원격수업설계

성공적인 실시간 원격수업을 위해서는 즉흥적인 진행이 아닌, 대면수업처럼 세밀한 사전 설계가 필수적이다(유선주 외, 2022, pp.161-166).

㉠ 수업목표 및 유형 결정

수업목표를 달성하기 위해 실시간, 비실시간, 또는 혼합형 중 가장 적합한 유형을 신중하게 선택해야 한다(진성희, 신수봉, 2020, pp. 18-19). 각 유형의 장단점을 명확히 이해하고, 한 가지 방식만을 고집하기보다는 주차별 학습 내용에 따라 유연하게 결정하는 것이 중요하다.

㉡ 세부 전략 수립

- 주의 집중 전략: 학습자들이 수업에 몰입할 수 있도록 다양한 방법을 계획해야 한다.
- 지도 전략: 학습에 어려움을 겪는 학생을 파악하고 개별 지도를 할 수 있는 방안을 마련해야 한다.
- 상호작용 전략: 교수자와 학습자, 그리고 학습자 간의 원활한 소통을 위한 도구와 방법을 설계해야 한다.

㉢ 대면수업 지도안 보완

기존의 대면수업 지도안을 활용하되, 원격환경에 맞게 수정하고 보완해야 한다. 특히, 팀 프로젝트나 토론 같은 활동을 원격환경에서도 효과적으로 구현할 수 있는 방법을 고민해야 하며, 단순히 어렵다는 이유로 학생 참여 활동을 삭제하거나 수동적인 활동으로 변경하는 것을 지양해야 한다.

② 수업 단계별 교수설계 요소(수업 전 · 중 · 후)

성공적인 실시간 원격수업은 각 단계별로 치밀한 계획을 필요로 한다(도재우, 2020).

㉠ 수업 전: 준비 단계

- 플랫폼 및 도구 설명: 수업에 사용할 온라인 플랫폼과 도구의 사용법을 학생들에게 미리 안내해야 한다.
- 기본 규칙 합의: 카메라 사용 여부를 포함해 수업 중 지켜야 할 기본적인 규칙(Ground Rules)을 정하고 공유해야 한다.

㉡ 수업 중: 전개 단계

- 다양한 자료 활용: 그래프, 사진, 동영상 등을 공유하여 학습 내용의 이해를 돕는다.
- 동영상 공유 유의점: 동영상 공유 시 버퍼링 등 기술적 문제가 발생할 수 있으므로, 미리 확인하고 필요시 다른 자료로 대체하는 유연성을 갖추는 것이 좋다.
- 팀 활동 및 발표: 소그룹 활동(breakout rooms)을 통해 팀 과제를 수행하게 하고, 발표를 통해 활동 결과와 과정에 대한 피드백을 주고받도록 유도한다. 팀 활동의 목적, 방법, 시간, 결과물 등을 명확히 안내해야 한다.

㉢ 수업 후: 정리 단계

- 학습 내용 정리: 수업의 핵심 내용을 요약하고 다음 차시 내용을 예고한다.
- 인터랙티브 도구 활용: 멘티미터(Mentimeter)나 패들렛(Padlet)과 같은 인터랙티브 도구를 활용하여 핵심 단어 공유 등 학생 참여를 이끌며 수업을 마무리할 수 있다.

〈표 9-10〉 줌과 패들렛을 활용한 실시간 원격수업을 위한 교안 예시

<table>
<tr><th colspan="2">시간</th><th>활동</th><th>내용</th></tr>
<tr><td colspan="2" rowspan="2">수업 전
(1주일 전)</td><td>수업자료 공유</td><td>• 패들렛을 활용하여 다음 주 수업과 개별과제 수행에 도움이 되는 자료 공유(읽기 여부를 확인할 수 있는 학습관리 시스템 자료실 등 활용 가능)</td></tr>
<tr><td>개별과제 수행</td><td>• 수업자료에 대한 읽기활동을 바탕으로 개별과제 수행(개별과제 수행 여부를 모니터링할 수 있는 학습관리 시스템 과제방 활용 가능, 학생 간 상호참조를 위해서는 토론방, 카톡방 사용 가능)</td></tr>
<tr><td colspan="2" rowspan="2">수업 전
(수업 당일)</td><td>줌 세션 오픈</td><td>• 수업 시간 20분 전 실시간 온라인 수업 플랫폼 활성화</td></tr>
<tr><td>네트워킹 및 면담</td><td>• 수업 시간 전까지 교수자-학습자, 학습자-학습자 네트워킹(일상 공유 등) 및 요청 시 면담</td></tr>
<tr><td rowspan="13">수업 중
(3시간)</td><td>10분</td><td>체크인</td><td>• 학습자 접속 확인, 수업 오프닝을 위한 일반적인 질문</td></tr>
<tr><td>5분</td><td>수업 일정 안내</td><td>• 금일 수업 세부 활동 및 시간 계획 공유</td></tr>
<tr><td>10분</td><td>개별과제 리뷰 및 질의응답</td><td>• 수업 전 수행한 개별과제 활동 리뷰(과제수행 전반적인 피드백 제공), 활동경험 공유 및 학습활동에 대한 질의응답</td></tr>
<tr><td>50분</td><td>강의</td><td>• 수업 내용 전달</td></tr>
<tr><td rowspan="5">30분</td><td>팀 활동</td><td>• 수업 내용과 관련하여 교수자가 설계한 팀 활동 수행</td></tr>
<tr><td colspan="2">팀 활동 안내: 주제 수행해야 하는 활동, 시간, 결과 발표, 평가 방법</td></tr>
<tr><td colspan="2">팀 배치: 의도적 배치 또는 무작위 배치</td></tr>
<tr><td colspan="2">팀 활동: 개별과제 공유 및 팀 활동, 수행하면서 발표자료 제작(화이트보드 혹은 파워포인트, 팀 활동 과정 모니터링 및 팀 간 상호 참조를 위해 구글문서 도구나 패들렛 사용 가능)</td></tr>
<tr><td colspan="2">팀 활동 종료: 교수자는 팀 활동 종료 5분, 1분 전에 전체 메시지 발송
모니터링: 교수자는 각 팀 활동에 탐가하여 모니터링 및 퍼실리테이션 실시</td></tr>
<tr><td>20분</td><td>팀 활동 결과 보고</td><td>• 각 팀별로 활동 결과를 전체 학습자들 앞에서 발표(매 수업 다른 학습자가 발표하도록 촉진)</td></tr>
<tr><td>10분</td><td>학습활동 정리</td><td>• 각 팀별의 학습활동에 대한 피드백 제공 및 해당 결과를 수업 내용과 연계하여 해당 수업학습 정리(동료평가를 위해 학습관리 시스템이나 줌, 구글 설문 기능 활용 가능)</td></tr>
<tr><td>10분</td><td>과제 제시</td><td>• 다음 주 수업까지 학습자들이 수행해 와야 할 과제 제시</td></tr>
<tr><td>30분</td><td>비실시간 온라인 토론</td><td>• 토론 주제(학습자가 수행한 개인과제 결과 공유 또는 다음 과제와 관련된 활동 등)를 패들렛 게시판에 공유, 학습자는 동료 학습자의 글에 최소 3개 이상의 댓글을 달고, 자신이 단 댓글에 대한 최소 3개 이상의 응답을 해야 함</td></tr>
</table>

시간		활동	내용
		추가 피드백 제공 및 학습자 면담	• 학생들이 패들렛에서 비실시간 온라인 토론을 하는 동안 교수자는 줌(Zoom) 상에서 추가 피드백을 주어야 하는 학습자들에게 피드백을 주거나 추가 상담 수행 • 학습자의 경우 수업에 대한 질문 가능
	5분	수업 종료	• 수업이 종료되는 시점에서 줌 플랫폼 종료
수업 후		비실시간 토론	• 학습자들은 비실시간 온라인 토론 지속
		개별과제 수행	• 교수자가 제시한(다음 수업 내용과 관련된) 과제 수행
		학습자료 공유	• 다음 수업 자료 및 개별과제 수행과 관련된 자료를 패들렛에 공유

(4) 실시간 원격수업 교수전략

실시간 원격수업은 비디오, 오디오, 채팅 기능을 활용해 여러 장소에 있는 사람들이 동시에 소통하는 교육 방법이다. 이러한 수업의 효과를 높이기 위한 교수전략은 다음과 같다(유선주 외, 2022, pp.166-169).

① 수업 전: 철저한 준비

수업을 원활하게 진행하기 위해서는 사전 준비가 필수적이다. 학습 자료는 수업 시작 전에 학습관리시스템(LMS)이나 이메일 등을 통해 미리 공유하고, 수업에 활용할 슬라이드나 비디오 링크 목록을 정리해 두는 것이 좋다. 이를 통해 강의 중 자료를 찾는 데 시간을 낭비하지 않고 체계적인 수업을 진행할 수 있다(박미혜, 허운나, 2000; 안미영, 2020; 이의길, 2006; 임철일 외, 2021; Xie, 2020).

② 수업 중: 참여와 상호작용 극대화

- 학습자 주의집중 유도: 수업 도입부에 바로 본론으로 들어가기보다, 약 10분간 설문이나 질문을 활용해 학습자들의 흥미를 유발하고 수업에 집중하도록 돕는다.
- 지속적인 이해도 확인: 원격수업에서는 학습자 반응을 직접 파악하기 어려우므로, 10분마다 스마일 아이콘, 손 들기 등 화상회의 도구의 기능을 활용하거나

돌발 퀴즈를 통해 학습자의 이해도를 점검해야 한다.

- 소그룹 활동 활용: 일방적인 강의가 끝난 후에는 학습자들을 소그룹으로 나누어 토론이나 과제 해결 활동을 진행하게 한다. 이후 전체 그룹으로 돌아와 결과를 공유하고 피드백을 제공함으로써 학습자들이 적극적으로 참여하고 의미 있는 학습을 경험하도록 유도할 수 있다.
- 화이트보드 및 시각자료 활용: 화이트보드를 사용해 글씨를 쓰거나 그림을 그릴 때는 화면 해상도를 고려하여 명확하고 또렷하게 작성해야 한다. 또한 중요한 내용에 밑줄을 긋거나 강조 표시하는 등 시각적 지원 도구를 활용해 학습자의 이해를 돕는 것이 효과적이다.
- 채팅 및 메신저 전략적 활용: 화상 플랫폼의 채팅 기능이나 메신저는 학습자 간의 협업과 소통을 활성화하는 중요한 도구이다. 학생들이 동시에 아이디어를 공유하고 의견을 나눌 수 있다. 다만, 교수자 모니터링이 어려운 점을 고려해 수업 중 개인 채팅 기능을 제한하거나, 특정 상황(예: 팀 활동)에만 허용하는 등 유연하게 운영하는 것이 필요하다. 유튜브 라이브와 같은 일방향 송출 방식에서는 채팅 기능이 소극적인 학습자들의 참여를 이끌어내는 좋은 수단이 될 수 있다.

③ 학습내용과의 상호작용 촉진

학습자들이 수업에 꾸준히 참여하도록 하려면, 학습내용과 관련된 질문이나 과제를 통해 지속적으로 참여 기회를 제공해야 한다. 다양한 학습활동을 통해 학습자들이 수동적인 청취자가 아닌 능동적인 참여자가 되도록 독려하는 것이 중요하다.

(5) 실시간 및 비실시간 원격수업 선택 기준

효과적인 원격수업을 위해서는 학습자의 특성과 수업의 목표를 고려하여 실시간과 비실시간 수업 중 적합한 방식을 선택해야 한다(유선주 외, 2022, pp. 160-161).

- 실시간 수업이 더 효과적인 경우: 학습자의 자기주도 학습 능력이 부족하거나, 교수자와 학생 간의 활발한 상호작용이 중요한 수업일 때 적합하다.

- 비실시간 수업이 더 효과적인 경우: 학습자가 자율성을 가지고 학습 시간, 순서, 속도를 조절하길 원할 때, 또는 잘 구성된 콘텐츠를 반복해서 학습하는 것이 중요한 상황일 때 유용하다.

〈표 9-11〉 원격수업 유형별 특징

유형	수업활동	학습 시간	상호작용	교수 실재감
면대면 수업 (교실 수업)	밀도 중간	자율성 낮음	원활	높음
실시간 원격수업 (화상 수업)	밀도 낮음	자율성 보통	가능	보통
비실시간 원격수업 (동영상 수업)	밀도 높음	자율성 높음	제한	낮음

출처: 진성희, 신수봉(2020); 유선주 외(2022).

① 수업 활동 측면

동영상수업은 수업 밀도가 높아 정해진 시간 안에 많은 양의 내용을 다룰 수 있다. 이 때문에 일반적으로 50분 대면 수업을 25분 동영상 수업으로 대체하는 경우가 많다. 반면, 실시간 온라인수업은 교수자의 강의나 학습 활동 시간이 대면 수업보다 더 오래 걸리는 경향이 있다.

② 학습 시간 측면

대면수업은 정해진 시간에 강의실에 가야 하므로 학습자의 시간 자율성이 낮다. 반면, 동영상수업은 학습자가 원하는 시간에 원하는 속도로 학습할 수 있어 자율성이 매우 높다. 실시간 원격수업은 정해진 시간에 접속해야 하는 시간적 제약이 있지만, 장소에 구애받지 않고 참여할 수 있어 이동 시간이 절약되므로 자율성은 보통 수준으로 평가할 수 있다.

③ 상호작용 측면

원격수업은 상호작용에 제약이 많지만, 각 유형별로 다른 방식으로 상호작용이 이루어진다. 동영상수업에서는 주로 학교 학습관리시스템(LMS) 게시판이나 온라인 커뮤니티를 통해 비실시간으로 소통이 이루어진다. 실시간 화상수업에서는 팀별 토론이나 프로젝트 활동이 가능하지만, 대면 수업만큼 원활한 소통과 결과물 공유에는 한계가 있다.

④ 교수 실재감 측면

교수 실재감은 학습자가 교수자가 실제로 존재한다고 느끼는 감정으로, 온라인 수업에서 중요한 요소이다(Garrison, Anderson, & Archer, 1999). 교수 실재감은 대면수업에서 가장 높고, 동영상수업에서 가장 낮게 나타납니다. 교수 실재감은 학습자가 교수자의 의도와 수업목표를 정확히 파악하는 데 도움을 준다(신을진, 2021; 진성희, 신수봉, 2020).

3) 블렌디드 러닝

(1) 블렌디드 러닝의 이해

블렌디드 러닝(Blended Learning)은 흔히 '혼합학습'이라고 불리며, 두 가지 이상의 학습매체(테크놀로지, 활동, 이벤트 등)를 결합하여 각자의 장점을 활용함으로써 학습 효과를 극대화하는 교육방법이다(Bersin, 2004). 가장 일반적인 형태는 대면 교실수업과 온라인 활동을 결합하는 것이다.

두 가지 방법을 혼합한다는 점에서 플립러닝(Flipped Learning)과의 차이점에 대해 궁금할 수 있다. 블렌디드 러닝은 주로 온라인 학습에 초점을 두고, 그 효과를 높이기 위해 오프라인 학습을 어떻게 결합할지에 관심을 둔다. 플립러닝은 교실 밖 학습(예: 온라인 강의 시청)과 교실 안 학습(예: 토론, 문제 풀이)을 구분하여 진행한다. 플립러닝은 수업 시간에 수행할 학습 활동을 위해 개별적인 학습으로 준비하여 '교실 안과 밖의 학습 활동의 역할 전환'에 중점을 둔다. 쉽게 말해, 기존 수업에서는 교실에서 강의를 듣고 집에서 과제를 했다면, 플립러닝에서는 집에서 강의를 보고 교실에서 토론이나 문제해결 활동을 하는 것이다. 이러한 온라인과 블렌디드 학습 유형은 원격수업을 다양화하고 학습의 질을 높이는 데 기여했다.

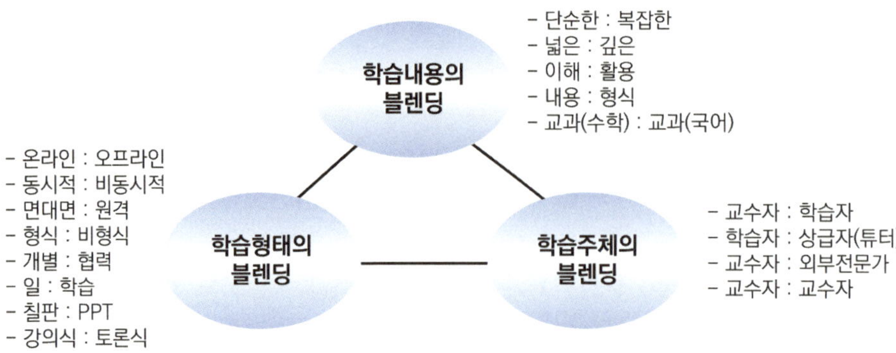

[그림 9-5] 블렌디드 러닝의 관점

(2) 블렌디드 러닝의 장단점

블렌디드 러닝은 온라인과 오프라인 학습의 강점을 결합하여 교육 효과를 극대화하는 방식이다. 이 모델은 각 환경의 장점을 유기적으로 결합하여 새로운 학습 경험을 제공한다.

- 온라인 학습의 장점: 학습자는 시간과 공간의 제약 없이 원하는 만큼 반복 학습을 할 수 있어 학습의 유연성과 자율성이 매우 높다.
- 오프라인 학습의 장점: 직접 대면하여 교수자와 학생, 학생들 간에 활발한 상호작용이 가능하다. 단순한 지식 전달을 넘어, 토론이나 협력 학습을 통해 깊이 있는 이해를 얻을 수 있다.

이처럼 블렌디드 러닝은 온라인 학습의 유연성과 오프라인 학습의 상호작용성을 적절히 혼합한 교육 모델이라고 할 수 있다(홍효정, 2017; Bonk & Graham, 2012; Thorne, 2003).

(3) 블렌디드 러닝의 다양한 유형

블렌디드 러닝은 교수가 어떻게 설계하느냐에 따라 여러 가지 방식으로 운영될 수 있습니다. 온라인과 오프라인 수업의 장점을 결합하여 서로의 단점을 보완하고 학습 효과를 극대화하는 방식이다(노혜란 외, 2012; 유선주 외, 2022, pp.190- 194).

가장 대표적인 블렌디드 러닝 유형은 다음과 같다.

- 이론과 실습 분리: 이론이나 개념 설명은 온라인 수업으로 미리 학습하게 한다. 이후 오프라인 수업에서는 실제로 만나 심화 과제를 해결하거나 실습을 진행하여 온라인에서 배운 내용을 적용하고 내면화하는 데 초점을 맞춘다.
- 사례 기반 학습: 학습자들이 온라인으로 현장의 실제 사례들을 먼저 접하고 분석하게 한다. 이후 오프라인 수업에서는 이 사례들을 바탕으로 토론하며 이론적 개념을 정리함으로써 온라인과 오프라인 학습을 유기적으로 연결한다(홍효정, 2016).

주	1	2	3	4	5	6	7	8	9	10	11	12	13	14	15	16
메인	OT	원격	대면	원격	대면	원격	대면	평가	원격	대면	원격	대면	원격	대면	원격	평가

[그림 9-6] 블렌디드 학습 유형 1: 원격수업 + 대면수업

① 블렌디드 학습 유형 1의 특징 및 고려 사항

블렌디드 러닝은 학습자의 몰입도와 참여도를 높이고, 대면 수업의 장점인 교수자와 학습자 간의 친밀감을 유지하며 수업을 진행할 수 있다는 장점이 있다. 또한, 학습 진도를 확인하고 관리하기 용이하며, 수업 과정의 수정 및 유지가 편리하다.

② 블렌디드 학습 유형 1의 한계와 운영의 어려움

하지만 블렌디드 러닝을 효과적으로 운영하기 위해서는 몇 가지 어려움을 극복해야 한다.

- 온라인-오프라인 연계: 온라인과 오프라인 수업의 유기적인 연계를 고려하여 콘텐츠를 개발해야 하며, 사전에 계획한 대로 진도를 진행해야만 콘텐츠와 활동 내용이 적절하게 연결될 수 있다.
- 비용 및 운영의 부담: 특히 대학의 대규모 교양 수업에서는 블렌디드 러닝을 선호하지 않는 경향이 있다. 이는 대면 수업을 위해 대형 강의실과 강의 시간을 확보해야 하고, 이로 인해 발생하는 콘텐츠 개발 및 운영 비용을 정당화하기 어렵기 때문이다.

주	1	2	3	4	5	6	7	8	9	10	11	12	13	14	15	16
메인	OT	원격						평가	원격							평가
보조			대면			대면				대면				대면		

[그림 9-7] 블렌디드 학습 유형 2: 원격수업 + 대면 보충수업

③ 블렌디드 학습 유형 2의 실제 운영 사례 및 고려 사항

블렌디드 러닝은 방송통신대학교나 숙명여자대학교 같은 원격대학원에서 주로 활용되는 학습 유형이다. 온라인 수업을 기본으로 하되, 보충적인 대면수업을 통해 교수자와 학습자 간의 친밀감을 높이는 것이 특징이다. 이 방식은 학기별 내용의 특성이나 학생 수준, 그리고 사회적 이슈에 따라 보충 및 심화 학습을 유연하게 구성할 수 있다.

④ 블렌디드 학습 유형 2의 운영 시 고려할 점

블렌디드 러닝을 효과적으로 운영하기 위해서는 몇 가지 행정적, 교육적 측면을 고려해야 한다.

- 학생 관리 및 평가: 학생 수가 많을 경우 대면 수업에서 학생 관리가 어려울 수 있다. 이때는 분반 운영이나 팀 프로젝트를 활용하는 것이 효과적이다. 또한, 평가에 대면수업 내용을 포함한다면, 학생들에게 미리 명확하게 공지해야 한다.
- 유연한 대응: 코로나19와 같은 예기치 않은 상황이 발생했을 때는 대면수업 참여를 강제하기 어렵다. 이러한 상황에 대비하여 온라인과 오프라인을 동시에 진행하는 하이브리드 병행 수업을 운영하는 방안을 고려할 수 있다.
- 행정적 지원: 대학에서 블렌디드 강좌를 개설할 때는 대면수업에 필요한 강의실과 시간을 확보하기 위한 행정적 지원이 필수적이다. 학생들이 기존 시간표와 충돌하지 않도록 정규 수업 시간을 피해 저녁 시간대나 보충 수업 시간대에 강의를 배정하는 것이 적절하다.
- 사전 공지의 중요성: 대면수업의 목적과 내용을 사전에 명확히 공지하여 학생

들이 시간을 조율할 수 있도록 배려해야 한다. 이러한 노력이 부족하면 교수자와 학습자 모두에게 부담을 주고, 결국 온라인 수업에 대한 부정적인 인식을 초래할 수 있다.

이처럼 블렌디드 학습은 교육 기관의 상황에 맞게 다양하게 변형하여 적용할 수 있다(노혜란 외, 2012; 유선주, 노혜란, 박미혜, 2022).

주	1	2	3	4	5	6	7	8	9	10	11	12	13	14	15	16
메인	OT	원격						평가	원격							평가
보조		협력	대면	협력	대면	협력	대면		협력	대면	협력	대면	협력	대면	발표	

[그림 9-8] 블렌디드 학습 유형 2-1: 원격수업 + 대면 보충수업 + 팀 프로젝트

주	1	2	3	4	5	6	7	8	9	10	11	12	13	14	15	16
메인	OT	원격						평가	원격							평가
보조		협력	대면	협력	토론	대면	협력		협력	대면	협력	토론	협력	대면	발표	

[그림 9-9] 블렌디드 학습 유형 2-2: 원격수업 + 대면 보충수업 + 팀 프로젝트 + 대면 토론수업

주	1	2	3	4	5	6	7	8	9	10	11	12	13	14	15	16
메인	OT	원격						평가	원격							평가
보조		협력	대면	협력	미팅	협력	협력		협력	협력	협력	미팅	협력	협력	발표	

[그림 9-10] 블렌디드 학습 유형 2-3: 원격수업 + 팀 프로젝트 수업 + 교수자면담

주	1	2	3	4	5	6	7	8	9	10	11	12	13	14	15	16
메인	OT	대면						평가	대면							평가
보조			원격			원격				원격				원격		

[그림 9-11] 블렌디드 학습 유형 3: 대면수업 + 원격 보충수업

⑤ 블렌디드 학습 유형 3의 활용과 운영 전략

이 학습 유형은 주로 대학교육에서 온라인 보조 수업 형태로 많이 활용된다. 블렌디드 러닝의 성공적인 운영을 위해서는 몇 가지 전략이 필요하다.

⑥ 주요 운영 전략

- 학습관리시스템(LMS) 활용: LMS를 효과적으로 사용해야 합니다. 온라인 수업과 대면수업의 연계 방안을 미리 계획하고, 평가 범위를 학생들에게 명확히 공지하는 것이 중요하다.
- 콘텐츠 활용 및 관리: 원격수업 콘텐츠는 필요에 따라 수시로 수정하고 보완할 수 있다. 복습, 보충, 심화 학습, 시험 문제 풀이, 학생 발표 등 다양한 목적으로 활용할 수 있으며, 학생들이 혼동하지 않도록 콘텐츠의 용도를 사전에 분명하게 안내해야 한다.
- 학습전략 결합: 콘텐츠의 활용도를 높이기 위해 퀴즈나 노트 정리와 같은 학습전략을 병행하여 사용하면 효과적이다.

(4) 학습자 참여 촉진 전략

① 블렌디드 러닝 학습자 참여 유도 전략

블렌디드 러닝에서 학습자의 참여를 높이고 학습 효과를 극대화하기 위해 다양한 전략들이 활용된다(노혜란, 2011; 이혜정, 2009; 유선주 외, 2022, pp. 194-195). 핵심은 온라인의 유연함과 오프라인의 상호작용을 적절히 결합하는 것이다.

② 주요 학습 유도 전략

- 팀 프로젝트 활용: 팀 프로젝트는 학습자 간의 소통을 활성화하는 효과적인 방법이다. 팀 단위로 소셜 네트워크 서비스(SNS)나 학습관리시스템(LMS)의 쪽지 기능을 사용하게 하고, 줌(Zoom)과 같은 화상회의 도구를 활용하여 협업을 유도할 수 있다. 무임승차를 방지하기 위해 3명 내외의 소수 인원으로 팀을 구성하는 것이 좋으며, 팀 활동 보고서, 회의 녹화본, 채팅 기록 등을 제출

하게 하여 교수가 활동을 모니터링할 수 있다. 또한, 팀 프로젝트 게시판을 공개하여 팀 간의 선의의 경쟁과 상호 참고를 유도할 수도 있다. 과제의 특성에 따라 동질 또는 이질적인 그룹을 구성하여 다양한 관점을 끌어낼 수 있다.

- 온라인 콘텐츠 출석 확인: 온라인 수업의 출석을 확인하기 위해 단순히 접속 여부만 확인하기보다, 강의 내용을 요약해 제출하거나 질문을 만들어 오도록 유도하는 것이 효과적이다. 이러한 활동은 학습자가 콘텐츠에 집중하게 하고 능동적인 참여를 독려한다.
- 보충용 콘텐츠 활용: 대면 수업의 효과를 높이기 위해 보충용 콘텐츠를 미리 제공하고, 학생들이 궁금한 점을 사전에 질문하게 할 수 있다. 대면 수업 시간에는 학생들이 올린 질문에 답변하며 보충 자료를 정리해주면, 온라인과 오프라인 학습이 유기적으로 연결된다.
- 노트 정리 활동: 학습자에게 자신만의 방식으로 강의 내용을 정리하여 게시판에 올리게 한다. 이는 학생들이 스스로 학습 과정을 관리하도록 돕고, 교수는 이를 통해 학습자의 이해도를 파악할 수 있다. 콘텐츠를 시청하면서 동시에 노트 정리를 하게 하면 집중도를 높이는 데에도 도움이 된다.
- 선배들의 학습 유산 활용: 우수한 선배들의 과제 결과물을 후배들에게 공개하고, 본인의 결과물 또한 미래의 후배들에게 도움이 될 수 있음을 인지시킨다. 이는 학생들에게 책임감을 부여하고 학습에 더욱 진지하게 임하도록 동기를 부여한다.
- 가르치기를 통한 학습(Learning by Teaching): 학생들이 직접 콘텐츠를 개발하고 발표하게 하는 것은 매우 효과적인 학습 방법이다. 단순히 발표하는 것을 넘어, 마치 교수가 된 것처럼 수업을 진행하게 하고, 동료 평가를 통해 서로 피드백을 주고받는 기회를 제공하여 학습 효과를 극대화할 수 있다.

(5) 블렌디드 러닝의 효과

① 블렌디드 러닝이 학생 성과에 미치는 영향

선행 연구들에 따르면, 블렌디드 러닝은 학생들의 성과에 긍정적인 영향을 미치는 효과적인 교육 방식이다. 이는 학습자의 만족도, 학업 성공률, 그리고 학습 지속성을 향상시키는 것으로 나타났다(Dziuban & Moskal, 2001; Dziuban, Hartman, & Moskal, 2004; 박성익, 이상은, 송지은, 2007; Picciano, 2006).

② 다른 교육 방식과의 비교

블렌디드 러닝은 순수 온라인 학습이나 전통적인 대면 교육과 비교했을 때도 그 효과가 입증되었다. 여러 연구(Dziuban et al., 2018; Galanek & Gierdowski, 2020)에서 블렌디드 러닝이 더 우수한 교육적 접근법이라는 결론이 도출되었다.

③ 국내 연구 결과

국내 블렌디드 러닝의 효과를 종합적으로 분석한 메타분석 연구(권회림 외, 2015; 배윤주, 이정민, 2021)에서도 긍정적인 결과가 확인되었다. 연구마다 효과 크기에는 차이가 있지만, 인지적 영역과 정의적 영역 모두에서 유의미한 효과가 나타났다.

- 인지적 학습 효과: 학업 성취도, 문제 해결력, 비판적 사고력 향상에 효과적이다.
- 정의적 학습 효과: 학습 만족도, 태도, 흥미, 학습 동기 등에도 긍정적인 영향을 미친다.

요약하자면, 블렌디드 러닝은 학생들이 더 잘 배우고, 더 오래 지속하며, 학습에 대한 긍정적인 태도를 형성하는 데 도움이 되는 효과적인 교수학습 방법이다.

4) 플립러닝(Flipped Learning)

(1) 플립러닝의 개념과 정의

플립러닝(Flipped learning)은 ‘거꾸로 학습’, ‘역전학습’, ‘역진행학습’, ‘반전학습’이라고도 불린다. 플립러닝은 2007년 미국의 두 화학 교사, 조나단 버그만(Johnathan Bergmann)과 애론 샘즈(Aron Sams)에 의해 처음 시작되었다.

기존 수업 방식에서는 교실에서 강의만 듣고 중요한 토론이나 실험은 학생들이 혼자 해야 했다. 플립러닝은 이런 방식을 뒤집어, 전달식 강의는 학생들이 집에서 미리 학습하고, 모두가 모이는 교실에서는 실험, 토론 등 상호작용 활동에 집중하는 역동적인 수업 방식이다(Bergmann & Sams, 2014).

(2) 플립러닝이 주목받는 이유

플립러닝이 주목을 받은 이유는 교실 안에서 학생들이 보이는 수동적인 태도를 해결하기 때문이다. 플립러닝 교실에서 학생들은 단순히 교사의 설명을 듣는 대신, 문제의 답을 찾고, 공유하고, 직접 풀어본 후 발표하는 등 일련의 활동을 주도적으로 수행하게 된다(박성익 외, 2021).

(3) 플립러닝의 운영 과정

플립러닝은 학생들이 미리 동영상 자료를 시청하는 방식으로 진행된다. 이후 교실에서는 개별 또는 그룹으로 문제를 직접 해결하는 활동을 한다.

플립러닝에 대한 관심은 교실 수업을 디지털콘텐츠로 쉽게 바꿀 수 있는 기술 발전 덕분에 커졌다. 이제 학생들은 스마트 기기로 언제든 교수자의 수업을 들을 수 있게 되었고, 교수자 역시 예전보다 훨씬 쉽게 디지털 자료를 만들어 온라인에

[그림 9-12] 기존 수업과 정반대인 플립러닝 방식

서 공유할 수 있게 되었다. 특히, 코로나19 발생 이후 초고속 인터넷, 다양한 학습 플랫폼, 콘텐츠 개발 도구, 클라우드 컴퓨팅 같은 기술이 발전하면서 대용량 강의 콘텐츠를 손쉽게 저장하고, 공유하며, 관리할 수 있게 되었다. 더불어, 온라인 커뮤니티와 유튜브를 중심으로 직접 제작한 교육자료를 무료로 공유하는 사례가 늘어나, 교수자가 직접 콘텐츠를 개발하지 않아도 양질의 자료를 활용할 수 있게 되었다. 이처럼 변화된 환경은 과거에는 기술적 제약으로 구현이 어려웠던 플립러닝이 가능하게 된 이유이기도 하다.

(4) 플립러닝의 장단점

① 플립러닝의 장점

- 유의미한 학습 경험 제공: 온라인 개별학습과 교실에서의 대면 상호작용을 통합하여 학생들에게 의미 있는 학습 경험을 제공한다.
- 개별 맞춤형 학습: 학생들은 자신의 수준에 맞춰 온라인 강의자료를 반복해서 들으며 기본적인 학습내용을 습득할 수 있다. 이후 수업 시간에는 문제 해결과 협력 활동을 하면서 교수자의 피드백을 받을 수 있다.

하지만 플립러닝을 운영할 때 교수자가 직면할 수 있는 어려움도 있다(허선영, 조영환, 2020).

② 플립러닝의 어려움

- 온라인 학습 집중도: 교실에서 학생들에게 집중하게 하는 것만큼 동영상 강의에 집중하도록 만드는 것은 어렵다.
- 수동적 학습 가능성: 학생들이 단순히 동영상 강의를 시청만 할 경우, 깊이 있는 학습이 이루어지지 않을 수 있다.
- 온/오프라인 연계 부족: 온라인 학습은 지식 습득에 초점을 두고 교실 수업은 학생 중심의 그룹 활동으로만 진행될 경우, 두 활동 간의 연계성이 부족할 수 있다.

- 일부 학생의 비협조: 사전에 동영상 강의를 성실히 학습하지 않는 학생들이 있으면 교실 수업이 원활하게 진행되지 않고, 이로 인해 교수자의 업무 부담이 커질 수 있다.
- 학습량 증가 부담: 학생들은 가정에서 이루어지는 사전 학습 때문에 전체 학습량이 늘었다고 느낄 수 있다. 이러한 제한점을 고려하여 플립러닝을 설계하는 것이 필요하다.

(5) 플립러닝 설계 시 고려사항

플립러닝을 효과적으로 운영하려면 사전 학습(온라인)과 교실 수업(대면)을 긴밀하게 연계하는 것이 중요하다. 다음은 설계 단계에서 고려해야 할 핵심 요소들이다(유선주 외, 2022, pp.199-201).

① 사전 학습 영상의 적정 분량

사전 학습 영상의 길이가 너무 짧으면 교실 수업에 필요한 기초 지식이 부족해지고, 너무 길면 학습자의 집중력과 동기를 떨어뜨릴 수 있다. 성인의 경우 약 10분, 초등학생은 10분 내외, 중 · 고등학생은 15분 이하가 적정하다. 뇌 과학 연구에 따르면 새로운 자극이 없는 상황에서 인간의 주의 집중 시간은 대략 10분으로 제한된다고 한다(Medina, 2011; Zull, 2002).

② 사전 학습 자료에 대한 인식 확장

사전 학습 자료는 동영상만이 유일한 방법이 아니다. 교실 수업에 필요한 기본 지식을 습득하는 데 도움이 되는 모든 형태의 자료를 활용할 수 있다. 예를 들어, 교재의 특정 부분을 읽고 요약하게 하거나, 신문 기사, 인터넷 자료, 특정 문학 작품, 영화 등을 함께 활용하여 학습의 깊이를 더할 수 있다(Bergmann, Sams, & Gudenrath, 2015).

③ 사전 학습 참여 유도 전략

플립러닝의 성공은 학습자가 사전 학습에 얼마나 적극적으로 참여하느냐에 달려 있다. 교수자는 다음 전략들을 활용하여 학습을 유도할 수 있다.

- 개별 활동: 노트 필기, 활동지 작성, 퀴즈 풀기, 교수자에게 질문할 문제 미리 만들기 등을 통해 학습자가 능동적으로 참여하게 한다.
- 협력 활동: 온라인 게시판에 글을 올리거나 토론을 진행하게 하고, 팀원들이 서로의 동영상을 시청하며 협력하는 '협력적 시청'을 독려할 수 있다(Levy & Cohen, 2017).

④ 사전 학습과 교실 수업의 효과적 연계

플립러닝의 효과를 높이려면 교실 수업에서 단순한 지식 전달이 아닌, 지식의 적용, 문제 해결, 고차원적 사고력을 키우는 활동이 이루어져야 한다.

- 연결성 확보: 교수자는 사전 학습 내용과 교실 수업 활동이 서로 긴밀하게 연결되도록 설계해야 한다(Strayer, 2017).
- 협력적 분위기 조성: 학생들이 교수자와 동료들과 함께 협력하는 분위기를 조성하고, 모든 학습자의 이해 수준을 지속적으로 평가하는 체제를 구축해야 한다(Kim et al., 2014).

〈표 9-12〉 플립러닝의 온라인과 면대면 학습 연계 전략

측면	설계 전략
온라인 질문의 면대면 학습 반영	면대면 학습 이전에 온라인 학습 내용에 대한 도전적인 질문을 한 개 이상 함 학습자 질문을 분석하여 학습자의 현재 상태를 파악한 뒤 이를 면대면 학습에 반영함
실시간 응답 애플리케이션의 활용	교육용 애플리케이션을 활용하여 온라인 학습 내용에 대한 퀴즈를 실시함
온라인 학습내용과 오프라인 활동의 관련성	면대면 활동 중에 온라인 학습 내용이 활동과 어떤 관련이 있는지 학습자에게 질문함 학습자에게 온라인 학습 관련 개념과 면대면 활동이 어떠한 관계를 지니는지 생각하고 표현할 기회를 제공함
다음 차시와의 연계성	수업 종료 시점에 해당 차시의 수업 내용과 활동이 어떻게 다음 온라인 학습 내용과 연관이 되는지 예고함
성찰	성찰을 통해 온라인과 면대면 학습내용을 연계하도록 지원함

(6) 플립러닝의 성공적인 절차

플립러닝을 성공적으로 운영하려면 다음 두 가지 핵심 요소가 반드시 갖춰져야 한다(유선주 외, 2022, pp.197-199).

① 사전 온라인 학습

첫 번째는 학생들이 교실 수업 전에 스스로 학습할 수 있는 적절한 동영상 수업 자료를 온라인으로 제공하는 것이다. 이 단계에서 학생들은 단순히 자료를 시청하는 것을 넘어, 교실 활동에 필요한 기본적인 지식을 미리 습득해야 한다.

② 의미 있는 교실 활동 설계

두 번째는 교사가 학생들이 사전 학습 내용을 바탕으로 적극적으로 참여할 수 있는 교실 활동을 설계하는 것이다. 이 활동은 단순한 지식 전달이 아닌, 토론, 문제 해결, 협력 프로젝트 등 고차원적인 사고력을 요구하는 활동이어야 한다. 이 과정을 통해 학생들은 사전 학습 내용을 실제적으로 적용하고 내면화할 수 있다.

〈표 9-13〉 전통적인 수업방법과 플립러닝의 수업절차

기존 수업		플립러닝	
수업요소	수업시간	수업요소	수업시간
도입	5분	도입	5분
숙제점검 및 관련활동	20분	사전 수업 점검활동	5~10분
직접교수	30~35분	안내에 따른 자기주도적 연습(Guided and Independent practice)	50~55분
안내에 따른 자기주도적 연습	20~25분	학습 성찰	5분

(7) 플립러닝의 효과

선행 연구에 따르면 플립러닝은 학생들의 학습 참여와 성과에 긍정적인 영향을 미치는 것으로 나타났다(유선주 외, 2022, pp. 201-203).

① 학습의 질적 변화

한 연구(Guerrero, Baumgartel & Zobott, 2013)는 플립러닝 그룹과 전통적 수업 그룹의 차이를 비교했다.

- 전통적 수업 그룹: 사전 학습 자료를 받지 않아 수업 중 교수자의 설명을 받아 적는 데 집중했다. 이들은 주로 내용의 이해 여부를 확인하는 단순 질문을 하는 경향을 보였다.
- 플립러닝 그룹: 사전에 제공된 자료로 내용을 미리 학습했기 때문에, 수업 시간에는 팀원들과 함께 이론의 적용이나 개념에 대한 심층적인 질문을 준비하는 모습을 보였다.

이러한 결과는 플립러닝이 학습자들이 단순 지식 습득을 넘어 고차원적인 사고를 할 수 있도록 유도한다는 것을 보여준다.

② 국내 적용 사례

카이스트(KAIST)를 비롯한 국내 유수의 대학들(서울대학교, 울산과학기술대학교, 포항공과대학교)에서도 플립러닝의 긍정적인 효과가 확인되고 있다. 이들 대학은 자기주도학습 능력을 갖춘 학생들에게 플립러닝을 적용하여 높은 만족도와 긍정적인 반응을 얻고 있다.

심화학습

◈ 하이브리드 러닝과 하이플렉스 러닝

성찰 질문

- 최근 주목받고 있는 새로운 교육방법은 무엇인가요?
- 학습자들의 집중 시간이 점차 짧아지고 있다는 연구 결과가 있습니다. 학습자의 집중력을 높일 수 있는 교육방법에는 어떤 것들이 있을까요?
- 학습자의 선택권을 높이는 하이브리드 러닝과 하이플렉스 러닝을 도입할 때, 교수자로서 어떤 점을 고려해야 할까요?

하이브리드 러닝(Hybrid Learning)(유선주 외, 2022)

하이브리드 러닝의 이해

하이브리드 러닝은 두 가지 이상의 학습 방법을 결합해 교육 효과를 극대화하는 방식이다. 특히, 대면 수업에 참여하는 학생들과 온라인으로 접속한 학생들이 동시에 수업을 받는 형태로 많이 나타난다. 마이클 플란(Michael Fullan)은 이러한 하이브리드 접근법이 학습자 중심의 개인화되고 의미 있는 교육 경험을 제공한다고 설명한다(Fullan, Quinn, Drummy, & Gardener, 2020).

하이브리드 러닝의 운영 방식

하이브리드 러닝은 특정 학생들에게 등교를 허용하고 나머지 학생들은 온라인으로 학습하는 방식으로 운영된다. 이 방식은 어린 학생, 도움이 필요한 학생, 또는 온라인 기기 사용이 어려운 환경의 학생들을 위해 활용된다.

이 교육 방식은 해외 거주자나 장기 투병 학생 등에게도 수업 참여 기회를 넓혀준다. 학생들은 개인의 상황에 맞게 학습 장소와 방법을 선택할 수 있어, 보다 개인화된 학습 경험을 얻게 된다(Abdelmalak & Parra, 2016; Raes, Detienne, Windey, & Depaepe, 2020).

[그림 9-13] 서원대학교 하이브리드 수업 모습

출처: 유선주 외, 2022, p. 187

하이브리드 러닝의 장 · 단점

하이브리드 러닝은 학습자 개인의 특성과 상황을 고려하여 대면 또는 온라인 참여를 선택할 수 있도록 학습 통제권을 부여한다. 또한 원격 참여자들은 기술 활용 기회를 얻어 관련 역량을 높일 수 있다(Abdelmalak & Parra, 2016; Butz & Askim-Lovseth, 2015; Szeto, 2014; Wiles & Ball, 2013).

하지만 운영 과정에서 다음과 같은 어려움이 발생할 수 있다.

- 교실 학생의 불편함: 교수가 원격 학생에게 집중하다 보면 수업 진행이 더디거나 반복되어, 교실에 있는 학생들이 불편함을 느낄 수 있다.
- 온라인 학생의 소외감: 기술적인 문제로 즉각적인 도움을 받지 못하거나, 상호작용이 부족하다고 느낄 경우 온라인으로 참여하는 학생들이 소외감을 느낄 수 있다.
- 수동적 학습 참여: 일부 학생은 대면보다 비대면 학습을 선호하는 경향이 있으며, 이러한 경우 학습에 소극적으로 임하거나 참여도가 낮게 나타날 수 있다. 따라서 교사는 원격 학생의 참여를 적극적으로 유도하는 수업 설계를 고민해야 한다(이동주, 임철일, 임정훈, 2019).
- 심리적 거리감: 온라인 학생들은 교실로부터 물리적, 심리적 거리를 느낄 수 있으므로, 이를 해소하려는 노력이 필요한다(Gibbs, 1998).
- 높은 자기주도 학습 능력 요구: 교사가 물리적으로 옆에 없는 환경에서 학습에 대한 몰입과 참여가 떨어지기 쉽기 때문에, 온라인으로 참여하는 학생에게는

더욱 높은 수준의 자기주도 학습 능력이 요구된다(이상우, 2004).

The Remote Classroom

The Hybrid Virtual Classroom

[그림 9-14] 하이브리드 수업 모습

출처: https://link.springer.com/article/10.1007/sl0984-019-09303-z/figures/1

하이브리드 수업 설계 및 운영 전략

하이브리드 수업은 기술 도입으로 인해 교수자의 부담을 가중시킬 수 있다. 따라서 교육 기관은 교수자에게 충분한 기술 및 교육적 지원을 제공하는 것이 중요하다(유선주 외, 2022, pp.187-188).

① 기술 운영 지원과 학습 참여 촉진

이러한 문제를 해결하기 위해 최근에는 테크니컬 운영자를 활용하는 방안이 주목받고 있다(Raes et al., 2020). 운영자는 수업 중 발생하는 기술적 문제를 해결하고, 교수자가 수업을 준비할 때 조언을 제공한다. 학생들은 온라인 플랫폼의 채팅 기능을 통해 직접 도움을 받을 수 있다.

하이브리드 학습에 대한 참여도를 높이기 위해서는 학생들의 인지 활동을 활성화하는 전략이 필요하다. 뇌 과학 연구에 따르면 인간의 주의 집중 시간은 약 10분 정도이므로, 교수자는 약 10분마다 한 번씩 감정을 자극하는 활동을 제공해야 한다(Medina, 2011).

이를 위해 다음과 같은 다양한 참여 활동을 고려할 수 있다(Microsoft, 2021).

- 생각 공유 및 질의응답 유도: 학생들이 자신의 생각을 공유하거나 질문에 답하도록 이끈다.

- 간단한 퀴즈 또는 투표: 짧은 퀴즈나 투표를 통해 즉각적인 참여를 유도한다.
- 동료 간 토론: 학습 주제에 대해 동료들과 토론하도록 격려한다.
- 이모티콘 및 채팅 활용: 학습 자료에 대한 만족도나 의견을 채팅이나 이모티콘으로 표현하게 하여 즉각적인 피드백을 받는다.

② 효과적인 수업 운영 방안

교수자는 수업 중에 자주 구두로 질문하고 학생들의 의견에 귀 기울여야 한다. 플립러닝 방식을 결합하여, 읽기나 실습 같은 비실시간 활동을 사전에 진행하고 수업 시간에는 토론 및 문제 해결에 집중할 수도 있다.

소그룹 활동은 온·오프라인 학생들을 함께 참여시켜 '실재감'을 높이는 데 매우 효과적이다(Garrison, Anderson, & Archer, 1999). 이러한 협력 활동을 통해 모든 학생들이 동등한 학습 경험을 할 수 있도록 설계하는 것이 중요하다.

하이플렉스 러닝(Hyflex Learning)

하이플렉스 러닝의 의미

하이플렉스(Hyflex)는 '하이브리드(Hybrid)'와 '플렉서블(Flexible)'을 합친 용어로, 2005년 미국 샌프란시스코 주립대학의 브라이언 비티(Brian Beatty) 교수가 처음 제시한 개념이다.

하이플렉스 수업에서 학생들은 대면 교육, 실시간 온라인 교육, 비실시간 온라인 교육 중 원하는 수업 형태를 자유롭게 선택할 수 있다. 이를 통해 학습자의 요구를 더욱 적극적으로 수용하는 교육 방법이라고 할 수 있다(임철일 외, 2021).

① 하이플렉스 학습의 개발 배경

하이플렉스 학습 방법은 제한된 자원(시간, 교수자, 수업 공간)으로 대면 및 비대면 수업을 듣는 모든 학생에게 양질의 수업 경험을 제공하기 위해 개발되었다(박지혜, 2021).

하이플렉스 학습법에서 가장 중요한 점은 학습자에게 수업 참여 형태를 선택할 수 있는 권한을 준다는 점이다.

② 하이플렉스 학습의 기대 효과

하이플렉스 방식의 수업은 온라인 수업의 교육 질 저하 문제를 해결하고, 코로나19로 인해 많은 학생이 한 공간에서 대면 수업을 듣기 어려운 상황에 대한 해결책이 될 수 있을 것으로 기대된다.

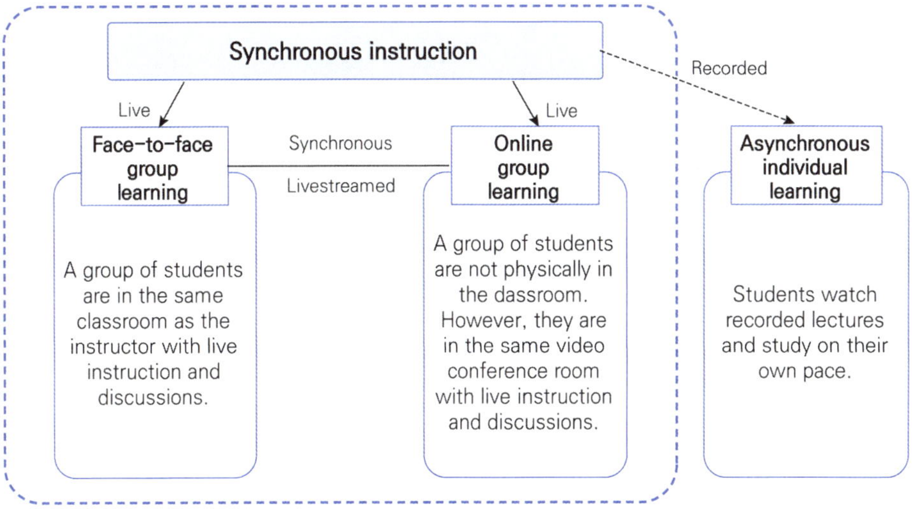

[그림 9-15] 하이플렉스(Hyflex Learning) 모형

온 · 오프라인 동시 수업(실시간 온라인과 비실시간 온라인 학습이 동시 제공)

- 오프라인 그룹 학습: 학습자들이 교수자와 함께 같은 강의실에서 실시간으로 수업을 듣고 토론에 참여한다.
- 실시간 온라인 그룹 학습: 온라인으로 접속한 학습자들이 줌(Zoom) 같은 실시간 온라인 수업 도구를 활용하여 강의에 참여하고 토론에 함께 한다. 이들은 물리적으로 같은 공간에 있지는 않다.
- 비실시간 개별 학습: 녹화된 강의 영상을 보며 자신의 학습속도에 맞춰 개별적으로 학습하는 방식이다.

하이플렉스 러닝의 특징 및 장 · 단점

① 하이플렉스 러닝의 특징

하이플렉스 방식의 특징은 '학습자 선택권', '동일성', '재사용 가능성', 그리고 '접근성'이라는 네 가지로 정리할 수 있다(Beatty, 2019; 심미자, 2023).

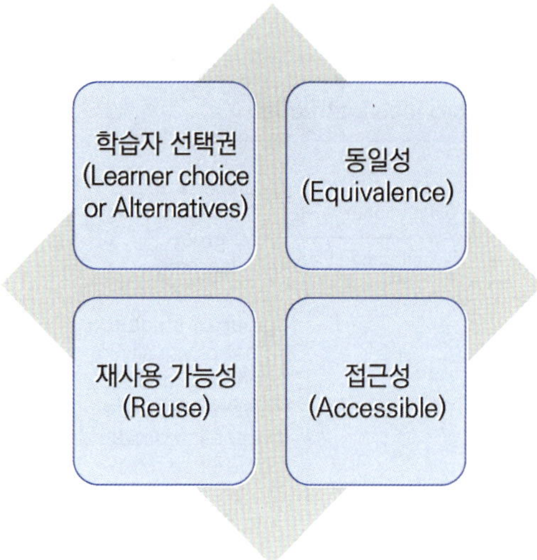

[그림 9-16] 하이플렉스 학습의 4가지 원리(Beatty, 2019)

- 학습자 선택권(Learner choice or Alternatives): 학습에 참여하는 방식을 학생 스스로 선택할 수 있어야 한다는 의미이다.
- 동일성(Equivalence): 대면, 실시간 온라인, 비실시간 온라인 등 어떤 방식으로 참여하든 모든 학습자가 동일한 학습 결과를 얻을 수 있도록 학습 활동과 평가가 설계되어야 한다.
- 재사용(Reuse): 마이크로러닝 콘텐츠처럼 강의 영상을 주제별로 나누어 촬영하고 녹화함으로써 이후에도 재사용할 수 있도록 한다.
- 접근성(Accessible): 학생들에게 수업 참여에 필요한 테크놀로지를 제공하고, 그 테크놀로지를 활용하는 방법을 익히도록 지원해야 한다.

② 하이플렉스 수업의 장점

- 평등한 학습 기회 제공: 하이플렉스 수업의 가장 큰 장점은 지리적 제약이나 신체적 문제로 수업 참여가 어려운 학습자에게 교실과 비슷한 학습 환경을 제공하여 평등한 학습 기회를 줄 수 있다는 점이다(Cunningham, 2014).
- 융통성 있는 학습: 학습자가 대면 또는 온라인 수업 참여를 스스로 선택할 수 있어 융통성 있는 학습이 가능하며, 이는 학습 만족도를 높이는 효과로 이어진다.
- 효과적인 상호작용: 실시간으로 교수자나 다른 학습자의 얼굴을 보며 소통할 수 있어, 토론이나 협동 학습의 효과가 기존 대면 수업보다 더 높을 수 있다(Irvine, 2010).

③ 하이플렉스 수업의 단점

- 기술적 문제 해결의 어려움: 수업 중 기술적인 문제가 발생했을 때, 교수자의 매체 활용 능력이 부족하면 즉각적인 해결이 어렵다. 수업 전후에 발생하는 모든 기술적 문제를 교수자 혼자 처리하기는 사실상 불가능하다. 따라서 하이플렉스 수업을 운영하려면 반드시 추가적인 기술 교육이 필요하다.
- 교수자와 학습자의 부담 증가: 하이플렉스 수업은 교수자와 학습자 모두에게 부담을 줄 수 있다. 특히 교수자는 눈앞의 대면 학생뿐만 아니라 온라인 접속 학생들까지 모두 동일한 교육을 받을 수 있도록 신경 써야 하므로 부담이 두 배로 늘어난다. 또한 학생들 역시 수업 환경을 스스로 선택할 수 있음에도 불구하고, 대면 수업에 참여해야 한다는 심리적 압박감을 느끼는 경우가 있었다(한송이, 이가영, 2021).

하이플렉스 학습의 설계

하이플렉스 수업에서 콘텐츠를 효과적으로 개발하려면 모든 참여 방식에서 동일한 학습 경험을 제공하면서도 유연성과 접근성을 최대한으로 극대화하는 것이 중요하다.

① 핵심 학습 목표 설정과 일관성 유지

모든 참여 방식(대면, 온라인 실시간, 비동기)의 학생들이 동일한 학습 목표를 달성할 수 있도록 콘텐츠를 설계해야 한다. 모든 학습자가 같은 학습 목표와 기준을 이해하고 따를 수 있도록 학습 목표와 평가 기준을 명확하게 제시해야 한다.

② 모듈화된 학습 콘텐츠 설계

학습 내용을 모듈 단위로 구성하여 각 모듈마다 학습 목표를 달성할 수 있도록 한다. 예를 들어, 짧은 동영상 강의, 퀴즈, 과제 등을 포함한 모듈을 설계하여 학습자가 단계적으로 학습할 수 있도록 돕는다. 이때 핵심 개념 설명, 피드백 단계를 포함하고, 모든 참여 방식의 학생들이 동일한 자료에 접근할 수 있도록 해야 한다.

③ 비실시간 학습자들을 위한 자료 및 가이드 제공

녹화된 영상, PDF 강의 자료, 슬라이드 등을 제공하여 비동기 학습자가 스스로 학습할 수 있도록 한다. 학습 순서를 따라갈 수 있도록 학습 가이드나 체크리스트를 함께 제공하면 도움이 된다.

④ 참여 방식에 맞춘 상호작용 요소 추가

대면 및 온라인 실시간 학습자들을 위한 질의응답 세션이나 그룹 토론 시간을 마련한다. 비실시간 학습자도 토론 게시판에 참여하여 실시간 토론 내용을 확인하고 자신의 의견을 남길 수 있게 해야 한다. 예를 들어, 주요 질문을 미리 게시하고 각자 생각을 작성하게 한 후, 피드백을 주고받을 수 있게 한다.

⑤ 평가 방법의 유연성 고려

하이플렉스 수업에서는 모든 학습자에게 유연한 평가 방식을 제공하는 것이 중요하다. 과제 제출이나 발표 방식에서 비디오 녹화, 텍스트 작성, 포스터 발표 등 다양한 방법을 선택할 수 있게 해야 한다. 모든 참여 방식에서 학습자들이 동일한 평가 기준을 충족할 수 있도록 평가 지침과 기준을 명확하게 설명해야 한다.

⑥ 기술적 문제를 대비한 자료 제공

기술적 문제를 대비하여 강의 자료를 PDF로 제공하거나 다운로드 가능한 방식으로 설계한다. 또한 인터넷 연결이 불안정한 학습자들을 위해 저해상도 영상이나 오디오 파일을 별도로 제공할 수 있다.

⑦ 학습 동기 유지를 위한 상호작용 설계

동료(peer) 피드백이나 짝 활동을 추가하여 학습자들이 적극적으로 참여하고 상호작용할 수 있게 한다. 예를 들어, 비동기 학습자가 게시판에 올린 의견에 대해 다른 참여자들이 피드백을 남기도록 유도한다. 정기적인 질문과 피드백 시간을 마련하여 모든 학습자가 강의자와 소통하고 궁금한 점을 해결할 수 있도록 돕는다.

다음은 하이플렉스 수업을 수업 전, 중, 후의 단계에 따른 수업설계 원리를 제시한 표이다(한송이, 이가영, 2021).

<table>
<tr><th>수업 구분</th><th>유형</th><th>주요 내용</th><th>출처</th></tr>
<tr><td rowspan="2">수업 전</td><td>학습자 유형 확인</td><td>오프라인 학습자와 온라인 학습자의 유무(온라인 참여/ Online Sync, 오프라인 참여형/ In-Class, 온라인-오프라인 참여형/Async)</td><td>Beatty (2019), Raman et al. (2021), Harris & Beswick (2021), Jongmuanwai et al. (2021), Coumbia CTL 매뉴얼</td></tr>
<tr><td>인프라 확인</td><td>오프라인 학습자의 접속 기기 (PC, 태블릿, 모바일 등) 및 인프라 확인</td><td>Kohnke & Moorhouse (2021), Beatty (2019), Jongmuanwai et al. (2021), University of Floride CTL 매뉴얼, Conestoga College CTL 매뉴얼</td></tr>
<tr><td rowspan="5">수업 중</td><td>교육 협업도구</td><td>오프라인 학습자와 온라인 학습자가 함께 협업할 수 있는 교육 도구 활용</td><td>Kohnke & Moorhouse (2021), Beatty (2019), Miller et al. (2013), Jongmanwai et al (2021)</td></tr>
<tr><td>상호작용</td><td>오프라인 학습자와 온라인 학습자의 활발한 상용작용이 가능하게 하는 교수자의 역량</td><td>Columbia CTL 매뉴얼</td></tr>
<tr><td>학습자중심의 팀 활동</td><td>교수자 중심의 일반적인 강의보다는 학습자 중심의 팀별 활동</td><td rowspan="2">Raman et al. (2021), 장수 (2019)</td></tr>
<tr><td>팀 활동 녹화</td><td>팀 활동 녹화 및 공유</td></tr>
<tr><td>팀 활동 제출 및 발표</td><td>그룹 활동 후에는 팀별로 결과물 제출 및 공유</td><td>Raman et al. (2021), Jongmanwai et al. (2021)</td></tr>
<tr><td>수업 후</td><td>학습자 의견 수합</td><td>하이플렉스 기반 수업에 참여한 학습자 의견 수합을 통한 교수자 자기성찰 및 개선방안 모색</td><td>Jongmanwai et al. (2021)</td></tr>
</table>

[그림 9-17] 하이플렉스 수업을 위한 수업 설계 원리

출처: 한송이, 이가영, 2021.

하이플렉스 수업 사례

국내외 여러 대학에서 하이플렉스 수업 환경을 구축하고 운영하려는 시도가 이루어지고 있다. 벨기에의 KU Leuven 대학은 2019년부터 하이플렉스 수업을 위한 교실에 온라인 학습자와 함께 학습할 수 있는 인프라를 구축하였다. 또한 대면 및 온라인 학습자들의 상황을 모니터링하고, 서로 소통하며 상호작용을 높일 수 있는 환경을 제공하고 있다(임철일 외, 2021).

국내에서는 서울대학교 SNU-Hybrid 대형 강의, 세종대학교의 온·오프라인믹스 하이플렉스러닝, 한양대학교의 HY-LIVE가 하이플렉스 수업의 대표적인 예라고 할 수 있다. 특히 한양대학교의 경우 5G 텔레프레즌스 영상회의 시스템을 활용하여 '홀로그램 오프라인 수업'과 '온라인 수업'을 병행하는 강의 방식을 운영하고 있다.

[그림 9-18] 한양대학교 하이플렉스 HY-LIVE 수업 모습

출처: https://brunch.co.kr/@rainypark/25

〈표 9-14〉 비대면 교육방법의 유형별 비교

	온/오프라인 교육 동시 진행	참여자 간 소통	학습 참여 방식 선택	비실시간 온라인 교육 지원
플립러닝 (Flipped Learning)	동시 진행하지 않음	활발한 소통	선택권 없음	사전, 사후 지원
블렌디드 러닝 (Blended Learning)	동시 진행하지 않음	다소 약함	선택권 없음	사전 교육 시 지원
하이브리드 러닝 (Hybrid Learning)	동시 진행	활발한 소통	선택권 부여	지원하지 않음
하이플렉스 러닝 (Hyflex Learning)	동시 진행	활발한 소통	선택권 부여	사후 콘텐츠 및 커뮤니티 공간 제공

출처: https://blog.touchclass.com/archives/5753 수정.

팀 활동: 하이브리드로 수업을 교정하자!

1. 활동 목적: 하이브리드 수업을 활용하여 수업을 보완할 수 있다.

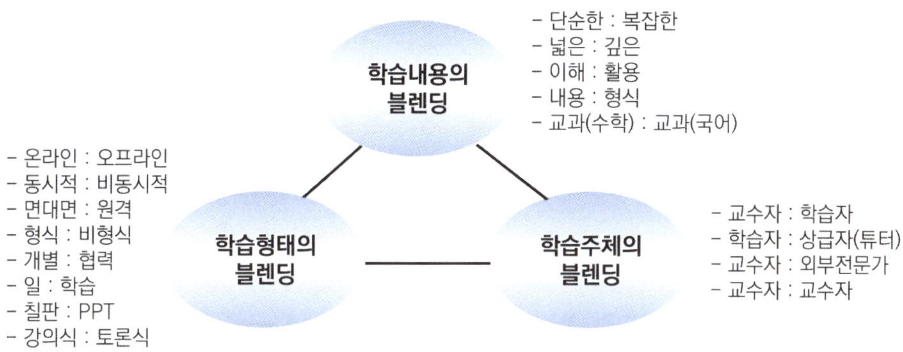

[그림 9-19] 블렌디드 학습의 관점

2. 활동 절차:

1조는 대면수업, 2조는 원격수업 중에서 최악의 수업을 선택

간략한 소개, 문제점을 보완할 수 있는 하이브리드 수업을 제안한다.

• 학습자원

KBS파노라마 플러스 거꾸로교실 KBS방송	
공부가 제일 싫었어요 스탠포드대 부학장이 된 만년 꼴찌 폴김 자기님 #highlight#유퀴즈온더블럭 | YOU QUIZ ON THE BLOCK EP.167	

참고문헌

강인구(2003). 협동학습과 협력학습 구조 비교분석. 한국교육문제연구, 18, 183-197.

강인애(1996). 구성주의 모델들의 특징과 차이점: 인지적 도제이론 상황적 학습 이론, 인지적 유연성 이론을 중심으로. 교육공학연구, 12(1), 1-19.

교육부(2020a). 코로나-19 감염병 대응: 2020학년도 초 · 중 · 고 · 특수학교 원격수업 운영 기준안. 세종: 교육부.

교육부(2023). 2023 디지털 기반 교육혁신 추진계획. 대한민국 교육부.

권회림, 문은경, 박인우(2015). 국내 블렌디드 러닝의 효과에 관한 메타분석. 교육정보미디어연구, 21(3), 333-359.

김현진(2020). 원격교육과 교육공학의 과제. 교육공학연구, 36(스페셜), 619-643.

김현진, 이영주, 김현영, 김성종, 류기혁, 이동국, 이은상(2024). 현장 교사가 함께 집필한 디지털 교육. 경기: 교육과학사.

나일주, 정인성(1996). 교육공학의 이해. 서울: 학지사.

노혜란(2011). 원격교육론. 경기: 교육과학사.

노혜란, 박선희, 최미나(2012), 교육방법 및 교육공학. 경기: 교육과학사.

도재우(2020). 온라인 수업 수업지도안 개발 가이드. https://brunch.co.kr/@jaewoodo/48.

박미혜, 허운나(2000). 인터넷과 화상회의를 활용한 원격수업 운영에 관한 사례연구: 네덜란드 University of Twente의 코스 운영을 중심으로. 교육공학연구, 16(4), 225-258.

박성익, 이상은, 송지은(2007). 블렌디드 러닝에서 효과적 온/오프라인 학습에 영향을 미치는 요인: 대학 강좌를 중심으로. 열린교육연구, 15(1), 17-45.

박성익, 임철일, 이재경, 최정임, 조영환(2021). 교육공학과 수업. 경기: 교육과학사.

박숙희, 염명숙(2007), 교육방법 및 교육공학, 서울: 학지사.

박지혜(2021). 포스트 코로나 시대 플렉서블 러닝과 첨단기술 활용 중심의 의학교육 전망과 발전. 의학교육논단, 23(3), 147-153.

배윤주, 이정민(2021). 국내 블렌디드 러닝의 효과에 대한 메타분석. 학습자중심교과교육연구, 21(6), 307-325.

백영균, 박주성, 한승록, 김정겸, 최명숙, 변호승, ... 강신천(2003). 교육방법 및 교육공학. 서울: 학지사.

변영계, 김영환, 손미(2007). 교육방법 및 교육공학. 서울: 학지사.

심미자(2023). 교육혁신을 위한 하이플렉스 수업 적용 사례 연구: 학습자의 학습경험 분석을 중심으로. 통일인문학, 9(4), 255-278.

안미영(2020). Integrating Zoom-based Feedback into Task-based Online Lecture to Improve International Students' Self-Efficacy. 문화와융합, 42(7), 127-145.

오영범, 이창두(2012). 원격화상시스템을 활용한 영어 수업이 수업만족도와 자기효능감에 미치는 영향. 디지털융복합연구, 10(8), 317-326.

유선주, 노혜란, 박미혜(2023). 원격수업의 설계와 운영. 서울: 학지사.

윤광보, 김용욱, 최병옥(2008). 교육방법과 교육공학의 이해. 서울: 양서원.

이동주, 김미숙(2020). 코로나 19 상황에서의 대학 온라인 원격교육 실태와 개선 방안. 한국멀티미디어 언어교육, 23(3), 359-377.

이동주, 임철일, 임정훈(2019). 원격교육론. 서울: 한국방송통신대학교 출판문화원.

이상우(2004). 방송 · 통신 융합에 따른 해외사례 비교분석: 유럽의 동향을 중심으로. 방송통신연구, 115-143.

이의길(2006). 온라인교육에 대한 교수자 인식 및 수업전략. 교육정보미디어연구, 12(1), 87-105.

이혜정(2009). 동상이몽? 교수, 학생, 튜터가 생각하는 온라인 튜터링. 가르침과 배움, 20, 16-22.

임철일, 계보경, 최미애, 이웅기, 이재홍, 배유진, 송유경, 정혜원(2021). 포스트 코로나 시대의 스마트 학습 환경 연구(RR 2021-3). 한국교육학술정보원.

임철일, 김민지, 박주현, 배유진, 염지윤(2021). 대학에서의 실시간 비대면 수업 유형별 수업설계 전략에 관한 사례연구. 교육공학연구, 37(2), 459-488.

임철일, 김혜경, 김성욱, 이효은(2013). 공동화상강의에서 상호작용 촉진을 위한 설계원리 개발. 교육정보미디어연구, 19(3), 365-394.

정문성(2014). 토의 · 토론의 방법. 경기: 교육과학사.

조규락, 김선연(2006). 교육방법 및 교육공학. 서울: 학지사.

진성희, 신수봉(2020). 원격교육을 위한 수업설계 및 운영 매뉴얼. 공학교육혁신연구정보센터, RICE2-2020-15.

추성경, 손은주(2019). 교육방법 및 공학. 경기: 교육과학사.

한송이, 이가영(2020). 실시간 온라인 수업에 대한 교수자 인식 연구. 문화와 융합, 42(7), 395-418.

허선영, 조영환(2020). Students' Perception of Problem-Based Flipped Learning in Higher Education. 학습자중심교과교육연구, 20(4), 533-557.

홍효정(2016). 블렌디드 러닝(Blended Learning)을 위한 대학 교수자의 역량 도출 및 진단도구 개발.

홍효정(2017). 블렌디드 러닝기반 기초수학 수업에서 자기효능감, 자기조절학습이 학습지속의향에 미치는 영향. 공학교육연구, 20(6), 3-11.

Abdelmalak, M. M. M., & Parra, J. L. (2016). Expanding learning opportunities for graduate students with HyFlex course design. *International Journal of Online Pedagogy and Course Design, 6*(4), 19-37. https://doi.org/10.4018/IJOPCD.2016100102

Anderson, L. W., & Krathwohl, D. R. (2001). *A taxonomy for learning, teaching, and assessing: A revision of Bloom's taxonomy of educational objectives* (Complete Ed.). Addison Wesley Longman.

Beatty, B. J. (2019). *Hybrid-flexible course design: Implementing student-directed hybrid classes*. EdTech Books.

Bergmann, J. (2017). *Solving the homework problem by flipping the learning*. ASCD.

Bergmann, J., & Sams, A. (2012). *Flip your classroom: Reach every student in every class every day*. International Society for Technology in Education.

Bergmann, J., & Sams, A. (2014). *Flipped learning: Gateway to student learning*. International Society for Technology in Education.

Bergmann, J., Sams, A., & Gudenrath, A. (2015). *Flipped learning for English language instruction*. International Society for Technology in Education.

Bersin, J. (2004). *The blended learning book: Best practices, proven methodologies, and lessons learned*. John Wiley & Sons.

Bloom, B. S. (1956). *Taxonomy of educational objectives: The classification of educational goals*. Longman.

Bonk, C. J., & Graham, C. R. (Eds.). (2012). *The handbook of blended learning: Global perspectives, local designs*. Wiley.

Brewer, S., & Klein, J. D. (2006). Type of positive interdependence and affiliation motive in an asynchronous, collaborative learning environment. *Educational Technology Research and Development, 54*, 331-354.

Butz, N. T., & Askim-Lovseth, M. K. (2015). Oral communication skills assessment in a synchronous hybrid MBA programme: Does attending face-to-face matter for US and international students?. *Assessment and Evaluation in Higher Education, 40*(4), 624 -639. https://doi.org/10.1080/02602938.2014.940577

Carstens, F. J., & Sheehan, M. (2014). Triumphs and tribulations of the flipped classroom: A high school teacher's perspective. In J. Keengwe, G. Onchwari, & J. N. Oigara (Eds.), *Promoting active learning through the flipped classroom model* (pp. xx -xx). IGI Global.

Crawford, S. R., & Senecal, J. (2017). Tools of trade: What do you need to flip? In L. S. Green, J. R. Banas, & R. A. Perkins (Eds.), *The flipped college classroom: Conceptualized and re-conceptualized*. New York: Springer

Cruickshank, D. R., Jenkins, D. B., & Metcalf, K. K. (1995). *The act of teaching*. McGraw-Hill.

Cunningham, U. (2014). *Flexible learning in a digital world*. Routledge.

Dziuban, C., & Moskal, P. (2001). Evaluating distributed learning at metropolitan universities. *Educause Quarterly, 24*(4), 60-61.

Fullan, M., Quinn, J., Drummy, M., & Gardner, M. (2020). *Education reimagined: The future of learning*—A collaborative position paper between New Pedagogies for Deep Learning and Microsoft Education. http://aka.ms/HybridLearningPaper

Galanek, J., & Gierdowski, D. C. (2020). Faculty prefer face-to-face but lean toward blended and online environments. *EDUCAUSE Center for Applied Research*.

Garrison, D. R., Anderson, T., & Archer, W. (1999). Critical inquiry in a text-based environment: Computer conferencing in higher education. *The Internet and Higher Education, 2*(2-3), 87-105.

Gasmi, A. A., & Thomas, M. (2017). Academic writing in the flipped EFL classroom: A case study on student engagement in Oman. In *Flipped instruction methods and digital technologies in the language learning classroom* (pp. 232-251). IGI Global.

Gibbs, W. J. (1998). Implementing online learning environment. *Journal of Computing in Higher Education, 10*(1), 16-37.

Grahan, J. R., & Barter, K. (1999). Collaboration: A social work practice method. *Families in Society: The Journal of Contemporary Human Services, 80*(1), 6-13.

Guerrero, S., Baumgartel, D., & Zobott, M. (2013). The use of screencasting to transform traditional pedagogy in a preservice mathematics content course. *Journal of Computers in Mathematics and Science Teaching, 32*(2), 173-193.

Henri, F. (1996). Collaborative distance learning and computer conferencing. In H. Maurer (Ed.), *Advanced educational technology: Research issues and future potential.* New York: Springer

Howland, J. L., Jonassen, D. H., & Marra, R. M. (2013). *Meaningful learning with technology.* Pearson.

Irvine, V. (2010). A framework for comparing blended and online learning. *Journal of Distance Education, 24*(2), 19-39.

Jonassen, D. H., & Kwon, H. (2001). Communication patterns in computer mediated versus face-to-face group problem solving. *Educational Technology Research and Development, 49*(1), 35-51.

Kamin, C., O'Sullivan, P., & Deterding, R. (2002, April). Does Project L.I.V.E. case modality impact critical thinking in PBL groups?. Paper presented at the Annual Meeting of the American Educational Research Association. New Orleans, LA.

Karker-Esperat, T. M. (2018). International graduate students' challenges and learning experiences in online classes. *Journal of International Studies, 8*(4), 1722-1735.

Kim, M. K., Kim, S. M., Khera, O., & Getman, J. (2014). The experience of three flipped classrooms in an urban university: An exploration of design principles. *The Internet and Higher Education, 22*, 37-50.

Levy, T., & Cohen, L. J. (2017). Teaching English for academic purposes through the use of digital tools. In J. P. Loucky, & J. L. Ware (Eds.), *Flipped instruction methods and digital technologies in the language learning classroom* (pp. xx-xx). IGI Global.

Masie, E. (2003). Is e-learning a tool of the present or a fantasy for the future?. *The Journal for Quality and Participation, 26*(4), 8.

Medina, J. (2011). *Brain rules: 12 principles for surviving and thriving at work, home, and school.* Pear Press.

Microsoft. (2021). 하이브리드 학습: 학습의 미래를 위한 새로운 모델. https://education.microsoft.com/ko-kr/course/218c22a7/4

Moore, M. G., & Kearsley, G. (2012). *Distance education: A systems view of online learning* (3rd Ed.). Wadsworth Cengage Learning.

Nieuwoudt, E. (2020). Investigating synchronous and asynchronous class attendance as predictors of academic success in online education. *Australasian Journal of Educational Technology*, 15-25.

Panitz, T. (1999). The motivational benefits of cooperative learning. *New Directions for Teaching and Learning, 1999*(78).

Picciano, A. G. (2006). Blended learning: Implications for growth and access. *Journal of Asynchronous Learning Networks, 10*(3), 95-102.

Raes, A., Detienne, L., Windey, I., & Depaepe, F. (2020). A systematic literature review on synchronous hybrid learning: Gaps identified. *Learning Environments Research, 23*, 269-290.

Reigeluth, C. M. (Ed.). (1983). *Instructional design theories and models: An overview of their current status*. Lawrence Erlbaum Associates.

Schlosser, L. A., & Simonson, M. (2002). *Distance education: Definition and glossary of terms*. Association for Educational Communications and Technology.

Strayer, J. F. (2017). Designing instruction for flipped classrooms. In C. M. Reigeluth, B. J. Beatty, & R. D. Myers (Eds.), *Instructional-design theories and models: The learner-centered paradigm of education* (Vol. 4, pp. 321-349). Routledge.

Szeto, E. (2014). A comparison of online/face-to-face students' and instructor's experiences: Examining blended synchronous learning effects. *Procedia-Social and Behavioral Sciences, 116*, 4250-4254. https://doi.org/10.1016/j.sbspro.2014.01.926

Talbert, R. (2017). *Flipped learning: A guide for higher education faculty*. Stylus Publishing.

Thorne, K. (2003). *Blended learning: How to integrate online & traditional learning*. Kogan Page.

UNESCO. (2002). *Information and communication technology in education: A curriculum for schools and programme of teacher development*. https://unesdoc.unesco.org

Wiles, G. L., & Ball, T. R. (2013, June 23-26). The converged classroom. Paper presented at the 2013 ASEE Annual Conference: Improving Course Effectiveness. Atlanta, GA. https://peer.asee.org/22561

Xie, G. (2020). An instructional model of online synchronous instruction—A case study of college English course for college students. *Education Research Frontier, 10*(3), 134-141.

Zull, J. E. (2002). *The art of changing the brain: Enriching teaching by exploring the biology of learning*. Stylus Publishing.

디지털뉴스팀. (2019, July 9). [창의융합 따라잡기] 홀로그램 교수는 처음이지?
한양뉴스포럼. https://www.hanyang.ac.kr/web/www/news_all?p_p_id=
newsView_WAR_newsportlet&p_p_lifecycle=0&_newsView_WAR_newsportlet_action=
view_message&_newsView_WAR_newsportlet_messageId=617040

Rainy Park. (2022, January 2). 하이플렉스(HyFlex) 학습 모델에 대한 짧은 소개.
Brunch. https://brunch.co.kr/@rainypark/25

CHAPTER 10 수업매체

본 장에서는 수업에 사용하는 다양한 수업매체의 개념과 주요 역할을 알아보고자 한다. 또한 ASSURE 모형을 활용해 수업매체를 효과적으로 적용한 수업 계획을 세워보고, 디지털 리터러시를 바탕으로 어떤 매체를 선택하고 활용해야 하는지 함께 살펴본다. 마지막으로, 실제 현장에서 사용되는 다양한 디지털 수업매체 사례를 소개하고, 이를 중등 수업에 어떻게 적용할지 함께 고민해 보자.

주요내용

1. 수업매체의 개념
2. ASSURE 모형
3. 다양한 교수매체

심화학습: 1. 디지털 리터러시
　　　　　2. 블룸(Bloom)의 디지털 택사노미(Taxonomy)

학습목표

1. 수업매체의 개념 및 기능을 설명할 수 있다.
2. ASSURE 모형의 각 단계별 수업매체 선정 · 활용할 수 있다
3. 디지털 리터러시의 개념을 토대로 수업매체를 선정 · 활용할 수 있다.

1. 수업매체

1) 수업매체의 이해

매체(media)는 라틴어 'medium'의 복수형으로, 그 어원은 '사이(between)'를 뜻한다. 이는 정보를 보내는 사람 송신자(sender)와 정보를 받는 사람 수신자(receiver) 사이의 전달 수단을 의미한다(Heinich et al, 1996). 상호작용 의사소통 모형(The interactive model of communication)에서는 매체가 송신자와 수신자에게 메시지를 주고받는 상호작용 과정에 필요한 물리적, 심리적 맥락을 제공하는 역할을 한다(Schramm, 1997).

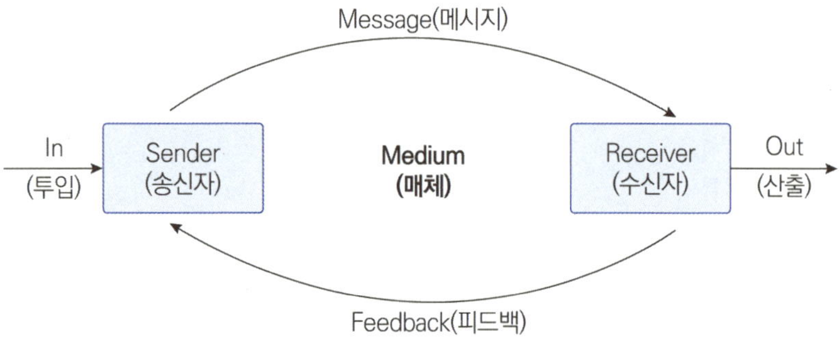

[그림 10-1] 상호작용 의사소통 모형

출처: Schramm (1997).

이러한 매체의 특성을 교수-학습 상황에 반영하면, 교수매체(instructional media)는 학습자가 지식, 기술, 태도를 습득하여 교육 목표를 달성할 수 있도록 돕는 기기나 자료를 의미한다(Gerlach & Ely, 1971). 초기에는 책, 녹음기, 비디오, 컴퓨터 등 학습 내용을 전달하는 도구와 함께 교수자도 포함되었다(Gagne & Briggs, 1975). 그러나 구성주의 인식론과 디지털 기술(digital technology)의 발전으로 교수매체의 개념이 확장되었다. 이제 교수매체는 학습자가 스스로 지식을 구성하는 과정을 돕는 도구로 그 역할이 강조되며, 인지도구, 인적·물적 자원, 학습 환경, 시설 등을 포괄하는 개념으로 확대되고 있다.

교수매체는 수업설계에 따라 가장 효과적으로 내용을 전달하기 위해 제작되는 것으로 그림, 단어, 소리를 활용해 학습자의 주의를 끌고 흥미를 유발하며, 복잡한 정보를 쉽게 이해하도록 돕는다. 또한 시간, 크기, 공간의 제약을 극복하는 데도 기여하여 교수-학습 과정에 많은 도움이 된다. 교수매체의 기능을 다음 여덟 가지로 구분했다(Kemp & Smelie, 1989).

첫째, 교수매체는 교수활동을 보다 표준화할 수 있다. 교수매체를 사용하면 학습자들이 동일한 메시지를 보고 듣게 된다. 학습자 개개인의 관점에 따라 다르게 해석할 수도 있지만, 대체로 표준화된 매체 내용을 접하면 해석의 통일성이 높아져 학습의 질을 일정 수준 이상으로 보장할 수 있다. 이는 학생들이 앞으로 더 심화된 연구를 수행하고 적용하는 데 기초가 될 수 있다.

둘째, 교수매체는 수업을 보다 흥미롭게 이끌어 갈 수 있다. 교수매체는 학습자의 시각과 청각을 자극해 주의를 끌어 수업을 더 흥미롭게 만든다. 매체의 일관성, 명확성, 시각적 매력, 특별한 효과 등을 활용하면 학생들의 감각적, 심리적, 인지적 측면을 자극하여 학습 상황을 보다 흥미롭게 변화시킬 수 있다.

셋째, 교수매체는 학습이론을 적용하여 보다 역동적인 수업을 제공할 수 있다. 매체 개발 시 학습자 참여, 피드백, 동기 부여 등 다양한 요인을 고려하게 된다. 이러한 요소들이 반영된 매체는 학습자와의 상호작용을 활성화하고, 결과적으로 더 효과적이고 역동적인 학습 활동을 가능하게 한다.

넷째, 교수매체는 수업에 필요한 시간을 효율적으로 활용할 수 있게 한다. 대부분의 매체는 짧은 시간 안에 많은 양의 정보를 효과적으로 전달할 수 있다. 따라서 교수자는 매체를 활용해 짧은 시간에 많은 정보를 집중적으로 제공하고 학습자와 상호작용할 수 있어, 교수자와 학습자 모두 학습 시간을 효율적으로 활용할 수 있다.

다섯째, 교수매체는 학습의 질을 높일 수 있다. 교수매체는 그림과 글을 통합하여 내용을 체계적으로 정리하고, 명확한 의사소통을 돕는다. 또한 학습자의 인지부하를 고려해 정보를 제공한다. 매체의 도움과 학습자의 노력이 더해지면 높은 수준의 학습 성과를 얻을 수 있다.

여섯째, 교수매체는 융통성 있는 교수활동을 가능하게 하여, 학습자가 언제, 어디서나 활용할 수 있도록 한다. 개개인의 특성과 요구에 맞게 설계된 매체를 자유롭게 활용하면 학습자는 원하는 시간과 장소에서 편리하게 학습할 수 있다.

일곱째, 교수매체는 학습자가 학습하는 것에 대해 긍정적 태도를 갖게 한다. 학습자들은 매체를 활용한 학습을 즐기는 경향이 있다. 교수매체를 잘 활용하면 학습자들은 스스로 즐거움을 느끼고 만족스러운 결과를 얻을 수 있기 때문에, 학습에 대한 긍정적인 태도를 형성하고 학습 동기를 높이는 데 기여할 수 있다.

여덟째, 교수매체는 교수자의 역할을 긍정적 방향으로 변화시킨다. 교수매체 활용은 주로 학생들의 학업 성취에 도움이 되지만, 교수자에게도 긍정적인 역할 변화를 가져다준다. 교수매체를 학습에 활용하면 교수자는 반복되거나 되풀이되는 내용을 다시 설명해야 하는 부담에서 벗어날 수 있다. 또한 교수자가 많은 정보들을 언어로만 표현하는 것이 아니라 그림이나 표 등을 활용해 더 효과적으로 전달할 수 있다. 이를 통해 중요한 내용에 집중할 수 있다. 매체가 교수자의 역할을 일부 분담해주기 때문에, 교수자는 단순한 정보 전달자에서 벗어나 상담가나 안내자의 역할을 더 충실히 수행할 수 있다.

정리해 보면, 교수매체는 교수자가 학습내용을 학생에게 전달할 때 교수매체를 보조수단으로 활용하는 매개적 보조 기능, 인쇄물이나 영상 자료처럼 교육 내용 자체를 전달하는 정보 전달 기능, 사전에 제작된 컴퓨터 기반 교육용 프로그램처럼 교사 역할을 대신하여 학생의 지적 능력을 개발시키는 교수 기능, 피아노, 카메라, 컴퓨터 등을 활용해 학생들이 특정 기술이나 기능을 습득할 수 있도록 학습 경험을 구성하는 학습 경험 구성 기능을 담당하고 있다(유승우 외, 2013).

2) 수업매체 선정과 활용: ASSURE 모형

다양한 학습 상황에서 효과적인 교수설계를 돕고, 특히 적절한 교수매체활용에 대한 지침을 제공하는 대표적인 모형이 ASSURE 모형이다. 이 모형은 로버트 하이니히(Robert Heinich)를 중심으로 한 학자들이 제안했으며(Heinich et al., 2002),

교육공학적 접근을 통해 교수의 질을 높이는 것을 목표로 한다. ASSURE는 다음 여섯 단계의 첫 글자를 따서 만든 약자이다.

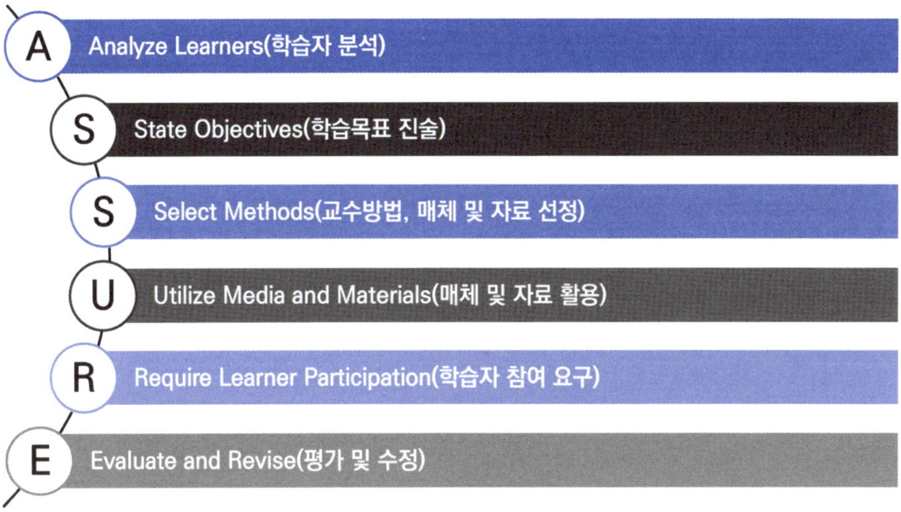

[그림 10-2] ASSURE 모형

첫째, 학습자 분석(Analyze Learners) 단계에서는 학습자의 일반적 특성(연령, 학년, 성별 등), 출발점 능력, 학습양식(청각, 시각, 촉각 등)을 파악하여 적절한 매체와 교수전략을 선택한다. 예를 들어, 시각적 학습자가 많다면 인포그래픽이나 비디오 같은 이미지 중심 매체가 효과적이다.

둘째, 학습목표 진술(State Objectives)에서는 학습 모듈의 목표를 명확하게 설정하는 단계이다(Mager, 1997). 따라서 명확하고 측정 가능한 행동 목표(Behavioral Objectives)를 진술해야 한다. Mager의 목표 진술 방식에 따라 조건(condition), 행동(behavior), 기준(criterion)을 포함하면 매체 선정 시 평가 기준으로 활용할 수 있다. 예를 들어, "학생은 주어진 영상 자료를 보고(조건), 세가지 핵심 개념을 정확히(기준), 설명할 수 있다(행동)"와 같이 명시해야 한다.

셋째, 교수방법, 매체 및 자료 선정(Select Methods, Media, and Materials)은 ASSURE 모형의 핵심 단계로, 수업 목표와 학습자 분석 결과를 바탕으로 가장 적절한 매체를 선택한다. 이때 교수매체가 학습자의 참여를 높이고 개별화된 학습을 촉진할 수 있는지 고려해야 한다(Mayer, 2009). 전통 매체(칠판, 인쇄물, 실물 자료 등)와 디지털 매체(동영상, 학습관리시스템, 인터랙티브 콘텐츠 등)중 무엇을 사용할지 구체적으로 결정한다.

넷째, 매체 및 자료 활용(Utilize Media and Materials) 단계에서는 선택한 매체와 자료를 수업에 어떻게 적용할지 계획하고 실행한다. 학습자가 매체를 효과적으로 활용하도록 돕는 것이 중요하며, 이를 위해 '5P 원칙'이 제시되었다(Smaldino, Lowther, & Russell, 2008).

- Preview(사전 점검 및 내용 확인)
- Prepare(기술적 장비 준비)
- Prepare learners(사전학습 또는 배경지식 제공)
- Present(교수자가 중심이 되어 설명)
- Provide follow-up(학습 후 활동 및 평가)

다섯째, 학습자 참여 유도(Require Learner Participation) 단계에서는 학습자가 수업에 적극적으로 참여하도록 유도하는 전략을 포함해야 한다. 매체를 활용한 수업에서 토의, 피드백, 역할극, 또는 디지털 퀴즈(예: Kahoot!)는 학생들의 효과적인 참여를 이끌어낼 수 있다.

여섯째, 평가 및 수정(Evaluate and Revise) 단계는 수업이 끝난 후, 교수매체 활용의 효과를 평가하고 학습 성과와 매체의 적절성에 대한 피드백을 수집하여 개선 방안을 마련한다. 평가 도구는 루브릭, 설문 조사, 포트폴리오, 형성 평가 도구 등을 활용할 수 있다.

2. 다양한 수업매체

1) 전자칠판

전자칠판은 컴퓨터와 연결된 보드에 특수 펜으로 판서한 내용을 대형 스크린에 보여주는 시스템이다. 터치 방식이어서 전용 전자펜으로 판서를 하거나 한 번에 내용을 지울 수 있다. 사용하려면 PC에 연결 프로그램이 설치되어 있어야 한다. 대형 디스플레이 패널로 제공되며, 스피커, 카메라, 마이크 등이 내장되어 있어 수업 내용을 녹화, 저장, 재생할 수 있다. 전자칠판을 활용해 쓰기, 그리기, 지우기 등의 작업을 할 수 있고, 텍스트, 그림, 도형 그래프, 이미지 등 다양한 형태로 내용을 입력하고 표현할 수 있다. 일부 모델은 비디오, 오디오, 애니메이션 같은 멀티미디어 콘텐츠를 재생하는 기능도 있다.

〈표 10-1〉 전자칠판 장점 및 주의점

구분	내용
장점	• 학생의 직접적인 참여와 상호작용 기회 제공 • 시각적 표현 효과성 극대화 • 녹화, 저장, 재생, 공유로 교사의 업무 효율화 • 소모품(분필, 지우개) 사용 감소에 따른 지속가능한 교육 환경 조성
주의점	• 설치, 유지 관리의 고비용에 따른 교육 불평등 초래 • 지나친 기술 의존 가능성 • 눈 피로에 따른 건강상 문제 • 폐기 처리 과정에서 발생되는 유해 물질 노출 우려

2) 구글 문서(Google Docs)

구글 문서(Google Docs)는 온라인 협동 학습에 유용한 도구로, 특히 비동시적 피드백을 효과적으로 지원한다. 여러 학생이 한 과제에 동시에 접속하여 피드백을 남길 수 있으며, 이전 피드백 기록을 참고하여 의견을 더할 수 있어 일대일 피드백보다 훨씬 더 풍부한 상호작용이 가능하다.

〈표 10-2〉 구글 문서(Google Docs) 장 · 단점

구분	내용
장점	• 동시에 여러 명이 협업하여 문서를 작성, 공유 가능 • 이메일 주소나 연락처를 통해 참여 인원 제한 가능 • 다양한 형태의 소집단 피드백(1:1, 1:多, 多:多) 가능
단점	• 여러 차례 변경을 한 후 편집(수정)이 용이하지 않음 • 인터넷 연결이 필수임(비연결 시 저장되지 않음)

◉ [참고] 구글 문서도구(Google Docs) 사용법

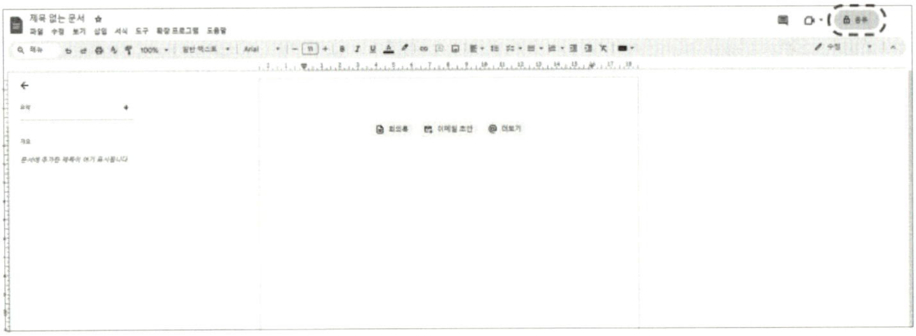

1단계: 문서 만들기	1. 컴퓨터에서 docs.google.com의 Docs 홈 화면을 연다. 2. 왼쪽 상단의 '새 문서 시작'에서 내용 없음 새로 만들기를 클릭한다.
2단계: 수정 및 서식 지정하기	1. 컴퓨터의 Google Docs에서 문서를 연다. 2. 더블클릭하여 단어를 선택하거나 커서를 사용하여 변경할 텍스트를 선택한다. 3. 수정을 시작한다. 작업을 실행취소하거나 재실행하려면 상단에서 실행취소 또는 다시 실행을 클릭한다.
3단계: 다른 사용자와 공유 및 공동작업하기	1. 다른 사용자와 파일 및 폴더를 공유할 수 있으며 공유한 문서를 보거나 수정하거나 문서에 댓글을 달 수 있도록 선택할 수 있다. 2. 공유할 파일을 클릭하고 우측 상단의 [공유]를 클릭한다. 3. 공유하려는 이메일 주소를 입력한다. 4. 사용자가 파일을 사용할 수 있는 역할(뷰어, 댓글 작성자, 편집자)을 지정한다. 5. 보내기 또는 공유를 클릭한다.

3) 미리캔버스(Miri canvas)

미리캔버스(Miri canvas)는 온라인 수업에 유용한 다양한 콘텐츠를 만들 수 있는 플랫폼이다. 이곳에서는 3만 개 이상의 무료 탬플릿을 제공하는데, 프레젠테이션, 정보 전달에 효과적인 카드뉴스, 유튜브 섬네일, 안내문, 시간표 등 여러 종류가 있다. 별도의 프로그램 설치 없이도 쉽게 영상과 수업자료를 만들 수 있다. 단, 저작권 규정을 반드시 준수하며 사용해야 한다. 학생들도 미리캔버스로 과제를 만들어 제출할 수 있다. 특히 '공유뷰어'의 댓글 기능을 이용해 서로 의견을 주고받을 수 있다.

〈표 10-3〉 미리캔버스(Miri canvas) 주요 기능 및 장점

구분	내용
주요 기능 및 장점	• 별도의 프로그램 설치 불필요 • 저작권 문제 없이 다양한 템플릿 사용 가능 • 피드백 모드를 통해 해결 상황을 쉽게 파악 가능함 • 공지사항 노출 여부 및 관리 가능 • 금지어 설정 가능

◉ [참고] 미리캔버스(Miri canvas) 사용법

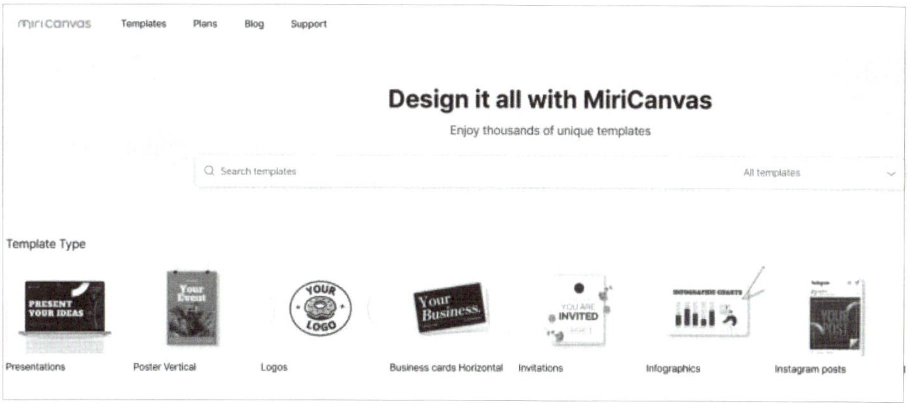

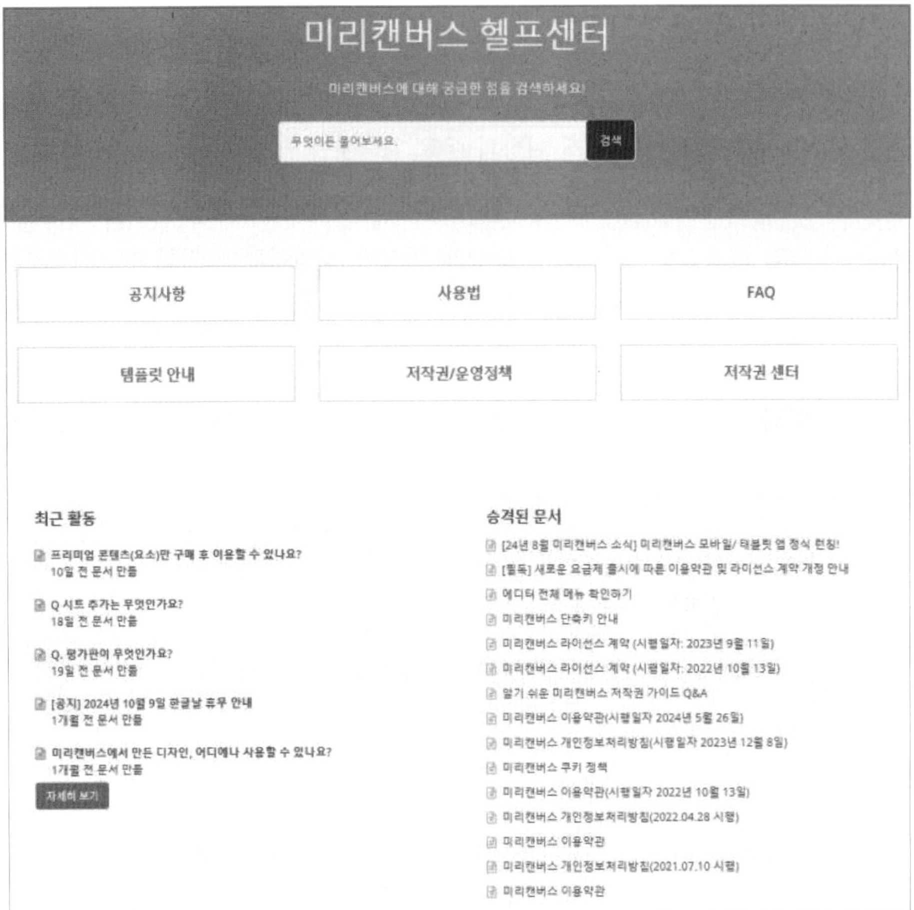

출처: 미리캔버스 헬프 센터, https://help.miricanvas.com/hc/ko(검색일: 2024.10.24.)

4) 패들렛(Padlet)

패들렛(Padlet)은 클라우드 기반의 가상 게시판으로, 사용자가 다양한 콘텐츠를 올리고 실시간으로 다른 사람과 공유할 수 있는 협업 플랫폼이다. 빈 도화지와 비슷한 인터페이스에 사진, 영상, 텍스트 등을 포스트잇처럼 붙여 내용을 추가할 수 있다. 생성된 게시판 링크를 공유하면, 다른 사용자들도 직접 자료를 올리거나 댓글을 작성할 수 있다. 이처럼 패들렛은 모두가 협력하는 환경을 제공하여, 교수자와 학습자가 공동의 학습 경험을 만드는 데 효과적인 도구로 활용된다.

〈표 10-4〉 패들렛(Padlet) 주요 기능 및 장점

구분	내용
주요기능 및 장점	• 멀티미디어(텍스트, 이미지, 오디오, 비디오 클립, 파일 등) 게시 가능 • 다양한 기기 간 높은 호환성 • 온라인 환경에서 모든 게시물을 저장 가능 • 특히, 협력적 문제해결에 유용

◉ [참고] 패들렛(Padlet) 기능 안내

아름다움은 기본

픽셀 단위의 정밀도를 자랑하는 버튼, 텍스트, 그래픽. 자동으로 게시물 크기 조정 및 레이아웃 조율. 생생한 파일 미리보기 및 엄선된 색상.

나만의 스타일 표현

엄선된 119개 배경 화면 중에 선택하거나 직접 업로드 가능. 더 멋지게 꾸밀 수 있도록 게시물 색상 옵션과 다양한 글꼴 선택지 제공. 천 개가 넘는 이모지로 즐겨찾기 아이콘 맞춤 설정.

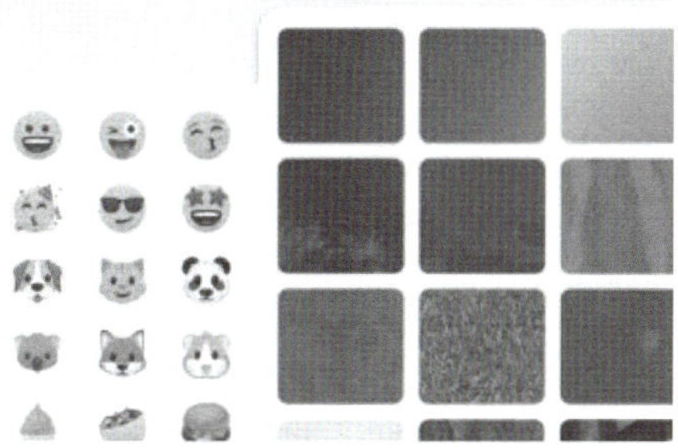

어떤 것도 게시 가능

이미지, 오디오, 비디오 게시. 어떤 종류의 파일도 추가 가능. YouTube 비디오, 트윗이나 어떤 웹 페이지도 링크. 그리기. 노래하기. 춤추기.

아이디어를 시각적으로 정리

정보를 지도, 게시판, 자유 형식 캔버스에 배치. 속성별로 게시물 그룹화 및 정렬.

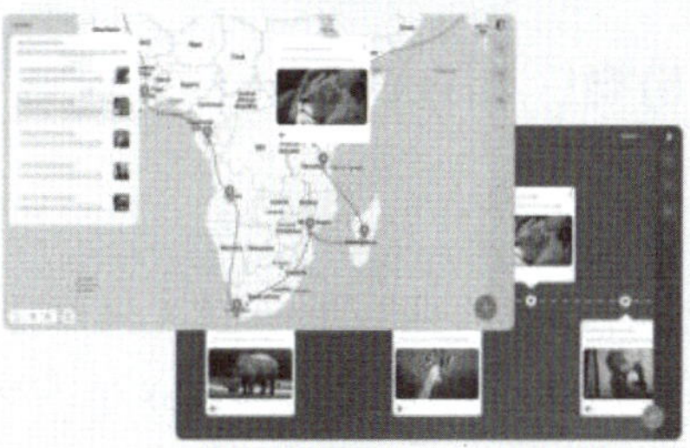

출처: 패들렛 가이드 페이지. https://padlet.com/site/board (검색일: 2024.10.24.)

5) 테드 톡(TED Talks)

TED란 'Technology(기술)', 'Entertainment(오락)', 'Design(디자인)'의 첫 글자를 따온 이름으로, 다양한 주제에 대한지식과 정보를 강연을 통해 공유하는 프레젠테이션이다. TED Talks는 딱딱한 학술 강연이 아닌, 강연자의 경험과 지식을 바탕으로 인생의 가치를 나누고 소통하는 방식이다. 주제가 다양하고, 지식 전달보다는 가치 공유에 목적을 두고 있다. 특히, 강연자 의 삶에서 얻은 교훈을 스토리텔링으로 풀어내기 때문에 내용이 지루하지 않고 현실적이다. 또한, 다양한 국적의 발표자를 통해 글로벌 언어로서의 영어를 접할 수 있다는 장점도 있다.

〈표 10-5〉 테드톡(TED Talks) 주요 기능 및 장점

구분	내용
주요 기능 및 장점	• 기술, 예술 사회 등 폭넓은 주제와 가치를 공유 • 스토리텔링 기반 강연으로 흥미롭고 실질적인 내용 전달 • 다양한 국적의 발표자의 영어 표현을 접하는 경험 획득 • 창의적이고 설득력 있는 프레젠테이션 기법 학습 • 다국적 자막 기능을 통해 쉽게 무료로 접근 가능 (멤버십도 별도 신청 가능)

◉ [참고] 테드 톡(TED Talks)

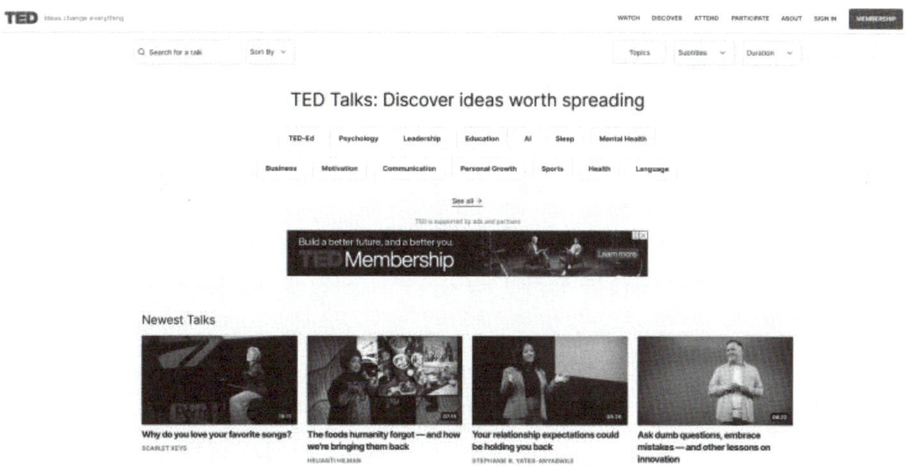

6) 유튜브(Youtube)

유튜브(YouTube)는 구글이 운영하는 동영상 공유 플랫폼으로, 다른 소셜 미디어와 쉽게 연계하여 소통할 수 있다. 최근에는 검색 경로가 기존 포털 사이트에서 유튜브로 옮겨가면서 더욱 주목받고 있다. 교수매체로서 유튜브는 방대한 교육 콘텐츠를 제공하는 영상 자료실 역할을 한다. 또한, 유튜브 채널 자체가 하나의 수업이나 교재처럼 학습 환경을 제공하기도 한다. 이 덕분에 사용자들은 자신이 선호하는 채널을 구독하여 지속적이고 쌍방향적인 학습을 할 수 있게 되었다.

〈표 10-6〉 유튜브(YouTube) 장점 및 주의점

구분	내용
장점	• 검색창에 원하는 내용을 입력하기만 하면 손쉽게 자료를 찾을 수 있음 • 과학 실험이나 지역 탐방 등 교실 내에서 하기 어려운 활동을 간접적으로 경험 가능함 • 글로 설명하기 어려운 내용을 시청각 자료를 통해 효과적으로 전달할 수 있음 • 다양한 형태로 활용하여 교실 수업 외에 자기주도적 학습에 기여할 수 있음
주의점	• 교육적으로 부적절한 동영상에 노출될 가능성이 있어 교사의 사전 검토가 필요함 • 일부 동영상은 신뢰하기 어려운 출처에서 제작되어 정확도가 떨어질 수 있음 • 학생들이 유튜브를 통해 학습 외의 다른 영상에 빠질 위험이 있음

7) 메타버스(Metaverse)

메타버스(Metaverse)는 처음 등장했을 때부터 [2] 다양한 정의와 유형이 존재했지만, 현실과 가상 세계가 융합된 대규모의 개방된 공간에서 실시간 상호작용과 상호운용이 가능한 플랫폼으로 볼 수 있다. 현재도 관련 연구 개발이 계속되고 여러 분야에 적용되고 있어 하나의 형태로 규정하기는 어렵다. 메타버스는 교육 분야에서 몰입도를 높이고 새로운 학습 경험을 제공하는 강력한 도구가 될 수 있다. 하지만기술적 한계, 연구 부족, 윤리적 문제 등의 단점도 존재하므로, 이를 해결하기 위한 다양한 연구와 제도적 지원이 필요하다. 교육 현장에서 메타버스를 효과적으로 활용하기 위해서는 플랫폼 개선, 윤리 교육 강화, 법적 장치 마련 등이 필수적이며, 지속적인 연구와 정책적 노력이 요구된다.

2) 메타버스는 1992년 닐 스티븐슨(Neal Stephenson)이 소설 스노우 크래쉬(Snow Crash)에서 처음 사용한 개념이고, 2007년 미래가속화연구재단(Acceleration Studies Foundation, ASF)에서 라이프로깅(Life logging), 가상 세계(Virtual worlds), 거울 세계(Mirror worlds), 증강현실(Augumented reality)의 4개 유형으로 구분하였다. 기술 발전으로 이러한 메타버스 유형 간 경계는 모호해지고 융복합 형태로 고도화된 형태로 계속 진화되고 있다.

◉ [참고] 메타버스 교육적 활용 사례

〈표 10-7〉 메타버스(Metaverse) 장점 및 과제

구분	내용
장점	• 학습 도구의 비용이 과다하게 발생하거나 실제 체험이 위험한 환경에서 대체재 역할 • 실제와 유사한 가상의 학습 공간을 조성하여 몰입감 증대 및 지식의 맥락적 연결 • VR, AR 기술을 활용한 교수-학습 활동으로 능동적 학습기회 제공
과제	• 특수기기(HMD 등) 사용 시 발생하는 피로감과 어지럼증 문제 해결 등 기술적 개선 • 교사와 학생이 주도적으로 교육 콘텐츠를 제작할 수 있는 환경 마련 • 메타버스, 디지털 기반 환경에서의 윤리 및 에티켓 교육 • 학교에서 메타버스를 안전하게 활용할 수 있는 법, 제도적 지원

8) 카훗(Kahoot!)

카훗(Kahoot!)은 퀴즈 기반의 게임형 학습 플랫폼이다. 이 도구는 실시간 상호작용이 가능하며, 학생들이 스마트폰, 태블릿, 노트북 등을 이용해 퀴즈에 참여할 수 있다. 교사는 게임 방식으로 문제를 내고 점수를 집계하여 학생들의 학습 동기를 유발할 수 있다. 특히 수업 시작이나 마무리 단계에서 학습자의 흥미를 끌거나 개념 이해도를 점검하는 데 효과적이다. 또한, 실시간 순위 경쟁을 통해 학습 참여도를 높일 수 있어 교실 수업뿐만 아니라 온라인 수업 환경에서도 널리 활용되고 있다. 교수매체로서 카훗은 학습 내용을 쉽고 재미있게 복습하도록 하고, 참여 중심의 수업을 만드는 데 효과적인 도구로 주목받고 있다.

◉ [참고] 카훗(Kahoot!)

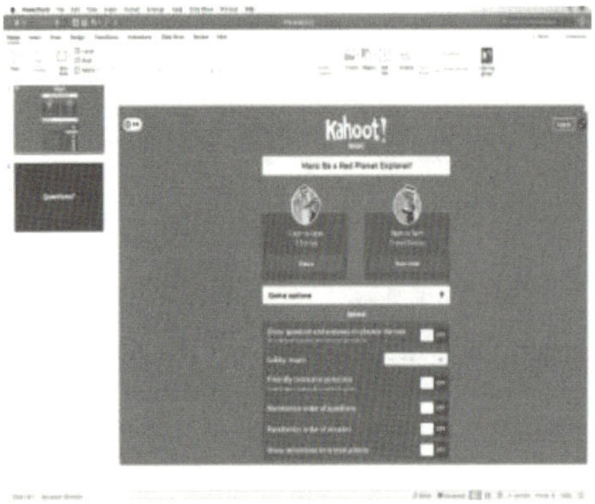

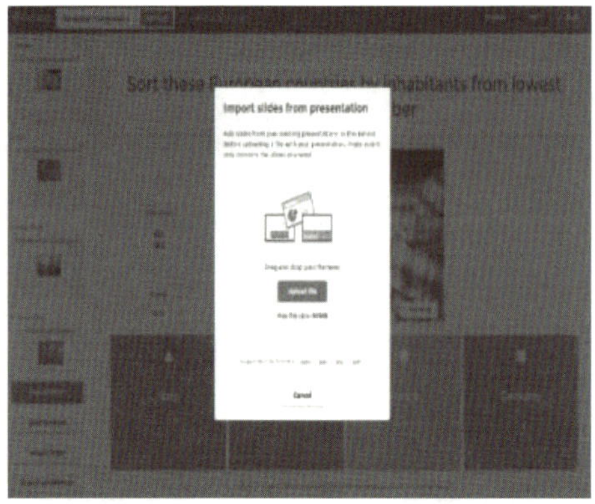

〈표 10-8〉 카훗(Kahoot!) 장점 및 주의점

구분	내용
장점	• 게임화된 요소를 통해 학습자의 흥미와 참여도를 높일 수 있음 • 실시간 반응과 피드백으로 교사가 학습 이해도를 점검하고 수업을 조정할 수 있음 • 질문 유형(선택형, 참/거짓 등)을 다양하게 구성하여 평가 목적에도 활용 가능
주의점	• 게임에 몰입하면서 정답에만 집중하게 되어 학습 내용에 대한 깊은 이해가 부족할 수 있음 • 네트워크 환경이나 디지털 기기 활용 능력에 따라 참여의 형평성이 저해될 수 있음 • 과도한 경쟁 요소는 일부 학생에게 학습 불안을 유발할 수 있음

9) 구글 클래스룸

구글 클래스룸(Google Classroom)은 2014년 구글이 교육용 앱으로 처음 선보인 가상교실플랫폼이다. 교사는 이곳에 과제나 수업 자료를 올릴 수 있다. 구글은 교육 현장에 맞춰 구글 메일, 캘린더, 드라이브, 문서 등 여러 생산성 도구를 제공하는 교육용 지스위트(G Suite for Education)를 출시하였다. 구글 계정만 있으면 누구나 접근할 수 있으며, 구글 드라이브, 문서, 프레젠테이션 등 다른 구글 도구들과의 연계성이 매우 높아 디지털 기반의 수업을 유연하게 설계하고 운영할 수 있다. 구글 클래스룸은 구글 드라이브와 연동되어 드라이브에 저장된 이미지, 문서, 동영상 등을 과제로 제출할 수 있다. 교수자도 단순히 과제를 제출받고 채점하는 것을 넘어, 과제에 대한 피드백을 주고받으며 수정할 수 있다. 또한 구글 독스(Google Docs)나 구글 슬라이드(Google Slides)를 활용해 여러 학습자가 한 개의 문서를 동시에 작업하는 협동학습도 가능하다. 이 외에도 구글 드로잉(Google Drawings), 구글 폼즈(Google Forms), 유튜브(Youtube) 등 앱을 수업과 통합적으로 연동시켜 활용할 수 있다. 특히 비대면 수업 환경에서 교실과 유사한 학습 흐름을 구현할 수 있어, 실시간이 아닌 비동기식 학습 환경에서도 효과적인 수업 관리와 피드백이 가능하다. 교수매체로서 구글 클래스룸은 수업의 연속성과 체계적 관리에 유용하며, 학생들의 자기주도학습을 유도하는 데에도 효과적이다.

◉ [참고] 구글 클래스룸

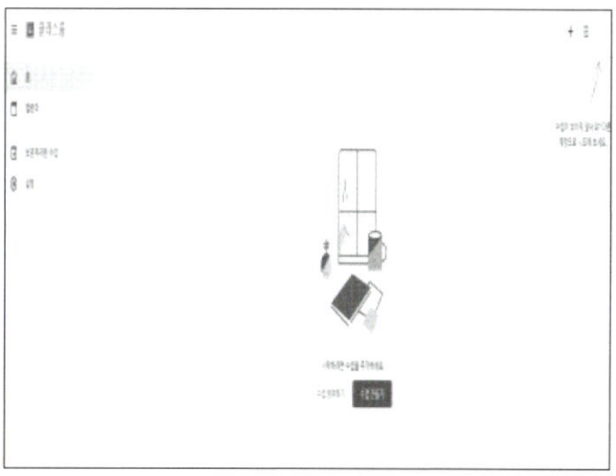

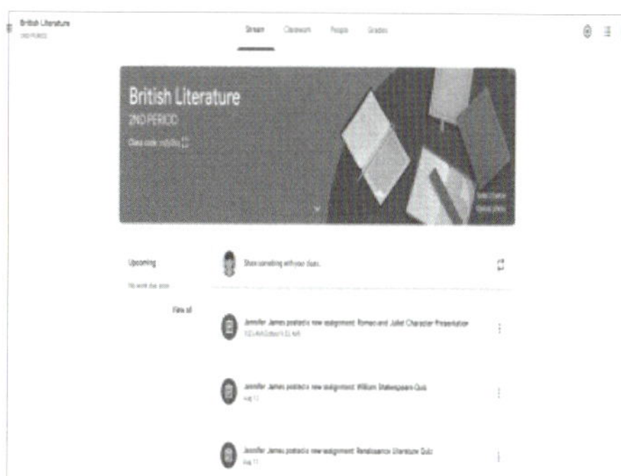

〈표 10-9〉 구글 클래스룸 장점 및 주의점

구분	내용
장점	• 구글 도구(드라이브, 문서, 프레젠테이션 등)와 연동이 용이하여 수업 운영의 효율성이 높음 • 과제 게시, 제출, 평가, 피드백 등 수업 전 과정의 통합 관리와 공동작업이 가능함 • 게시판과 알림 기능을 통해 학습자와의 지속적인 소통 및 안내가 쉬움
주의점	• 학생의 접속 여부나 학습 진행 상황을 실시간으로 완전히 파악하기 어려움 • 사용 초기에는 플랫폼에 익숙해지는 데 다소 시간이 필요함 • 자료가 쌓일수록 학습자가 콘텐츠를 놓치거나 피로감을 느낄 수 있음

심화학습

◈ 디지털 리터러시와 블룸의 택사노미

성찰 질문

- ASSURE 모형에 맞춰 각 단계별 교수매체 활용 계획을 세워보자.
- 인터넷에서 디지털 리터러시를 진단해보고, 그 결과에 따라 학습계획을 세워보자.
- 최신 매체 하나를 골라 주요 특징, 장점, 주의점을 정리해 보자.

디지털 리터러시

디지털 리터러시의 정의

리터러시(literacy)는 단순히 문자를 읽고 쓰는 능력을 넘어, 타인과 소통하며사회 구성원으로서 살아가는 데 필수적인 생존 역량을 의미한다. 이는 언어적 소통뿐만 아니라 사회적 맥락과 환경을 이해하고 해석할 수 있는 인지적 능력까지 포함한다. 최근 디지털 대전환 시대에 디지털 리터러시의 중요성이 더욱 강조되고 있다. OECD와 유럽연합(EU) 등 국제기구는 물론, 우리나라도 2022 개정 교육과정을 통해 그 중요성을 강조하고 있다. 한국교육학술정보원(KERIS)은 디지털 리터러시를 "디지털 사회 구성원으로서 자기주도적 삶을 살아가기 위해 필요한 기본 소양으로 새롭게 정의했다(계보경 외, 2022). 이는 책임감 있고 건강하게 디지털 기술을 사용하여 디지털 자원을 탐색 · 평가 · 관리 · 생산하고, 다른 사람들과 소통 · 협력함으로써 일상생활의 문제를 해결하는 역량"을 말한다. 디지털 리터러시의 평가영역을 다음 다섯 가지로 나누고, 각 영역을 2~3개의 하위 요소로 세분화했다. (1) 디지털 도구, (2) 디지털 정보 · 데이터, (3) 디지털 의사소통 및 협력, (4) 디지털 자원 생산, (5) 디지털 안전과 건강 세부적인 디지털 리터러시 평가영역 및 하위요소를 살펴보면 아래와 같다.

디지털 리터러시 영역

〈디지털 리터러시 평가영역 및 하위 요소〉

평가영역	설명	하위 요소	설명
디지털 도구	디지털 도구(기기, 소프트웨어, 모바일 앱 등)에 대한 이해를 바탕으로 목적에 맞게 활용하는 역량	디지털 도구의 이해	사용하는 디지털 도구의 기능과 영향을 이해하는 역량
		디지털 도구의 활용	필요와 목적에 맞게 디지털 도구를 선택하여 원활하게 활용할 수 있는 역량
디지털 정보·데이터	필요한 정보·데이터를 검색하고, 비판적으로 분석·평가하며 체계적으로 관리할 수 있는 역량	정보·데이터 탐색 및 수집	디지털 정보·데이터를 목적에 맞게 탐색하거나 수집할 수 있는 역량
		정보·데이터 분석 및 평가	디지털 정보·데이터의 신뢰성과 적합성을 바탕으로 비판적으로 분석·비교·평가할 수 있는 역량
		정보·데이터 관리	디지털 정보·데이터를 체계적으로 관리(저장·분류)할 수 있는 역량
디지털 의사소통 및 협력	디지털 기술을 활용하여 올바른 태도를 가지고 사람들과 소통하고 정보·데이터를 공유하며 협력할 수 있는 역량	디지털 의사소통	디지털 환경에서 개인 혹은 공동체와 원활하게 소통할 수 있는 역량
		디지털 협업	디지털 환경에서 공동의 목적을 달성하기 위하여 다른 사람들과 협업할 수 있는 역량
디지털 자원 생산	디지털 콘텐츠를 목적과 상황에 맞게 생산하고, 디지털 자원을 활용하여 일상생활의 문제를 컴퓨팅 사고기반으로 해결할 수 있는 역량	창의적 사고를 활용한 디지털 콘텐츠 생산	목적과 상황에 맞게 창의적 사고를 활용하여 디지털 콘텐츠를 생산(수정·편집·창조)하는 역량
		컴퓨팅 사고를 활용한 프로그램 생산	디지털 환경에서 문제해결을 위해 컴퓨팅 사고를 활용하여 프로그램(알고리즘, 소프트웨어, APP 등)을 생산(수정·편집·창조)하는 역량
디지털 안전과 건강	디지털 기기 및 서비스를 안전하고 건강하게 사용할 수 있는 역량	디지털 안전	디지털 환경에서 자신과 타인을 보호하며, 디지털 기기와 서비스를 안전하고 책임감 있게 활용할 수 있는 역량
		디지털 건강	디지털 기기 및 서비스의 활용이 개인과 사회에 미치는 심리적, 신체적 영향에 대한 명확한 인식을 통해 건강하게 사용하는 역량

디지털 리터러시 진단하기

이 진단지는 한국교육학술정보원(KERIS)의 디지털 리터러시 프레임워크를 바탕으로, 예비교사와 현직 교사가 자신의 디지털 역량을 스스로 점검할 수 있도록 구성되었다. 각 문항에 대해 현재 자신의 수준을 1점('전혀 그렇지 않다')부터 5점('매우 그렇다')까지 평가해 보자.

디지털 리터러시 자기 진단 체크리스트 (총 30문항)

각 문항에 대해 1(전혀 그렇지 않다)~5(매우 그렇다) 중 선택

영역	진단 문항	점수 (1~5)				
정보 활용	나는 필요한 정보를 효과적으로 검색할 수 있다.					
	검색 키워드를 목적에 맞게 수정할 수 있다.					
	온라인 정보의 출처와 신뢰도를 확인한다.					
	가짜뉴스나 조작된 정보를 구별할 수 있다.					
	필요한 정보를 재구성하여 나만의 콘텐츠를 만든 적이 있다.					
	정보를 요약 · 정리하여 다른 사람에게 설명할 수 있다.					
	인터넷에서 다양한 형식의 정보를 활용할 수 있다.					
	정보를 목적에 맞게 분류할 수 있다.					
	정보를 시각화하여 표현할 수 있다.					
	정보탐색 후 느낀 점을 반성적으로 정리할 수 있다.					
디지털 소통	협업 툴을 활용해 공동작업을 해본 적이 있다.					
	디지털 플랫폼에서 효율적으로 소통할 수 있다.					
	디지털 도구를 활용해 내 생각을 시각적으로 표현할 수 있다.					
	SNS나 블로그를 통해 정보를 공유한 경험이 있다.					
	온라인상에서 다양한 사람들과 협업한 경험이 있다.					
	댓글이나 게시글을 통해 상대방과 의견을 조율할 수 있다.					
	화상 회의 도구를 원활히 활용할 수 있다.					
	상대방의 입장을 고려한 메시지를 작성할 수 있다.					
	온라인 대화 중 갈등 상황을 조정할 수 있다.					
	편향된 정보나 혐오 표현을 인식할 수 있다.					

영역	진단 문항	점수 (1~5)				
디지털 윤리	이미지, 음악, 글 등을 사용할 때 저작권을 고려한다.					
	정당한 출처를 표시하는 습관이 있다.					
	개인정보를 안전하게 보호하려고 노력한다.					
	내 정보가 수집 · 활용될 수 있음을 알고 있다.					
	온라인상에서 예의 바른 태도를 유지한다.					
	사이버폭력에 대해 인식하고 대처할 수 있다.					
	불법 콘텐츠에 대한 비판적 태도를 갖고 있다.					
	디지털 환경에서 타인의 권리를 존중한다.					
	디지털 발자국에 대해 인식하고 있다.					
	디지털 공간에서 발생하는 문제에 적극적으로 대처할 수 있다.					

진단 결과 해석 및 역량 향상 제안

점수 기준 및 해석표 총점: _____ / 150점

영역	점수 범위	수준 진단	해석
정보활용 (50점 만점)	41~50점	고수준	정보 탐색, 판단, 재구성이 능숙함
	31~40점	중상수준	정보활용 역량이 비교적 양호함
	21~30점	중간수준	핵심 역량 중 일부가 부족함
	11~20점	취약수준	정보 분석력과 재구성 능력 강화 필요
	0~10점	매우 취약	검색 · 판단 · 활용 등 기본 역량부터 강화 필요
디지털 소통 (50점 만점)	41~50점	고수준	디지털 협업과 표현 능력 우수
	31~40점	중상수준	다양한 플랫폼에서 효과적으로 소통 가능
	21~30점	중간수준	협업 도구나 표현력의 편차 있음
	11~20점	취약수준	온라인 소통 방식 훈련 필요
	0~10점	매우 취약	기본적인 디지털 소통 경험 부족
디지털 윤리 (50점 만점)	41~50점	고수준	디지털 시민의식 및 윤리의식 우수
	31~40점	중상수준	저작권 · 프라이버시 이해도 높음
	21~30점	중간수준	윤리 실천에 일관성 부족
	11~20점	취약수준	디지털 에티켓과 권리 인식 약함
	0~10점	매우 취약	디지털 공간에서의 기본 윤리 인식 부족

영역별 역량 강화 제안

영역	개선 전략
정보활용	• 검색 키워드 훈련 • 정보 출처 분석 실습 • 요약 및 재구성 훈련 활동(예: 1분 뉴스 요약 과제) • 팩트체크 및 뉴스 리터러시 교육
디지털 소통	• 협업 플랫폼(Google Docs, Miro 등) 사용 실습 • 자기표현 과제(예: 동영상 제작, 블로그 글쓰기) • 비판적 소통 토론 수업(예: 댓글 분석, 소셜미디어 사례 토의)
디지털 윤리	• 저작권 관련 사례학습 및 라이선스 탐색 활동 • 개인정보 보호 체크리스트 실습 • 디지털 시민성 교육 및 행동지침 포스터 제작 활동

- 예시 진단 결과 요약 템플릿

  이름: ○○○

  진단 일시: 2025년 8월 3일
- 정보활용 점수: 27점 (중간수준)
- 디지털 소통 점수: 35점 (중상수준)
- 디지털 윤리 점수: 18점 (취약수준)
- 개선 목표

  정보활용: 출처 분석과 정보 재구성 활동 연습

  디지털 소통: 팀 프로젝트에서 발표 자료 제작 강화

  디지털 윤리: SNS 글쓰기 시 저작권 및 예절 고려하기

블룸(Bloom)의 택사노미(Taxonomy)란?

OpenAI ChatGPT4.0 블룸의 택사노미(Bloom's Taxonomy)는 "사람이 배우는 과정이 어떻게 단계적으로 발전하는지" 설명한 교육 이론이에요.

쉽게 말해, 우리가 무언가를 배울 때 단순히 외우는 것에서 시작해서, 점점 더 깊이 생각하고 창의적으로 활용하는 단계로 발전한다는 거예요.

- 블룸의 택사노미 6단계

  블룸 교수님이 정리한 학습의 6단계를 간단한 예시와 함께 설명해 볼게요!

  기억(Remember)-"일단 외우자!"
- 기본 개념을 기억하는 단계
- 예시: "서울은 한국의 수도야!" (단순 암기)

  이해(Understand)-"이게 무슨 뜻인지 알아야지!"
- 배운 내용을 스스로 설명할 수 있는 단계
- 예시: "서울은 한국의 정치·경제 중심지야." (의미 파악)

  적용(Apply)-"이제 써먹어 보자!"
- 배운 내용을 실제 상황에 적용하는 단계
- 예시: "서울 관광 코스를 직접 계획해 봐!" (지식을 활용)

  분석(Analyze)-"어떤 차이가 있을까?"
- 정보를 비교하고 구조를 파악하는 단계
- 예시: "서울과 도쿄는 어떻게 다를까?" (비교·분석)

  평가(Evaluate)-"뭐가 더 좋을까?"
- 기준을 세워 판단하는 단계
- 예시: "서울과 도쿄 중 어디가 더 살기 좋을까?" (근거를 바탕으로 평가)

  창조(Create)-"새로운 걸 만들어보자!"
- 배운 걸 활용해 완전히 새로운 걸 만드는 단계
- 예시: "미래의 서울을 상상하고 설계해 봐!" (창의적 문제 해결)

블룸의 택사노미 단계와 최적의 교수학습방법을 연결시켜 본다면?

블룸의 택사노미(Bloom's Taxonomy)의 6단계(개정판 기준)와 각 단계에 적합한 교수학습 방법을 연결하면 다음과 같이 정리할 수 있습니다.

1. 기억(Remember)
   - 목표: 정보를 암기하고 기억하는 것

- 적합한 교수학습 방법:
  - 강의식(Lecture)
  - 플래시카드(Flashcards)
  - 개념 정리(Concept Mapping)
  - 객관식 퀴즈(Recall-based Quiz)
  - 단순 반복 연습(Drill & Practice)
- 예시: 교수자가 개념을 설명한 후, 학생들에게 핵심 용어를 암기하도록 플래시카드를 제공하거나 퀴즈를 활용할 수 있음.

2. 이해(Understand)
- 목표: 정보를 해석하고 설명할 수 있음
- 적합한 교수학습 방법:
  - 질문-답변(하브루타, Socratic Questioning)
  - 개념도(Concept Mapping)
  - 사례 분석(Case Study)
  - 토의/토론(Discussion-Based Learning)
  - 비유 활용(Analogy-based Teaching)
- 예시: 학생들이 개념을 설명하고, 다른 사람에게 가르쳐보게 하는 "친구 가르치기(Teach-Back)" 방식 활용

3. 적용(Apply)
- 목표: 배운 개념을 새로운 상황에 적용
- 적합한 교수학습 방법:
  - 문제 기반 학습(PBL, Problem-Based Learning)
  - 시뮬레이션(Simulation)
  - 역할극(Role-Playing)
  - 실험(Hands-on Experiments)
  - 사례 적용(Case Application)

- 예시: 학생들이 특정 이론을 실제 사례에 적용해 보는 과제 수행

4. 분석(Analyze)
- 목표: 개념을 분해하고 관계를 파악
- 적합한 교수학습 방법:
  - 비교 및 대조(Compare & Contrast)
  - 논리적 토론(Debate)
  - SWOT 분석(SWOT Analysis)
  - 데이터 분석(Data Analysis)
  - 직소 학습(Jigsaw Learning)
- 예시: 특정 문제에 대해 찬반 토론을 진행하여 다양한 관점에서 분석

5. 평가(Evaluate)
- 목표: 기준에 따라 판단하고 평가
- 적합한 교수학습 방법:
  - 동료 피드백(Peer Review)
  - 논문 비평(Critical Review)
  - 프로젝트 심사(Project Evaluation)
  - 사례 평가(Case Evaluation)
  - 윤리적 딜레마 토론(Ethical Dilemma Discussion)
- 예시: 학생들이 서로의 프로젝트를 평가하고 피드백을 제공

6. 창조(Create)
- 목표: 새로운 것을 창출하고 창의적으로 문제 해결
- 적합한 교수학습 방법:
  - 프로젝트 기반 학습(Project-Based Learning, PBL)
  - 디자인 씽킹(Design Thinking)
  - 창의적 문제 해결 활동(Creative Problem Solving)

– 스토리텔링 및 미디어 제작(Storytelling & Media Creation)

– 해커톤(Hackathon)

- 예시: 학생들이 문제를 해결하기 위한 앱을 기획하고 프로토타입을 제작

블룸의 택사노미 단계	적합한 교수학습 방법
기억(Remember)	강의, 플래시카드, 객관식 퀴즈, 개념 정리
이해(Understand)	하브루타, 사례 분석, 토론, 비유 활용
적용(Apply)	문제 기반 학습, 시뮬레이션, 역할극, 실험
분석(Analyze)	비교/대조, 논리적 토론, SWOT 분석, 직소 학습
평가(Evaluate)	피어 피드백, 논문 비평, 프로젝트 심사
창조(Create)	프로젝트 기반 학습, 디자인 씽킹, 해커톤

블룸의 택사노미와 블룸의 디지털 택사노미의 차이점이 무엇일까?

학습목표와 학습활동과의 유의미한 결합이 이루어져야 한다. 블룸 Bloom (1956) Taxonomy는 '복잡성'을 기준으로 인지적 영역의 교육목표 분류체계를 개발하였다. 학습의 과정과 결과를 체계적으로 이해하고 평가하는 데 주요한 도구로 활용되고 있다. 시대의 변화를 반영하여 Bloom의 교육목표 분류체계를 수정·보완하여 신교육목표 분류체계를 제안(Anderson & Krathwohl, 2001)하였다. 신교육목표 분류체계에서는 명사형 대신에 동사형으로 표현하였으며, 창조하기를 평가하기보다 높은 인지적 영역으로 설정하여 순서를 재배열하였다(김현진외, 2024).

출처: Bloom's Digital Taxonomy-Making Thinking Visible with Technology

블룸의 택사노미(Bloom's Taxonomy)와 블룸의 디지털 택사노미(Bloom's Digital Taxonomy)의 차이점은 기술(디지털 도구)의 활용 여부에 있다.

1. 블룸의 택사노미(Bloom's Taxonomy)
   - 학습자가 사고력을 어떻게 발전시키는지 정리한 전통적인 학습 이론
   - 6단계: 기억 → 이해 → 적용 → 분석 → 평가 → 창조
   - 예시:
     - 기억: 개념 암기
     - 이해: 개념을 설명하기
     - 적용: 배운 내용을 문제에 활용
     - 분석: 두 개념 비교
     - 평가: 논리적으로 판단
     - 창조: 새로운 아이디어 만들기

2. 블룸의 디지털 택사노미(Bloom's Digital Taxonomy)
   - 전통적인 블룸의 택사노미를 "디지털 환경"에 맞게 확장한 버전
   - 디지털 도구와 온라인 학습을 반영하여 학습 활동을 재구성
   - 예시(단계별 디지털 활동 추가)
     - 기억: 온라인 검색, 북마크 저장
     - 이해: 블로그 읽고 요약
     - 적용: 동영상 편집
     - 분석: 데이터 시각화
     - 평가: 온라인 리뷰 작성
     - 창조: 콘텐츠 제작(블로그 글쓰기, 유튜브 영상 제작)

• 비교 정리(한눈에 보기)

구분	블룸의 택사노미	블룸의 디지털 택사노미
초점	전통적인 사고력 발달	디지털 기술을 활용한 사고력 발달
학습 방식	책, 토론, 글쓰기	검색, 블로그, 동영상 제작
기억 단계	개념 암기	온라인 검색, 북마크 저장
이해 단계	개념 설명	블로그 요약, 포럼 참여
적용 단계	문제 해결	프레젠테이션, 동영상 제작
분석 단계	비교, 대조	데이터 분석, 온라인 토론
평가 단계	논리적 판단	피어 리뷰, 댓글 토론
창조 단계	새 아이디어 창출	블로그 글쓰기, 팟캐스트 제작

• 블룸의 디지털 택사노미는 기존 블룸의 택사노미에 "디지털 시대에 맞는 학습 활동"을 추가한 것!
즉, 블룸의 택사노미가 "어떻게 배울 것인가?"를 설명했다면,
디지털 택사노미는 "디지털 환경에서 어떻게 배울 것인가?"를 알려주는 개념이에요!.

참고문헌

계보경, 한나라, 김은지, 조소영, 박연정(2021). 메타버스(Metaverse)의 교육적 활용: 가능성과 한계. 2021 KERIS 이슈리포트. 한국교육학술정보원.

계보경, 김혜숙, 차현진, 한나라, 문범섭(2022). 수행형 기반 디지털 리터러시 평가도구 개발 연구. 2022 KERIS 연구보고 RR 2022-6. 한국교육학술정보원.

고선영, 정한균, 김종인, 신용태(2021). 메타버스의 개념과 발전 방향. 정보처리학회지, 28(1), 7-16.

교육부(2023). 2023년도 교육정보화 시행계획.

교육부(2024). 디지털 교육 대전환을 위한 제7차(2024~2028) 교육정보화 기본계획.

김상균(2020). 메타버스: 디지털 지구, 뜨는 것들의 세상. 경기: 플랜비디자인.

김윤상, 김수영, 이유진, 나해찬(2022). 메타버스 교육 플랫폼에 관한 연구: 사례 분석과 제언. 디지털콘텐츠학회논문지, 23(5), 827-836.

유승우, 임형택, 권충훈, 이성주, 이순덕(2013). 교육방법 및 교육공학(2판). 서울: 양서원.

한국교육학술정보원(KOCW) www.kocw.net

한송이, 노양진(2021). 메타버스 활용 교육에 대한 대학 교수자 인식 연구, 디지털콘텐츠학회논문지, 22(11), 1793-1806.

허나원, 강주현, 이상수(2023). 메타버스 활용 교육에 대한 탐색적 연구: 교육 전문가들의 이야기를 중심으로. 교과교육학연구, 27(5), 434-451.

Agustini, K., Putrama, I. M., Wahyuni, D. S., & Mertayasa, I. N. E. (2023). Applying Gamification Technique and Virtual Reality for Prehistoric Learning toward the Meraverse. *International Journal of Information and Education Technology, 13*(2), 247-256.

Bergmann, J., & Sams, A. (2014). *Flipped learning: Gateway to student engagement*. Eugene, Oregon: International Society for Technology in Education.

Council of the European Union (2022). Metaverse-Virtual world, Real challenges, Analysis and Research Team (2022.3.9).

Dale, E. (1946). *Audio-visual methods in teaching*. New York: The Dryden Press.

Dale, E. (1969). *Audiovisual methods in teaching* (3rd Ed.). NY: Holt, Rinechartand Winston.

DigComp https://joint-research-centre.ec.europa.eu/projects-and-activities/education-and-training/digital-transformation-education/digital-competence-framework-citizens-digcomp_en

Gagné, R. M., & Briggs, L. J. (1975). *Principles of Instructional Design*. Holt, Rinehart and Winston, New York.

Gerlach, V. S., & Ely, D. P. (1971). *Teaching and Media-A Systematic Approach*. Hall Inc., New York,

Heinich, R., Molenda, M., Russel, J. D., & Smaldino, S. E. (1996). *Instructional media and technologies for learning* (5th Ed.). Hillsdale, NJ: Prentice-Hall.

Hoban, C. F., & Hoban, Jr. C. F. (1937). *Visualizing the curriculum*. NY: The Corden Company.

Mager, R. F. (1997). *Preparing Instructional Objectives* (3rd Ed.). Atlanta: Center for Effective Performance.

Mayer, R. E. (2009). *Multimedia Learning* (2nd Ed.). Cambridge University Press.

Schramm, W. (1997). *The beginnings of communication study in America*. Thousand Oaks, CA: Sage.

Smaldino, S. E., Lowther, D. L., & Russell, J. D. (2019). *Instructional Technology and Media for Learning* (12th Ed.). Pearson.

UNESCO (1947). *Fundamental Education: Description and Programmers*. Paris: Author.

UNESCO (2011). *Digital Literacy in Education*. UNESCO Institute for Information Technologies in Education. https://iite.unesco.org/pics/publications/en/files/3214688.pdf

UNICEF (2019). Digital literacy for children: exploring definitions and frameworks. New York: UNICEF. https://www.unicef.org/innocenti/media/1216/file/%20UNICEF- Global-Insight-digital-literacy-scoping-paper-2020.pdf

U.S. Department of Education, Office of Planning, Evaluation and Policy Development, Policy and Program Studies Service. (2018). *National Study of English Learners and Digital Learning Researces*. Washington, DC. https://tech.ed.gov/files/2018/10/18-0158-EducatorToolkit-2018-10-12.pdf

Vuorikari, R., Kluzer, S., & Punie, Y. (2022). *DigComp 2.2: The Digital Competence Framework for Citizens-With new examples of knowledge, skills and attitudes*. Publications Office of the European Union, Luxembourg. https://publications.jrc.ec.europa.eu/repository/handle/JRC128415

Weller, M. (2020). *25 Years of Ed tech*. AU Press, Athabasca University. https://doi.org/10.15215/aupress/9781771993050.01

Zehler, A. M., Yilmazel-Sahin, Y., Massoud, L., Moore, Sarah C., Yin, C., & Kramer, K. (2012). *Technology-based researches in instruction of English learner students*, Poster presentation at the Annual Meeting of the American Educational Research Association, Vancouver, British Columbia.

CHAPTER 11 에듀테크 활용 수업 방법

이 장은 중등 예비 교사들이 AI 기반 디지털 교과서(이하 AIDT), 생성형 AI와 같은 에듀테크(EdTech)를 효과적으로 활용하는 방법을 다룬다. 급변하는 교육 환경에서 기술과 교육을 융합하는 역량을 기르는 것을 목표로 한다. 에듀테크(EdTech)는 교육(Education)과 기술(Technology)의 합성어로, 디지털 기술을 활용해 교수학습의 효과를 높이는 다양한 도구와 방법을 의미한다(김보경, 2024). 본 장에서는 AIDT와 생성형 AI를 중등 수업에 활용하는 방안을 살펴본다.

주요내용

1. 인공지능
2. AIDT
3. 생성형 AI

심화학습 가상현실(VR) 및 증강현실(AR)

학습목표

- AIDT의 개념과 특징을 설명할 수 있다.
- AIDT 활용 수업 모형을 설계하고 적용할 수 있다.
- 실제 수업 상황에서 AIDT를 효과적으로 활용할 수 있다.
- 생성형 AI의 개념과 특징을 설명할 수 있다.
- 생성형 AI 활용 수업 모형을 설계하고 적용할 수 있다.
- 실제 수업 상황에서 생성형 AI를 효과적으로 활용할 수 있다.

1. 인공지능

1) 개념 이해

인공지능이란? 인간처럼 생각하고 학습하며 판단하는 능력을 컴퓨터가 가지도록 만든 기술을 의미한다.

"AI is the capability of a machine to imitate intelligent human behavior, such as learning, reasoning, problem-solving, and language understanding." (OECD, 2021)

"인공지능은 학습과 추론, 예측 등 인간의 지능적인 활동을 컴퓨터가 수행하도록 하는 기술이다." (교육부 & 한국교육학술정보원, 2023)

〈표 11-1〉 인공지능의 4가지 주요 능력과 활용 예시

AI가 하는 일	설명	예시
☐ 보고 구별하기	이미지나 영상 인식	얼굴 인식, 자율주행 자동차
☐ 말하고 듣기	자연어 이해와 생성	Siri, ChatGPT, 음성 비서
☐ 학습하기	데이터를 분석하고 예측	유튜브 추천, AI 튜터
☐ 창의적으로 만들기	텍스트, 이미지, 음악 생성	AI로 시 쓰기, 그림 그리기

2) 인공지능 교육 시스템의 기능

영국 국립 과학 기술 예술재단(NESTA: National Endowment for Science, Technology, and the Arts)의 보고서는 교육에 인공지능(AI)을 적용했을 때 기대되는 기능과 활용 사례를 제시하고 있다. 인공지능 교육 시스템의 기능을 학생을 가르치는 기능, 학습을 지원하는 기능, 교사를 지원하는 기능, 시스템을 지원하는 기능 등 네 가지로 분류하고 있다(Tuomi, 2020).

〈표 11-2〉 인공지능 교육 시스템의 기능 분류

기능 분류	주요 역할 및 설명	예시
학생 교육	AI가 학생들에게 직접 학습 내용을 전달하고, 개별 학습자의 수준과 필요에 맞춰 교육을 제공한다. 학습자의 개별화된 학습 경험을 향상하는 데 중점을 두고 있다.	AI 튜터가 학생 질문에 답변, 맞춤형 학습 자료 추천, 학습 진행 상황 평가 및 피드백 제공
학습 지원	AI가 학습 과정 자체를 보다 효율적이고 효과적으로 만든다. 학습 자료 정리, 학습 진도 추적, 학습 분석을 통해 어려움 식별, 협력학습 및 피드백 과정 지원 등이 포함된다.	AI 기반 학습 관리 시스템(LMS)이 학습 자료를 자동으로 분류하거나, 학생들의 학습패턴을 분석하여 비효율적인 학습 습관을 개선하도록 돕는 경우
교사 지원	AI가 교사의 업무 부담을 줄이고 교육의 질을 높이는 데 이바지한다. 학생 성적 분석, 채점 자동화, 교육자료 검색 및 정리 등을 통해 교사가 학생들에게 더 많은 시간을 할애하고 교육과정에 집중하도록 돕는다.	AI가 학생들의 에세이를 자동으로 채점하거나, 개별 학생의 학습 취약점을 분석하여 교사에게 보고서를 제공하는 경우
시스템 지원	AI가 교육 시스템 전반의 운영과 관리를 최적화한다. 교육 자원 배분, 교육과정 효율성 분석, 시스템 보안 강화 등 교육 시스템의 전반적인 성능과 안정성을 향상하는 데 이바지한다.	AI가 학교의 에너지 소비를 최적화하거나, 학생들의 등록 데이터를 분석하여 다음 학기 개설 과목 수를 조절하는 데 도움을 주거나, 사이버 보안 위협을 감지하고 대응하는 경우

□ 교실에서 예비 교사가 만나는 AI 예시

- AIDT: 학생 수준에 맞게 학습 자료를 자동 제공
- AI 챗봇: 질문에 자동으로 답변하는 학습 도우미
- AI 평가도구: 에세이를 채점하거나 피드백 제공
- 생성형 AI: 아이디어 도출, 평가 문항 만들기, 피드백 얻기

2. AIDT

1) 개념 이해

AIDT는 인공지능 기술을 활용하여 학생의 학습 수준, 속도, 관심사에 맞춰 맞춤형 콘텐츠를 제공하는 차세대 교과서이다(교육부, 2024). 전통적인 교과서와 달리,

개별 학습자의 데이터를 분석하여 최적화된 학습 경로를 제시하는 지능형 학습 도구이다.

2) AIDT의 주요 기능

교육부는 AIDT의 도입을 통해 학생 개개인의 맞춤형 학습을 지원하고, 교사의 효율적인 수업 준비 및 진행을 돕는 것을 목표로 하고 있다. 주요 기능은 다음과 같다.

- AI 분석 기능: 학습자의 학습패턴, 이해도, 선호도를 실시간으로 분석한다.
- 학생 맞춤형 학습지원: AI 기술을 활용하여 학생들의 학습 데이터를 분석하고, 개개인에게 최적화된 학습 경로와 콘텐츠를 제공한다. 학생들은 학습 진도를 실시간으로 확인하고, 부족한 부분을 즉시 보완할 수 있다.
- AI 튜터 기능: 학생의 학습 수준과 특성에 맞는 AI 튜터가 학습 결손을 해소하고, 필요한 학습 자료를 추천하는 등 개인별 학습을 돕는다. 예를 들어, 수학 문제 풀이 시 AI가 정답 확인 및 오답 피드백을 제공할 수 있다.
- 교사 지원 기능(AI 보조 교사): 교사가 원하는 학습 자료를 쉽게 찾고, 이미지나 영상 등 교육용 콘텐츠를 수업에 활용할 수 있도록 돕는다. 또한, 학급 학생들의 학업 성취도를 분석한 데이터를 제공하여 교사가 학생 맞춤형 피드백을 제공하고 효율적인 수업을 계획할 수 있도록 지원한다.
- 다양한 산출물 생성 지원: AIDT는 다양한 인공지능 서비스를 활용하여 학생들이 결과물을 만들 수 있도록 지원한다.
- 교육 접근성 향상: 시간과 장소에 구애받지 않고 학습할 수 있는 환경을 제공하여, 도서·산간 지역 등 교육 격차 해소에 이바지한다.

3) AIDT의 장단점

AIDT의 장점은 다음과 같다.

- 맞춤형 학습: 학생들의 학습 이해도와 특성 분석을 바탕으로 맞춤 학습 경로와 콘텐츠를 제공한다.

- AI 튜터링[1] 기능: 수학 교과에서는 AI 튜터링 기능을 적용하여 학생의 수준에 맞는 교육을 제공한다.
- 음성인식 기능: 영어 교과에서는 AI 음성인식 기능 등을 이용해 듣기와 말하기 연습을 지원한다.
- 풍부한 멀티미디어 지원: 각종 동영상, 시뮬레이션 및 대화형 퀴즈 등은 다양한 학습 스타일을 지원하고 매력적이고 역동적인 콘텐츠를 제공하여 학생들의 학습 경험을 풍부하게 제공할 수 있다.
- 정보 접근성 쉬움 및 친환경성: AIDT는 그 분야의 최신 정보를 반영하여 업데이트가 가능하다. 교사와 학생은 오래된 학습 자료가 아닌 최신 버전의 콘텐츠를 쉽게 접할 수 있게 된다. 학습 콘텐츠를 물리적으로 교체할 필요가 없어 유인물 인쇄 및 배포 비용도 절감된다. 종이 낭비와 탄소 배출량을 줄임으로써 환경 보호에 이바지한다.
- 사용자 편의성: AIDT를 사용 시 기존 종이 교과서보다 편의성이 높다. 학생들은 노트 시 원하는 글꼴과 색상 지정이 가능하고 수정이 쉽다. 또한 텍스트 음성 변환 기능으로 필기에 대한 부담도 적고 검색 기능, 책갈피 및 주석 기능을 통해 학습 내용을 쉽게 탐색하고 빠른 정보 검색이 가능하다.

반면에 AIDT의 단점은 다음과 같다.

- 학습 과정에서 기술의 결함이나 오작동 발생: AIDT에만 의존하게 되면, 기기의 결함이나 소프트웨어의 오작동이 있을 때 수업 진행에 큰 문제가 발생할 수 있다.
- 학생들의 건강 문제: 책이 아닌 AIDT를 장시간 보게 되면 눈의 피로 증가, 시력 저하, 두통 및 수면 패턴 변형 등의 문제가 발생할 수 있다.

1) AI 튜터링이란?
AI 튜터링은 인공지능(AI)이 선생님처럼 학생 한 명 한 명의 학습 수준과 진행 상황을 실시간으로 파악하고, 그것에 맞게 개별 맞춤형 피드백과 문제를 제공하는 기능이다. 즉, 학생이 어떤 개념을 잘 이해하지 못했는지, 어디에서 틀렸는지를 분석해서, 그 학생에게 꼭 필요한 설명이나 연습문제를 자동으로 추천해 주는 '디지털 개인 과외 선생님'이라고 할 수 있다.

- 학생들의 집중력 부족: AIDT 역시 디바이스 사용을 기반으로 한다. 따라서 디지털 교과서를 가지고 학생들은 게임, 온라인 검색, SNS 등 학습 이외의 활동이 가능하기에 학습 과정에서 집중하지 못할 수도 있다.
- 경제적인 부담으로 인한 학습 기회 감소: AIDT를 사용하기 위해서는 디바이스와 인터넷에 접속이 가능한 환경이 필수적이다. 디바이스(Device)를 구매하고 유지·관리하는 비용은 학생이나 학생의 가족에게 부담이 될 수 있기에 경제적 여유가 없는 경우, 디지털 기기나 인터넷 사용에 어려움을 겪을 수 있다.
- 디지털 윤리 결여: 학생들의 디지털 기기 사용 증가에 대한 학부모의 우려를 해소하기 위해, 유해 사이트와 유해 애플리케이션을 차단하는 등의 안전한 사용 환경 구축도 고려해야 한다. 그렇지 않다면 디지털 리터러시와 윤리가 부족한 어린 학생들이 유해 사이트와 유해 애플리케이션의 사용으로 온라인 범죄에 연루되거나 피해자가 될 수 있다.
- 개인정보보호와 사생활 침해 우려: AIDT는 기본적으로 학생들의 개인정보와 학습 정보를 저장하고 분석한 후 교사에게 전달되어야 한다. 따라서 학습자들의 개인정보보호를 위해 데이터 보안·정보보호를 위한 정책을 수립하고, 일정 수준의 보안인증을 얻은 인프라와 소프트웨어를 사용해야 한다. 안전한 사용 환경 구축을 통해서 학생들과 보호자가 개인정보 동의를 하는 데 걱정이 없도록 해야 한다.

4) AIDT 활용 수업 모형

AIDT를 활용한 수업은 크게 세 가지 모형으로 나눌 수 있다.

- AIDT 중심형 모형: 수업의 대부분을 AIDT를 통해 진행하는 방식으로, 학생들이 AI와 직접 상호작용을 하며 학습한다. 교사는 학습 조력자 역할을 담당한다.
- 서책/AIDT 혼합형 모형: 기존 종이 교과서와 AIDT를 적절히 조합하여 사용하는 방식이다. 이론 학습은 서책으로, 연습과 피드백은 AIDT로 진행할 수 있다.
- 과제 중심형 모형: 특정 과제나 프로젝트를 중심으로 AIDT의 다양한 기능을 선택적으로 활용하는 방식이다.

〈표 11-3〉 AIDT 활용 수업 모형

모형	중심 도구	교사 역할	AIDT 활용 방식	적용 예시
AIDT 중심형	AIDT	학습 조력자	전체 수업에 활용	AI로 수학 문제 풀이
혼합형	서책 + AIDT	설명자 + 피드백자	이론은 서책, 활동은 AIDT	역사 단원 읽고 AI 퀴즈
과제중심형	과제	프로젝트 설계자	필요한 기능만 선택적 활용	환경 문제 해결 발표

AIDT를 활용한 수업은 크게 기본 모형, 예습 모형, 복습 모형, 집중케어 모형을 활용할 수 있다.

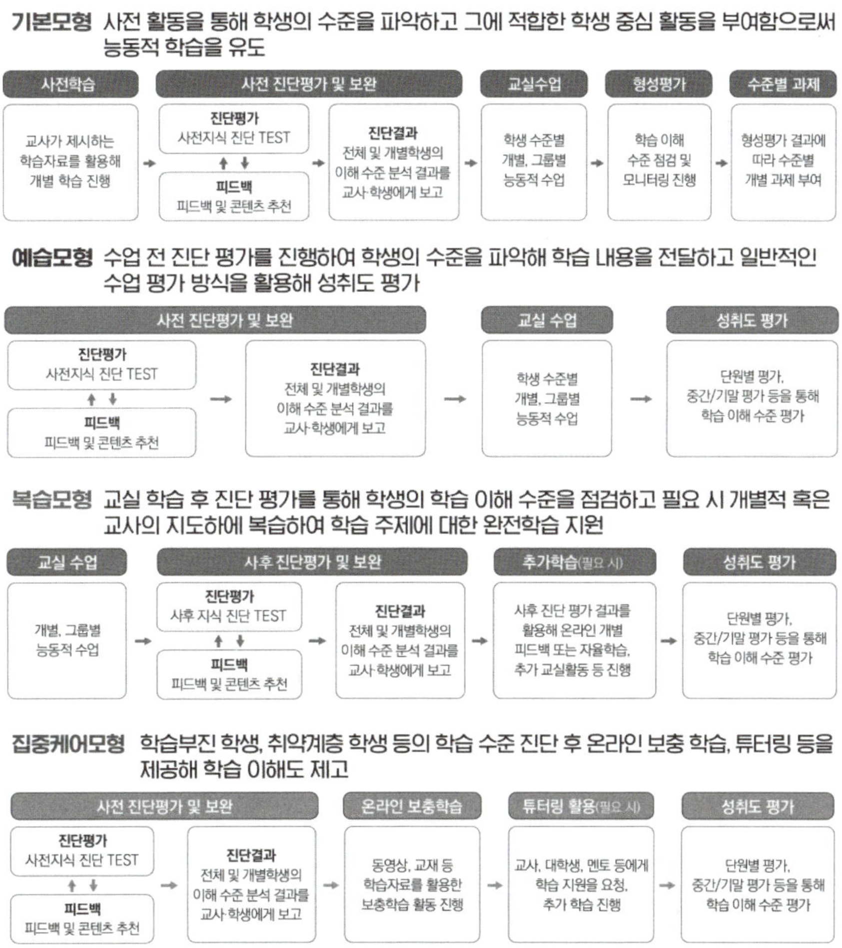

[그림 11-1] AIDT 활용 방식 예시, 자료 교육부

[그림 11-4] AIDT 수업 모형의 장단점

장점	단점
학습 격차 해소 가능 → 학습자 수준에 따라 맞춤형 콘텐츠 제공	교사 역할 약화 우려 → 교사의 전문성이 AI에 의해 축소될 수 있음
학습자 중심 수업 실현 → 자기주도 학습, 탐구 중심 활동 강화	기술 격차 발생 가능성 → 디지털 기기 접근성 및 사용 역량 차이 발생
실시간 학습 진단 가능 → AI가 학습 데이터를 분석하여 피드백 제공	저작권 및 개인정보 이슈 → AI가 수집 · 처리하는 정보에 대한 법적 고려 필요
교사 업무 효율성 증대 → 평가 자동화, 반복 설명 감소	기술 의존성 문제 → 시스템 오류 시 수업 운영 어려움

5) 수업 지도안 설계

(1) 효과적인 수업 설계 원칙

① 교육목표와 기술의 정합성

AIDT는 강력한 도구이지만 어디까지나 도구일 뿐이다. 수업 목표와 내용에 따라 적절히 활용해야 한다. 단순 암기 내용만 있는 부분이라면 전통적 수업이 더 효과적일 수 있고, 토론이나 탐구가 필요한 부분에서는 AIDT의 멀티미디어 콘텐츠나 협업 기능을 활용하는 것이 좋다.

② 교육과정 연계성 확보

AI가 제시하는 학습 경로가 교육과정의 성취 기준과 위계성을 고려하고 있는지 지속적으로 검토해야 한다.

③ 교사 주도성과 학습자 자율성의 균형

AI 시스템의 추천을 맹목적으로 따르기보다는 교사의 교육적 판단을 바탕으로 적절히 조정하고 활용해야 한다.

④ 평가 방식의 변화

AIDT를 사용하면 학생들이 서로 다른 과제를 수행하고 개별적인 학습 경로를 따르게 된다. 따라서 획일적인 시험 대신 과정 중심 평가를 도입하는 것이 좋다. 학생별 AI 학습 로그를 활용하여 성장 정도를 평가하거나, AI와 공동 작업한 결과물을 포트폴리오로 제출하게 할 수 있다.

⑤ 디지털 격차 해소

모든 학생이 동등하게 접근할 수 있도록 기기 지원, 네트워크 환경 점검, 디지털 리터러시 교육 등의 보완 계획을 마련해야 한다.

⑥ 지속적인 개선

처음부터 완벽한 수업은 어려우므로, AIDT 활용 수업 후에는 반드시 자기성찰과 피드백 반영 과정을 거쳐야 한다. 어떤 AI 기능이 효과적이었는지, 어떤 부분에서 학생들이 어려움을 느꼈는지 기록하고 다음 수업 계획에 반영하여 지속적으로 수업의 질을 개선해야 한다.

(2) 학생 지도 시 주의 사항

① AI 의존성 방지

일부 학생들은 AI의 교정에 지나치게 의존하여 스스로 생각하는 노력이 줄어들 수 있다. 따라서 학생들에게 AI의 답변을 비판적으로 수용하고, 왜 그런 피드백이 나왔는지 성찰하도록 지도해야 한다.

② 디지털 격차 해소

디지털 기기에 능숙한 학생과 그렇지 않은 학생 사이의 차이를 줄이기 위해 수업 전 AIDT 사용법 훈련을 충분히 하고, 동료끼리 도울 수 있는 협력 구조를 만드는 것이 중요하다.

③ 메타인지 전략 활용

단순히 AI가 제공하는 과제만 수행하는 것이 아니라, "왜 이 문제를 틀렸는지 생각해 보기"와 같은 메타인지 전략을 접목하여 깊이 있는 학습이 이루어지도록 해야 한다.

6) AIDT 활용 수업사례

(1) 실제 수업 설계해 보기: 영어 글쓰기 수업사례

이제 AIDT 중심형 모형을 활용한 중학교 영어 수업을 함께 설계해 보자.

〈표 11-5〉 AIDT 활용 수업 지도안 사례

<table>
<tr><td colspan="2">수업 목표 설정</td><td>학생들이 AIDT를 활용하여 개인별 수준에 맞는 영어 글쓰기 연습을 하고, AI 보조 교사로부터 문법 교정과 어휘 향상을 위한 개별화된 피드백을 받아 작문 능력을 향상하는 것이 목표이다.</td></tr>
<tr><td rowspan="2">수업 진행 단계</td><td>도입 단계 (10분)</td><td>교사는 먼저 AIDT 대시보드를 통해 학생들의 사전 학습 데이터를 확인한다. 예를 들어, 지난주 단어 테스트 결과나 이전 글쓰기 과제의 성취도를 파악한 후 수업 목표를 제시한다.
"오늘은 영어로 자기소개 글을 써보겠습니다. AIDT에 있는 다양한 예시와 멀티미디어 자료를 먼저 살펴보세요."
학생들이 각자의 태블릿이나 노트북으로 AIDT에 접속하면, 교사는 AI 보조 교사 기능 사용법을 시연한다. "여러분이 영어 문장을 입력하면 AI가 즉시 문법을 확인하고 더 나은 표현을 제안해 줄 것입니다."</td></tr>
<tr><td>전개 단계 (25분)</td><td>학생들은 AIDT를 활용하여 영어 자기소개 글 초안을 작성합니다. 이 과정에서 AI 튜터 기능이 실시간으로 작동한다.
예를 들어, 한 학생이 "I am interest in basketball"이라고 입력하면, AI가 즉시 "am interested in"으로 교정하고 왜 그런지 설명해 준다. 학생들은 이러한 피드백을 받아 글을 수정해 나간다.
이때 교사는 교사용 대시보드를 통해 전체 학생들의 진행 상황을 지켜본다. 대시보드에는 학생별 작성 분량, 주요 오류 유형, AI 피드백 반영 여부가 실시간으로 표시된다.
교사는 이 정보를 바탕으로 개별 지도가 필요한 학생을 파악하고, 필요시 직접 학생 자리로 가서 추가 설명을 제공하거나 소그룹 지도를 시행한다.</td></tr>
</table>

정리 단계 (10분)	학생들이 수정 완료된 글을 AIDT 플랫폼에 제출하면, 교사는 공통으로 개선이 필요한 표현을 선정하여 AIDT의 퀴즈 기능을 활용한 형성 평가를 진행한다. 예를 들어, 많은 학생이 틀린 표현을 빈칸 채우기 문제로 만들거나, 적절한 자기소개 표현을 고르는 문제를 출제한다. 학생들은 각자의 기기로 퀴즈에 참여하고, AIDT가 자동으로 채점과 피드백을 제공한다. 마지막으로 교사는 학생들과 함께 오늘 수업에서 AI를 통해 어떻게 글쓰기 능력이 향상되었는지 돌아보고, AI 활용 시 주의점을 강조하며 수업을 마무리한다.

7) 실제 적용 사례와 효과

(1) 국내 사례: 부산 신정초등학교

이 학교는 디지털 기반 학생 맞춤교육 연구학교로 선정되어 AIDT를 적극 활용하고 있었다. 수학 수업에서는 다음과 같은 과정을 거쳐 수업했다.

수업 전에 AI 진단평가를 시행하여 학생별 준비도를 파악한 후, 수업 중에는 AIDT가 제시하는 맞춤형 문제를 해결하게 하였다. 학생들이 태블릿으로 문제를 풀면 AI가 즉각 정답 여부를 알려주고 해설을 제공하며, 교사는 대시보드로 전체 상황을 지켜보며 필요시 개입한다.

(2) 학생들의 반응

학생들은 자신의 수준에 맞는 문제를 해결할 수 있어 학습 부담이 줄고 자신감이 높아졌다고 반응했다. 또한 즉각적인 피드백을 받을 수 있어 학습 몰입도가 향상되었다는 긍정적인 평가를 받았다.

(3) 교사들의 평가

교사들은 실시간 학업 성취도 데이터를 활용해 지도할 수 있어 효율적이라고 평가했다. 개별 학생의 학습 상황을 정확히 파악할 수 있어 맞춤형 지도가 가능해졌다는 점을 장점으로 꼽았다.

8) 예비 교사가 알아야 할 교사의 새로운 역할

AIDT 활용 수업에서 교사는 기존의 지식 전달자에서 세 가지 새로운 역할로 변화해야 한다.

(1) 수업 설계자(수업 디자이너)

수업 전 교수설계 단계에서 AIDT의 어떤 기능을 언제 사용할지 계획해야 한다. 예를 들어, 진단평가 결과에 따라 학습 그룹을 편성하거나, AIDT의 동영상 콘텐츠를 도입부에 배치하는 등의 설계가 필요하다.

(2) 학습 촉진자

수업 중에는 AI와 학생을 연결하는 매개자 역할을 한다. 학생들이 AI 기능을 잘 활용하도록 도우며, 기술적 어려움을 해결해 주고, 학습 동기를 부여한다.

(3) 데이터 해석자

실시간으로 수집되는 학습 데이터를 분석하여 추가 설명이 필요한 학생이나 더 심화된 학습이 필요한 학생을 즉시 파악하고, 그에 맞는 조치를 취한다.

3. 생성형 AI

1) 개념 이해

생성형 AI(Generative AI)는 텍스트, 이미지, 음성 등 다양한 콘텐츠를 생성하는 인공지능 기술로, 챗지피티(ChatGPT), 클로드(Claude), 달리(DALL. E) 등이 대표적이다(박태웅, 2023). 대화형 인터페이스를 통해 자연어로 소통하며, 창의적이고 다양한 결과물을 생성할 수 있어 교육 분야에서 혁신적인 도구로 주목받고 있다. 2022년 말 ChatGPT의 등장 이후 교육 현장에서 큰 화두가 되었으며, 현재 전 세계적으로 1억 명이 하루에 사용하는 서비스로 성장했다. 이 서비스는 학생들의 글쓰기, 문제 출제, 토론 등 다양한 학습 활동에 활용될 가능성이 높다.

〈표 11-6〉 국내외 생성형 AI, LLM(Large Language Model) 및 특징

AI 도구 명	개발 연도	수업 적용 영역	장점	단점 및 유의 사항
ChatGPT (OpenAI)	2022년 11월 (GPT-3.5), 2023년 3월 (GPT-4)	국어, 영어, 사회, 토론, 글쓰기 지도 등	• 자연어 이해 및 생성 능력 탁월 • 글쓰기 피드백, 토론 아이디어 생성 • 다양한 교과에 적용 가능	• 사실 오류 존재 • 질문의 구체성에 따라 응답 품질 차이 발생-무료 버전은 기능 제한 예 GPT-3.5만 사용 가능
Bard (Gemini) (Google)	Bard: 2023년 3월 Gemini로 통합: 2023년 12월	영어 글쓰기, 정보탐색, 요약 활동 등	• 실시간 웹 검색 기반 정보 생성 • 요약, 정리 능력 탁월 • 구글 서비스(Gmail, Docs 등)와 연동 용이	• 한국어 응답 품질이 GPT보다 낮은 경우 있음 • 학교 계정(Google Work-space) 필요
Bing Chat / Copilot (Microsoft + OpenAI)	2023년 2월	리포트 작성, 정보 정리, 이미지 생성 (Prompts 활용 수업)	• ChatGPT 기반 + 실시간 웹 연결 • Microsoft 365와 통합 • 이미지 생성(DALL · E 연동) 가능	• 브라우저/계정 제한 있음 • 일부 교육기관은 접근 차단 • 프롬프트 사용법 숙지가 필요
Karla / HYPER CLOVA X (NAVER)	2023년 8월	국어 글쓰기, 한국어 중심 토론 자료, 창작 활동	• 국내 데이터 기반으로 한국어 표현에 강점 • 한국 문화/교육 맥락에 부합 • 교사 계정 발급 가능	• ChatGPT 대비 사용자 인터페이스 불편 • 텍스트만 생성 가능 (시각 자료 미지원)
Claude (Anthropic)	Claude 2: 2023년 7월 Claude 3: 2024년 3월	문서 읽기, 첨삭 피드백, 학생 질문 응답 도우미	• 매우 긴 문서 이해력 탁월 • 학생 에세이 첨삭에 유용 • 안전성 중심 설계	• 한국어 처리 한계 있음 • 한글 기반 교육에 제한적 활용

• LLM(Large Language Model): 대규모 언어 모델

대규모 언어 모델은 인간과 유사한 텍스트를 처리, 이해 및 생성하도록 설계된 고급 인공지능 시스템이다. 이러한 모델은 딥 러닝 기술을 기반으로, 일반적으로 웹 사이트, 책, 기사와 같은 다양한 소스에서 가져온 수십억 개의 단어를 포함하는 대규모 데이터 세트에서 훈련된다. 이 훈련을 통해 대규모 언어 모델은 언어, 문법, 문맥 및 일반 지식의 일부 측면의 뉘앙스를 파악할 수 있다.

2) 생성형 AI의 장단점

(1) 생성형 AI의 장점

ChatGPT와 같은 생성형 AI를 활용하는 수업에서 가장 먼저 이루어져야 하는 절차는 교수자가 먼저 다양한 생성형 AI의 종류와 특징을 인지하고, 이러한 기술이 주는 장단점을 이해한 후에 도입 여부를 판단해야 한다(한송이, 2023).

생성형 AI 활용이 교육에 미치는 긍정적인 측면은 아래와 같다.

- 수업 계획이나 문서 초안 작성 및 브레인스토밍
- 연습문제 혹은 퀴즈 문제 설계에 대한 도움
- 글 작성, 문법이나 구조 피드백 제공
- 쓰기와 코딩과 같은 기술 역량 강화 활동에서 활용
- 코드 디버깅, 글쓰기 수정, 설명 요청 등
- 선호도 및 수준에 따른 맞춤형 자료 제공
- 언어 간소화, 독서 수준에 맞는 내용 및 난이도 조정, 관심사 기반에 따른 맞춤형 활동 생성

(2) 생성형 AI의 단점

ChatGPT와 관련해서도 여러 가지 이슈들이 있다. 첫째, AI가 갖고 있는 기본적인 한계로, 학습 데이터에 문제가 있으면 결과에도 영향을 미친다. 데이터에 편향된 정보, 잘못된 정보, 개인정보 등이 포함되어 있으며, AI의 답변 역시 편향되거나 부정확할 수 있고 개인정보 침해 문제도 발생할 수 있다.

둘째, 제일 눈에 띄는 문제 중 하나는 환각 현상(hallucination), 즉 AI가 부정확한 답변을 내놓는 것이다. 전문가들은 환각 현상의 비율을 약 20% 정도로 보고 있다. 이 현상이 특히 위험한 이유는, AI가 대부분 올바른 답변을 하다가 중간에 잘못된 정보를 끼워 넣기 때문이다. 처음부터 틀린 답변이라면 신뢰하지 않겠지만, 상당히 신뢰성 있게 이야기하다가 틀린 내용이 나와 전문가가 아니면 찾아내기가 어렵다. 따라서 미숙한 청소년이나 아동들이 사용하기에는 적절하지 않다는 의견

이 많다. 셋째, 저작권의 문제이다. 예를 들어, 생성형 AI가 만들어낸 결과물에는 출처가 명시되지 않는 경우가 많아 저작권 문제가 발생할 수 있다.

〈표 11-7〉 생성형 AI의 주요 장점 및 한계점

생성형 AI	주요 내용
장점	• 수업 자료 제작 지원: 교사의 자료 준비 시간 단축 및 다양한 아이디어 제공 • 창의적 표현력 증진: 다양한 표현 방식과 관점 제시로 창의성 자극 • 즉각적 피드백: 실시간 상호작용을 통한 학습지원 • 개별화된 학습: 학습자의 수준과 관심사에 맞춘 맞춤형 응답
한계점	• 환각 현상(hallucination): 잘못된 정보나 편향된 내용 생성 가능성 • 출처 불분명: 생성된 내용의 근거와 출처 확인 어려움 • 과도한 의존 위험: 창의적 사고 과정을 생략할 위험 • 윤리적 문제: 표절, 저작권 침해 등의 문제 발생 가능성

ChatGPT의 등장으로 이제는 질문을 잘하는 게 중요하다는 질문의 중요성이 강조되고 있다. 또한 ChatGPT에서 얻은 답변은 있는 그대로 믿는 것이 아니라 최종적으로 사실을 확인해야 하는 리터러시를 강조한다. 교사로서 ChatGPT를 보조교사처럼 활용하면 매우 유용할 수 있다. ChatGPT가 작성한 피드백은 초안으로만 사용하고, 교사가 최종본을 완성해야 한다. ChatGPT는 정확도가 완벽하지 않아 실수를 할 수 있고, 학생의 장점을 놓치기도 하기 때문이다. 외국에서도 컴퓨터가 채점한 결과를 그대로 사용하지 않고 교사가 최종 평가를 해야 한다는 것이 현재까지 사회적으로 논의된 내용이다.

3) 수업 설계 가이드

- 명확한 과제 설계: 생성형 AI를 활용한 과제는 단순한 정보 검색이 아닌, 비판적 사고와 창의적 활용을 요구하는 내용으로 설계해야 한다.
- 비판적 사고 강화: 생성형 AI의 결과물을 검증하고 분석하는 과정을 포함해야 한다. 여러 출처와 비교, 논리적 타당성 검토, 편향성 분석 등의 활동이 필요하다.
- 창의적 활용 방안: AI 생성 결과를 시작점으로 하여 학습자의 창의적 아이디어를 추가하고 발전시키는 활동을 설계해야 한다.

〈표 11-8〉 생성형 AI의 교육적 활용과 주요 기능

생성형 AI 교육적 활용	주요 기능
창의적 활동 지원	• 아이디어 발상 및 브레인스토밍 • 창의적 글쓰기 지원 • 다양한 관점 제시
학습지원	• 개별 맞춤형 설명 제공 • 학습 문제 생성 • 즉각적 피드백 제공
교사 업무 지원	• 수업 자료 제작 지원 • 평가 문항 개발 • 수업 계획 수립 도움

4) 수업 설계 시 유의점

(1) 학습 윤리 고려

- 표절 방지: 학생들이 AI를 이용해 과제를 할 때, AI가 만들어준 결과물을 그대로 제출하는 일이 없도록 평가 방식을 바꿔야 한다. 에세이를 과제로 낼 경우 과정 기록(초안, AI와 주고받은 대화 내용 일부 등)을 함께 제출하게 하면, 학생이 얼마나 자체적으로 노력했고 어디서 AI의 도움을 받았는지 파악할 수 있다.
- 학습 본질 유지: 가능하면 AI 없이 수행하는 활동과 함께, 학생들이 AI의 도움 없이도 생각하고 표현하는 연습을 병행하도록 한다.

(2) 목표 달성 최적화

AI를 썼기 때문에 더 깊이 있게 성취할 수 있는 목표를 설정하는 것이 좋다. 예를 들어 "토론 주장의 근거 3개 찾기"를 AI와 함께 할 수 있다면, 그다음 단계로 "그 근거들의 신뢰성을 평가하기" 같은 고차원적 목표를 추가하는 식이다.
즉, AI가 해줄 수 있는 일은 빠르게 처리하고, 인간 학생이 해야 할 비판적 사고나 창의적 결정의 시간을 투입하도록 수업을 설계한다.

(3) 융합형 과제 설계

다양한 교과에서의 활용을 염두에 두고 융합형 과제를 설계할 수도 있다. 예를 들어 미술과 국어 협업 수업에서 AI 그림 생성 도구로 받은 이미지를 보고 시를 쓴다든지, 정보 과목과 연계하여 AI의 동작 원리를 학습한 뒤 실제 활용 사례를 발표한다든지 하면, 학생들이 AI를 도구로 활용하는 것뿐만 아니라 기술 자체에 대한 이해도 함께 높일 수 있다.

(4) 다면적 평가 체계

AI와 함께한 학습은 전통적인 시험만으로는 성취를 평가하기 어렵다. 대신 포트폴리오 평가, 자기성찰 에세이, 동료 평가 등을 활용하여, 학생들이 AI를 활용하며 무엇을 배웠고 어떻게 성장했는지 입체적으로 평가할 필요가 있다.

예를 들어 "AI를 활용해 보니 느낀 점과 앞으로 학습에 적용할 전략"에 대해 쓰게 하면, AI에 대한 학생의 메타인지와 태도까지 파악할 수 있다.

〈표 11-9〉 예비 교사 생성형 AI 활용 팁

도구	수업 활용 예시	예비 교사를 위한 팁
ChatGPT	글쓰기 초안 만들기, 찬반 논거 탐색, Q&A 역할극	프롬프트 연습이 중요함 (예: "5문단 논설문 개요를 작성해 줘")
Bard(Gemini)	정보 요약, 뉴스 정리, 다양한 시점에서 해석	구글 문서와 연계하여 실시간 과제 피드백 제공 가능
Bing Chat	시각 자료 만들기, PowerPoint 생성, 요약/번역	Edge 브라우저에서 Copilot 기능 활용 권장
HYPER CLOVA X	시 쓰기, 한국사 인물 인터뷰, 말하기 연습	한국어 문학/역사 수업에서 활용 시 정확도 우수
Claude	에세이 피드백, 긴 자료 요약, 문제상황 분석	긴 글(보고서, 독서록 등) 첨삭에 적합, 영어 기반 수업 추천

5) 수업 적용 사례: 중학교 국어

생성형 AI를 활용한 수업 모형은 AI를 학습 파트너 또는 도구로 활용하는 모델로 설명한다. 학생들이 AI와 대화하거나 AI의 출력을 분석하면서 비판적 사고와 창의력을 기르는 데 초점을 맞춘다.

(1) 중학교 국어과 논설문 쓰기 수업사례

- 수업 목표: 학생들이 생성형 AI를 아이디어 도출과 글쓰기 피드백 도구로 활용하여 논설문의 주제, 개요, 초안을 작성한다. 이를 통해 논리적 글쓰기 능력을 함양하고, AI의 도움을 받더라도 최종적인 판단과 수정을 학생 스스로 할 수 있도록 하는 것을 목표로 한다.

〈표 11-10〉 생성형 AI를 활용한 수업 지도안 예시

<table>
<tr><th>단계</th><th colspan="2">주요 내용</th></tr>
<tr><td>도입 단계
(10분)</td><td colspan="2">교사는 학생들에게 "오늘 우리는 AI와 함께 글쓰기를 연습해 볼 것"이라고 안내합니다. 생성형 AI의 간단한 개념과 활용법을 설명하되, "AI는 엄청난 양의 텍스트를 배워서 새로운 문장을 만들어내는 도구"임을 소개합니다.
실제 시연을 통해 학생들의 관심을 끌어보세요. 예를 들어, ChatGPT에게 "학교폭력의 해결책에 대한 아이디어를 3가지 말해줘"라고 질문하고, AI가 답변하는 과정을 화면에 보여줍니다. 학생들은 AI의 답변을 보고 놀라워하거나 흥미를 갖게 됩니다.
• 중요한 유의 사항: "AI가 제시한 내용을 무조건 정답으로 받아들이지 말고, 검토하고 활용할 것"을 반드시 강조해야 합니다. 이는 비판적 사고력 함양의 핵심입니다. 사전에 학교 차원에서 준비한 교육용 챗봇 계정 또는 워크스페이스 계정에 접속하는 방법을 안내하고, 각자 로그인하도록 도와줍니다.</td></tr>
<tr><td rowspan="2">전개 단계
(30분)</td><td>1단계: 주제 선정 (5분)</td><td>학생들은 논설문 주제를 선정합니다. 교사가 "청소년 스마트폰 사용 시간제한에 찬성 or 반대"를 예시로 제시한 후, 학생들에게 각자 관심 있는 주제를 고르게 합니다. (예: 환경 보호, 교복 자율화 등)</td></tr>
<tr><td>2단계: AI를 활용한 아이디어 도출 (10분)</td><td>주제가 정해지면, 학생들은 ChatGPT에게 질문하여 아이디어를 얻습니다. "〈자신의 주제〉에 대한 찬반 논거 알려줘"와 같이 구체적인 프롬프트를 작성하도록 지도합니다.
예시: "교내 휴대전화 사용 허용에 대한 찬반 의견을 알려줘"
AI가 제시한 논거를 읽어보고 그중 타당하다고 생각되는 것들을 선별하여 메모하게 합니다. 이 과정에서 학생들은 자연스럽게 비판적 사고를 경험하게 됩니다.</td></tr>
</table>

<table>
<tr><th>단계</th><th colspan="2">주요 내용</th></tr>
<tr><td></td><td>3단계: 개요 작성 (10분)</td><td>학생들은 AI의 도움을 받아 글의 개요를 만듭니다. "〈주제〉로 논설문의 개요를 작성해 줘"라고 요청하면, AI가 도입-본론-결론 형식의 개요 예시를 제시합니다.
• 핵심 포인트: 학생들이 AI가 제시한 개요를 그대로 복사하지 않고, 자기 생각을 반영하여 수정 및 보완하도록 지도해야 합니다. 교사는 교실을 돌아다니며 학생들이 AI와 올바르게 상호작용을 하는지 확인합니다. 막연한 질문을 던져 엉뚱한 답을 받는 학생에게는 "질문을 구체화해 보자"라고 지도합니다.</td></tr>
<tr><td></td><td>4단계: 초안 작성 및 첨삭 (15분)</td><td>개요를 바탕으로 논설문 초안을 작성합니다. 막히는 부분이 있으면 AI에게 도움을 요청할 수 있습니다. 예를 들어, "서론 첫 문장을 인상적으로 시작하려면 어떻게 쓰면 좋을까?"와 같은 구체적인 질문을 하도록 안내합니다.
1차 초안이 완성되면, AI를 첨삭 도구로 활용합니다. 자신의 글을 복사해서 "이 글에서 논리가 부족한 부분이나 개선할 점을 지적해줘"라고 요청합니다.
• 교사의 역할: 학생들에게 "AI의 조언 중 수용할 것은 수용하되, 동의하지 않는 부분은 과감히 버리라"라고 안내하여 학생의 주체성을 강조합니다.</td></tr>
<tr><td>정리 단계 (10분)</td><td colspan="2">완성된 논설문을 반별 토론 게시판이나 출력물 형태로 공유합니다. 각자 친구들의 글을 읽고 동료 피드백 시간을 가지며, AI가 준 피드백과 친구들이 준 피드백을 비교해 보게 합니다.
전체를 다시 모아 생성형 AI 활용 소감을 나눕니다. "AI와 글쓰기를 해보니 어땠나요?"라는 질문에 대해 몇몇 학생에게 발표 기회를 줍니다. 이때 나오는 다양한 반응을 통해 AI 활용의 이점과 한계를 정리해 줍니다.
• 수업 마무리: AI 윤리와 출처 표기에 대해 언급합니다. "AI가 만들어준 문장을 통째로 베끼는 것은 표절일 수 있고, 항상 자신만의 언어로 재구성해야 한다"라는 점을 상기시키며 수업을 마무리합니다.</td></tr>
</table>

(2) 다양한 교과에서의 활용 방안

위의 국어과 논설문 쓰기 모형은 다양한 과목에서 응용할 수 있다.

- 사회과: AI에 가상의 토론 상대를 맡겨 토론 연습을 하거나, 역사 인물과의 가상 인터뷰를 진행한다.
- 영어과: AI와 대화 연습을 하거나, 영작문의 문법 교정 및 개선 피드백을 받는다.

- 과학과: 과제 연구에서 AI의 도움을 일부 받아 자료 조사를 하거나 실험 결과 분석에 활용한다.
- 수학과: AI가 제시하는 문제 풀이 과정과 학생의 풀이를 비교하여 자가 교정 기회를 제공한다.

6) 수업사례 및 효과

(1) 국내 사례

- 경상사대 부설고등학교 영어과 사례: 한 영어 교사가 구글의 제미나이(Gemini)를 영어 글쓰기 수업에 활용했다. 학생들이 영어 자기소개 글을 작성하면 제미나이를 통해 문법 교정 및 개선 설명을 듣게 하고, 이를 반영하여 최종 글을 완성하도록 했다.
- 성과: 학생들은 마치 실제 영어 교사에게 첨삭을 받는 듯한 세세한 피드백에 놀라워했고, 자신의 글을 여러 번 다듬는 과정 중심 글쓰기를 체험했다. 특히 영어 실력이 낮은 학생도 AI의 도움으로 기본적인 글을 완성하고 자신감을 얻었다.
- 시 창작 수업사례: 전북 미래 교육연구원에서 개발한 자료에 등장하는 수업이다. 학생들이 각자 시를 써보되, AI에 "내 시의 분위기에 어울리는 단어 추천해줘" 또는 "이 시를 좀 더 감성적으로 바꿔줘" 등의 부탁을 해보게 했다.
- 학생 반응: "컴퓨터랑 같이 시를 쓰니까 색다르고 재미있었다. 하지만 결국 마지막 손질은 내가 해야 했다."

(2) 해외사례

- 미국 중학교 역사 수업: 교사가 ChatGPT를 활용해 가상의 역사 인물 인터뷰를 진행했다. 학생이 "당신은 링컨 대통령입니다. 남북전쟁에 대해 학생들에게 설명해 주세요"라고 입력하면, AI가 링컨의 구어체를 흉내 내며 답변한다. 학생들은 마치 역사 속 인물과 대화하는 듯한 학습 경험을 통해 교과서에서 배우

지 못한 인물의 감정과 맥락을 이해할 수 있었다.

- 캐나다 수학 수업: 수학 교사가 문제 풀이 과정 생성 AI를 도입했다. 학생들이 숙제로 푼 문제를 채점할 때, AI에 각 문제의 풀이 과정을 서술하게 한 후 학생의 풀이와 비교하게 했다. 학생들은 AI 풀이에서 자신이 틀린 부분을 찾아 자가 교정할 수 있었으며, 교사는 개별 피드백 시간을 줄여 보다 심화 지도에 집중할 수 있었다.

(3) 학생들의 반응과 대응 방안

① 긍정적 반응

학생들은 대체로 생성형 AI에 대해 호기심과 흥미를 보인다. 새로운 기술을 빠르게 받아들이는 세대인 만큼, 챗봇과 대화하거나 AI가 만들어준 결과물을 보는 것에 신선함을 느끼고 즐거워한다.

실제 학생 반응:
- "마치 친구랑 공부하는 느낌이었다."
- "내 아이디어가 부족할 때 도움을 받아 좋았다."
- "AI와 함께 공부하면 재미있을 것 같다."

② 우려와 해결 방안

일부 학생들은 다음과 같은 우려를 표하기도 한다.

- "AI가 틀린 정보를 줘서 혼란스러웠다."
- "그냥 AI가 다 해줄 것 같아 내가 덜 노력하게 된다."

이러한 반응이 나타날 때 교사가 즉각 토론을 통해 바람직한 사용법을 안내할 필요가 있다. 실제 수업 사례에서, 한 학생이 ChatGPT가 알려준 내용이 교과서와 달라 혼란을 겪자, 교사가 이를 수업 소재로 삼아 "왜 AI 답변이 틀렸을까?"를 함께 검토하며 비판적 사고 학습으로 연결했다.

③ 학습 격차 해소

학생들 사이의 AI 활용 격차도 주목해야 한다. 어떤 학생은 이미 개인적으로 AI를 많이 써봐서 능숙하지만, 다른 학생은 처음 접하여 서툴 수 있다. 교실에서 이러한 격차가 학습 격차로 이어지지 않도록, 또래 조언(능숙한 학생이 도와주기)이나 교사의 개별 지도를 통해 균형을 맞춰야 한다.

7) 기술적 고려 사항

(1) 접근 환경 구축

생성형 AI를 교실에 도입하려면 우선 접근권한과 환경이 필요하다. 대부분의 유력 생성형 AI는 인터넷 기반이므로, 교실 인터넷이 필수이며 사용할 수 있는 기기(PC, 태블릿 등)가 확보되어야 한다.

(2) 학생 계정 관리

일부 생성형 AI 서비스는 만 13세 이상 또는 만 18세 이상 사용 제한이 있으므로, 교육용 특별 계정을 발급받거나 별도 교육 플랫폼에 통합된 AI를 활용하는 것이 필요하다. 예를 들어 Microsoft의 Bing Chat이나 구글의 Bard처럼 학생 계정과 연계할 수 있는 서비스를 선택하거나, OpenAI API를 활용해 학교 자체 챗봇 시스템을 구축하는 방식도 고려할 수 있다.

(3) 데이터 보안과 프라이버시

학생들이 AI에 질문하면서 개인정보나 민감한 내용을 입력하지 않도록 교육하고, 학교 측에서도 AI 서비스의 개인정보 취급 방침을 검토해야 한다. 만약 학교에서 자체적으로 AI 모델을 운영한다면 학생 대화 내용이 외부로 유출되지 않도록 서버 보안을 강화해야 한다.

(4) 콘텐츠 필터링

AI는 인터넷상의 방대한 데이터를 학습한 만큼 부적절한 내용(폭력, 편견 등)을 생성할 가능성이 있으므로, 가능한 교육용 필터나 사전 금지어 설정 등을 활용해 위험을 낮춰야 한다. 실제 수업 전에 교사가 여러 번 테스트하여, 특정 키워드나 표현에 AI가 이상 반응을 보이지 않는지 점검하는 것이 좋다.

(5) 과부하 관리

많은 학생이 동시에 AI에 요청을 보내면 응답이 지연되거나 서비스가 차단될 수 있다. 이를 막기 위해 학교 단위로 사용량이 많은 시간대에는 모둠별 순차 사용을 하거나, 텍스트 생성 분량을 제한하는 규칙을 둘 수 있다.

8) 변화하는 교사의 역할

(1) AI 리터러시 교육자

교사는 먼저 AI 리터러시(AI 활용 능력)를 갖추고 학생들에게도 이를 가르쳐야 한다. 학생들이 챗봇에 좋은 답을 얻으려면 양질의 질문(프롬프트)을 해야 한다는 점, AI의 한계를 인지하고 결과를 검증해야 한다는 점 등을 명확히 지도해야 한다.

- 준비 사항: 교사는 수업 전에 스스로 해당 AI 도구를 충분히 사용해 보고, 어떤 질문에 유익한 답이 나오는지, 어떤 경우에는 엉뚱한 답이 나오는지 경험을 축적할 필요가 있다. 예를 들어 역사 교사가 ChatGPT를 활용한다면, 몇 가지 연습 질문을 던져 역사적 사실의 정확도를 미리 점검하고, 잘못된 정보에 어떻게 대응할지 계획해야 한다.

(2) 촉진자 및 중재자

수업 중 교사는 촉진자 및 중재자의 역할을 한다. 학생들이 AI와 상호작용을 할 때 막힘이 있으면 힌트를 주고, 반대로 AI 답변에 무작정 의존하려 하면 생각할 시간을 주는 규칙을 만드는 등 적절히 개입한다.

윤리적 사용을 강조하며 표절이나 부정행위가 아닌 학습 도구로서의 활용이 되도록 분위기를 조성해야 한다. 특히 평가 상황에서 AI를 부정 사용하지 않도록 과제 설계를 바꾸거나(예: 과정 기록 제출, 구술 발표 추가 등) 학교 차원의 규정을 마련하는 데 교사가 의견을 내고 참여해야 한다.

(3) 정서적 지원자

무엇보다 교사는 인간적인 지도와 정서적 지원 측면에서 AI가 대체할 수 없는 부분을 담당해야 한다. AI가 아무리 논리적인 피드백을 주어도, 학생들이 느끼는 성취감의 인정, 동기부여, 공감 등은 교사의 진심 어린 피드백에서 온다. 따라서 교사는 AI 활용 수업 중에도 학생들과 충분히 소통하며 정서적 교감을 이어가야 한다.

심화학습

◈ 가상현실(VR) 및 증강현실(AR)

개념 이해

가상현실(Virtual Reality: VR)은 컴퓨터로 생성된 가상의 공간에서 실제와 유사한 학습 경험을 제공하는 기술이다. 헤드셋과 컨트롤러를 착용하여 360도 가상 환경에 완전히 몰입할 수 있으며, 현실에서는 불가능하거나 위험한 경험을 안전하게 시뮬레이션할 수 있다.

증강현실(Augmented Reality: AR)은 현실 세계에 디지털 정보를 겹쳐 보여주는 기술로, 현실과 가상의 융합된 학습 환경을 제공한다. 모바일 기기의 보급으로 접근성이 좋아져 다양한 교과에서 활용 가능성이 증가하고 있다. 가상현실과 증강현실을 비교해 보면 아래와 같다.

〈표 11-11〉 VR, AR 기술적 특징 비교

구분	VR	AR
환경	완전 가상 환경	현실 + 가상 정보
몰입도	높음	보통
장비	전용 헤드셋 필요	스마트폰/태블릿 활용
비용	높음	상대적으로 저렴
접근성	제한적	높음

가상현실의 교육적 활용

① 효과적인 4가지 영역

미국 스탠퍼드 대학교의 제러미 베일렌슨(Jeremy Bailenson) 교수는 가상현실이 인간에게 미치는 영향, 가능성, 그리고 고려해야 할 점에 대해 의미 있는 결과를 발표하였다. 그는 현실에서 경험하기 어려운 것을 제공할 때 실감형 콘텐츠가 매우 효과적이라고 주장하며, 실감형 콘텐츠 적용 시 효과적인 네 가지 영역을 제시하였

[그림 11-2] Google Expedition(Google)

다(2018). 구체적으로는 실제 현실에선 불가능한 것(Impossible), 비생산적인 것(counterproductive), 고비용인 것(expensive), 그리고 위험한 것(dangerous)으로 나눌 수 있다. 이 네 가지 특성을 가진 실감형 콘텐츠는 다양한 교육적 장점을 가지고 있으며, 그 사례는 다음과 같다(Bailenson, 2018).

② 실감형 콘텐츠의 사례

학생들은 우주 정거장 탐험, 미세 분자 속 탐험, 고대 유적 탐방 등과 같이 실제 방문하기 어렵거나 불가능한 상황을 체험함으로써 학습할 수 있다. 환경과 관련하여 인류가 직면한 여러 가지 문제해결을 위해 실감형 콘텐츠를 고안하였다. 참여자는 가상현실 시뮬레이션을 통해 도로 위 이산화탄소 분자를 따라 바다로 이동하는데, 이산화탄소로 인해 산성화된 물이 해양생물에 미치는 영향을 관찰함으로써 환경 문제에 대한 공감 능력을 갖추게 된다. 또한 의술 교육이나 비행기 조종과 같이 사고가 발생하거나 실수에 대한 대가가 큰 상황도 익숙하게 하도록, 또는 재난 및 전시 상황과 같은 위험 상황에 대비하고 훈련하기 위한 일환으로서도 활용할 수 있다.

구글의 새로운 교육 분야의 시도 중 탐험(Expedition)은 가상공간을 수업에 참여한 학생들이 모두 참여하여 가상의 장소를 키보드 형태로 참여하고 수업을 진행해 나가는 방식이다. 선생님은 학생들의 시각적 위치를 동일한 콘텐츠에서 확인하여 학생들의 관심 영역을 제어 유도할 수 있는 형태로 구성되어 있다. 구글 탐험

(Expedition)은 유적지부터 목성, 토성, 심해, 산업 현장까지 탐험할 수 있는 가상현실 플랫폼이다(박인우 외, 2017). 학생들은 친구들과 함께 이 장치를 통해 가상으로 다양한 장소를 체험하고, 교사가 직접 설명하거나 준비된 해설을 들을 수 있다.

실감형 콘텐츠는 직업 교육 및 훈련에도 활용되고 있다. 한국전자통신연구원(ETRI)은 2021년 발달장애인의 직업 훈련을 위해 바리스타와 스팀세차 직무 교육 콘텐츠 기술을 개발했다(김보은, 김민지, 2021). 인천재능대학교는 2020년 기내 안전 기술 교육에, 거제대학교는 크레인 운전 실습을 위해 가상현실(VR) 기반의 실감형 콘텐츠를 활용하였다.

가상현실(VR)은 특정 기술을 훈련하는 데 매우 효과적이다. 복강경 수술을 연습하는 외과 의사나 비행 시뮬레이터로 훈련하는 군인이 좋은 예이다. 또한, 거대한 선박 엔진을 점검하는 훈련에도 효과적이라는 연구 결과도 있다. 가상현실(VR)은 실제 세계에서 불가능한 경험에 대한 훌륭한 대안이 될 수 있다. 제러미 베일렌슨 교수는 가상현실(VR)이 인간의 인식을 변화시키고, 사람들의 공감을 끌어내는 강력한 힘을 가지고 있다고 주장한다. 예를 들어, 실제 세계에서 위험한 행동을 가상으로 경험하게 함으로써 효과적인 교육 방법으로 활용할 수 있다. 실제로는 불가능한 일이라면 가상현실에서 시도했을 때 성공 가능성이 매우 높다. 하지만 모든 미디어가 그렇듯, 가상현실도 그 자체로 좋거나 나쁘지 않은 하나의 수단일 뿐이다. 또한, 활용하기 전에 비용 대비 효과를 신중하게 고려해야 한다.

③ 가상현실의 제약사항

가상현실 콘텐츠 개발 비용과 유지비용이 매우 크다는 문제점뿐만 아니라 여러 가지 해결해야 할 제약사항이 있다.

- 고비용: VR 시스템의 구매 및 유지비용이 높을 수 있다.
- 생리적 영향: 오랜 기간 사용하거나 VR 헤드셋을 사용하는 동안 일어날 수 있는 사용자의 불편함이나 불쾌감이 발생할 수 있다.
- 기술적 제약: 아직은 일부 기술적인 제약으로 인해 실제 환경과 완벽하게 동일한 경험을 제공하기 어려운 부분이 있다.

증강현실의 교육적 활용

① 증강현실의 기능

증강현실(AR)의 교수학습 기능은 다음과 같이 세 가지로 정리할 수 있다(계보경, 김정현, 류지헌, 2007). 첫째, 3차원적 다 감각 정보를 제공한다. 증강현실은 컴퓨터나 스마트 기기로 가상 이미지를 만들어, 3차원 입체 영상과 촉각 효과를 통해 사용자에게 제공하는 기술이다. 그런데 이 두 가지 특성은 증강현실 기능을 통해 제시된 가상현실이다. 이런 점에서 증강현실이 현실 세계와 가상 세계를 이음새 없이 연결해 준다는 특성도 정확한 설명이 아니다. 증강현실은 현실에 추가로 이미지가 제시되며, 이 정보에 가상현실이 포함될 수 있을 뿐이다.

둘째, 증강현실의 특성으로는 실물형 인터페이스가 있다. 책, 연필, 미니 자동차 등과 같은 실물을 사용하여 컴퓨터에 정보를 입력한다는 것이다. 하지만 이는 증강현실을 다른 매체와 구별하는 특성이라기보다는, 증강현실에서 이러한 실물을 사용하기도 한다고 보는 것이 더 적합할 것이다.

이상을 정리하면, 증강현실이 다른 매체가 가지지 않은 독특한 기능은 다음과 같다. 첫째, 상황이나 장소에 따라 실물과 관련된 다양한 형태의 자료가 즉시 제시된다는 점이다. 둘째, 실물에 이미지를 추가, 삭제, 변형한 화면을 보여준다는 것이다. 이 두 가지 외에 증강현실과 관련하여 언급되는 다른 기능, 예를 들어 3차원 다 감각이나 실물형 인터페이스 등은 부가적 기능일 뿐이다.

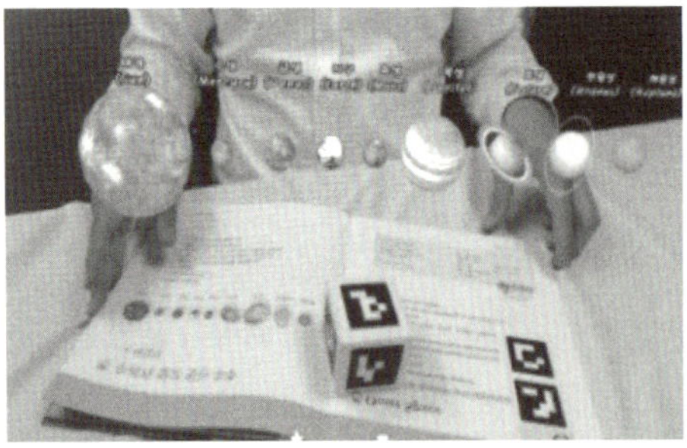

[그림 11-3] English vivid Science(EVS) 교재

[그림 11-4] 증강현실 실행 화면(Landscape AR)

증강현실의 이러한 독특한 기능은 기본적으로 학습자가 능동적으로 참여하는 것이 필요하다는 점에서, 학습자 주도 또는 학습자 중심의 교수법에 도움이 될 것으로 예상된다(박인우 외, 2023).

② 증강현실의 사례

AR의 교육적 활용의 대표적인 사례를 살펴보면 다음과 같다.

- 초 · 중등교육의 Magic Leap의 증강현실 프로젝트
  미국의 대표적인 증강현실 소규모 신생기업인 매직리프가 개발하고 있는 증강현실 콘텐츠로, 증강현실의 교육적 가능성을 일반 대중에게 널리 알린 사례이다. 농구장에 고래가 튀어 오르는 거대한 증강현실 콘텐츠를 통해 학생들은 망망대해에서도 쉽게 만나보기 힘든 고래의 모습을 학교에서 만나보는 등의 생생한 관찰을 할 수 있다.

[그림 11-5] 매직리프가 구현할 증강현실 영상 예시

출처: US Patent and Trademark Office, MagicLeap 사이트: Tech Crunch(2016.2)

- 고등교육: '상황 다큐멘터리' 증강현실 프로젝트
  미국 위스콘신대학교 매디슨 캠퍼스(University of Wisconsin-Madison)는 증강현실을 활용하여 학교에 '다우데이(Dow Day)'라고 불리는 일종의 상황 다큐멘터리를 만들었다. 상황 다큐멘터리는 현재 사용자가 실제로 위치한 장소에서 발생한 역사적 사건들을 재현해 주는 것으로, 학교 학생들은 1967년 베트남 전쟁에 반대하며 벌어졌던 학생 시위인 'Dow Day Protest'와 관련된 디지털콘텐츠를 증강현실 기술을 통해 본다.

이러한 증강현실 경험에 참여하는 학생들은 역사적 영상들을 시청하면서 학생 운동가들과 인터뷰를 나누는 언론인이나 기타 관계자의 역할을 수행한다. 학생들은 스마트폰 카메라를 교내 특정 장소에 대고, 과거 학생 시위 당시 해당 장소에서 벌어졌던 일들을 증강현실로 정확하게 볼 수 있다.

〈표 11-12〉 VR과 AR의 교육적 활용 가능성

에듀테크 분류	사례
VR 활용 분야	• 역사적 현장 체험 (고궁, 유적지, 전쟁터 등) • 과학 실험 시뮬레이션 (위험한 화학 실험, 우주 탐사 등) • 지리적 탐방 (세계 각국의 명소, 자연환경 등) • 문학 작품 속 배경 체험
AR 활용 분야	• 교과서 내용 확장 (추가 정보, 동영상, 3D 모델 등) • 수학 개념 시각화 (기하학적 도형, 함수 그래프 등) • 과학 현상 관찰 (분자 구조, 천체 운동 등) • 예술 작품 감상 (명화 해설, 조각 작품 다각도 관찰 등)

수업 설계를 위한 실용적 가이드

① 수업 전 준비 사항

AR/VR 수업을 성공적으로 진행하기 위해서는 철저한 사전 준비가 필요하다. 먼저 모든 앱과 기기가 제대로 작동하는지 점검하고, 교사 자신이 사용법을 완전히 숙지해야 한다.

인터넷 연결이 필요한 앱이라면 교실의 Wi-Fi 상태를 확인하고, 대역폭이 부족할 경우 콘텐츠를 미리 내려받아 둔다. 또한 학생들이 AR/VR 활동 중 안전하게 이동할 수 있도록 교실 공간을 정리한다.

② 수업 중 교사의 역할

수업 중 교사는 안전 관리자와 학습 촉진자의 역할을 동시에 수행해야 한다. 특히 VR 기기 사용 시 학생들이 현기증이나 멀미를 느끼지 않는지 주의 깊게 관찰하고, 문제가 생기면 즉시 중단시켜야 한다.

동시에 학생들이 AR/VR에서 얻은 경험을 학습 내용과 연결 짓도록 이끌어야 한다. "이 체험이 우리가 배우는 개념과 어떻게 연결되나요?"라는 질문을 통해 단순한 흥미에서 벗어나 학습으로 이어지도록 한다.

③ 수업 설계 시 고려 사항

- 안전성 확보: VR 기기 사용법에 대한 사전 교육과 안전 수칙 안내가 필수적이다. 멀미 증상이나 시각적 피로를 예방하기 위한 적절한 체험 시간 조절과 휴식 시간 확보가 중요하다.
- 후속 활동 연계: VR/AR 체험 후 학습 내용을 정리하고 내재화할 수 있는 토론, 글쓰기, 발표 등의 후속 활동을 반드시 계획해야 한다.
- 기술 환경 점검: 수업 전 반드시 기기 호환성, 네트워크 환경, 앱 설치 상태 등을 점검하고 대비책을 마련해야 한다.

④ 학생들의 반응과 대응 방안

대부분의 학생은 AR/VR 수업에 높은 관심과 참여도를 보인다. 3차원 콘텐츠나 가상 세계에 몰입하면서 어려운 개념도 재미있게 받아들이는 경향이 있다.

하지만 일부 학생들은 처음에 낯설어하거나 어지러움을 느낄 수 있다. VR의 경우 약 10% 정도의 학생들이 멀미를 경험할 수 있으므로, 이런 학생들에게는 짧은 시간만 체험하게 하거나 AR이나 동영상으로 대체하는 배려가 필요하다.

또한 게임과 유사한 환경에서 일부 학생들이 학습 목표보다는 재미 요소에만 집중할 수 있다. 이를 방지하기 위해 사전에 활동 규칙을 명확히 하고, 필요시 기기 사용을 일시 중단하는 등의 통제 방안을 마련해야 한다.

⑤ 윤리적 고려 사항

- 콘텐츠의 적절성: 가상 환경에서 폭력적이거나 편향된 정보를 접하지 않도록 콘텐츠를 신중히 선택해야 한다. 또한 저작권 문제가 없는 안전한 자원을 사용하는 것이 중요하다.
- 개인 정보 보호: 일부 AR/VR 앱은 사용자의 행동 자료를 수집할 수 있다. 학생들의 개인 정보보호를 위해 자료수집 정책을 확인하고, 필요시 학부모 동의를 구하는 절차를 거쳐야 한다.

성공적인 수업 설계를 위한 체크리스트

항목	주요 내용
수업목표와의 연계성 확인	AR/VR 도입 시 가장 중요한 것은 "기술을 위한 기술"이 되지 않도록 하는 것이다. "VR로 우주 여행하기"가 목적이 아니라, "태양계 행성의 특징을 이해하기 위해 VR로 특정 행성을 탐험한다"라는 명확한 학습 목표가 있어야 한다.
사전-본-사후 활동의 체계적 구성	AR/VR 체험 전에는 기본 개념을 설명하거나 탐색 과제를 제시하여 학생들의 인지적 준비도를 높인다. 체험 후에는 그 경험을 언어화하고 정리하는 활동(토론, 글쓰기, 발표 등) 을 통해 지식을 확고히 해야 한다.
인지 과부하 방지	AR/VR은 시각적 정보가 매우 풍부하여 자칫 학생들에게 인지 과부하를 일으킬 수 있다. 따라서 핵심 관찰 포인트를 짚어주는 워크시트나 가이드를 제공하여 학생들이 중요한 부분에 집중할 수 있도록 도와야 한다.
평가 방법의 다양화	AR/VR 활용 수업에서는 기존의 지필 평가뿐만 아니라 관찰 능력, 참여도, 협업 능력 등을 종합적으로 평가할 수 있다. 예를 들어, 모둠별 AR 탐구 결과를 포스터로 제작하여 발표하게 하거나, VR 체험 후 작성한 학습일지를 통해 개별 피드백을 제공하는 방식이 가능하다.

수업 적용 사례: 중학교 과학 '인체의 구조와 기능'

① 실제 수업 지도안 설계: 단계별 접근법

AR/VR을 활용한 수업은 체험 중심 또는 탐구 중심 수업 모형에 가장 적합하다. 중요한 것은 기술 자체가 목적이 되어서는 안 된다는 점이다. AR/VR은 수업목표를 달성하기 위한 도구일 뿐이다.

수업의 흐름	주요 설명
수업 목표 설정	학생들이 인체의 호흡 기관을 AR 기술로 관찰하고, 각 기관의 구조와 기능을 설명하는 것을 목표로 한다. 기존의 평면적인 교과서 그림과 달리, 3차원 모델을 직접 탐색하여 보다 정확하고 깊이 있는 이해를 도모한다.
도입 단계 (10분)	교사는 먼저 AR 기술을 시연하여 학생들의 관심을 끌어냅니다. 태블릿을 통해 인체 해부 AR 앱을 실행하고, 교실 중앙에 사람 폐의 3D 모델을 띄웁니다. 학생들은 마치 실제 폐가 눈앞에 떠 있는 것을 보게 됩니다. 이때 교사는 단순히 "신기하다"라는 반응에서 그치지 않고, 폐의 외관을 보여준 후 기관지와 허파꽈리 등 내부 구조를 확대해서 보여줍니다. 이를 통해 오늘 수업에서 무엇을 배울지 명확히 안내하고, AR 사용 시 안전 수칙도 함께 전달합니다.

수업의 흐름	주요 설명
전개 단계 (25분)	학생들을 3인 1조로 나누어 각 모둠에 태블릿 1대씩을 배정합니다. 교사가 준비한 AR 마커를 책상 위에 놓고 태블릿 카메라로 비추면, 인체 호흡계의 3D 모델이 증강현실로 나타납니다. 학생들은 화면을 터치하거나 기기를 움직여가며 다양한 각도에서 기관들을 관찰합니다. 이때 교사는 구체적인 관찰 과제가 담긴 학습지를 제공합니다. 예를 들어, "오른쪽 폐와 왼쪽 폐의 크기 차이를 관찰하고 그 이유를 생각해 보세요" 또는 "기관지를 확대했을 때 보이는 구조의 특징을 설명해 보세요" 같은 구체적인 질문들을 포함합니다. VR 기기가 준비되어 있다면, 학생들이 번갈아 가며 VR 헤드셋을 착용하고 인체 내부 여행을 체험하게 할 수 있습니다. 한 학생이 VR로 기관지 내부를 탐험하는 동안, 다른 학생들은 큰 화면을 통해 그 모습을 함께 관찰합니다.
정리 단계 (10분)	모든 활동이 끝나면, 각 모둠에서 관찰한 내용을 발표하게 합니다. "AR로 관찰한 호흡 기관에서 새롭게 발견한 점은 무엇인가요?"와 같은 질문을 통해 학생들의 발견을 공유합니다. 교사는 학생들의 발표를 듣고 핵심 개념들을 다시 한번 정리해 줍니다. 마지막으로 AR 앱의 퀴즈 방식을 활용하여 간단한 형성 평가를 시행하고, 학습 내용을 정리하는 마인드맵 작성을 과제로 부여합니다.

실제 교육 현장의 적용 사례

① 국내 사례: 서울 종암중학교와 내곡중학교

이 학교들에서는 VR 원격교육 플랫폼을 시범 도입하여 가상교실에서 수업을 진행했다. 학생들이 VR 기기를 착용하고 가상교실에 접속하면, 실제 교실과 흡사한 3D 환경에서 수업이 이루어진다.

특히 주목할 점은 VR 환경에서 학생들의 집중도가 크게 향상되었다는 것이다. 주변 시야가 차단되어 오직 수업 내용에만 집중할 수 있었고, 교사와 학생 간의 실시간 피드백도 새로운 방식으로 이루어질 수 있었다.

- 역사 수업에서의 AR 활용: 한 중학교 역사 수업에서는 조선시대 한양 도성의 AR 모델을 활용했다. 학생들이 태블릿으로 AR 마커를 비추면, 과거 한양의 주요 건축물들이 3차원으로 재현되고 각 건물에 대한 정보를 음성으로 들을 수 있었다.

  이 수업을 받은 학생들은 "마치 타임머신을 타고 과거로 간 것 같았다"라고 반응했으며, 기존의 지도나 그림으로 배우는 것보다 훨씬 오래 기억에 남았다고 답했다.

② 해외사례: 화학 실험과 역사 체험

미국의 한 고등학교에서는 AR 기술로 위험한 화학 실험을 가상으로 구현했다. 실제로는 다루기 어려운 화학 반응을 AR 시뮬레이션으로 체험하게 하여, 안전하면서도 효과적인 학습이 이루어질 수 있었다.

영국의 한 중학교에서는 1차 세계대전 참호전 VR 체험을 도입했다. 학생들이 VR을 통해 참호 환경을 직접 체험한 후, 이를 바탕으로 한 토론에서 더욱 깊이 있는 역사적 사고를 보여주었다.

기술적 고려 사항과 현실적 제약

① 하드웨어와 소프트웨어 준비

AR의 경우 일반적인 태블릿이나 스마트폰으로도 충분하지만, VR은 몰입감을 높이려면 전용 헤드셋이 필요하다. 학교 예산의 제약을 고려할 때, 모든 학생에게 개별 기기를 제공하기보다는 모둠별로 공유하거나 순번제로 체험하는 방식이 현실적이다.

예를 들어, 30명 학급에 VR 기기 5세트를 준비하여 5명씩 순번으로 체험하게 하고, 나머지 학생들은 화면 중계를 통해 간접 체험하는 방식을 활용할 수 있다.

② 교육용 콘텐츠 선정

AR/VR 콘텐츠 선정에는 특별한 주의가 필요하다. 교육용으로 검증된 콘텐츠를 사용하여 폭력적이거나 부적절한 요소가 없는지 확인해야 한다.

다행히 최근 각 시도교육청이나 한국교육학술정보원(KERIS) 등에서 교육용 AR/VR 콘텐츠를 개발하여 제공하고 있다. 이러한 공식 채널을 통해 검증된 콘텐츠를 활용하는 것이 안전하다.

③ 건강과 안전 관리

장시간 VR 사용은 시력에 무리를 줄 수 있고, AR 사용 시에도 기기를 오래 들여

다보면 눈의 피로가 쌓인다. 따라서 20분 단위로 휴식을 취하고, 교실 환기와 간단한 스트레칭 시간을 포함하여 신체적 부담을 줄여야 한다.

또한 수업 중 돌발적으로 앱이 멈추거나 기기 연결이 끊길 경우를 대비해, IT 담당 교사나 학생 도우미의 도움을 미리 요청해 두는 것이 좋다.

- VR/AR
  1. "어떤 수업목표나 교과 내용을 가르칠 때 VR/AR을 활용하면 더욱더 효과적일까?"
     → 예를 들어, 시공간적으로 접근이 어려운 주제, 3차원적 시각화가 필요한 개념, 실제로 경험하기에 위험하거나 비현실적인 상황 등을 학습할 때 VR/AR이 어떻게 교육 효과를 높일 수 있을까?
  2. "학생들의 몰입과 학습을 동시에 끌어낼 방법은?"
     → VR/AR 콘텐츠에 몰입하는 것과 개념을 이해하는 것 사이의 균형을 어떻게 설계할 수 있을까? 단순한 체험을 넘어 의미 있는 학습으로 연결 짓기 위한 활동 설계는 무엇이 있을까?
  3. "AR/VR 수업의 사전-본-사후 활동은 어떻게 구성할 수 있을까?"
     → 단순히 기술을 보여주는 것에 그치지 않고, 사전 지식 형성 → 체험 → 후속 정리 및 평가로 이어지는 흐름을 어떻게 수업 지도안에 녹여낼 수 있을까?
  4. "교실 현실 속에서 가능한 적용 시나리오는?"
     → 우리가 근무할 중학교 교실 환경(기기 수, 시간, 네트워크 조건 등)을 고려했을 때, 어떤 방식으로 VR/AR을 수업에 적용할 수 있을까? (예: 모둠별 순환, 전체 시연, 대체 활동 포함 등)

생성형 AI

성찰 질문

- 수업 전: 계획 및 준비 단계
  - "우리 반 학생들의 학습 목표와 특성을 고려할 때, 생성형 AI를 어떤 목적으로 어떻게 활용

하는 것이 가장 효과적일까?"
- 학생들의 선수학습 수준, 학습 스타일, 흥미 등을 충분히 고려하여 AI 활용의 필요성과 목표를 명확히 설정하는 것이 중요하다. 단순히 AI를 도입하는 것을 넘어, 구체적으로 어떤 학습 성과를 기대하는지 고민해 보자.

- 수업 중: 실행 및 적용 단계
  - "생성형 AI를 활용한 활동 중 예상치 못한 상황(기술적 문제, 학생 오개념 발생 등)이 발생한다면 어떻게 대처할 것인가?"
  - AI는 완벽하지 않으며, 기술적 오류나 예측 불가능한 결과가 발생할 수 있다. 이에 대한 대비책을 미리 세워두고, 문제가 발생했을 때 학생들의 학습 흐름이 방해받지 않도록 유연하게 대응할 방법을 생각해 보자.
- 수업 후: 평가 및 성찰 단계
  - "생성형 AI 활용이 학생들의 학습 참여도, 이해도, 비판적 사고력 향상에 실질적으로 이바지했는가? 만약 그렇지 않다면, 그 이유는 무엇이며 다음 수업에서는 무엇을 개선해야 할까?"
  - AI 활용의 효과를 객관적으로 평가하고, 목표 대비 성과를 분석하는 것이 중요하다. 성공적인 부분은 강화하고, 미흡한 부분은 원인을 분석하여 다음 수업 계획에 반영하는 성찰적 태도가 필요하다.

기술의 향상과 에듀테크는 매우 빠르게 변한다. 유네스코(2023)는 최근 발표한 보고서에서 "교육에 기술을 적절하게 활용할 것을 긴급히 요구한다"라고 밝혔다. 보고서는 국가들이 학교에서 인터넷 연결 속도를 높일 것을 촉구하는 동시에, 에듀테크가 교사 주도의 대면 교육을 절대 대체하지 않는 방식으로 구현되어야 한다고 경고했다. 또한 학생들을 위한 양질의 교육이라는 공유 목표를 지원하는 데 에듀테크를 활용해야 한다고 강조했다.

디지털 시대의 교육기관으로서 학교는 공공성, 공정성, 형평성, 보편성을 유지하면서도 에듀테크 활용 과정에서 나타날 수 있는 위험성이나 부작용, 차별 문제 등을 최소화할 수 있는 최적의 속도와 방법을 찾아야 한다. 이를 통해 학생들의 학습 경험과 효과적인 학습 과정을 위해 에듀테크를 적용하고 실행해야 한다(박기현, 2023).

교육정책은 백년지대계라는 말이 있다. 교육이 국가와 사회 발전의 근본 초석이기 때문에 '백 년 앞을 내다보는 큰 계획'이라는 뜻이다. 정부의 변화와 상관없이 한번 세워진 교육정책은 장기적으로 추진해야 한다. 교육과 관련된 이해당사자들이 미리 준비하고 적응할 수 있도록 하며, 실행 과정에서 발생하는 데이터들을 수집하고 분석하여 점진적으로 문제점들을 개선해 나가는 접근이 필요한 때이다.

예비 교사를 위한 AIDT 실습 활동

① 모의 수업 설계하기: 자신이 담당할 교과목에서 AIDT를 활용한 수업을 직접 설계해 보자. 다음 요소들을 포함해야 한다.
수업 목표 설정, AIDT 기능 활용 계획, 학생 활동 설계, 교사 역할 정의, 평가 방법 계획 등을 체계적으로 구성해 보는 연습이 필요하다.

② 역할극 실습: 동료들과 함께 교사와 학생 역할을 나누어 AIDT 활용 수업을 시뮬레이션해 보자. 이를 통해 실제 상황에서 발생할 수 있는 문제점들을 미리 파악하고 대응 방안을 생각해 볼 수 있다.

③ 사례 분석하기: 국내외 AIDT 활용 수업사례를 찾아 분석해 보고, 성공 요인과 개선점을 파악해 보자. 이를 통해 자신만의 수업 비법을 개발할 수 있다.

- 활동: 모의 수업 설계하기

지금까지 학습한 내용을 종합하여 완전한 AIDT 활용 수업을 설계해 보자.

수업지도안 요구사항

1. 45분 수업 설계
2. 세 가지 모형(AIDT중심형 모형, 서책/AIDT혼합형 모형, 과제 중심형 모형) 중 하나 선택
3. 학생 지도 방안 포함
4. 기술적 준비 사항 명시
5. 평가 계획 수립

〈표 11-13〉 수업 지도안 작성 양식(Worksheet)

단계	시간	교사 활동	학생 활동	AIDT 활용
도입	10분			
전개	25분			
정리	10분			

• 학습자원 ▶

AI디지털 교과서 무엇이 문제인가(1)[서울교대 권정민 교수]	
"실제 세상 속에서의 차별과 혐오가 줄어들 수도 있다" 메타버스의 큰 가치 #미래수업 EP.23 | tvN 210628 방송	
"부자되는 직업이 싹 바뀝니다." 한국에서 '이 능력'없으면 가난해진다.(서울대 신종호 교수)	
인공지능 시대에 필요한 교육, 그시절 밥상교육이 옳았습니다 - 폴킴 교수(전 스탠포드 교육대학원 부학장)	
[클래스e] 미래 교육 함께 자랄 때 크게 자란다 - 제3강 AI 시대, 아이의 질문을 키워라	

성찰 질문

AIDT

현재 실습 중인 학교의 디지털 환경을 평가해 보고, AIDT 도입을 위해 어떤 준비가 필요한지 고민해 보세요.

① 개념 이해 질문

1. AIDT가 기존 디지털 교과서와 다른 점은 무엇인가요?
2. 데이터 표준화가 왜 중요한가요?
3. AI 교육 환경에서 교사의 역할은 어떻게 변화하고 있나요?

② 적용 관련 질문

1. 당신의 전공 교과에서 AIDT를 가장 효과적으로 활용할 수 있는 영역은 어디인가요?
2. 학생들의 AI 의존성을 방지하기 위한 구체적인 방법은 무엇인가요?
3. 디지털 격차를 해소하기 위해 교사가 할 수 있는 일은 무엇인가요?

③ 비판적 사고 질문

1. AIDT 도입에 따른 잠재적 위험은 무엇이며, 어떻게 대비해야 할까요?
2. 개인 정보 보호 문제를 어떻게 해결할 수 있을까요?
3. 모든 교과에 AIDT를 적용하는 것이 바람직할까요?

④ 미래 지향 질문

1. 10년 후, AIDT는 어떻게 발전할 것이라고 예상하나요?
2. 인공지능 시대에도 변하지 않을 교육의 본질은 무엇인가요?
3. 예비 교사로서 어떤 준비를 해야 할까요?

참고문헌

김혜영(2021). 확장 증강현실 예술 분석을 통한 확장현실의 상호작용 연구. 만화 애니메이션 연구, 64, 643-672. https://doi.org/10.3390/app12031241

교육부(2011). 인재 대국으로 가는 길, 스마트교육 추진 전략. 세종: 교육부.

교육부(2023). 디지털 기반 교육혁신 방안. 세종: 교육부.

교육부(2024, 6월). AI 디지털교과서 안내자료. https://www.moe.go.kr/

교육부(2024). AI 디지털교과서 추진 방안. 세종: 교육부.

교육부, 한국교육학술정보원(2023). AI 교육 종합 추진 방안. 세종: 교육부. https://www.moe.go.kr/news/notice/notice.do?boardSeq=361472&viewType=view

김보경(2024). 교육방법 및 교육공학(2판). 서울: 학지사.

김보경(2024). 에듀테크 활용 교수학습 방법론. 교육공학 연구, 40(2), 123-145.

김남시(2023). 생성형 AI 활용 사례 [이화여대 교수 발표 자료]. THE BEST 교육.

박기현(2023). AI 기반 디지털교과서 도입과 교육 현장의 변화. 교육정책연구, 25(3), 78-95.

박문영(2023). 중학교 영어 AI 디지털교과서 도입을 둘러싼 쟁점과 과제. 중등영어교육, 16(4), 151-167.

박인우, 류지헌, 조용상, 손미현, 장지홍(2017). 증강현실(AR)과 가상현실(VR) 콘텐츠 이해 및 교육적 활용 방안. 대구: 한국교육학술정보원.

박태웅(2023). 박태웅의 AI 강의. 서울: 한빛비즈.

서울특별시교육청(2023). VR 원격교육 플랫폼 시범학교 운영 결과 보도자료. https://www.sen.go.kr/

송기상, 신수범, 전인성(2022). 수업에 바로 쓰는 AI. 경기: 비상.

전북특별자치도교육청 미래교육연구원(2023). 생성형 AI 활용 실전 가이드: 수업 설계 및 사례. 전북: 전북교육청.

정재영(2023). 디지털 교육트렌드 리포트 2024.

정제영(2023). 개인 맞춤형 교육과 인공지능. 한국교육개발원 연구보고서.

정제영, 이선복(2020). 인공지능 기반 맞춤형 교육의 도입 방안 연구. 교육공학연구, 36(4), 895-924.

한송이(2023). 생성형 AI를 활용한 미래교육. 경기: 교육과학사.

한국교육학술정보원(2021). 실감형 콘텐츠 개발 및 수업 적용 가이드라인. https://www.keris.or.kr/

한국교육학술정보원(2024). 생성형 AI를 활용한 교수학습 운영 가이드. 한국교육학술정보원.

Google Korea. (2024, August 12). *Introducing examples of using generative AI in the education field*. Google Korea Official Blog. https://korea.googleblog.com/

Milgram, P., & Kishino, F. (1994). A taxonomy of mixed reality visual displays. *IEICE Transactions on Information and Systems, E77-D*(12), 1321-1329.

OECD. (2021). *Artificial intelligence in education: Challenges and opportunities for sustainable development*. https://doi.org/10.1787/2fed7f6b-en

Palmas, F., & Klinker, G. (2020). Defining Extended Reality Training: A Long-Term Definition for All Industries. In *2020 IEEE 20th International Conference on Advanced Learning Technologies (ICALT)* (pp. 322-324). IEEE. https://doi.org/10.1109/ICALT49669.2020.00103

Rebecca Elliott, & Kim, B. L. (2025). Overcoming barriers: The potential of AI digital textbooks in multicultural middle school education. *Multicultural Education Review, 17*(1), 19-41.

UNESCO. (2011). *Digital literacy in education: Policy brief.* United Nations Educational, Scientific and Cultural Organization. https://unesdoc.unesco.org/ark:/48223/pf0000214485

Vuorikari, R., Punie, Y., Carretero, S., & Van den Brande, G. (2016). *DigComp 2.0: The digital competence framework for citizens. Update phase 1: The conceptual reference model* (EUR 27948 EN). Publications Office of the European Union. https://publications.jrc.ec.europa.eu/repository/handle/JRC101254

PART 06

수업실행

앞에서 다룬 수업설계이론과 수업체제설계가 요리에 비유된다면, 수업실행은 실제로 음식을 조리하고 맛보는 과정에 해당한다고 할 수 있다. 아무리 훌륭한 레시피와 체계적인 절차가 마련되어 있어도, 이를 실제로 조리하지 않으면 요리는 완성되지 않는다. 또한, 한번도 연습해보지 않은채 바로 귀한 손님 상차림을 만들 수 없다. 마찬가지로, 수업도 설계 단계를 통해 잘 조직된 것을 실제 시연하고 평가해서 수업의 완성도를 높여야 한다. 본 파트에서는 수업지도안의 개념과 체제적 작성 및 절차를 토대로 수업의 실제 설계 및 운영을 사례를 통해 구체적으로 살펴본다. 또한 수업의 질을 점검하고 개선하기 위한 수업평가의 방법을 다루며, 예비교사와 현직교사가 교수기술을 실제로 연습·분석할 수 있는 마이크로티칭(microteaching) 기법을 제시한다. 이를 통해 설계된 수업을 효과적으로 실행하고 성찰적으로 개선하는 역량을 기를 수 있을 것이다.

CHAPTER 12 수업실행 및 평가

본 장에서는 수업체제설계의 기본 과정인 분석, 설계, 개발, 실행, 평가 중에서 실행과 평가에 해당하는 부분으로, 수업 실행을 위한 설계도라 할 수 있는 수업지도안의 개념을 이해하고, 체제적 수업지도안 작성방법을 사례와 함께 살펴본다. 또한 수업실행 시 요구되는 역량인 프레젠테이션, 의사소통에 대해 살펴보고, 수업 평가와 마이크로티칭 등 수업을 성찰하고 피드백하기 위한 개념과 도구를 알아본다.

주요내용

1. 수업지도안의 개념
2. 체제적 수업지도안 작성
3. 교수실행
4. 수업평가 및 마이크로티칭

심화학습: 다양한 수업진단 도구

학습목표

1. 수업지도안의 개념을 파악할 수 있다.
2. 교수설계이론을 적용하여 수업지도안을 작성할 수 있다.
3. 학습환경과 학습자특성을 고려한 프레젠테이션과 의사소통을 할 수 있다.
4. 마이크로티칭을 통하여 자신의 교수법을 평가하고 수정 및 보완할 수 있다.

1. 수업지도안의 개념

수업지도안이란 교사가 교육과정에 제시된 목표와 내용을 학습자 특성에 맞게 효과적으로 실행하기 위해 사전에 수업목표, 내용, 방법, 평가 등을 체계적으로 계획하고 정리한 문서를 의미한다. 이는 단순히 수업시간에 진행할 활동의 나열이 아니라, 교육과정의 목표와 학습자의 특성, 수업환경 등을 종합적으로 고려하여 수업의 방향성과 전략을 구체화하는 도구로서의 의미를 지닌다. 따라서 수업지도안은 교사의 수업 준비 과정을 구조화하고, 수업실행 시 효과성을 높이는 데 필수적인 역할을 한다.

수업지도안의 목적은 크게 두 가지 측면으로 설명할 수 있다. 첫째, 교수학습 활동의 체계적 운영을 위한 설계도이다. 수업지도안은 수업 시간 내에 학습목표를 효과적으로 달성하기 위해 필요한 방법, 매체 및 자료, 단계 등을 미리 준비하고 조직함으로써, 수업 중 발생할 수 있는 여러 상황에 대해 교사가 능동적으로 대처할 수 있도록 돕는다. 둘째, 수업의 질적 향상을 위한 반성적 도구이다. 수업지도안 작성 과정에서 교사는 교육과정과 수업목표를 명확히 인식하고, 학습자의 수준을 고려한 적절한 수업방법을 탐색하게 되며, 수업 후에는 지도안을 바탕으로 수업 과정을 되돌아보며 개선점을 도출할 수 있다. 이는 전문적 수업 역량 신장에 필수적인 반성적 실천(reflective practice)의 기반이 된다.

수업지도안의 주요 내용은 일반적으로 '수업목표', '수업내용', '교수학습 방법', '수업매체 및 환경', '평가방법' 등으로 구성된다. 첫째, 수업목표는 해당 수업을 통해 학습자가 도달해야 하는 지식, 기능, 태도 등의 구체적인 성취기준을 제시하는 것으로, 교육과정의 성취기준과 일치해야 한다. 둘째, 수업내용은 수업목표를 달성하기 위해 필요한 학습 개념, 원리, 사실, 문제 등을 조직하는 부분으로, 학습자의 수준과 흥미를 고려하여 계열성과 통합성을 갖추어야 한다. 셋째, 교수학습 방법은 수업목표와 내용, 학습자의 특성을 고려하여 가장 효과적인 수업전략을 선정하고, 이를 수업 단계별로 구체화하는 것이다. 넷째, 수업매체 및 환경은 수업을 원활히 진행하기 위해 필요한 학습자료, 시청각 매체, 학습공간 및 인프라 등을 포함하며, 수업의 몰입도를 높이는 데 중요한 요소가 된다. 마지막으로, 평가 방법은 수업목표의 성취 여부를 점검하기 위한 평가기준과 방법을 구체적으로 제시하는 부분으로, 형성평가와 총괄평가를 포함하여 학습자의 학습과정을 지속적으로 피드백하는 방식으로 구성된다.

한편, 수업지도안은 작성의 깊이에 따라 '세안'과 '약안'으로 구분된다. 세안(細案)은 말 그대로 '세밀한 지도안'으로, 수업의 전 과정을 매우 상세하고 체계적으로 설계한 문서이다. 세안은 수업의 이론적 배경, 수업목표의 분석, 학습자의 실태 조사, 교수학습원리의 적용 근거, 수업 과정안, 평가방법, 수업자료에 이르기까지 매우 포괄적이고 체계적으로 구성된다. 특히 예비교사가 수업 연구를 목적으로 할 때 세안 작성이 많이 활용된다. 세안은 수업의 모든 측면을 꼼꼼히 준비할 수 있는 장점이 있지만, 시간과 노력이 많이 소요되기 때문에 실제 현장에서는 주로 수업 연구용이나 시범수업 등에 사용된다.

반면, 약안(略案)은 '간략한 지도안'이라는 의미로, 수업실행에 필요한 핵심 요소들만을 중심으로 간결하게 정리한 문서이다. 수업목표, 수업과정(도입-전개-정리), 학습활동, 수업자료 정도로 구성되며, 현장에서 교사가 수업 시간 직전에 참고하거나 수업의 큰 틀을 계획할 때 주로 활용된다. 약안은 시간과 노력을 줄일 수 있는 장점이 있으나, 세밀한 수업 설계가 부족할 경우 수업 중 변수가 발생했을 때 적절한 대처가 어려울 수 있다.

2. 체제적 수업지도안 작성

1) ADDIE 수업설계모형을 적용한 수업지도안 작성

ADDIE 수업설계모형을 적용하기 전에 학교현장에서 보편적으로 사용되고 있는 수업지도안에 대해 살펴보면, 수업지도안은 교사가 수업을 하기 위한 준비의 첫 단계로 생각할 수 있다. 수업지도안을 작성할 때 고려해야 할 사항으로는 ① 단원별 수업목표 확인-단원과 관련된 교육과정 분석 ② 교재 연구-교과서 및 교사용 지도서 연구, 기타 참고자료의 연구 ③ 학생의 선행 학습수준 파악-학습자의 일반적 학습수준 파악, 우수아 및 학습 부진아 학습 현황 파악 ④ 실습학교의 일반적인 여건 파악-시설 및 교구 확보 상태 등 ⑤ 기타 실습학교의 교육방침 확인 및 반영 ⑥ 수업계획의 수립-시청각 매체 활용 계획, 과제 제시 계획, 평가 계획 등이 있다.

수업지도안은 반드시 통일된 양식을 따라야 하는 것은 아니며, 교과목의 종류나 단원의 성격 그리고 각 실습학교가 처해 있는 여건과 학습자의 특성 등에 따라 다양한 방식으로 작성될 수 있다. 다만 보다 짜임새 있는 수업지도안은 ① 단원명 및 단원의 학습목표 ② 학습의 특성 및 실태 ③ 단원지도 기본 방침 및 지도 중점 사항 ④ 단위시간(또는 차시)별 학습내용, 학습의 진행 과정, 교사 및 학생의 학습 활동 내용과 방법, 교재 및 교구, 학습지도 시 유의사항 등 ⑤ 과제의 내용 ⑥ 학습목표 달성도 확인을 위한 평가방법이 포함되어야 한다(한정선 외, 2008).

ADDIE 수업설계모형은 분석, 설계, 개발, 실행, 평가 단계로 이루어진다. ADDIE 수업설계모형은 앞서 다루었으므로, 본 장에서 이론적인 설명은 생략하고 실제 교수설계안 작성에 예를 제시하면 다음과 같다(백영균 외, 2003).

(1) 1단계: 분석

분석에는 요구분석, 과제분석, 학습자분석, 학습환경분석 등이 있다(Gayle & Karen, 2006).

〈표 12-1〉 분석 영역 및 내용

분석 영역	분석 내용
요구분석	목표를 설정하기 위한 단계로 특정 지식이나 기능에 대한 현재의 상태와 기대되는 상태 간의 격차 분석.
과제분석	수업목표를 달성하기 위한 지식, 기능, 태도가 무엇인지 파악. 과제분석에서는 학습과제 특성과 학습과제 구성하는 하위 구성요소 관계 분석
학습자 분석	일반적 특성(성별, 연령, 수학 능력 등), 동기(흥미도, 호기심, 귀인, 열망, 인내력 등), 교과내용 친숙도, 개인 성격 특질 등
학습환경 분석	일반교실 수업환경, 교과교실제 수업환경 수업매체, 시설, 기자재, 학습공간 등

〈표 12-2〉에서 제시한 주요 분석내용을 수업지도안에 적용하면 다음과 같이 제시할 수 있다.

〈표 12-2〉 분석에 따른 수업설계안 작성

단원	생명 현상의 특성	소단원	(1) 생물과 무생물 / (2) 생명 현상의 특성	차시	1/3
요구 분석	• 전 학년에 배운 생물에 관한 사전지식을 질문한 결과 간단한 개념을 알고 있으나 감수분열, 발생, 유전 등에 대한 정확한 개념이해가 부족한 상황임 • 발생, 유전에 대해 강의식 설명으로는 핵심개념을 이해하지 못해 시청각 자료 또는 에듀테크 등을 활용해 이해도를 높일 필요가 있음				
과제 분석	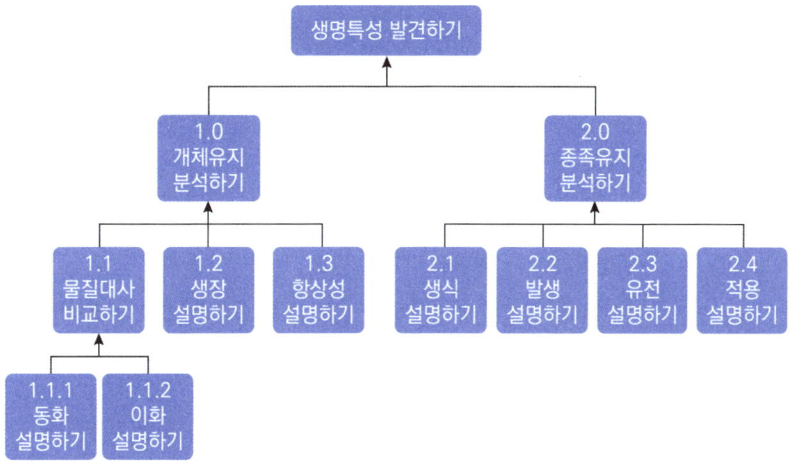				
학습자 분석	• 고2 학급정원은 35명, 5명 정도 상위권 학생들의 성적은 매우 높음 • 학원에서 선행학습을 하여 기초적인 개념은 이해하고 있으나 생물교과를 어렵게 생각해서 좋아하지 않음 • 학생들의 디지털 리터러시 역량은 모두 '상(4.0/5.0)' 이상으로 디지털 환경을 활용 및 적용하는 데 전혀 어려움이 없음				
학습환경 분석	• 교과교실제 수업환경이 현재 만들어지고 있는 상황임. 이번 학기는 일반교실에서 수업함 • 컴퓨터 및 프레젠테이션 할 수 있는 시설이 구비되어 있고, 인터넷 등 네트워크가 확보되어 있음				

(2) 2단계: 설계 및 개발

설계단계에서는 수행목표 명세화, 평가도구 개발, 수업방법 및 매체 선정 및 개발 등에 관한 의사결정을 한다.

구분	내용
수행목표 명세화	1. 생명현상의 특성을 바탕으로 생물을 정의할 수 있다.(지식) 2. 생명의 특성에 관한 사진 자료를 관찰하여 규칙성을 발견할 수 있다.(지식) 3. 조별 토의에 능동적으로 참여한다.(태도)
⬇	
평가도구 개발	주관식 퀴즈문항 개발 1) 생물과 비생물의 기준을 쓰시오(5개). 2) 생물특성에 대한 개념도를 작성하시오. 3) 코아세르베이트가 생물 또는 비생물인지 쓰고, 그 이유를 제시하시오.
⬇	
수업방법 및 매체 선정	• 본 학습은 주변의 구체적인 사례로부터 일반적인 과학 개념이나 법칙을 이끌어 내는 교수전략을 사용한다. 귀납법을 토대로 규칙성 발견이나 개념을 형성하고 일반화하는 데 초점을 맞추고 있다. • 교사는 학생들이 규칙성을 발견해 낼 수 있도록 하는 적절한 자료를 제시한다. 특히 자료추가제시 단계에서는 이전 단계에서 제시한 자료들보다 높은 사고를 요구하는 차별화된 자료를 제시한다. • 교사는 학생들의 능동적인 토의를 장려하는 동시에 학생들이 수업목표를 잘 달성할 수 있도록 다양한 질문을 활용한다. • 교사는 학생들의 이해를 도울 수 있는 효과적인 수업매체 및 에듀테크를 선정하고, 개발한다.

[그림 12-1] 설계 및 개발 단계의 주요 활동

(3) 3단계: 개발

개발단계에서는 설계단계에서 진행한 내용을 가지고 수업지도안 작성, 교수자료 및 학생용 활동지 등을 만든다. 심화학습에서 수업지도안과 교수자료를 개발한 예를 살펴볼 수 있다.

〈표 12-3〉 생물교과 수업지도안

수업과정 (시간-분)		교수학습 활동	지도관점	수업자료 및 유의점
도입 (8)	이전 학습 확인 (3)	• 관련 선수학습 점검한다. - 생물에 대해 얼마나 알고 있나요? - 생물의 구조적, 기능적 단위는 무엇일까요?(세포) - 정자와 난자를 만들 수 있는 세포분열을 무엇이라고 할까요?(감수분열) - 다세포 생물의 경우 수정란에서부터 개체가 될 때까지의 과정을 무엇이라고 하나요?(발생) - 생물이 가지고 있는 자신의 특성을 자손에게 물려주는 것을 무엇이라고 하나요?(유전) - 학생들의 대답을 바탕으로 본시 학습 내용과 연결 짓는다.	• 전 학년에 배운 관련내용을 상기할 수 있도록 한다.	PPT
	자료 탐색 및 문제 파악 (5)	• 학습 문제를 파악할 수 있는 학습 자료를 제시하고, 문제를 파악한다. - 주변 환경에 존재하는 생물과 비생물 사진을 제시한다. - 생물과 비생물을 나누는 기준에 대해 생각해 보게 한다. - 생물의 특성에 대해 의문을 가질 수 있도록 질문한다. • 학습목표를 제시한다. - 학습목표를 함께 읽는다.	- 자유롭고 허용적인 분위기에서 각자의 생각을 말할 수 있도록 한다.	PPT 
전개 (32)	자료 제시 및 관찰 탐색 (8)	• 생물, 비생물 사진을 제시하고, 각각의 특성을 탐색한다. - 생물과 비생물의 사진을 제시한다. (생물: 아기, 판다, 산호/비생물: 종유석, 인형, 로봇) - 조별로 토의하여 생물과 비생물을 나누는 기준을 활동지에 기록한다. - [활동지] 1. 다음 그림을 보고 생물과 비생물을 구분하여 보자. 2. 생물, 비생물을 구분한 기준을 써 보자.	- 조별 토의가 활발하게 이루어질 수 있도록 한다. - 생물과 비생물을 비교하여 생각해 볼 수 있는 자료를 제시하여, 학생들이 주도적으로 관찰, 탐색할 기회를 준다.	PPT - 주의가 흐트러지지 않도록 동영상을 곧바로 볼 수 있도록 준비해놓는다.

수업과정 (시간-분)	교수학습 활동	지도관점	수업자료 및 유의점
	• 탐색한 내용을 발표하고, 비생물과 구분되는 생물의 특성을 파악한다. - 조별로 기록한 내용을 발표시킨다. - 교사는 학생들의 발표내용을 정리한다.		
자료 추가 제시 및 관찰 탐색 (14)	• 추가 자료를 제시하고, 생물의 특성을 생각해 볼 수 있게 한다. - 생물의 특성을 파악할 수 있는 사진과 동영상을 제시한다. - 생물의 특성을 나타내는 구체적 예시는 다음과 같다. 1. 세포로 구성되어 있고, 복잡한 체제로 되어 있다.(우리 몸의 구성단계, 세포로 구성된 식물) 2. 물질대사를 하며, 생장을 한다.(풀을 먹는 동물, 식물의 광합성과 호흡, 성장에 관한 동영상; 다이나믹 코리아 홍보영상) 3. 자극에 대해 반응하고, 항상성을 유지한다.(미모사, 물먹는 사람, 혀 내민 개, 재채기, 놀라서 쭈그러든 부엉이 동영상) 4. 생식과 발생을 한다.(무당벌레와 도롱뇽의 알, 개구리의 변태, 닭의 발생) 5. 유전과 진화가 이루어진다.(고양이의 유전, 말의 진화, 인간의 진화) - 학생들이 생각한 것을 활동지에 기록하게 한다. - [활동지] 3. ppt의 사진, 동영상을 보고, 생명의 특성을 찾아보자. • 추가 자료를 제시할 때에는 상충된 자료를 제시한다. - 코아세르베이트의 사진을 제시한다, - 학생들이 생명의 특성과 관련하여 코아세르베이트에서 생명의 특성을 발견할 수 있도록 설명해 준다.	- 생물의 특성을 분명하게 부각시킬 수 있는 자료를 제시한다. - 각각의 사진 자료와 동영상을 활용하여 학생들의 흥미를 높인다. - 앞에서 생각한 생물과 비생물을 구분하는 기준에서 좀 더 확장된 사고를 할 수 있도록 유도한다.	PPT 동영상 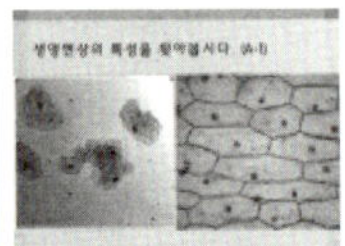  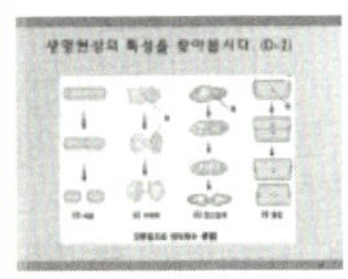 

수업과정 (시간-분)		교수학습 활동	지도관점	수업자료 및 유의점
	규칙성 발견 및 개념 정리 (10)	• 규칙성을 발견하고, 생물의 특성을 정리한다. - 조별로 발견해 낸 생물의 특성을 발표시킨다. - 질문을 활용하여, 학생들이 새로운 개념을 정리하도록 유도한다. - 학생들이 발표한 생물의 특성을 바탕으로 생물을 정의하게 한다. - 학생들이 생각하는 생물을 활동지에 적게 한다. - [활동지] 4. 생물이란?(내가 생각하는 생물을 정의해 보자.) • 발견한 생물의 특성을 바탕으로 코아세르베이트가 생물인지 아닌지를 판단한다. - 코아세르베이트는 생물과 같이 주변 환경에서 물질을 선택적으로 받아들여 계속 생장할 수 있고, 어느 정도 크기에 이르면 둘로 갈라져서 그 수가 증가하기도 한다. 그러나 유전체가 없어 생물로 보기 어렵다. - 코아세르베이트를 통해 생명 현상 5가지를 모두 나타낼 때 생명으로 분류할 수 있음을 설명한다.	- 제시된 자료로부터 생물의 특성을 발견할 수 있도록 힌트를 준다. - 조별로 토의할 때, 다른 사람의 의견을 존중하고 협력하는 태도를 기를 수 있도록 한다.	
마무리 (10)	적용 및 응용 (7)	• 실생활에서 볼 수 있는 구체적 사례에 생명의 특성을 적용한다. - 실생활에서 볼 수 있는 구체적 사례를 제시한다. - 학생들이 사례에서 생물의 특성을 찾아내도록 지시한다. - [활동지]를 활용한다. 5. 주현이는 동물을 사랑하여 집에서 개를 키우고 있다. 다음은 주현이가 강아지를 키우며 관찰한 사실이다. 이러한 사실들은 생명 현상의 특성 중 무엇에 해당하는지 연결해 보자.	- 학생들이 학습한 내용이 실생활과 연관성이 깊음을 인식할 수 있도록 지도한다. - 개념을 유의미하게 구성할 수 있도록 개념도를 작성한다.	

<table>
<tr><th>수업과정
(시간-분)</th><th>교수학습 활동</th><th>지도관점</th><th>수업자료 및 유의점</th></tr>
<tr><td></td><td>• 개념도를 작성하고, 학습 내용을 정리한다.
- 개념도의 빈칸에 생물의 특성에 대한 개념을 적어 넣도록 한다.
- 본시 학습 내용을 정리한다.(생명의 특성)</td><td></td><td></td></tr>
<tr><td>정리
및
평가
(3)</td><td>• 학습목표 달성 여부를 평가한다.
- 열쇠 비밀번호 맞추기 활동을 통해 학습목표 달성 여부를 평가한다.
<table><tr><td>0</td><td>생물은 세포로 구성되어 있으며 복잡한 체제로 되어 있다.</td></tr><tr><td>1</td><td>코아세르베이트는 생물의 한 종류로 볼 수 있다.</td></tr><tr><td>2</td><td>더울 때 물을 마시는 것은 생물의 특징 중 물질대사와 관련이 있다.</td></tr><tr><td>5</td><td>개체가 자손에게 자신의 형질을 전달해 주는 것을 유전이라 한다.</td></tr><tr><td>6</td><td>생물은 항상성을 유지하므로 환경의 변화에 대처할 수 있다.</td></tr></table>• 학습목표를 바탕으로 수업 내용을 다시 한번 정리한다.
- 생물의 특성 5가지를 정리한다.
1. 세포로 구성되어 있고, 복잡한 체제로 되어 있다.
2. 물질대사를 하며, 생장을 한다.
3. 자극에 대해 반응하고, 항상성을 유지한다.
4. 생식과 발생을 한다.
5. 유전과 진화가 이루어진다.
• 다음 차시를 예고한다.
- 바이러스에 관한 사진을 제시하고, 생물인지 비생물인지 질문한다.
- 바이러스에 대해 호기심을 가지게 하여 다음 생물수업에 대한 기대감을 갖게 한다.</td><td>- 수업목표 달성여부를 평가하여 오늘 학습한 내용이 학생들의 인지구조 속에 완전히 파지될 수 있도록 한다.</td><td></td></tr>
</table>

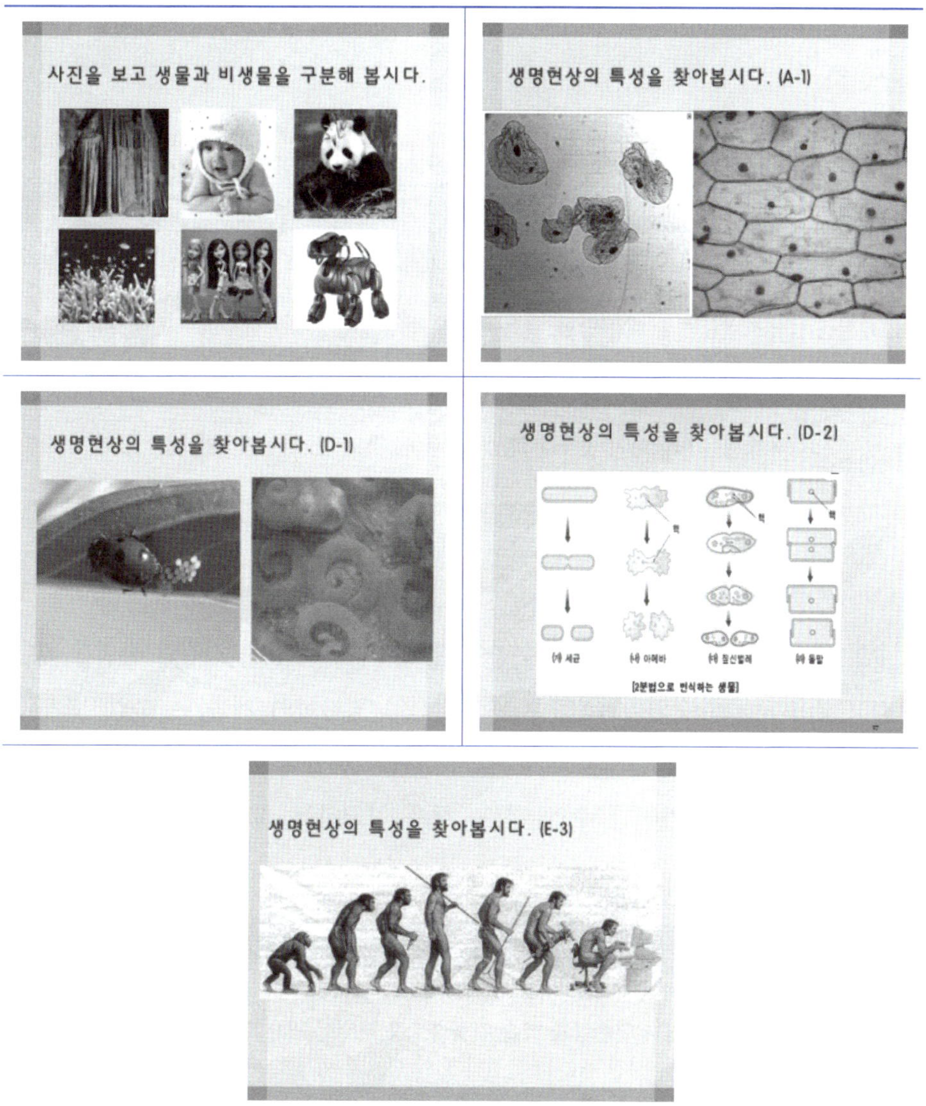

[그림 12-2] 생물교과 수업자료

(4) 4단계: 실행

개발된 수업지도안을 실제 교육현장에서 실행하는 단계이다. 교사는 수업을 진행하면서 인지적, 정의적 영역으로 다가오는 학생반응이나 수업환경 등의 느낌을 메모해 두고 다음 수업에 반영한다. 그리고 지속적인 관리 및 원활한 진행을 위해서 시설, 기자재 및 인프라, 인적자원 등의 필요사항을 확인하고 행정지원 부서에 요구한다.

〈표 12-4〉 평가단계 수업지도안 적용

실행	내용
교육환경	• 마이크 사용에 문제가 있음. 다음 수업에는 마이크 사용을 하지 않는 것이 나을 듯함. • 조별활동 할 때 산만함. 다음 수업은 학생별 활동지를 나누어주고 매시간 제출하도록 할 예정임. • AIDT 등 에듀테크를 원활히 활용할 수 있는 네트워크 환경 보강 필요함.
학업수준	• 개념을 이해하지 못하는 학생들이 10% 정도 됨. 사전지식에 대한 점검 및 재확인이 필요함.

(5) 5단계: 평가

수업 중간에 형성평가를 통하여 수업이 잘 진행되고 있는지 점검할 필요가 있다. 그리고 최종적으로 수업이 끝난 후 총괄적으로 평가하여 계속 본 수업지도안을 사용할 것인지, 아니면 문제점 파악 및 수정사항 등을 찾아 다음 수업에 적용할 것인지 결정한다. 자가진단 수업분석표 등을 참고하는 것도 좋은 방법이다.

〈표 12-5〉 평가단계 수업지도안 적용

실행	내용
형성 평가	• 수업 중간중간에 학생들에게 질문을 유도하여 교과내용 분량, 학습 진행속도에 대한 피드백을 받았더니 학습량과 학습 진행속도를 조절할 필요가 있다는 결과 도출. • 수업 및 협동학습 시간 배분을 적절하게 할 필요가 있음. • 수업할 때 학생들과 눈 맞춤 횟수를 늘리고 수업자료를 응시하는 시간을 줄여야 함.
총괄 평가	• 학생들의 성적이 M자 그래프로 나타남. 본 교과목을 좋아하는 학생과 싫어하는 학생이 대부분이고 중간 정도의 성적을 가진 학생은 적음. • 주관식 문제에 전혀 답을 적지 않은 학생이 45%로 나타남. 이는 응용하는 능력이 부족한 것으로 해석됨. 이번 수업은 이론과 원리부분을 강조한 경향이 있음.

3. 교수실행

수업지도안을 작성한 후 실제로 가르치는 실행단계에서는 프레젠테이션과 의사소통 영역에 관심을 갖고 수업을 진행하는 것이 바람직하다(박성익 외, 2010; 한국교육과정평가원, 2012).

1) 프레젠테이션

이른바 잘 가르치는 교사는 언어, 표정, 동작 또는 시각자료를 활용하여 최상의 설명, 즉, 프레젠테이션을 잘하는 교사이다. 프레젠테이션을 잘 하려면 첫째, 자세가 중요하다(류춘렬, 조성겸, 2007). 교사는 학생들을 정면으로 바라보고 학생은 교사의 얼굴 표정을 똑바로 볼 수 있어야 한다. 교사는 손을 호주머니에 넣지 않으며, 팔은 흔들지 않고 옆에 있게 한다. 설명할 때 칠판을 바라보면서 동시에 설명을 하지 않는다. 먼저 칠판에 글자를 쓴 후 학생들을 바라보면서 설명을 한다. 최근 대형 스크린이나 스마트보드(smart-board)를 활용하여 설명하는 경우가 있는데, 이때에도 주로 학생들을 바라보면서 설명을 하고 스크린의 내용을 지속적으로 쳐다보면서 설명하는 것은 피해야 한다. 교탁을 이용할 경우에는 교탁 뒤에만 있지 말고, 교탁의 한 측면으로 나와서 서 있도록 한다. 이렇게 하면 보다 자신감 있으면서도 친근감 있게 학생들에게 다가설 수 있다. 또한 때때로 교탁을 벗어나서 교탁의 앞쪽으로 나갈 수 있다. 적절히 움직이면서 설명하도록 한다. 전혀 움직이지 않고 설명하다 보면 긴장이 되므로 적절하게 움직이면서 역동적으로 설명할 때, 설명에도 힘이 실리게 되며 학생들의 주의력도 높아지게 된다.

둘째, 목소리가 중요하다. 교과서, 스마트보드 혹은 시각자료에 있는 내용을 그대로 읽지 않는 것이 좋다. 자료는 부연 설명을 하는 방식으로 이용해야 한다. 또한 목소리의 다양한 음색이나 억양을 이용해야 한다. 학생들이 일정한 음을 지속적으로 듣게 되면 지루함을 느끼게 된다. 고음 및 저음을 적절히 사용하여야 한다. 그리고 설명을 할 때는 천천히 말하도록 한다. 교사가 설명을 하게 되면 교사 자신이 모르는 사이에 말을 빨리 하게 되는 경우가 자주 발생하므로 자신의 말의 빠르기를 의식하면서 천천히 말하도록 해야 한다. 학습내용을 설명한 후 잠시 멈추는 것은 중요한 내용을 강조할 때 매우 효과적인 방법이다.

셋째, 눈 맞춤이 중요하다. 학생들과 눈 맞춤을 시작한 후에 수업에 들어가는 것이 바람직하다. 학생과 눈 맞춤을 통하여 일대일 방식의 수업과 유사한 분위기를 만들 수 있다. 눈 맞춤을 위한 한 가지 효과적인 방법은 한 사람당 대체로 3초 정도의 시선을 주는 것이다. 스쳐 지나가듯이 전체 학생을 바라보는 것이나 맨 뒤의 벽을 바라보는 것은 효과적이지 않다. 오른손잡이의 경우, 대체로 오른쪽 앞에 앉아 있는 학생들을 주시하는 경향이 있으므로 의도적으로 중앙, 왼쪽, 그리고 맨 뒤쪽의 학생들을 골고루 주시할 수 있도록 연습해야 한다.

넷째, 몸동작이 중요하다. 대화하는 과정에서 자연스러운 몸동작이 나올 수 있도록 연습해야 한다. 손을 적절히 활용하는 것이 좋다. 손은 몸동작 중에서 매우 중요한 역할을 하기 때문에 손을 활용하는 것은 수업을 한층 더 효과적으로 만들 수 있다. 설명하고자 하는 바를 강조할 때 손을 활용함으로써 보다 역동적인 수업을 할 수 있다. 펜이나 다른 물건들을 만지작거리면 학생의 주의가 분산되므로 이러한 행동은 지양해야 한다.

마지막으로 언어로만 설명하는 것보다 시각자료를 함께 제시하면서 설명을 하면 학생들이 쉽게 이해할 수 있다. 예를 들면 착시현상 원리에 대해 설명을 할 때 다음 [그림 12-3] 시각 자료 예를 보여주고 설명을 하면 학생들은 착시현상 개념을 쉽게 이해할 수 있을 것이다. 아래 그림의 경우 중앙에 있는 동그라미 크기는 동일하고, 화살표 점선부분도 동일한 길이이다. 같은 길이와 크기라도 주변 환경에 따라 다르게 보이는 것을 착시현상이라고 한다.

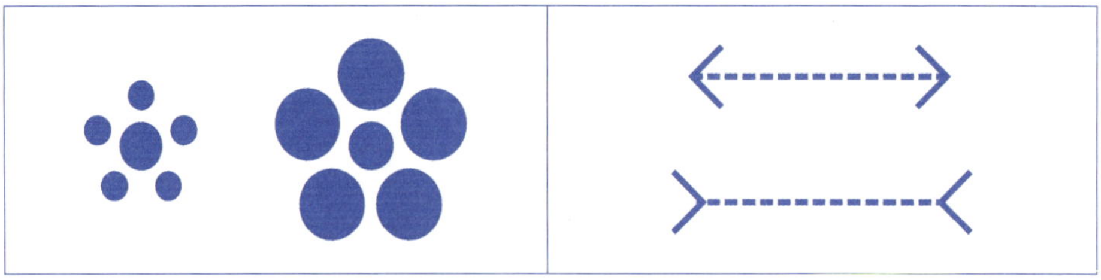

[그림 12-3] 시각 자료 예

2) 의사소통

설명을 잘 하는 교사, 프레젠테이션을 잘 하는 교사도 훌륭한 교사이지만 질문하고 경청을 잘 하는 교사 또한 훌륭한 교사이다(박성익 외, 2010; 한국교육과정평가원, 2012). 교사가 학생들에게 질문을 하거나 학생의 이야기에 경청을 할 때 필요한 내용을 기술하면 다음과 같다.

(1) 질문하기

교사가 질문을 하는 목적은 학생의 사고를 촉진하기 위한 것이다. 학생들은 교사의 적절한 질문에 대답함으로써 학생 자신의 사고를 드러내고, 평가받는 시간을 갖게 된다. 또한 질문은 학생의 주의집중을 촉진한다. 적절하게 준비된 질문은 다른 어떠한 주의집중 방법보다도 학생의 수업 참여를 촉진하고 학생이 학습 활동에 몰입하도록 도와준다.

교사들이 활용할 수 있는 질문의 유형은 여러 가지 방식으로 분류가 가능하다. 그 중에서 카너(Carner, 1967)는 사고 수준에 따라 질문 유형을 구별하였다. 구별한 질문 유형은 구체적 사고, 추상적 사고 그리고 창의적 사고이다. 구체적 사고는 비교적 단순한 아이디어나 개념 또는 원리를 묻는 것으로 '언제, 어디서, 누가, 무엇을, 어떻게, 왜 하였나?'와 같은 육하원칙을 자주 사용한다. 예를 들면 ' 제2차 세계대전은 언제 일어났는가?'와 같은 질문이다. 추상적 사고는 어떠한 사건의 발생 이유나 원인을 추론하도록 하거나 결론을 도출하도록 묻는 것으로 설명의 타당성을 물어보는 것이다. 예를 들면 최근 실업자 수가 늘어나고 있는 통계치를 제시하고 '왜 이런 현상이 발생하는가?'를 물어보는 것이다. 창의적 사고는 어떤 문제에 대해 가능한 모든 것들을 대답할 수 있도록 학생들에게 질문하는 것이다. '학교폭력을 줄이기 위해서 학교에서 무엇을 지원하면 좋을까?'와 같은 질문이다.

아미돈과 헌터(Amidon & Hunter, 1967)의 구분과 갤러거(Gallagher, 1965)의 구분을 통합한 질문 유형은 제한형 질문(폐쇄적 질문)과 확장형 질문(개방형 질문)으로 구분된다. 제한형 질문은 인지기억 수준을 질문하거나 수렴적 지식을 물어보는 것이다. 예를 들면 '동물과 식물의 차이를 설명하라.' 또는 '시의 특성에 대해 말해보시오.' 등이다. 확장형 질문은 발산적 사고와 평가적 사고로 구분할 수 있는데, 발산적 사고는 어떠한 상황에 대하여 이해를 하고 추론과정이 드러나도록 질문하는 것이다. 예를 들면 '산사태가 일어나지 않으려면 정부 혹은 지방자치단체에서 어떤 계획을 세워야 하는가?' 등이다. 평가적 사고는 인지, 수렴, 발산적 사고의 과정을 모두 포함하여 자신의 판단과 가치 선택에 대한 입장을 분명히 해야 하는 사고이다. 예를 들면 '환경 보호를 위해 일회용품 사용을 전면 금지하는 정책은 사회적으로 실현가능하다고 보이는가? 장단점을 평가해 보시오' 등이다.

위에서 질문 유형을 구분하여 제시하였다. 교사는 이러한 질문 유형들을 실제 수업 실행과정에서 사용할 때 유의할 점이 있다.

첫째, 가급적 사고를 촉진하는 확장형 혹은 개방형 질문을 사용하고 한 번에 한 가지만 질문해야 한다(한국교육과정평가원, 2012). 질문을 잘못 사용하는 가장 대표적인 경우는 학생에 대한 통제, 평가 검사의 수단으로 질문을 사용하는 것이다. 이러한 질문 사용은 학생들로 하여금 일종의 혐오적 자극으로 질문을 인식하게 된다. 교사가 제시한 질문에 학생이 불안한 태도를 보이게 된다. 교사가 질문을 가장 효과적으로 사용하는 것은 학생의 사고 과정을 촉진하거나 또는 해당 학습내용과 관련된 학생의 선행 지식 혹은 경험을 활성화시키는 데 있다. 따라서 질문은 원칙적으로 학습자가 대답할 수 있는 혹은 자신의 사고과정을 드러내는 것을 안내하는 것이 바람직함으로 확장형 혹은 개방형 질문이어야 한다. 특히 수업 초기 도입 단계에서 적절하게 선정된 확장형 질문은 학생들의 사고를 활성화하는 것뿐만 아니라 주의 집중과 이후 학습과정과의 연계를 유도한다는 점에서 매우 중요한 기능을 한다.

둘째, 학습자를 방어하도록 만드는 질문은 지양해야 한다. 질문하는 방식과 관련된 여러 결과에 따르면 '왜?'라는 질문은 되도록 하지 말라는 것이다. 그러나 학생의 사고 과정을 드러내는 것이 중요하고 필요하다면 할 수도 있다. 이때 학생 스스로 방어하는 태도가 나타나지 않도록 세심한 배려를 해야 한다. 그리고 학생들에게 심리적인 자신감을 갖도록 할 때 "왜" 혹은 그와 유사한 질문이 효과적으로 활용될 수도 있다. 이것은 궁극적으로 학생의 사고 과정을 드러내며 학생을 존중하는 교육적 활동으로 귀결된다.

셋째, 질문에 대한 학생 반응을 존중해 주어야 한다. 교수학습 상황에서 질문은 평가의 과정이 되기보다는 학생의 학습을 촉진하는 과정이어야 한다. 학생은 보다 편안한 마음으로 자신의 지식, 생각, 의견을 제시할 수 있어야 하며, 그러한 것들이 교사나 다른 학생들에 의하여 존중받아야 한다. 학생의 반응이 꼭 즉각적으로 일어나야 한다고 기대하는 것은 바람직하지 않다. 교수학습 상황에서 이야기한 진지한 사고의 과정을 촉진하기 위해서라도 질문 후 일정 시간을 기다리는 것이 필요하다.

(2) 경청하기

교사는 수업을 하는 과정에서 학생들의 의견을 수동적으로 듣기만 하지 말고 적극적으로 경청하고 있음을 보여 주어야 한다. 예를 들면, 교사가 학생의 답변을 간략하게 요약하면서 칠판 등에 적는 행동이다. 학생의 답을 그저 듣기만 하면 학생의 대답은 공간 속으로 사라지게 된다. 학생의 표현이 인정받는 순간이 제한되게 된다. 그러나 일단 자신의 대답이 칠판에 적히거나, 교사에 의하여 다시 한번 반복될 때 학생은 심리적으로 만족감을 느끼게 된다. 만약 답변이 적절하지 않은 경우에는 왜 그러한 답변이 가능한가를 간략하게 물어 보고 나름대로의 의견을 존중할 수 있도록 한다.

경청할 때 유의할 사항은 다음과 같다(박성익 외, 2010).

첫째, 눈 맞춤을 유지하는 것이다. 학생에게 질문을 한 후 학생이 대답을 하는 동안 교사가 다른 행동을 하여서는 안 된다. 눈 맞춤을 유지하는 것은 '나는 너의 의견을 존중하고 있다'는 메시지를 강하게 보내는 것이다. 그렇지 않을 경우 학생은 '나는 너의 의견을 제대로 듣고 있지 않다'는 의미로 교사를 이해할 수 있다.

둘째, 약간 앞쪽으로 기대듯이 서 있는 것이다. 대답을 들을 때 뒤로 물러서듯이 듣는 자세는 학생들로 하여금 '지금 선생님은 내가 하는 말을 듣기 싫은가봐'라는 인상을 준다. 반면에 약간 앞으로 기대는 듯한 자세는 적극적인 청취의사를 보여 준다. 그리고 가능하다면 대답을 하는 학생 쪽으로 몸을 움직일 수 있도록 한다.

셋째, 학생의 대답에 긍정적인 표현을 하는 것이다. 학생이 대답을 하면, 고개를 끄덕거리거나 혹은 재진술을 한다. 가능하다면 학생의 대답을 칠판에 정리하여 다른 학생들도 같이 볼 수 있도록 한다.

넷째, 질문을 하여 학생의 대답을 분명하게 하는 것이다. 학생의 대답을 듣는 중에 혹은 대답을 다 듣고 난 후 간단한 질문을 함으로써 불분명한 내용을 확인한다. 이 과정은 학생들의 대답을 보다 존중하는 것으로 비춰질 수 있다.

4. 수업평가 및 마이크로티칭

1) 수업평가

수업평가란 교수 프로그램의 목적이 달성되었는지 확인하는 것으로 프로그램의 질을 높이기 위해 실시하는 것이다. 수업평가 종류에는 형성평가, 총괄평가, 커크패트릭(Kirkpatrick) 4수준 평가 등이 있다(김대현, 김석우, 2010; 박도순, 2007; 성태제, 2009; 정재삼, 2004; 한국교육평가학회, 2004).

(1) 형성평가

형성평가(formative evaluation)는 수업이 진행되는 과정에서 수업이 계획된 대로 진행되고 있는지를 확인하는 평가 형태이다. 교수학습 과정 중에 가르치고 배우는 내용을 학생들이 얼마나 잘 이해하고 있는지를 수시로 점검하고 학생들의 수업능력, 태도, 교수방법 등을 확인하여 교육과정을 개선할 뿐만 아니라 교재의 적절성도 확인한다. 따라서 형성평가는 교수학습이 진행되고 있는 도중에 학습의 진전상황에 관한 정보를 수집, 분석하여 개선을 하기 위한 자료로 사용한다. 형성평가 결과 교육과정을 개선하고 수업방법을 개선할 수 있다. 형성평가의 기능을 제시하면 다음과 같다. 첫째, 학습자들의 학습 진행속도를 조절할 수 있다. 교과 내용의 분량이 많거나 학습내용이 일정한 선후관계일 때 적절한 빈도로 평가를 실시하여 학습 진행속도를 조절할 수 있다. 둘째, 학생의 학습에 대한 태도를 강화할 수 있다. 형성평가를 통해서 학습목표 달성여부를 학생이 확인함으로써 그 이후에

이어지는 학습을 용이하게 해 줄 수 있다. 셋째, 학습의 어려움을 진단하고 교정할 수 있다. 형성평가는 학생들에게 수업목표에 준하여 무엇을 성취하고, 무엇을 더 학습해야 하는지를 구체적으로 알려주는 장점을 가지고 있다. 넷째, 학습지도 방법 개선에 도움을 줄 수 있다. 형성평가를 통하여 수업방법의 단점을 구체적으로 분석하고 개선할 수 있다.

(2) 총괄평가

총괄평가는 교수학습이 끝난 다음 교육목표의 달성, 성취 여부를 종합적으로 판정하는 평가 형태이다. 한 과목과 학기, 또는 교육 프로그램이 끝나는 시점에서 실시하는 평가로 학생의 성취 혹은 숙달 정도와 교육목표 달성 여부를 결정하는 활동으로 정의할 수 있다. 따라서 총괄평가는 학생이 도달하도록 설정된 교육목표를 어느 정도 성취하였는지에 주된 관심이 있다. 총괄평가 기능을 제시하면 다음과 같다. 첫째, 학생의 성적을 결정한다. 학습내용 이해정도를 판단하고 그 결과에 의해 성적을 내고 평점을 주어 서열을 결정한다. 둘째, 학생 미래의 학업성적을 예측하는 데 도움을 준다. 현재의 학업성적은 미래의 학업성적과 높은 상관관계를 가지고 있어 학생 개개인의 미래 성적을 쉽게 예측할 수 있다. 셋째, 집단 간의 성적을 비교할 수 있는 정보를 제공해 준다. 학생 집단 간의 종합적인 학습성과를 수업방법의 유형이나 학습자료의 종류 등과 관련시켜 비교 분석하여 학습성과에 대한 정보를 수집할 수 있다. 넷째, 학생의 자격을 인정하는 판단 준거가 될 수 있다. 학생이 지닌 기능이나 능력, 지식 정도를 판단할 수 있다.

(3) 커크패트릭 4수준 평가

일반적으로 교육 프로그램에 대한 평가는 커크패트릭(Kirkpatrick) 4수준 평가를 많이 사용한다. 4수준 평가란 ① 교육프로그램의 만족도를 평가하는 반응평가(Reaction) ② 학습자들의 학습정도에 대한 학습평가(Learning) ③ 배운 내용이 얼마나 행동으로 나타나는가에 대한 행동평가(Behavior)와 같은 세 가지 수준의 개인 차원의 평가와 ④ 교육훈련에 대한 투자효과를 평가하는 결과평가(Results)

로 이루어지는 조직 차원의 평가가 있다.

커크패트릭 4수준 평가를 나타내면 다음의 〈표 12-6〉과 같다.

〈표 12-6〉 커크패트릭 4수준 평가 모형

구분	평가초점	주요 평가 항목
1수준 평가	반응평가 (Reaction): 학습자 만족도 평가	• 프로그램에 대한 학습자의 기대 부응 확인 • 도움이 된 정도 • 프로그램의 구조 • 매체 및 자료의 만족도 • 교육방법에 대한 만족도 • 교수자에 대한 만족도(전문성, 참여유도) • 환경적 요소의 만족도
2 수준 평가	학습평가 (Learning): 학업성취도 평가	• 학습자의 실제 학습된 지식, 기술, 태도의 정도 • 학습에 영향을 준 요인 • 학습 활동 여부
3 수준 평가	행동평가 (Behavior): 현업적용도 평가	• 학습한 지식, 기술, 태도의 현업적용 정도 • 가장 잘 사용하고 있는 지식, 기술, 태도 • 전혀 사용하지 않는 지식, 기술, 태도 • 현업적용의 장애요인 및 촉진요인 • 현업적용을 위한 조직 지원 및 풍토
4 수준 평가	결과평가(Results): 조직기여도 평가	• 학습자들의 생산성 증가 • 학습자들의 업무 수행 능력 향상 • 학습자들 간의 대인관계의 개선 정도 • 학습자 수행 결과물의 품질 향상 • 교육에 투자한 비용에 대한 회수 정도(ROI)

2) 마이크로티칭

마이크로티칭(Microteaching)은 1960년대 초기에 미국 스탠퍼드 대학교에서 교사연수 방법으로 처음 소개된 이후 지금까지 활용되고 있다. 마이크로티칭의 접두사 '마이크로'는 실제 수업보다 축소된 학습목표와 수업시간 그리고 압축된 수업 상황을 실습한다는 점에서 붙여진 것이다. 즉, 마이크로티칭은 수업 시간, 학생 수, 수업내용 등을 축소한 실제 수업의 축소판으로, 교사에게 요구되는 구체적인 교수기술을 개발하거나 개선하기 위한 실습 시스템을 의미한다. 현재 마이크로티칭은 특정 교과 지식을 실제 교수학습에 적용하여 교수 상황을 녹음하거나 녹화한 후, 이를 분석하여 부족한 점을 수정, 보완함으로써 자신의 수업방법을 개선할 수 있는 유용한 방안으로 활용되고 있다.

마이크로티칭의 핵심요소와 절차는 수업계획(교수기능, 수업 규모와 대상, 수업 시간 등), 수업, 피드백과 평가 그리고 재수업으로 요약된다(조영남, 1993). 우선 수업계획은 어떤 능력을 계발할 것인가 하는 학습목표를 비롯하여 수업내용, 시간과 장소, 대상, 규모, 장비의 사용 여부 등 운영상의 구체적인 계획을 수립해야 한다. 두 번째, 수업은 준비단계를 통해 수립한 계획을 바탕으로 수업을 실제로 실행하는 단계이다. 수업은 영상으로 녹화하여 수업 직후 재생해 피드백 받는 것이 바람직하다. 이러한 장비가 갖추어져 있지 않을 경우, 전문가 또는 동료교사가 실시간 수업에 대해 체크리스트를 활용하여 기본적인 언어적, 비언어적 상호작용을 기록하여 피드백을 제공할 수도 있다. 세 번째는 피드백과 평가이다. 수업이 끝나면 수업진행과정과 교수자의 역할 수행에 대한 피드백과 평가가 이루어진다. 평가는 교사가 녹화한 영상을 스스로 보고 자기평가와 체크리스트를 통한 평가, 수업 진행과정을 녹화한 영상에 대한 전문가의 평가, 학습자의 평가, 동료 교수자의 관찰과 지도조언 등의 방법으로 이루어진다. 네 번째, 재수업은 교수행동이 기대수준에 미치지 못했거나 개선이 필요할 경우이다. 피드백과 평가 결과에서 문제점을 발견한 경우에는 수업계획을 수정하거나 수업기법을 보완하여 재수업을 하게 된다. 피드백을 통한 정보가 수업행동 개선에 즉각적으로 활용되지 않으면 아무런 소용이 없으므로 수업과 재수업의 시간적 간격은 가능한 짧은 것이 바람직하다.

심화학습

◈ 다양한 수업진단 도구

교사가 강의, 발표 또는 토론, 동기유발 등에 초점을 맞추어 수업한 후 다음과 같은 도구를 활용하여 자신의 수업을 진단하고, 이에 대한 결과를 기초로 다음 수업에 반영할 수 있다.

자가 수업진단 도구

자가 수업진단 도구와 동기유발 전략을 적용한 수업진단 도구를 예로 제시하면 다음 〈표 12-7〉, 〈표 12-8〉과 같다(조용개 외, 2009).

〈표 12-7〉 자가 수업진단 도구

항목		잘함	보통	개선 필요함
언어적 표현	발음이 정확한가?			
	말하는 속도가 적절한가?			
	목소리 크기가 적절한가?			
	내용에 따라 목소리의 높낮이를 잘 구사하는가?			
얼굴 표현	얼굴 표정은 부드러운가?			
	미소를 띠고 있는가?			
	모든 학습자를 골고루 둘러보는가?			
	학습자들에게 시선을 주고 있는가?			
몸동작	자세는 바른가?			
	몸동작이 자연스럽고 적절한가?			
	긴장하지 않고 적절하게 움직이고 있는가?			
	긍정적인 느낌을 줄 수 있는 태도를 취하는가?			
시청각 자료 활용하기	시각적으로 보기 좋은가?			
	자료의 수준은 적합한가?			
	내용을 중복하지 않고 보충 혹은 심화하는가?			

항목		잘함	보통	개선 필요함
수업 진행	수업에 열의가 있는가?			
	수업 속도와 흐름은 적절한가?			
	수업 시간 조절은 잘하고 있는가?			
강의 구성	수업에 시작이 있는가?			
	수업에 끝맺음이 있는가?			
	수업에 여유가 있는가?			
	수업이 호기심을 유도하는가?			
	가장 중요한 내용이 부각되는가?			
학습자들과의 관계	질문을 주고받는가?			
	학습자의 의견을 존중해 주는가?			
	학습자에게 참여할 기회를 주는가?			
	학습자가 잘했을 때 칭찬해 주는가?			
	학습자가 잘못했을 때 격려해 주는가?			

〈표 12-8〉 동기유발 전략을 적용한 수업진단

일시:	교과목:
학년:　　　　　전공:	교수자:
강의 주제:	

구분		행동 유형	진단(평가)
학습동기 유발 전략 수업의 특징과 준비		전체적으로 동기유발 전략수업의 특징이 수업에서 잘 드러난다.	①②③④⑤
		학습동기 유발전략 수업을 위한 준비가 철저하다.	①②③④⑤
수업단계에 따른 학습동기유발전략	도입	문제제기로 수업을 시작한다.	①②③④⑤
		이 수업을 마치면 학습자들이 어떤 학습 성과를 가질 것인지를 명확히 알려 준다.	①②③④⑤
		선수학습과 이번 수업 또는 다음 수업 사이의 연관성을 알려 준다.	①②③④⑤

구분		행동 유형	진단(평가)
	전개	학습자들에게 질문을 하고 적절한 힌트를 주어 학습자 스스로 문제를 해결하였다는 성취감을 자주 느끼게 한다.	①②③④⑤
		한 가지 수업방법을 적용하기보다는 다양한 수업방법을 함께 활용한다.	①②③④⑤
		마음의 여유를 가지고 학습자들이 수업 관련 지식이나 기능을 스스로 구성해 나갈 수 있도록 유도한다.	①②③④⑤
	마무리	수업 내용을 학습자들과 함께 학습로드맵(개념지도, 개념망, 마인드 맵 등)을 그리면서 정리한다.	①②③④⑤
		수업이 끝나기 2~3분 전에 학습자들로부터 그날 수업에 대한 피드백을 받음으로써, 학습자들의 의문을 풀어 주고자 하는 노력을 한다.	①②③④⑤
Keller의 ARCS 모형에 따른 동기유발전략		주의집중 유발 전략이 잘 반영되었다.	①②③④⑤
		관련성 유발 전략이 잘 반영되었다.	①②③④⑤
		자신감 유발 전략이 잘 반영되었다.	①②③④⑤
		만족감 유발 전략이 잘 반영되었다.	①②③④⑤
개인적 특성		강의실 전체에 주의를 집중하면서 강의를 진행한다.	①②③④⑤
		시선 처리, 몸짓 등이 다양하며 자연스럽다.	①②③④⑤
		목소리의 변화 정도, 크기, 속도 등이 전체적으로 매끄럽다.	①②③④⑤
		강의실 공간(이동 동선)을 효율적으로 활용한다.	①②③④⑤
		시선 처리, 몸짓, 목소리 등을 통해 학습자와의 교감을 형성한다.	①②③④⑤
총평 (강점과 개선점 중심으로 기술)			

수업관찰도구: ICALT

ICALT(International Comparative Analysis of Learning and Teaching)는 교실수업에서 일어나는 교사와 학생의 행동을 객관적으로 분석하고 평가하여 교사의 수업 전문성을 관찰하기 위한 수업관찰도구이다. ICALT는 네덜란드에서 개발되어 세계 여러 나라에서 타당화 과정을 거쳐(Van de Grift, 2014), 지역 및 문화적 특성에 구애받지 않고 적용 가능하도록 설계되어 세계적으로 수업 전문성 측정 및 개선에 많이 활용되고 있다.

〈표 12-9〉 ICALT 도구의 문항 구성

영역 번호	영역	문항(교사는···)	문항 수
1	안전하고 고무적인 수업분위기	1. 행동과 말에서 학생들을 존중하는 것을 알 수 있다. 2. 편안한 분위기를 유지한다. 3. 학생들의 자신감을 증진시킨다. 4. 학생들끼리 서로 존중하도록 노력한다.	4
2	효율적 운영	5. 수업이 질서 있게 진행되도록 노력한다. 6. 학생들이 적합한 활동을 하고 있는지 지속적으로 관찰한다. 7. 수업자료를 효과적으로 준비하고 활용한다. 8. 학습시간을 효율적으로 사용한다.	4
3	명료하고 구조화된 수업	9. 명료한 방식으로 수업내용을 제시하고 설명한다. 10. 학생들에게 피드백을 제공한다. 11. 모든 학생들이 수업에 몰입할 수 있게 한다. 12. 학생들이 발표할 때 수업 내용을 잘 이해했는지 확인한다. 13. 학생들이 최선을 다하도록 격려한다. 14. 잘 구조화된 방식으로 가르친다. 15. 수업 진행방식과 학습과제 수행방식에 관해 명확하게 설명한다.	7
4	집중적이고 활발한 수업	16. 학생들의 능동적인 활동을 유도하는 활동과 과제 방식 제공 17. 부진한 학생들이 자신감을 가질 수 있도록 유도한다. 18. 해결책에 대해 스스로 생각해 보도록 학생들을 격려한다. 19. 학생들의 심화된 학습을 돕는 질문을 한다. 20. 학생들이 자신의 생각을 적극적으로 말하게 한다. 21. 상호작용을 통한 학습을 한다. 22. 수업을 시작할 때 목표를 명료하게 한다.	7
5	교수학습 전략	23. 학생들이 복잡한 문제를 단순화할 수 있도록 방법을 가르친다. 24. 학생들이 문제에 알맞은 해결 방법을 사용하도록 유도한다. 25. 학습성과를 확인하도록 학생들에게 가르친다. 26. 학생들이 배운 것을 활용하도록 유도한다. 27. 학생들이 비판적으로 생각하도록 유도한다. 28. 심화된 학습전략을 갖도록 요청한다.	6
6	개별화 수업 지원	29. 학습목표 도달 여부를 평가한다. 30. 부진학생들을 위한 추가학습 및 교수시간을 마련한다. 31. 학생 간 차이를 고려하여 수업방식을 적절하게 조절한다. 32. 학생 간 차이를 고려하여 수업내용을 적절하게 조절한다.	4
전체			32

서울시 교육청 수업설계 및 적용 체크리스트

서울시 교육청은 중고등학교용 수업설계 및 적용 체크리스트를 다음과 같이 제공하고 있다. (https://buseo.sen.go.kr/component/file/ND_fileDownload.do?q_fileSn=2082299&q_fileId=6e948faf-b7a4-44da-b382-821e5109a1ec)

〈표 12-10〉 수업설계 및 적용 체크리스트(중 · 고등학교용)

학교명:	**과목명:**	**지도교사:**
	[1] 수업 설계시	
문항번호	내용	예/아니오
1	학습자의 준비도(AI 이해, 디지털 리터러시 수준 등)를 확인하였는가?	
2	반드시 ChatGPT를 사용하면 좋은 수업인가?	
3	ChatGPT 사용의 안전성을 확인하였는가? (아래 표 자료 참고해서 안전성 확인)	

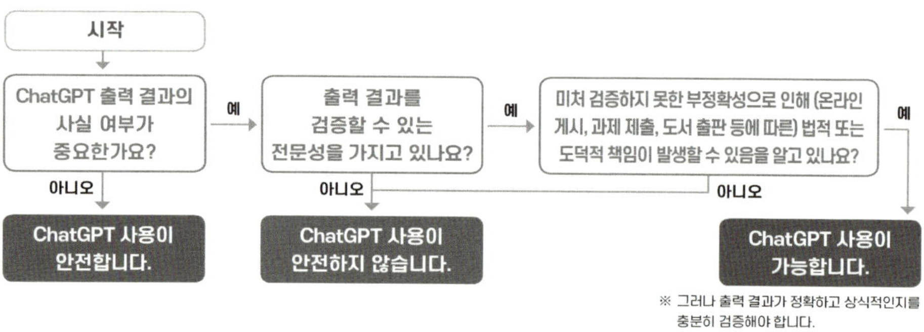

UNESCO의 [ChatGPT and Artigicial Intelligence in higher education] Quick start guide에 제시된 'When is it safe to use ChatGPT?' 그림을 해석하고 재구성함

문항번호	내용	예/아니오
4	아이디어 도출 등 반드시 사실을 전제로 할 필요가 없는 수업인가?	
5	수업에 사용할 프롬프트가 개인정보 보호 및 보안에 문제가 없는가?	
6	ChatGPT 활용에 적합한 수업 목표를 설정하였는가?	
7	ChatGPT 활용에 적합한 학습 방법 및 평가 기준을 설정하였는가?	
	[2] 수업 적용시	
수업전 준비사항	각 학교급별 사용 나이 제한 규정을 확인했는가?	
	보호자 동의를 구하였는가? (가정통신문 제출 등)	
	ChatGPT(혹은 Bing) 사용을 위한 인프라를 확인하였는가?	
	ChatGPT의 한계점 이해 및 윤리적 활용 교육을 실시하였는가?	
수업 중	학생들이 프롬프트 입력을 제대로 하는가?	
	원하는 목표로 활동이 진행되고 있는가?	
	예상하지 못한 상황(문제적인 산출물 등) 발생에 대응하고 있는가?	
수업 후	학생들의 ChatGPT 이용 이력을 받았는가?	
	학생들의 행동 패턴을 보고 수업 개선 방안을 고려했는가?	

☑ 수업 설계 및 적용시 위 사항에 대해 모두 예로 확인이 되도록 체크를 해보도록 권장한다.

교육용 PPT 제작 체크리스트

교육용 PPT 제작 시 다음 사항에 유의하며 작성하여 PPT를 효과적인 교육매체로 활용할 수 있도록 점검할 수 있다.

〈표 12-11〉 교육용 PPT 제작 체크리스트

No	점검내용	점검
1	도입 페이지에 목차를 제시하였는가?	
2	글머리 기호와 들여쓰기를 활용하여 내용의 조직을 이해하도록 안내하였는가?	
3	하단에 페이지 넘버를 표시하였는가?	
4	마무리 페이지에 정리 및 요약, 다음 차시 안내를 포함하였는가?	
5	사진 등 멀티미디어 자료를 보강하였는가?	
6	중요 내용에 대하여 폰트 색, 밑줄, 크기 등을 활용하여 강조하였는가?	
7	출처를 정확히 표시하였는가?	
8	관련한 최신 통계나 정보가 있는지 검토하였는가?	
9	도표나 이미지의 숫자가 정확한지 확인하였는가?	
10	이미지의 해상도, 폰트의 크기를 확인하였는가?	
11	종교, 성, 다문화, 정치 등 민감한 자료 여부에 대해 검토하였는가?	

이상의 수업진단 도구를 활용하여 자신의 수업을 교사 스스로 점검하거나, 동료와 상호 점검하여, 점검한 결과를 다음 수업에 반영하면 수업의 질은 지속적으로 높아질 수 있다.

참고문헌

김대헌, 김석우(2010). 교육과정 및 교육평가. 서울: 학지사.

류춘렬, 조성겸(2007). 공학도를 위한 커뮤니케이션 기법. 서울: 지샘.

박도순(2007). 교육평가: 이해와 적용. 서울: 교육과학사.

박선희(2012). 학습지도안 자료 모음집.

박성익, 임철일, 이재경, 최정임(2010). 교육방법의 교육공학적 이해. 경기: 교육과학사.

백영균, 박주성, 한승록, 김정겸, 최명숙, 변호승, 박정환, 강신천(2003). 유비쿼터스 시대의 교육방법 및 교육공학. 서울: 학지사

성태제(2009). 교육평가의 기초. 서울: 학지사.

손연아(2011). 생물교과교육론 강의자료.

이옥화, 장순선(2018). 교사 경력에 따른 수업전문성 발달 분석. 교육정보미디어연구, 24(4), 755-777. DOI: http://dx.doi.org/10.15833/KAFEIAM.24.4.75

정재삼(2004). 교육 프로그램 평가. 서울: 교육과학사.

조영남(1993). 마이크로티칭과 교사교육. 교육학연구, 31, 77-92.

조용개, 심미자, 이은화, 이재경, 손연아, 박선희(2009). 성공적인 수업을 위한 교수전략. 서울: 학지사.

한국교육과정평가원(2012). 교수학습센터 수업전문성개발 교수 Tips.

한국교육평가학회(2004). 교육평가 용어사전. 서울: 학지사.

한정선, 김영수, 주영주, 강명희, 정재삼, 박성희(2008). 미래사회를 위한 교육방법 및 교육공학. 경기: 교육과학사.

Amidon, E., & Hunter, E. (1967). *Improving teaching: The analysis of classroom verbal interaction.* New York: Holt, Rinehart & Winston, Inc.

Carner, R. L. (1967). Levels of questioning. In Raths, J. et. al., *Studying teaching.* Englewood Cliffs, NJ: Prentice Hall, Inc.

Driscoll, M. P. (2005). *Psychology of learning for instruction* (3rd Ed.). MA: Allyn & Bacon. 양용칠(역)(2006). 수업설계를 위한 학습심리학. 서울: 과학교육사.

Gayle, V. Davidson-Shivers, & Karen L. Rasmussen (2006). *Web-Based Learning: Design, Implementation, and Evaluation.* New York: Springer. 김동식, 조일현, 권숙진, 손소영(역)(2008). 사례중심 웹기반학습 설계개발론. 서울: 아카데미 프레스.

Gallagher, J. J. (1965). *Productive thinking in gifted children.* Urbaon, IL: Institute for research on exceptional children.

찾아보기

[인명]

[내용]

저자소개

노혜란(魯蕙蘭)

- 한양대학교 사범대학 교육공학과(학사, 석사, 박사)
- 서원대학교 교육학과 교수
- 한국교육공학회, 한국교육정보미디어학회 이사
- 교육발전 편집위원
- 국가평생교육진흥원 K-MOOC 콘텐츠 품질관리위원
- 국가권익위원회 청렴연수원 자문위원
- helen@seowon.ac.kr

유선주(劉先珠)

- 한양대학교 사범대학 교육공학과(학사, 석사)
- 일리노이주립대학교 어바나샴페인 인적자원교육과(박사)
- CJ제일제당, 삼성SDS HR 수석 컨설턴트 역임
- 러닝디자인연구소(Design for Learning Lab) 소장
- 일리노이주립대 어바나샴페인 간학문적인 실행 연구소 파트너
- International Journal of Learning and Development 부편집장
- Educational Point 편집위원
- Knowledge Management & E-Learning: An International Journal 편집위원
- sunjooyoo@gmail.com

최미나(崔美娜)

- 한양대학교 사범대학 교육공학과(학사, 석사, 박사)
- 청주대학교 사범대학 교직과 교수
- 한국교육공학회, 한국교육정보미디어학회 이사
- 에듀테크학회 부회장
- 교육정보미디어연구 편집위원
- 국가평생교육진흥원 K-MOOC 콘텐츠 품질관리위원
- TTA 정보통신표준화위원회 PG608 특별위원
- minawin21@gmail.com

박선희(朴宣姬)

- 연세대학교 교육학과(학사)
- 한양대학교 사범대학 교육공학과(석사, 박사)
- 한남대학교 교직부 교수
- 교육정보미디어학회, 문명학회 이사
- 이천시 교육청 교육분과 위원
- 이천서희청소년센터 학교밖청소년 멘토
- psh6725@gamil.com

미래 수업을 디자인하다:
예비교사를 위한 교육방법 및 교육공학

2025년 10월 25일 1판 1쇄 인쇄
2025년 11월 1일 1판 1쇄 발행

저 자 : 노혜란 유선주 최미나 박선희
발행인 : 한 정 주
발행처 : 교 육 과 학 사

저자와의 협의하에 인지생략

경기도 파주시 광인사길 71
전화 (031)955-6956~8 / 팩스 (031)955-6037
Home-page: www.kyoyookbook.co.kr
E-mail: kyoyookbook@daum.net

등록: 1970년 5월 18일 제2-73호

낙장 · 파본은 교환해 드립니다.
Printed in Korea.

정가 25,000원
ISBN 978-89-254-1942-8